戰後臺灣的教育與思想

黃俊傑　著

 東大圖書公司

國立中央圖書館出版品預行編目資料

戰後臺灣的教育與思想/黃俊傑著. --
初版. --台北市：東大出版：三民總
經銷，民82
　　面；　　　公分--（滄海叢刊）
含參考書目及索引
ISBN 957-19-1500-9 （精裝）
ISBN 957-19-1501-7 （平裝）

1.教育-哲學，原理-中國
520.192　　　　　　　　81006435

© 戰後臺灣的教育與思想

著　者	黃俊傑
發行人	劉仲文
著作財產權人	東大圖書股份有限公司
總經銷	三民書局股份有限公司
印刷所	東大圖書股份有限公司

地址／臺北市重慶南路一段
六十一號二樓
郵撥／〇一〇七一七五——〇號

初　版　中華民國八十二年一月
編　號　E 52062①
基本定價　拾元肆角

行政院新聞局登記證局版臺業字第〇一九七號

有著作權

ISBN 957-19-1500-9 （精裝）

獻　給

我　的　母　親

自　序

　　這部書所收集的是我在近六年來所撰寫的論文的一部分。這九篇文字均以臺灣的教育及思想作爲主題，所以訂名爲：《戰後臺灣的教育與思想》。現在趁著結集付梓的機會，我想說明全書各篇文字撰寫的用心及著眼點，以增益讀者對全書宗旨的瞭解。

　　從歷史的角度來看，所謂「戰後臺灣經驗」實在是一段具有深刻意義的發展歷程。在四十年左右的時間裏，臺灣從一個農業社會轉化爲以工商業爲導向的社會。在這段結構轉化的過程中，臺灣也累積了龐大的經濟力，對內則創造了可能是中國人數千年歷史所僅見的豐裕的物質生活；對外則從四十年前接受美援的國家，一變而對中南美洲及其他第三世界國家展開經援。這一段經濟的成就，有些人稱之爲「臺灣奇蹟」(Taiwan miracle)。

　　造成這一段劃時代的「臺灣奇蹟」的因素非常繁多而複雜，而且其間因果相逐，構成萬花筒般的交互作用。這一段當代史之令人硏然心動者在此，然其所以眾說紛紜，莫衷一是者亦在於此。晚近人文社會科學界關於「臺灣經驗」的解釋理論不一而足，言人人殊。語其著眼點，有所謂「國家中心論」與「社會中心論」之殊，前者以各項成就歸之於政府政策的領導有方；後者則歸之於民間社會的活力與人民的勤勉。言其研究之立場，則有所謂「自由主義的」(liberal)、「激進的」(radical)與「保守的」(conservative) 各派學術立場之分野（參考：Edwin A. Winckler et. al. eds., *Contending Approaches to the Political Economy of Taiwan*, New York: M. E. Sharp, Inc., 1988, pp.

3～19)，企圖對「臺灣經驗」提出解釋，然各派學說，如千巖競秀，萬壑爭流，短期之內似不易定其歸趨。

作為戰後第一代生長於臺灣的史學工作者，我與這一段「臺灣經驗」共同成長，深深浸潤在這一段歷史洪流之中。巨變目擊，自不免別有會心，遂興起心志，加以探索。我認為，在創造「臺灣經驗」的諸般歷史因素之中，至少有兩項是不能加以忽略的：一是 1950 年代開始的農業與農村的復興，二是 1970 年代以後知識階層的壯大。前者為 60 年代以後工業的「起飛」奠定了重要的基礎，而後者則與近年來政治的民主化有密切關係。再進一步來看，前者實奠基於「公地放領」、「三七五減租」以及「耕者有其田」一系列的土地改革政策；後者則與戰後臺灣教育在數量上的急速發展，尤其是 1968～1969 學年度開始推動的「九年國民教育」政策有關。關於土地改革以後臺灣農業史的發展，我已在其他論著中有所討論。現在收集在這部書裏的，是我近年來對於戰後臺灣教育的發展，以及隨著教育發展而來的思想問題，所進行的一點初步的探討的文字。

從量的角度來看，戰後臺灣教育的發展誠然是「臺灣奇蹟」的一部分。 在臺灣六歲及六歲以上的總人口中， 文盲所佔的比例在 1952 年是 42.1％，到 1965 年已降為 7.1％。接受中等教育的人口所佔的比例，從 1952 年的 8.8％，到 1989 年增加為 44.9％；接受高等教育的人口所佔的比例，也從 1952 年的 1.4％，到 1989 年增加為 44.9％（見：*Taiwan Statistical Data Book*，1990，p. 7，Table 2～46）。戰後臺灣教育的快速普及與學校數目的擴張，都是人人有目共睹的成就，任何人無法加以否認。

但是，如果我們從質的角度來看，臺灣的教育問題叢生，錯綜複雜，也是另一個人人所共見，而且感同身受的現象。聯考領導教學，學生心態日趨功利……等只是諸般問題中之較為彰明易見者而已。這些病

態的形成，並非一朝一夕，乃是由於長期歷史發展的積澱，而其中最具關鍵性的兩個病源則是「教育政治化」與「教育商品化」。前者將教育部門當作完成各種政治目標的工具，後者將教育過程視爲求取職業的訓練工具。兩者方向雖有不同，但是都將教育加以工具化，使教育之培養健全人格的最根本的目的爲之澈底淪喪。

回顧過去四十多年來的發展歷程，我們要正確面對教育部門所存在的各種複雜的問題，最有效的策略之一，就是澈底實施「教育自由化」政策。所謂「教育自由化」，是指重建教育部門的主體性與自主性，使教育部門不再受到非教育力量（如政治利益或經濟發展）的滲透與干擾。也就是說，教育必須以造就「完整的人」爲終極目標，不再像過去四十年來一樣，只是成爲達成政治目的或經建目標的工具而已。「教育自由化」的新政策取向，不僅與國外（如日本的「臨時教育審議會」所進行的改革方向）的教育思潮互相呼應，而且也與當前及未來我國民主化發展趨勢，同步邁進。

在教育政策的調整中，1984 年教育部所推動的大學通識教育課程選修制度，有一定的意義。本書《教育篇》第四篇論文：〈大學通識教育的挑戰與對策〉寫於1986年8月，代表那個時候我對大學通識教育問題所抱持的一點淺見。當時我提出「多元的教育觀」與「人文主義的教育觀」作爲大學通識教育的基本理念。其實我們要落實這兩種教育觀，其前提就是在於「教育自由化」政策的實施。在這篇論文的附錄中，我也節譯日本報刊所載日本臨時教育審議會進行教育改革的經過與簡要內容，借他山之石，冀能發揮攻玉之效。

戰後臺灣教育的另一項值得思考的問題，大概是歷史教育之不受重視與歷史意識的薄弱化與被扭曲。所謂「冰凍三尺，非一日之寒」，這個現象的形成，當然有其錯綜複雜的因素，而與上文所說的「教育的政治化」與「教育的商品化」均有相當的關係。最近幾年來，隨著長達數

十年的戒嚴法的廢除，長期累積的社會力全面釋放，並要求將它自身在政治領域中加以「客體化」(objectification)。在這種新時代的風潮之下，歷史研究與歷史教學也深受衝擊。本書《教育篇》各篇論文，均環繞著歷史教育的各種問題，提出我個人的看法。在第一篇〈論歷史研究與歷史教學之關係〉中，我認為，歷史研究與歷史教學兩者之間，存有一種有機的互動關係與問題意識的循環關係，兩者如車之二輪，鳥之兩翼，不可分亦不能分。我也強調「教育自由化」的新政策，是因應當前歷史教育困境的基本策略。第二篇及第三篇論文，檢討國內大學歷史學系的基本必修課程「史學方法論」的研究成果與教學工作；第五篇論文檢討現階段國中歷史教育的相關問題。第六篇論文，則是站在「戰後臺灣經驗」的基礎上，對大學院校的中國史教育提出一些新的展望。

在關於戰後「臺灣經驗」的研究中，較少觸及的是思想的領域。1949 年桑海巨變，大陸的儒家學者桴海來臺，潛心著述，弘揚儒學，到底他們的儒學研究有哪些共同特徵？他們之間分為哪些主要的流派？展望未來的儒學研究，可能有哪些新問題可以探討？我在本書第七篇論文提出了一些粗糙的看法，以就教於關心儒家前途的朋友。

但是，當我們將「儒家思想」與「戰後臺灣」連繫起來，而想提出某種展望的時候，我們立刻遭遇到兩種不同立場的挑戰與質疑：

(一) 從「現代主體論」者的立場來看，儒家乃傳統社會與文化的產物，無法與現代多元社會相調和。

(二) 從「臺灣主體論」者的立場來看，儒家乃專制中國的思想體系，與走向民主自由法治的二十一世紀新臺灣，是絕不相容的。

這兩種立場都持之有故，言之成理，在某種程度內具有說服性，但是，也都有思考的盲點，值得商榷。本書最後一篇論文〈儒家思想與戰後臺灣：回顧與展望〉，就是企圖扣緊這兩種質疑而加以論述。基本上，

我認為以孔孟荀為代表的古典儒學（而不是被歷代專制帝王所扭曲的御用儒學）中，對於資本主義文化與工業文明的惡質化發展，如金權政治（plutocracy）、環境污染、人與自然的疏離、人與人的疏離……等問題，都具有某種程度的新啟示。古典儒學已是人類文明的共同遺產，我們如果要使臺灣健康地邁向二十一世紀，作為華人共同遺產的儒家思想，畢竟仍是一項值得珍惜的精神資源。我在本書第一篇文字中，主張將中華文化中的經典作品，列入大學通識教育課程規劃的可能範圍，也是基於同樣的認識。

在當代儒家學者中，對我個人啟迪最大的是徐復觀（1902～1982）先生。徐先生大約是當代儒家學者之中，歷史學取向最為強烈的一位，所以他的學問世界中充滿了對人民的苦難的關懷。1966 年元月我經過一位長輩的介紹，獲緣向徐先生問學，他那種強靱的生命力與對中國文化的愛心，對我震撼極大，至今想起那次請示的情景，仍歷歷在目，恍如昨日。本書第八篇論文，就是為了紀念徐先生逝世十週年而撰寫，希望能表達我對徐先生的崇敬之情於萬一。

最後，讓我引用柯靈吾（R. G. Collingwood, 1889～1943）的話來結束我這一篇序言。柯靈吾說：「每個人都帶著他自己和他的時代的觀點來研究歷史」（R. G. Collingwood, "The Philosophy of History", 收入: *Essays in the Philosophy of History*, ed., by William Debbins, London: University of Texas Press, 1965, 1976, p. 16）。我們都站在戰後臺灣這四十多年來的歷史之流裏，創造歷史也閱讀歷史。這部書所收集的這九篇文字，就是我閱讀「臺灣經驗」這部大書，從教育和思想這兩個角度，所提出來的一點讀書心得。我誠懇地期待讀者的指教。

黃　俊　傑

1992 年初秋序於臺北市

戰後臺灣的教育與思想

目　錄

《思想篇》

九、儒家思想與戰後臺灣：回顧與展望

索　引

《教　育　篇》

一、論歷史研究與歷史教學之關係

目　次

一、前　　言

　　這篇論文的主題在於探討歷史研究與歷史教學之間的複雜關係。為了有效地進行這項工作，我們的分析環繞著以下四個問題而展開：

　　1. 歷史研究與歷史教學之間，存有何種性質的關係？

　　2. 這種性質的關係如何展開？

　　3. 在今日臺灣高等教育體系中，這種關係的建立面臨何種問題？

　　4. 解決問題的具體策略何在？

　　這篇論文共分六節，除了第一節前言說明全文宗旨之外，第二節針對第一個問題提出基本看法。第三節分析歷史研究與歷史教學之互動關

係與循環關係，有賴於研究者與教學者的「現實關懷」與「價值意識」而建立。本文第四節則分析在歷史研究與歷史教學之間，建立這種理想的關係，可能遭遇到三個現實問題：（一）由於教育部門自主性長期失落，而導致的歷史教學完全受國家意志支配的問題；（二）由於現代高等學術分工細密而來的通史精神淪喪的問題；（三）第二次世界大戰以後，「全球意識」興起，但關於世界史的研究文獻尚不足以充分支援歷史教學的問題。本文第五節則企圖就以上三大困境，提出解決問題的可能策略。

二、歷史研究與教學的關係：有機的互動性與詮釋的循環性

歷史研究與歷史教學之間的關係千絲萬縷，複雜萬端，稍加歸納，兩者間的關係屬於以下兩種性質：

(1) 就存有狀態而言，歷史研究與歷史教學之間具有一種有機的互動性。兩者間不論在問題意識或在研究取向上，都是互相滲透而交相影響的。

(2) 就發生程序來看，歷史研究與歷史教學之間具有一種詮釋的循環性 (Hermeneutical circularity)。兩者間在歷史意識的詮釋上相互刺激，形成一種永無終止的循環。

在我進一步分析歷史研究與歷史教學之間的這兩種性質的關係之前，我想先針對時下流行的兩種類型的看法，加以批判，分析它們之所以不能成立的原因：

第一種意見認為：歷史研究與歷史教學是兩種不同的範疇的人文知識活動，不能混為一談。這種意見可再細分為兩類：

(1) 歷史研究作為人文學術研究的一部門，應以求真為其目的；歷

史教學作爲教育領域的一個部門，應以求善爲其目標。歷史研究屬於知識的領域，歷史教學則屬於道德的領域，兩者因其目的不同而不應混而爲一。誠如班固《漢書·藝文志》所說：「書以廣聽，知之術也；春秋以斷事，信之符也」，所謂「知之術」屬於求眞之知識範疇，所謂「信之符」屬於求善之道德範疇。

(2) 歷史研究屬於個人的興趣，研究對象可以完全由個人所決定；歷史教學是國家教育的一部分，必須由超乎個人之上的國家機構所決定。前者屬於「私人領域」，後者屬於「公共領域」，應嚴加區分。

這兩個次類的意見，雖然著眼點及立論點均有不同，但是基本立場是一致的，兩者都認爲歷史研究與歷史教學是一種機械的對立關係。基於此，我們的分析可以集中在這個問題上：歷史研究與歷史教學是不是機械的對立關係？

這個問題的答案顯然是否定的，因爲歷史研究固然是以求眞爲其目的，但歷史教學也必須以「眞實」爲其基礎，只有眞實的歷史知識才能感動讀史者，使讀史者挺立心志奮起做人。我們可以說，「眞實」是歷史研究和歷史教學共同的基礎。再看第二種次類的意見，認爲歷史研究是屬於「私人領域」，而歷史教學是屬於「公共領域」，兩者不可混淆。這種說法完全忽略了個人本來就是生活在社會之中，也浸潤在羣體之中，中國儒家典籍對於羣己之間的不可分割性及互相滲透性，論述至夥，我們不必在此重覆❶。我們可以明顯地發現，以上第一種意見中，不論是 (1) 型或 (2) 型的論述，都是無法成立的。

第二種類型認爲歷史研究和歷史教學應加以峻別的意見，認爲歷史

---

❶ 關於古代儒家思想中的羣己關係，參考：黃俊傑，《孟子思想史論》（臺北：東大圖書公司，1991），卷一，第五章。

研究是歷史知識的生產場所，而歷史教學是歷史知識的傳播管道，兩者之間是一種單方向的輸送關係，類似於今日石化工業體系的上游工廠與下游工廠的關係。所以，這種意見認爲歷史研究與歷史教學因性質不同而不能混淆。

這種看法表面上看似乎持之有故，言之成理，但是再往深一層看，我們會發現：儘管歷史研究和歷史教學有「歷史知識的生產者」與「歷史知識的傳播者」的差別，但這種差別是次要的而非本質性的差別。就其本質而言，歷史研究與歷史教學都是以拓深人類的歷史意識，加強人類的時間深度爲其目標，這才是兩者間根本的本質。因此，歷史研究與歷史教學基本上是「同質性的」（homogeneous）人文知識活動。

在批判了以上兩種不能成立的流行意見之後，我們再進一步提出對歷史研究與歷史教學關係的看法。我認爲，歷史研究與歷史教學之間的關係有以下兩種性質：

第一，歷史研究與歷史教學之間是一種「有機的互動關係」：作爲一種人文學術活動，歷史研究者所面臨的是林林總總的歷史事實，「上窮王道，下掞人倫，總括萬殊，包吞千有」（《史通·自序》），歷史研究者如何「原始察終，見盛觀衰」（《史記·太史公自序》）？如何在諸多歷史事實中抉擇其意義，並且「有與奪焉，有褒貶焉，有鑒誡焉，有諷刺焉；其爲貫穿者深矣，其爲網羅者密矣，其所商略者遠矣，其所發明者多矣」（《史通·自序》）？歷史學家必須有明確的問題意識，帶著他所關懷的課題進入歷史的資料之海，才能建構一個有意義的歷史圖像。

歷史研究者的問題意識之來源固然不一而足，但是同時代的聽眾無疑地是一個極其重要的泉源。聽眾的回應可以重塑歷史研究者的研究取向，爲歷史研究者提出新的問題意識。同樣道理，從歷史研究中所產生的歷史知識，直接主導歷史教學的形式、方向與內容。因此，就兩者的

存有狀態而言，歷史研究與歷史教學之間構成有機的、辯證的互動關係。

第二，歷史研究與歷史教學構成一種詮釋的循環關係：作爲人文學科的一個部門，歷史學以價值的辯證及意義的開發爲其目的。因此，歷史學領域內的任何層次的知識活動，都必與「解釋」有直接或間接的關係。當代史學家中，將這一點解釋得最爲透徹的首推錢穆（賓四，1895～1991）先生。錢先生說❷：

> 近人治學，都知注重材料與方法。但做學問，應知先應有一番意義。意義不同，則所應採取之材料與其運用材料之方法，亦將隨而不同。卽如歷史，材料無窮，若使治史者沒有先決定一番意義，專一注重在方法上，專用一套方法來駕馭此無窮之材料，將使歷史研究漫無止境，而亦更無意義可言。黃茅白葦，一望皆是，雖是材料不同，而實使人不免有陳陳相因之感。

錢先生在這裏所說的「意義」，實在是史學研究的中心課題。但是，「意義」的提煉與彰顯，卻是一個循環的過程。教育者在施教過程中，意識到某種隱藏在歷史事實中的「意義」，對讀史者具有啟示，他就可以特別加以闡釋。而歷史教學中所產生的施教者心目中歷史之「意義」，也可以反過來刺激他的研究工作的新取向。就是在這種一往一返之中，歷史研究與歷史教學構成了一個「詮釋的循環性」。

三、歷史研究與歷史教學關係的建立與展開

在上文的論述中，我們已經指出：歷史研究與歷史教學之間應該具

---

❷　錢穆，《中國歷史研究法》（臺北：三民書局，1969），序，頁1。

有「有機的互動關係」及「詮釋的循環關係」。但是，實際工作的層次
上，這種關係如何建立並展開呢？

在分析這個問題之前，我想先說明：人的存在是一種充分爲歷史所
浸潤的存在形式。我們甚至可以說，人是一種歷史的動物。一個人自幼
至長無時無刻不爲歷史經驗所塑造。舉例言之，當司馬遷（ 145～86
B. C.）這個龍門少年「年十歲，則通古文。二十而南游江淮，上會
稽，探禹穴，窺九疑，浮於沅、湘，北涉汶、泗，講業齊、魯之都，觀
孔子之遺風，鄉射鄒、峄，厄困鄱、薛、彭城，過梁、楚以歸。」（《
史記・太史公自序》）之後，這個司馬遷已非尚未經歷這些歷史山川與
歷史文物的陶冶以前的司馬遷，他已經分享了過去中國歷史上往聖先賢
的歷史經驗，而成爲一個「歷史人」了。其實，不僅司馬遷，任何人的
生命成長的過程，也都飽受歷史經驗的浸潤。

人之作爲「歷史人」的性格在中國文化中特別彰明顯著，這自然是
由於中國文化中的時間意識特別深刻，更因爲中國人的常常透過具體的
歷史經驗所「比興」式的思考。吳光明最近對這個問題有一段說明❸：

> 中國人的思考……不以邏輯分析的思考方法，也不用描述說明的
> 思考法，乃是用比興法，這是歷史性的思考法。因爲中國的思考
> 方式是趨向現實的，這種思考方式緣著現實情況而塑造自己。我
> 們稱這種與現實協調的情況或模式爲歷史。中國的歷史思考，通
> 常表現於文學及史學中。中國文史的記載是柔軟的包裝法；西方
> 的概念思考方式是用牢固的邏輯及共相的鐵繩作硬性的捆裝。…

中國文化中這種深具中國特色的「比興」式思考方式，與中國人深厚的

---

❸　吳光明，《歷史與思考》（臺北：聯經出版公司，1991），頁 39。

歷史意識是不可分的。

說明了人的「歷史人」的性格之後，我們接著分析歷史研究與歷史教學關係的建立及其展開。

歷史研究與歷史教學關係的建立及其展開，是以以下二項命題為其基礎的：

第一，不論是歷史研究或是歷史教學，都是從對現實的關懷出發的。中國史學傳統對於歷史的探索與人生的現實之間的密切相關性，發揮得最為透徹。司馬遷寫《史記》，所要繼承的就是孔子（551～479 B. C.）作《春秋》「是非二百四十二年之中，以為天下儀表，貶天子，退諸侯，討大夫，以達王事」（《史記·太史公自序》）的關懷現實批判現實的精神。司馬遷更引董仲舒（179～104 B. C.）的話，申論孔子作《春秋》的目的在於「上明三王之道，下辨人事之際；別嫌疑，明是非，定猶豫；善善惡惡，賢賢賤不肖；存亡國，繼絕世，補弊起廢，王道之大者也。」（《史記·太史公自序》），他並指出古代偉大的著作，都是古聖先賢在現實關懷遭遇挫折之後，泣血所撰述的作品，他說：「昔西伯拘羑里演《周易》；孔子厄陳蔡作《春秋》；屈原放逐，著《離騷》；左丘失明，厥有《國語》；孫子臏腳，而論兵法；不韋遷蜀，世傳《呂覽》；韓非囚秦，〈說難〉〈孤憤〉。《詩》三百篇，大抵聖賢發憤之所為作也。此人皆意有所鬱結，不得通其道也，故述往事思來者。」（《史記·太史公自序》）。中國歷史學確是一門憂患中成長的學問。中國的史學家研究歷史，其態度是嚴肅的，其下筆是謹慎的，因為他本於以歷史知識批導人間現實的立場，所以，他深知他們的史著對歷史人物而言，無異是最後的審判，「褒見一字，貴踰軒冕；貶在片言，誅深斧鉞」（《文心雕龍·史傳》）。

二十世紀中國史學家中，錢穆特別強調歷史知識與現實人生的關

係，更加以申論，他說❹：

> 然中國最近，乃爲其國民最缺乏國史智識之國家。何言之，歷史
> 智識與歷史材料不同。我民族國家以往全部之活動，是爲歷史。
> 其經記載流傳以迄於今者，只可謂是歷史的材料，而非吾儕今日
> 所需歷史的智識。材料累積而愈多，智識則與時以俱新。歷史智
> 識，隨時變遷，應與當身現代種種問題，有親切之聯絡。歷史智
> 識，貴能鑒古而知今。至於歷史材料，則爲前人所記錄，前人不
> 知後事，故其所記，未必一一有當於後人之所欲知。然後人欲求
> 歷史智識，必從前人所傳史料中覓取。若蔑棄前人史料而空談史
> 識，則所謂史者非史，而所謂識者無識，生乎今而臆古，無當於
> 鑒於古而知今之任也。
>
> ……略論中國近世史學，可分三派述之。一曰傳統派，二曰革新
> 派，三曰科學派。傳統派主於記誦，熟諳典章制度，多識前言往
> 行，亦間爲校勘輯補。此派乃承前清中葉以來西洋勢力未入中國
> 時之舊規模者也。其次曰革新派，則起於清之季世，爲有志功業
> 急於革新之士所提倡。最後曰科學派，乃承以科學方法整理國故
> 之潮流而起。此派與傳統派，同偏於歷史材料方面，路徑較近。
> 博洽有所不逮，而精密時或過之。二派之治史，同於缺乏系統，
> 無意義，乃純爲一種書本文字之學，與當身現實無預。無寗以記
> 誦一派，猶因熟諳典章制度，多識前言往行，博洽史實，稍近人
> 事，縱若無補於世，亦將有益於己。至考訂派則震於科學方法之
> 美名，往往割裂史實，爲局部狹窄之追究。以活的人事，換爲死
> 的材料。治史譬如治岩礦，治電力，既無以見前人整段之活動，

---

❹　錢穆，《國史大綱》（臺北：三民書局，1969），引論，頁1～4。

亦於先民文化精神，漠然無所用其情。彼惟尚實證，夸創獲，
號客觀，旣無意於成體之全史，亦不論自己民族國家之文化成績
也。

正是在對現實的關懷的基礎上，歷史研究與歷史教學取得了對話 的 共
識。歷史研究如果要具體實踐其批導現實的目標，最直接的途徑就是透
過歷史教學；而歷史教學之所以能感動人心，也是與現實情境取得密切
的聯繫，這一點也是歷史研究的根本動力。

　　第二，不論是歷史研究或歷史教學，都是「價值導向的」(value-
oriented)。司馬遷的歷史研究處處關懷歷史事實中所呈現的價值問題，
他將伯夷、叔齊列爲〈列傳〉第一篇❺，將吳太伯的事蹟列〈世家〉第
一篇，將項羽寫入〈本紀〉，甚至他論大道，序遊俠，論貨殖，都有一
套價值體系作爲基礎。

　　公元第十世紀，理學興起以後，歷史研究與歷史教學之爲價值關懷
滲透的程度更是大幅提昇。最具有代表性而且影響最爲深遠的就是朱子
（1130～1200）。我過去在一篇探討朱子的歷史教學的論文中就指出，
朱子在回答學生們有關歷史演變的問題時，總是以作爲諸價值基礎的「
理」來解釋歷史的演變。正如朱子所說：「世間事雖千頭萬緒，其實只
一個道理，理一分殊之謂也❻。」基於這種「理」的哲學，朱子同意他
學生的說法，認爲三代以下之所以無善治，乃是因爲此後無人能瞭解「
理」❼。在歷史教學中，朱子認爲「理」蘊涵於歷史演化之中，卻又同

---

❺　關於〈伯夷列傳〉，近年來最深刻的研究論著是：阮芝生，〈伯夷列傳析
　　論〉，《大陸雜誌》，第六十二卷三期（1981 年 3 月），頁 1～6。
❻　黎靖德編，《朱子語類》（臺北：正中書局影印 1270 年刊本），卷一三
　　六，頁 5206。
❼　黎靖德編，《朱子語類》（臺北：正中書局影印 1270 年刊本），卷一二
　　七，頁 582。

時超越於歷史演化之上。「理」可以蘊涵於歷史演化之中，因為它可由歷史的斷續之中察覺得到，並加以凝煉。歷史中所發現的「理」是超越現世的，甚至是永恆的。朱子給陳亮的信中說到：「鄙見常竊以為亙古亙今只是一體，順之者成，逆之者敗，固非古之聖賢所能獨，然而後世之所謂英雄豪傑者，亦未有能舍此理而得有所建立成就者也❽。」朱子的歷史觀及其哲學信念，在「理」這個觀念上取得了結合點。朱子以為「理」雖為一，卻可展現為多。在朱子的思想體系中，史理與史事形成一種相離而又相卽的關係。

朱子之所以以「理」的概念界定過去，至少有兩個理由：第一，朱子以「理」的概念從事歷史教學，乃是為了使人類的過去對宋代的人產生意義，而且可以被宋代的人所了解。朱子不以為歷史是僵死的過去，而是現在與過去無止境的對話。朱子的歷史教學也同時顯示了他的新儒家思想，尤其是程頤一系的思路。朱子的歷史觀，是新儒家的理學與傳統史學的綜合。朱子在中國思想史上作為新儒家綜合者的地位，也可以由此而獲得部分的肯定❾。

綜合以上所說，我們可以發現：歷史研究如果不以價值意識為導向，則將成為程明道（1033～1085）說謝良佐（1050～1085）舉史書成篇不遺一字，實在是「玩物喪志」❿。同樣道理，歷史教學如果不以價

---

❽　朱熹，《晦庵先生朱文公文集》（四部叢刊初編縮本），卷三十六，頁582。

❾　以上所論，參考拙作：Chün-chieh Huang, "Chu Hsi as a Teacher of History", 《（第二屆）中西史學史研討會論文集》，國立中興大學歷史系主編（臺中：國立中興大學歷史系，1987），頁 307～366。關於朱子的史學，參看：錢穆《朱子新學案》（臺北：三民書局，1981），第五冊，頁 1～150；高森良人，〈朱熹の歷史觀〉，《東方學》，第七號（1953），頁 1～12；麓保孝，〈朱熹の歷史論〉，收在：諸橋轍次編，《朱子學入門》（東京：明德出版社，1974），頁 357～366；三浦國雄，〈氣數と氣勢—朱熹の歷史意識〉，《東洋史研究》，四十二卷四號（1984 年 3 月），頁 29～52。

值的培育為其目標，歷史教學也將淪為說書，無法在紛紜的史實之中建立一條通貫的線索，而培養讀史者的史識。

所以，歷史研究與歷史教學之所以可以建立並發展「有機的互動關係」及「詮釋的循環關係」，是建立在兩者的現實關懷與價值導向這兩項基礎之上的。

四、當前歷史研究與歷史教學的困境

就現階段國內歷史研究與歷史教學的實際狀況而言，我們所面對的基本問題有三：一是教育部門自主性失落的問題；二是現代高等教育分科過細的問題；三是世界史教育的問題。第一個問題是存在於我國的特殊問題，第二及第三個問題則是戰後世界各國史學界共同面對的問題，以下依序加以析論。

我們首先討論「教育自主性的失落」這個問題。

戰後約四十多年來，臺灣經濟快速發展，各方面都有可觀的成就，論者或稱之為「臺灣奇蹟」(Taiwan miracle)，但教育部門在量的提昇之後，卻也累積了大量的問題。這些問題中比較值得注意的有以下三個：

第一個值得注意的問題是教育資源分配的問題。教育資源分配的不公平是國內教育界長期以來就存在的問題。這個問題在以下兩個方面表現的尤其深切著明：第一是城鄉之間的不均衡，歷年來關於大專聯考錄取新生的統計資料顯示：考上大學的新生大部分畢業於本省西部的五大明星學校，而且以軍公教人員子弟居多，農工子弟所佔比率不高，大量的大專院校被集中於西部，尤其是臺北市。這兩項事實反映出城市與

---

❿　朱熹編，《近思錄》（臺北：臺灣商務印書館，1967），卷二，頁 49。

鄉村地區教育資源長期存在著不均衡關係。這種城鄉教育資源分配的不均衡所導致的後果是明顯而立即的。舉例言之，每次的地方公職人員選舉，鄉村地區由於缺乏領袖人材，所以常常為地方派系所主控，而出身於農村的領導人才，由於長期在都市中接受教育及工作，與當地社會常有脫節現象，缺乏草根基礎。由此可見，教育資源之不均衡所導致之地方政治問題之一斑。

第二種不均衡出現於學科之間，尤其是人文與理工之間的不均衡最為顯而易見。我們放眼國內各大專院校，文學院的師生所獲得的教育資源，與同校的理、工、醫學院相比之下，可以說幾乎等於該校的「棄嬰」。流風所及使優秀青年羣趨理工而棄人文，使國家社會付出重大的代價。

第二個問題則是教育機會平等的問題，在所謂「戰後臺灣經驗」中，教育機會的平等一直是政府所引以為傲的成績，但是這種說法是相對於近代以前的中國社會而言的。實際上在種種法規的限制下，臺灣地區的教育機會對國內的一般學生來講顯得太嚴，而對於一部分具有特種身份的考生（如由國外回國升學的僑生、外交人員子弟以及其他各種具有特種身份的考生）而言，則又顯得太鬆。形成一種在教育機會競爭上之不公平現象。

第三個問題是教育內容的僵化問題。所謂教育內容的僵化，是指學生所接受教育的內容，與當前現實生活之間有一種嚴重的脫節現象。教育內容的僵化與統編本的教科書制度有很密切的關係，與師資來源的一元化也有間接的關係。

那麼，這些問題是如何形成的呢？我們稍加分析就會發現以上這三大問題，雖然各自有其形成的遠因與近因，但是如果加以歸納，則與長期以來教育部門自主性之淪喪這一事實有絕對密切的關係。所謂「教育部門自主性之淪喪」，是指教育部門中的重要政策決定，如教育資源的

分配、教育機會的分配、教育內容的擬定等，常常受到教育部門以外力量（如國防或經建部門）的干擾或支配。舉例言之，城鄉教育資源分配的不均衡，就與政策制定過程中的「城市偏見」(Urban bias)有相當的關係。長期以來，我們的政策或措施都具有強烈的「城市偏見」，譬如說：都市中服務不稱職的警察則被調至農村地區，農村地區再不稱職則被調至山地；師範學校的畢業生最優秀的分發臺北市，其次是臺灣省，再其次是山地。像這一類政策性的城市偏見，牽涉到中央與地方權力分配的問題，常常不是教育部門所能完全主導的。而且，學科之間教育資源分配的不公平問題與國防考慮及經建需要都互為因果。舉例言之，幾年前某國立大學設立應力學研究所，因為是與國防有關的策略性研究學科，因此大量的經費源源而來，這與文學院中的「老弱轉乎溝壑，壯者散而之四方」的可憐情景，構成強烈對比。國防與經建部門長期的從人力規劃觀點主導教育資源的分配，這是導致幾十年來國內高等教育中學科不平衡的基本因素。

我們接著再談上文所說的第二項教育機會不平等的問題。教育部在招生政策上並不能完全作主。僑生回國升學受制於僑委會；外交人員子女以及外國學生的入學問題，則受制於外交部，這都是我所謂教育部門自主性淪喪的另一種表現。

再說教育內容的僵化問題，也與教育部門自主性的未能建立有密切關係。教育以外的各種政治力量為了配合政治的考慮，對於教育的內容，尤其是教科書的內容常常造成干擾作用。舉例而言，目前國內「統編本」的中小學教科書內容仍是高度地意識形態掛帥，與當前我國社會之邁向自由化、民主化的基本發展趨勢格格不入。如中小學的國文課本捨中國歷代許多優美的文學篇章而不用，而大量的選錄政治性文件，既不能培育學生的文學心靈，又與國家的現代化背道而馳。今天我們的教育工作努力的方向應是配合邁向自由化與民主化的新時代，努力培育「

公民意識」而不是「臣民意識」。

在這種「教育自主性淪喪」的大背景之下，歷史研究與歷史教學就面對了來自國家的強力干擾，尤其是以各級學校的歷史教育爲甚。就大學院校層次而言，國家力量最主要是表現在各種大學共同必修科目的規定之上。

共同必修科目之制定，其目的在於將國家意志具體落實在教學課程之中。就其完成國家教育政策這項目標而言，共同必修科目有其一定的貢獻。但是，在某種情境之下，國家的政治目標與教育部門的教育目標之間，有時會發生並不完全重疊，甚至互相衝突的情況。舉例言之，過去數十年來，教條化的意識形態，對教育發展造成極大的扭曲。經建部門以「人力規劃」觀點主導教育方向；政治部門從政治宣傳立場，要求教育部門負擔極大政治教化責任。流弊所及，造成我們許多的青年「向錢看」和「向權看」的扭曲人格，傳統中國文化中所謂的「民胞物與」的氣度，所謂「天人合一」的胸襟，早已成爲可遇不可求的奢侈品。孰爲爲之？ 孰令致之？ 過去的教育政策是要爲今日的病態負相當的責任的。在這種情況之下，歷史教學作爲一門必修科目，有時也不免逐漸脫離歷史研究的目標，而形成一種歷史教育的「異化」現象，這是第一個問題。

第二，當前歷史研究與歷史教學所面對的另一個問題，就是隨著最近數十年來現代學術的分工與專業化，不僅各種學科的分野日益精密，而且在歷史研究和歷史教學之中，也因分工與專業化而導致通史精神的沒落。我們從高等教育及歷史教學兩個層次分析這個問題。

二十世紀以降，尤其是第二次世戰以後，世界各國高等教育快速擴充，爲因應新的社會政治經濟情勢及物質環境的改變而新興的學門，如雨後春筍，源源不斷。於是，二千年前莊子所謂「道術將爲天下裂」（《莊子‧天下》），竟然在最近五十年來的學術界取得了最實際的意義。

隔行如隔山，學術間隔化（compartmentalization）的結果，造成各領域的學者在其特定的研究範圍內，一方面崖岸自高，自鳴得意，另一方面不同學門的學者之間則無法互相溝通。史諾（C. P. Snow）所謂「兩種文化」（Two Culture）不僅存在於人文學科與自然科學之間，甚至也存在於同一學科（如史學）的不同分枝領域之間。

　　這種現代學術分工過細所導致的問題，至爲嚴重，各方有識之士早已大聲疾呼應加以改善。早在 1949 年東京大學校長南原繁，在 1949 年新制東大第一屆開學典禮時，就特別指出，近代各學科的發展引起了科學的分裂，使本來應當承擔知識的統一之重擔的大學爲之失落。他呼籲應從學問的整體立場來思考大學的責任⑪。我國教育部在民國 73 年（1984 年）4 月 5 日，以教育部臺（73）高字第 11986 號函通令全國各大學實施通識教育，在附件〈實施要點〉中就指出：「當前大學教育由於分科過早，學生缺乏本門以外的知識與研究方法，所以大學畢業生不免目光局限一隅，無法全面觀照現代知識的發展⑫。」這是當前國內高等教育所存在的最根本的問題。二十世紀德國哲學家雅斯培（Karl Jaspers, 1883～1969)對當代教育的弊端曾有一針見血的批評，他說⑬：

　　當代教育有下列不穩定的徵兆：非常努力於教學之工作，卻缺乏統一的概念；每年出版數不清的文章書籍，教學技巧亦不斷的增加。每一個老師爲教育花出的心血是前所未有的多，但因缺乏一個結合的整體，卻讓人有無力感之現象。再者就是我們常常有的

<hr>

⑪　轉引自：山田昭次，〈歷史學と歷史教育〉，收入：歷史學研究會・日本史研究會編，《現代歷史學の展望（講座日本史）》（東京：東京大學出版社，1971～1979），頁 195。

⑫　見：教育部臺(73)高字第一一九八六號函及附件「大學通識教育選修科目實施要點」。

⑬　Karl Jaspers 著，杜意風譯，《雅斯培論教育》（臺北：聯經出版公司，1983），頁 14。

現象: 放棄了本質的教育，卻去從事數不盡的教學試驗、做一些不關痛癢的調查分析，把不能用言語說明的內容用不真實的話直接說出來。不斷地更換內容及方法做著實驗。這個情況就好像人類把從前好不容易掙來的自由，花費在無用的事物上，變成了空洞的自由。這個不能相信自己的時代關心著教育，好像從空無之中又可以變出一些東西來。

這一段批評完全可以引用來描述當前國內高等教育的根本問題之所在。

在這種大的研究環境之下，大學歷史教學的各個斷代史或專史，各自為政，形成一種美國史學家赫克斯特 (J. H. Hexter) 所謂的「隧道效應」(tunnel effect)❶。在各大學的歷史學系裏，各個斷代史或專史分枝學科雖然雞犬相聞，但卻老死不相往來，由此而導致中國史學中悠久的通史精神為之沒落。這誠然是歷史教學最大的困境之一。

第三個問題是世界史教學資源不足的問題。第二次世界大戰之後，世界政治經濟秩序重整，國際關係日益密切，人類互相瞭解的要求日益殷切，於是世界史 (World history) 乃相應於「地球村」(Global village) 的來臨而受到重視。在 1970 年湯恩比 (Arnold J. Toynbee, 1889~1975) 就呼籲史學家勇於面對這種新的世界局勢，從歷史教學方面把握時機，歷史的寫作必須有新的指涉對象，歷史教學也必須比寫作更具有行動性。史家不能隱居於象牙之塔與世隔絕，史家必須努力使自己對社會有影響力，歷史教師的影響力應更快更直接。十九世紀的史家助長民族主義的火焰，使其燃燒至今，當今史家的責任應在於幫助人類

---

❶ 參看 J. A. Hexter, *Reappraisals in History* (Evanston, Ill., 1961), pp. 194~195. 並參看 David H. Fischer 的進一步申論: David H. Fischer, *Historians' Fallacies*: *Toward a Logic of Historical Thought* (New York: Harper Colophon Books, 1970), pp. 142~144.

免除災禍。湯恩比呼籲學生、作者、教師須先擴大自己的歷史境界，並全力去擴大公眾的歷史視界❺。世界史教學最有成就的麥克尼爾（William McNeil）也同時指出，易於理解的世界史需要選擇適合的史實，並提出對人類社會的透視，而根本的要求是學校須講授歐美亞非並重的歷史。世界史可以有兩種方式，一爲循環複雜的，各文化獨立，同等齊觀；一爲單一直線式的，使人類歷史成爲單一整體。人類社會因語言、宗教、傳統有別而隔絕了文明的交流。麥克尼爾呼籲史學界同仁爲新的世界史教學而準備❻。經過 10 年以後，麥克尼爾在 1980 年接受邢義田及林維紅訪問，檢討世界史的研究與教學工作時說❼：

現在的世界史寫作誠然不盡理想，但這不是說這件工作就不應該嘗試。事實上世界史的撰寫須以無數細心專門，小範圍的研究論著爲基礎。這種小範圍研究的意義常在於能否印證或動搖某些大範圍歷史解釋的假說。當我寫世界史時，常覺得還有太多的問題需要史家做更精細的研究。例如十五世紀以前，歐亞大陸游牧與農業社會之間農畜產品的貿易是世界史上十分重要的現象。爲了找出這種貿易的模式，我們也許需要讀許多例如中國的地方史、方志或回教世界的記載。對這個問題，我還不太清楚，也許在成吉思汗以前，游牧民族的生活對穀類已有很深的依賴，他們必須出售畜產以交換穀物。我猜想這也許是成吉思汗爲何必須征服中

---

❺　參看 Arnold Toynbee, "Widening Our Historical Horizon", in Martin Ballard ed., *New Movements in the Study and Teaching of History* (Bloomington: Indiana University Press, 1970), pp. 56〜60.

❻　William McNeil, "World History in the Schools" in Martin Ballard ed., *op. cit*, pp. 16〜25.

❼　邢義田、林維紅，〈「西方興起」的代言人〉，《中國時報・人間副刊》，1981 年 6 月 15 日。

國的原因之一。人類的社會如此複雜多變，人活在這個世界裏，如果想要有幾分智慧，多瞭解周遭的環境，所需要知道的不僅僅是中國、印度這一些地理名詞，也必要認識他們的歷史經驗、價值系統、宗教信仰以及那些人類社會各不相同的文化特色。我認爲唯一能獲得這些知識的方法就是讀世界史。

麥克尼爾的話十分正確，今日歷史學界顯然已深知世界史教學的重要，我國各大學歷史學系一年級的必修科目「西洋通史」也早已改稱爲「世界通史」，但因世界史的研究論著極端貧乏，現有的研究文獻實在尚不足以支援世界史教學之需要，這是第二個問題。

綜合本節的論述，當前國內史學界的歷史研究與歷史教學所遭遇的問題，有特殊於國內的「教育自主性失落」的問題，也有世界史學界的普遍性的學科過份細分化及世界史教學資源不足的問題。那麼，我們的出路在那裏呢？

五、解決問題的策略

針對以上三種不同性質的問題，我想提出以下幾個解決問題的可能策略：

首先，關於國內高等教育界的「教育自主性失落」這個問題，誠然如孟子所謂之「七年之病」，必須求「三年畜艾」，我們無法求其立卽的解決。我想提出的治本之道是「教育自由化」這項新的策略方向。

我們認爲，「教育自由化」是國內教育改革的總方向，也是肆應當前國內層出不窮的教育問題的基本策略。所謂「教育自由化」兼攝消極與積極二義：消極意義的「教育自由化」，是指在當前臺灣政經脈絡下，教育部門脫離非教育部門的控制而言。回顧光復後四十年來國內各

級教育的發展，就量的增加以及若干個別部門而言，雖亦有可觀的進步，但是就整體而言，教育部門始終未能全面建立其「自主性」與「主體性」。光復初期教育以培育反共抗俄人才爲目標，各級教育頗受政治之主宰；民國五十年代以後，教育則又爲經濟建設而存在；六十年代以後則又以科技發展爲教育工作的主要目標。四十年來，教育部門多半是爲非教育部門（如政治、經濟或科技發展）而存在；所謂消極意義的「教育自由化」，就是指教育部門逐漸脫離非教育部門的控制之後，重建教育部門的「自主性」，回歸以培養完整的人的「主體性」教育目標。換言之，教育部門本身必須就是「目的」，而不再是完成其他部門的目標之「手段」。

所爲謂積極意義的「教育自由化」，是指在重建教育部門的「自主性」與「主體性」的基礎上，將教育目標置於人性的解放與個人人格的覺醒之上。過去四十年來，國內教育政策受到「人力規劃」概念的桎梏至深且鉅，基本上是在培養經建人才或科技人才這類比較低層次的基礎上思考教育問題。因此，儘管四十年來我們培養了大量的技術官僚（technocrates），頗有能力解決短期性的技術層面問題，但是，龐大的技術官僚羣卻無法肆應近年來國內所遭遇的，隨著歷史性變局所衍生的非技術性問題，各方面都有人才不足之嘆。今後我們必須大幅修正過去以「人力規劃」觀點來看教育的狹隘格局，邁向人格覺醒的教育，才能開創新局面，迎接未來的挑戰。

何以「教育自由化」是當前教育改革工作的根本方針呢？這個問題可以從兩個角度加以分析。第一，教育與非教育領域之間具有有機的關係。近年來，國內在經濟上走向自由化、國際化，臺灣已經成爲世界自由經濟體系中不可分割的一個環節；在社會上走向平等化，在政治上追求民主化的趨勢之下，人民政治意識隨著高度覺醒。在這樣的政經社會新潮流中，如果教育部門仍繼續維持過去四十年來，在戒嚴體制下所形

成的舊制度與舊傳統，那麼，這種教育與非教育部門之間的差距，必然
造成受教育者的「雙重人格」，進而引發其中具有批判思考能力者對舊
體制的反叛。近年來各大專院校風起雲湧的學生運動，部分原因即植根
於這種教育與非教育部門之間的差距。經濟的自由化與國際化，必然要
促使教育走向自由化，這是一條無可避免的道路。在社會經濟日趨自由
的狀況下，教育如果仍墨守成規，人民必然以實際行動拒絕落伍的教
育，多年來的海外小留學生問題，就是這個論點的最佳證明。第二，經
過戰後四十餘年的發展，臺灣地區文化生活的主調逐漸從傳統文化中的
「一元化」的格局，走向文化「多元化」的局面。相應於這種文化主調
的變化，各個不同領域之間的關係，也從過去傳統的「從屬原則」──
一切領域皆受單一政治力所主宰──走向「協調並立原則」，各個領域
內都各自躍動著新的生命，不受外力主宰。和經濟部門比較起來，教育
部門顯然落於社會脈動之後，而顯得守成有餘，創新不足。如果教育部
門不想被民間社會的活力所淘汰，那麼，「教育自由化」就是一條必經
的道路。在近年來國內各方面的變局與革新之中，教育主管部門當然也
受到衝激，而作若干局部的、技術性的調整，如「大學法修正草案」的
提出就是一例。但是，如果要使「教育自由化」的目標真正落實，則必
須對現行教育體制進行結構的改變。將來教育部籌備的「教育研究院」
如能就「教育自由化」政策加以研究，並求其落實，則對於歷史教學必
有直接的貢獻⓲。

　　第二，學術專業化所引起的通史精神的失落之問題，以及世界史教
學問題，基本上是同一種性質的問題，都是由於歷史研究與歷史教學的
通識眼光的失落所引發的問題，因此，我們可以一併構思對應的策略。
我認為，針對這兩個問題，我們可以提倡兩種歷史教學的新觀念：

⓲　關於「教育自由化」的理念，參考：黃俊傑，〈拓展教育自由化的空間〉，
　《自立早報》（1988 年 7 月 25 日），第二版。

（一）歷史教學的「立體觀」

最早提出「立體觀」這個歷史教學觀念的是史學前輩嚴耕望（歸田，1916～）先生。嚴先生曾對「中國文化史」教學提出一套極具創見的看法，他說❿：

> 我所謂「中國文化史」，與過去學人所寫的「中國文化史」也有些不同。過去學人所寫文化史過分著重上層結構，如各個時代政府頒行的各種制度，與學術思想、文學藝術之類；與通史所不同的，只是減少了軍事勝負與政治演變而已。我想這種講法，內容仍然太多，而且過份偏重中央政令與學術文藝方面少數高階層人物的表現。……應該簡化這些方面的資料。……這一切從上層結構中節省下來的篇幅，可以加述一些歷代國計民生狀況與社會風俗習慣，這些纔是民族文化的基點，在中國文化結構中佔有最基本的地位；但過去學人大多很忽視。有些通史、文化史書雖也稍稍涉及這些方面，但又僅限於中國核心地帶。中國自古是個大國，版圖廣闊，民族複雜，各地區、各民族的生計狀況與風俗習慣差異很大，寫歷史的人只注意到漢族聚居區域的核心地帶，以偏概全，這是絕對不夠的，也可說是絕對不正確的觀念。所以我常說這是一條線的中國歷史觀，應當建立中國歷史的立體觀，把中國境內各個地區、各種民族的歷史文化全部容納到中國歷史體系中來，這纔能算是一部真正的「中國通史」、「中國文化史」。

❿ 嚴耕望，《治史答問》（臺北：臺灣商務印書館，1985），頁 113～115。嚴先生在 1984 年 4 月 2 日上午 10 時至下午 2 時，參加當時教育部「大學共同科目規劃研究專案小組」所召開的「歷史科諮詢委員會第一次會議」時，也表示同樣的意見。

嚴先生近日對於這個教學觀念，又有進一步的發揮，他說⑳：

> 一般人講中國通史都是一條線的講，重點多放在中央政治，涉及
> 地方的情形都很少，我認為應該打破一條線的歷史觀而建立一個
> 立體的歷史觀；中國這麼大的一個國家，我們講中國歷史不能只
> 注意黃河流域的發展情況與漢人的各方面活動。應當兼顧到所有
> 地方、所有民族的情形。一條線的歷史觀應用在單一民族的小國
> 家還勉強可以，像我們這樣的大國實在是不夠的。例如一般談漢
> 朝的經濟發展程度如何如何，也僅是指中原地區如此，南方與邊
> 疆狀況就完全不一樣了。要談中國史就不能有意的忽略南方長江
> 流域、西北及嶺南等地區；至於要如何建立一個立體的史觀，我
> 認為從歷史地理的觀點著手不失是個可行的方法。

嚴先生所指出的「中國歷史的立體觀」，不但切中民國以來我國歷史教
學倚輕倚重，或重「上層建築」或重「下層建築」之通病；而且也與當
前歐美歷史教學的新趨勢互相呼應。例如美國史學家海斯 (Samuel P.
Hays) 也曾呼籲歷史課程的教學應集中在歷史上一般的人民以及他們的
生活背景與樣態㉑。

中國史學家對於通識的眼光特別重視，王夫之（船山，1619～1692）
對「通」這個字的解釋最能探驪得珠，他說：「其曰『通』者，何也？
君道在焉，國是在焉，民情在焉，邊防在焉，臣節在焉，士之行己以無

---

⑳　見嚴耕望，《嚴耕望史學論文選集》（臺北：聯經出版事業公司，1991），
　　頁 623。

㉑　參看: Samuel P. Hays, "History and the Changing University Cur-
　　riculum", *History Teacher*, VIII (1975), pp. 64～74.

辱者在焉，學之守正而不陂者在焉。雖扼窮獨處，而可以自淑，可以誨人，可以知道而樂，故曰『通』也」❷。

中國史學傳統中的通史精神的失落，基本上是二十世紀中國歷史研究專業化以後的結果。我們只要在歷史教學中建立嚴先生所說的「立體觀」，必可彌補通史精神的失落這個時代弊病。

（二）歷史教學的「世界觀」

在本文第四節，我們已指出「世界史」教學已是近二十年來國際歷史教育的大趨勢，各種大學院校的教科書愈來愈注重從世界史觀點撰寫史事，以便提供學生一個嶄新的世界觀❸。1982 年 3 月 28 日至 4 月 2 日日本的史學會與美國歷史學會(American Historical Association)合辦「第一回日米歷史學會議」，由麥克尼爾就世界史教學問題發表演講，會後東京大學西洋史教授西川正雄就說，現階段歷史教學最重要的課題是，如何從「本國中心主義」的窠臼中脫困而出，而從世界整體的觀點從事歷史教學❹。

西川正雄這段反省之言，對於擁有悠久歷史文化傳統的我國史學界也具有某種參考價值。在人類即將走向二十一世紀的今天，「全球意識」日益彰顯，所謂「銅山東崩，洛鐘西應」，今日以及未來人類任何一部分地區均不能免於其他地區的影響，1991 年的波斯灣戰爭就是最具體的證明。今日我們需要從世界史的角度來重新思考我們歷史研究與歷史教學的新方向與新課題。

---

❷　王夫之，《讀通鑑論》（臺北：河洛出版社影印新校標點本），卷末，〈敍論〉，頁 1114。

❸　關於美國大學歷史教科書寫作的新趨勢的討論，參看：Karen J. Winkler, "Textbooks the Decline and Rise of Western Civilization", *The Chronicle of Higher Education* (Dec., 1, 1982), pp. 23~240.

❹　西川正雄的意見發表在《朝日新聞》（夕刊），1982 年 4 月 28。

六、結　論

歷史研究與歷史教學之不受社會重視並不自今日始，遠在二千年前司馬遷就已感嘆「文史曆近乎卜祝之間，固主上之所戲弄，倡優畜之，流俗之所輕也」。時到今日，不論中外，歷史教學一直是備受冷落的一個學科。就美國的狀況而言，從1960年代以降，歷史教育受到存在主義 (existentialism)、修正主義 (revitionism) 與新浪漫主義 (neo-ro-manticism)的壓力，在各級學校中的地位就江河日下❷；國內的史學教育長期以來一方面受到社會功利主義的凌虐，另一方面又受到國家力量的干擾，一直未能發揮歷史教育應有的功能。誠如本次會議主辦單位在研討會計畫書中所說：「本國歷史教學效果不彰，教學內容與中學大同小異，很難引起學生興趣。因此，我們認為不管大學「本國歷史」教學時數如何修定，教學品質及內容之提昇是改進大學「本國歷史」教學最重要也是目前最迫切的一項問題❷。」這篇論文就是針對這個問題，而從歷史研究與歷史教學的關係這個角度，所提出來的一點初步看法。

明末儒者顏元（1635～1704）說：「書之病天下久矣！使生民被讀書者之禍，讀書者自受其禍，而世之名為大儒者，方且要讀盡天下書，方且要每篇讀三萬遍，以為天下倡。」（《習齋言行錄》，卷上）這句話經過某種修正以後也可以用來形容今日國內教育的病態。在歷史扉頁翻

---

❷　Herbert I. London, "The Relevance of "Irrelevance": History as a Functional Discipline", *New York University Education Quarterly*, II (1971), pp. 9～15. 並參看: Richard S. Kirkendall, "The Status of History in the Schools", *Journal of American History*, Vol. 72, No. 2 (Sept. 1975), pp. 557～570.

❷　見〈「中華民國大學院校中國歷史教學研討會」計畫書〉，（主辦單位中國歷史學會、政治大學歷史系擬），頁 1。

動的今日，我們展望未來，深知教育部門的大幅改革已成爲歷史的必然
趨勢。舍此不圖，教育部門必然被經濟自由化與政治民主化的巨浪所吞
噬，終於在歷史的浪濤中慘遭滅頂。讓我們以這樣的信心與愛心，期待
我國歷史研究與歷史教學不斷創新，開啟新局。

參 考 書 目

中日文著作:

三浦國雄，〈氣數と氣勢—朱熹の歷史意識〉，《東洋史研究》，四十
　　　　二卷四號（1984 年 3 月）。

山田昭次，〈歷史學と歷史教育〉，歷史學研究會、日本史研究會編，
　　　　《現代歷史學の展望（講座日本史）》（東京：東京大學出版
　　　　社，1971～1979）。

王夫之，《讀通鑑論》（臺北：河洛出版社影印新校標點本）。

〈「中華民國大學院校中國歷史教學研討會」計畫書〉，（主辦單位中
　　　　國歷史學會、政治大學歷史系擬）。

《朝日新聞》（夕刊），1982 年 4 月 28 日。

朱熹編，《近思錄》（臺北：臺灣商務印書館，1967）。

朱熹，《晦庵先生朱文公文集》（四部叢刊初編縮本）。

邢義田、林維紅，〈「西方興起」的代言人〉，《中國時報·人間副刊》，
　　　　1981 年 6 月 15 日。

阮芝生，〈伯夷列傳析論〉，《大陸雜誌》，第六十二卷三期（1981 年
　　　　3 月）。

吳光明，《歷史與思考》（臺北：聯經出版公司，1991）。

高森良人，〈朱熹の歷史觀〉，《東方學》，第七號（1953）。

教育部臺⑺高字第一一九八六號函及附件「大學通識教育選修科目實施

要點」。

黃俊傑，《孟子思想史論》（卷一）（臺北：東大圖書公司，1991）。

黃俊傑，〈拓展教育自由化的空間〉，《自立早報》（1988 年 7 月 25 日），第二版。

黎靖德編，《朱子語類》（臺北：正中書局影印 1270 年刊本）。

錢穆，《中國歷史研究法》（臺北：三民書局，1969）。

錢穆，《國史大綱》（臺北：三民書局，1969）。

錢穆，《朱子新學案》（臺北：三民書局，1981）。

麓保孝，〈朱熹の歷史論〉，收入：諸橋轍次編，《朱子學入門》（東京：明德出版社，1974）。

Karl Jaspers 著，杜意風譯，《雅斯培論教育》（臺北：聯經出版公司，1983）。

嚴耕望，《治史答問》（臺北：臺灣商務印書館，1985）。

嚴耕望，《嚴耕望史學論文選集》（臺北：聯經出版事業公司，1991）。

英文著作:

Fischer, David H., *Historians' Fallacies: Toward a Logic of Historical Thought* (New York: Harper Colophon Books, 1970).

Hays, Samuel P., "History and the Changing University Curriculum," *History Teacher*, VIII (1975).

Hexter, J. A., *Reappraisals in History* (Evanston, Ill., 1961).

Huang, Chun-chieh, "Chu Hsi as a Teacher of History," 《（第二屆）中西史學史研討會論文集》，國立中興大學歷史系主編（臺中：國立中興大學歷史系，1987）。

Kirkendall, Richard S., "The Status of History in the Schools,"

Journal of American History, Vol. 72, No. 2 (Sept. 1975).

London, Herbert I. "The Relevance of Irrelevance: History as a Functional Discipline," *New York University Education Quarterly*, II (1971).

McNeil, William, "World History in the Schools," in Martin Ballard ed., *op. cit.*

Toynbee, Arnold, "Widening Our Historical Horizon," in Martin Ballard ed., *New Movements in the Study and Teaching of History* (Bloomington: Indiana University Press, 1970).

Winkler, Karen J., "Textbooks: the Decline and Rise of Western Civilization," *The Chronicle of Higher Education* (Dec., 1, 1982).

（本文原刊於：王壽南、張哲郎主編，《中華民國大專院校中國歷史教學研討會論文集》，臺北：中國歷史學會，國立政治大學歷史系出版，1992）

二、戰後臺灣關於史學方法論的研究
(1950～1980)

目　次

一、前　言

　　這篇論文寫作的主旨，在於探討 1950 年至 1980 年的三十年間，臺灣的史學界關於史學方法論的論著的內容及其發展趨勢。就其大體而言，這三十年間有關史學方法論的研究可以劃分爲兩個階段：

　　第一個階段大約涵蓋了 1950 年至 1970 年的二十年之間。在這個階段裏，對歷史學研究方法最具有支配力、在方法論上最具有影響力的

是史料學派❶，尤其是德國的語文考據學派的研究方法論。這個潮流基本上是民國初年以來，國內史學界重視史料的學風之延續，而以傅斯年（1896～1950）及姚從吾（1894. 10. 7～1970. 4. 15）二先生爲巨擘；在此期間，相對於這股來自歐陸思潮的，國內也有以傳統史學研究方法爲中心的專著，錢穆（賓四，1895～1990）先生最爲代表。第二個階段則包括 1971 年至 1980 年間，在這段期間內，從臺灣史學界所刊布有關方法論的論著看來，許多史學工作者已留意到歷史學與社會科學之結合，而以《食貨》月刊及《思與言》雙月刊這兩份學術性雜誌提倡最力，國內各大學的歷史學報也互相呼應，而成爲新的發展方向。一般說來，1970 年代至 1980 年間，歐美以實證主義爲中心的社會科學對臺灣史學研究造成相當大的衝擊，促成了研究方法的新取向的出現。

---

❶ 近人論述民國以來之史學發展狀況，一般意見多以爲可分爲「史料學派」與「史觀學派」二大陣營。周予同稱清末至抗戰時期爲中國史學之「轉變期」，並言其趨勢云：「所謂轉變期的新史學，可分爲兩類：一是偏重『史觀』及『史法』方面的，一是專就『史料』方面的。史法每原於史觀，或與史觀有密切關係；爲行文簡便起見，前者可稱爲『史觀派』，後者可稱爲『史料派』。換言之，中國現代的新史學家可歸納爲兩類，即『史觀派』與『史料派』。固然，也有一些史學家能由新史料而產生新史觀，如李濟；但大體地說，仍可分屬於上述的兩派。這兩派所以產生於清末民初，換言之，這兩派所以使中國史學發生轉變，與清代初期、中葉以及後期的學術思想有密切的淵源的關係。所以想明瞭這兩派的新史學，非先對清代初期、中葉以及後期的學術思想作一度鳥瞰不可。」（見：周予同，〈五十年來中國之新史學〉，收入：杜維運、陳錦忠編，《中國史學史論文選集三》，臺北：華世出版社，1980，頁 372～373）。余英時最近回顧民國以來史學的發展，亦以「史料學派」與「史觀學派」來區分其主要潮流的趨勢。見：余英時，〈中國史學的現階段：反省與展望〉，《史學評論》創刊號，1979，頁 1～24。此文英譯本見：Ying-shih Yü, tr. by Thomas H. C. Lee and Chun-chieh Huang, "The Study of Chinese History: Retrospect and Prospect," *Rendition*, No. 15 (Spring, 1981), pp. 7～26. 本文所用「史料學派」一詞，即本乎周、余二先生之說。

二、第一階段的史學方法論著作及其特徵
（1950～1970）

從 1950 年至 1970 年的二十年間，臺灣的史學方法論研究，基本上是在史料學派觀點的籠罩之下，可視爲民國初年以後史料學派觀點及研究方法的持續發展，其中貢獻最大、影響最深遠的是傅斯年先生。1952年傅先生的《史學方法導論》出版❷，這是1949年以後所出版對於史學方法研究影響最鉅的書籍之一。此書乃傅先生任教國立北京大學時的講義稿，原書凡七講，在1952年出版時只存其第四講。雖非全貌，但仍可窺見傅先生對史學研究的一貫性看法，這種看法可以歸約在傅先生所提出的「史學便是史料學」及「史學的方法是以科學的比較爲手段，去處理不同的記載」❸ 這兩個信念之下。由於傅先生認爲「史學便是史料學」，所以在《史學方法導論》一書中對「史料」特加重視，而分論「直接史料對間接史料」、「官家的記載對民間的記載」、「本國的記載對外國的記載」、「不經意的記載對經意的記載」、「口說的史料對著文的史料」等史料學的各個方面的問題。

何以傅先生論史學方法特重史料，甚至以史學即史料學呢？關於這個問題，我們可以在他的著作中找到部分答案。傅先生在《史學方法論》中曾歸納他觀察中國及歐洲史學觀念演進過程的結果爲以下三點❹：

---

❷　收入：《傅孟眞先生全集（二）》（臺北：國立臺灣大學，1952），中編上。

❸　傅斯年，《史學方法導論》，頁 3。

❹　同上書，頁 2。

(1) 史的觀念之進步，在於由主觀的哲學及倫理價值論變做客觀的史料學。

(2) 著史的事業之進步，在於由人文的手段，變做如生物學地質學等一般的事業。

(3) 史學的對象是史料，不是文詞，不是倫理，不是神學，並且不是社會學。史學的工作是整理史料，不是作藝術的建設，不是做疏通的事業，不是去扶持或推倒這個運動，或那個主義。

傅先生所持這種對歷史學的看法，在許多場合裏都曾一再提出。例如：在《國立中央研究院歷史語言研究所集刊》第一本第一份中，傅先生在所撰〈歷史語言研究所工作之旨趣〉一文中就指出❺：

歷史學和語言學在歐洲都是很近才發達的。歷史學不是著史；著史每多多少少帶點古世中世的意味，且每取倫理家的手段，作文章家的本事。近代的歷史學只是史料學，利用自然科學供給我們的一切工具，整理一切可逢著的史料，所以近代史學所達到的範域，自地質學以至目下新聞紙，而史學外的達爾文論，正是歷史方法之大成。

在中央研究院歷史語言研究所出版的《史料與史學》的發刊詞中，傅先生又重申這個立場說❻：

---

❺ 傅斯年，〈歷史語言研究所工作之旨趣〉，收入：《傅孟眞先生全集（四）》，頁 169～170。

❻ 傅斯年，〈《史料與史學》發刊詞〉，收入：《傅孟眞先生全集（四）》，頁 276。

此中皆史學論文，而名之曰「史料與史學」，亦自有說。「本所
同人之治史學，不以空論爲學問，亦不以『史觀』爲急圖，乃純
就史料以探史實也。史料有之，則可因鉤稽有此知識，史料所
無，則不敢臆測，亦不敢比附成式。」此在中國，固爲司馬光以
至錢大昕之治史方法，在西洋，亦爲蘭克莫母森之著史立點。史
學可爲絕對客觀者乎？此問題今姑不置答，然史料中可得之客觀
知識多矣。有所不足，不敢不勉，此命名之意也。

在這個信念下，傅先生指出歷史學的發展必須依憑三個標準：（1）凡能
直接研究材料，便進步；（2）凡一種學問能擴充他作研究時應用的工具
的，則進步；不能的，則退步❼。

我們可以說，傅先生以史學爲史料學的基本原因正在於他將歷史學
與自然科學等量齊觀，視兩者之手段與目的均同。1928年，傅先生曾說
❽：「中央研究院設置之意義，本爲發達近代科學，非爲提倡所謂固有
學術。故如以歷史語言之學承固有之遺訓，不欲新其工具，益其觀念，
以成與各自然科學同列之事業，卽不應於中央研究院中設置歷史語言研
究所，使之與天文、地質、物理、化學等同倫。今者決意設置，正以
自然科學看待歷史語言之學。」這種把歷史學與自然科學等量齊觀的看
法，在民國初年以來我國史學界頗爲流行。這種看法不僅對於北伐以後
二十年間的中國歷史學發展有深刻影響❾。安陽甲骨的發掘與內閣大庫

---

❼　傅斯年，〈歷史語言研究所工作之旨趣〉，收入：《傅孟眞先生全集（
　　四）》，頁 172～174。

❽　轉引自：董作賓，〈歷史語言研究所在學術上的貢獻——爲紀念創辦人終
　　身所長傅斯年先生而作〉，原載《大陸雜誌》，第二卷第一期，收入：《大
　　陸雜誌史學叢書》第一輯第一冊，頁 69～74，引文見頁 69。

❾　參考：勞榦，〈傅孟眞先生與近二十年來中國歷史學的發展〉，原載：《
　　大陸雜誌》第二卷第一期，收入：《大陸雜誌史學叢書》，第一輯第一冊，
　　頁 75～77。

檔案、敦煌經卷的整理及西北邊塞漢簡的考釋均直接或間接得力於這個信念；它對於 1950～1970 年之間臺灣的史學研究也具有相當大的影響力。

傅先生對歷史研究所持的看法深受十九世紀以來德國史學的影響。這種影響也可以從姚從吾先生及張致遠先生的著作中反映出來❿。姚從吾先生的《歷史方法論》一書出版於 1971 年 4 月，是姚先生數十年來在北京大學、西南聯大及臺灣大學講授「史學方法論」課程的講義。這部書很可以視爲德國史學影響下，國人所寫的史學方法論的代表作。此書脫胎於姚先生的授課內容，共分六章，篇目如下：

(1) 導　論

(2) 近代歐洲歷史方法論的起源

(3) 略論直接史料中幾類最佳的史料

(4) 說史料的解釋

(5) 轉手記載不如原書的舉例

(6) 略論歷史學的補助科學

這幾篇的內容是姚先生在臺灣大學講授「史學方法論」課程的部分內容。1969年，姚先生爲該課程所印發的講義目錄如下⓫：

一、導　論

甲、通論：（歷史的理論）

(1) 性質（略談歷史在人文科學中的地位）

(2) 定義（定義的舉例）

---

❿　關於 1950 年至 1976 年，西方史學輸入中國之一般情形，參考：杜維運，〈西方史學輸入中國考〉，《國立臺灣大學歷史學系學報》，第三期（1976 年 5 月），收入：杜維運，《與西方史家論中國史學》（臺北：東大圖書公司，1981），附錄二，頁 287～335，尤其是頁 325以下。

⓫　引自杜維運先生爲姚先生著《歷史方法論》一書所撰之〈後記〉。見：《姚從吾先生全集(一)——歷史方法論——》（臺北：正中書局，1972），頁 79～80。

（3）任務與用途

二、歷史學的性質

三、歷史學的定義

四、歷史學的任務（兼談歷史的用處）

乙、方法論

（1）方法論的溯源

（2）史源學略說

（3）史料的分析與批評

（4）史料的解釋與敍述

五、近代歐洲歷史方法論的起源與史源學略說

六、說直接的史料與間接的史料

七、說有意的史料與無意的史料

八、史料外部的批評與內部（內容）的批評

九、史料的解釋、史料的選擇與史料的敍述

十、實習與討論：（從下列四個題目中，任選一個，試作一篇讀書報告）

（1）轉手記載何以不如原書？（或「轉手記載不如原書的舉例」，試利用《通鑑》比證宋以前的正史）

（2）如何考定歷史上的年代。（另發舉例式的資料）

（3）如何考定歷史上錯誤的人名。

（4）我國歷史綿延沒有中斷的說明或解釋。

兩相比較，我們可以發現，姚先生此書卽是「史學方法論」授課的大部分內容。但是這本書並非姚先生所著有關史學方法的唯一論著，實際上，早在 1933 年，姚先生卽著有《歷史研究法導論》問世⓬，可視爲

⓬　根據王德毅編，〈姚從吾先生著述目錄〉，收入：《姚從吾先生哀思錄》（臺北：姚從吾先生治喪委員會，1971），頁 63～68。

1971年出版的《歷史方法論》一書的前身。

姚先生在《歷史方法論》中曾開宗明義地對歷史下一定義云：「『事實記載』與『客觀的事實』符合者，叫做信史。」（頁1），又說：「研究如何使『事實』與『事實記載』能作到彼此符合，或者說：如何使我們作的或讀的歷史，成爲一種信史；這些方法，就是歷史方法論。綜合的研究一種『事實』（事變），並解說一種『事實』（事變）如何發生的理論；如何寫成文辭優美的信史的方法，如何獲得一種『事變』公正的說明與合理的解釋的學問，就是歷史學。」（頁1）。姚先生認爲，這種研究歷史的方法在近代歐洲最有長足發展，所以他大力介紹德國近代史學方法論的大師，如班海穆（E. Bernheim, 1854～1937）、尼博兒（Barthold Georg Niebuhr, 1776～1831）及蘭克（Leopold Von Ranke, 1795～1886）等人的學說。姚先生認爲，研究史料的來源、批評史料的眞僞和怎樣解釋史料，是近代（特別是十九世紀）歐洲歷史方法論所倡導的幾種科學研究的精神。他說：歐洲（特別是德國）從前的歷史學者，只知道述古，附會宗教，不知道什麼是創作。高文典册又大都掌握於修士（神父）、僧官（主教、僧正）之手，這些學人有所著述，往往都拿自己所喜歡的一種記載，或自己所知道的一、二種舊聞、軼事作爲根據，加以藻飾，寫成歷史。並不注意自己所根據的材料是否確實，或是否完備。材料的來源如何？可信的成分有多少？寫的人與讀的人都不注意。大家又喜歡別人成說，但也只圖適合自己的成見，並不懷疑這種「成說」因襲轉變的情形，和這種「成說」的本身是否有依據的價值。十八世紀晚年到十九世紀初期，德國的史學界猶充滿這種「抱殘守缺」、衛教泥古的思想。自十九世紀初期，史學大家尼博兒（Barthold Georg Niebuhr, 1776～1831）、蘭克（Leopold Von Ranke, 1795～1886）兩位大師的名著相繼問世，創立了一種「語言文字的批評方法」(die philologischkritischen methode)，開始從語言文字方面下

手，追尋史料形成的來源，批評史料可信的程度，建立一種信信疑疑的客觀標準。由是學者治史的態度，耳目一新；研究歷史所採用的方法，爲之改觀。於是歷史的研究法，纔漸漸從因襲的變成進化的，從主觀的變成客觀的⓭。據此，姚先生提出歷史研究法之進步乃在於由「主觀」進而爲「客觀」的看法。在此書「導論」中，姚先生並特別提醒史學工作者「認識客觀的事實」、「事實求眞、注重證據」（頁4），凡此俱能透露十九世紀德國史學的投影。所以，《歷史方法論》除了第二章「近代歐洲歷史方法論的起源」介紹歐陸史學之外，另第三、四、五章均討論史料的分類、解釋及實際運用等的問題，以史料之考訂爲歷史研究的主要內容。

姚先生努力於紹述德國史學中「語言文字的批評方法」，基本上可視爲清末以來國人對西方史學方法論的興趣的延續。我曾在別文中說明，近代海通以來，西學東漸，原本各自獨立發展之中西史學始獲接觸之機會，近二百年西方所發展之史學方法論亦隨之傳入中國，並引起近代中國知識界極大之興趣。揆其原因至少有以下二端，其一是西方史學方法論傳入中國之日，正值近代中國國勢中衰、國人對固有文化漸失信心之時。在全面反傳統的思想氛圍之中，許多近代知識分子起而攻擊中國史學之舊傳統。如嚴復（1853～1921）痛斥中國史學中一治一亂之循環論；黃遵憲（1848～1905）駁斥以天朝爲中心之歷史觀；徐仁鑄（1863～1900）醜詆中國正史爲十七姓之家譜；唐才常（1867～1900）指責傳統史學家以取悅帝王爲其目的。以上所舉不過若干著例而已，實則通貫清末民初時代，此種掊擊傳統史學之言論俯拾皆是，其持論之激烈與割裂舊傳統態度之橫決，在在皆可顯示出彼輩之時代危機感與夫求新求變之共同要求。在此種反傳統思想瀰漫的時代背景之下，西方之史學理論自易引起國人之注意。其二則是民初傳來之西洋史學方法論大師如

⓭　　姚從吾，《歷史方法論》，頁9。

班海穆、蘭克、朗格羅亞及塞格波等人之論著，與傳統中國史學之舊規頗不相同，對中國史學家而言饒有新意，正符合當時中國學者在學術路線上求新求變之要求。職是之故，近代中國史學家一方面不滿於傳統中國史學之陳規，一方面則又欣羨於西方近代治史方法之成就，故大力介紹西洋治史方法。他們的努力對於學者對近代中西史學的接觸與瞭解，都有相當貢獻⓮。

除了傅斯年及姚從吾兩先生之外，在這個時期裏致力於德國史學介紹的，尚有張致遠先生。1952 年 9 月，張先生的《史學講話》出版，此書前三章以史學理論及史學方法為主要內容。正如張先生在此書前言中所說，此書敍述史學理論及方法主要是依據班海穆的《史學導論》（*Einleitung in die Geschichtswissenschaft*）一書，故張先生論史學研究亦以史源學為其主要內容。他說⓯：

> 從前學者只以所得的材料為滿足，現在就得知道並且利用一切存在的材料，在檔案庫圖書館各處作系統的搜集，並須刊印。又因同一著作有好多抄本或版本，那末在刊印史料的時候，就得應用嚴密的文字學的方法，不能隨意翻印，必須熟悉歷史考釋的基本工作，根據最完密的知識，最精細的材料選擇，來斷定事實，不宜有任何成見，或少受傳統的掩蔽。近代考證方法就由這種基礎出發，把歷史研究的面目完全改變了。因為現在才對過去記載的證據發生疑問，究竟是否真確可信，不染色彩，對於產生較晚的記傳就要追求原本，把事實傳統與神話流傳區別清楚，對於文書檔案得考其真偽，又將各種史料互相比較。要解答這些問題，實

⓮　參考：杜維運、黃俊傑編，《史學方法論文選集》（臺北：華世出版社，1980年增訂一版），〈通論篇導言〉，頁 4～5。

⓯　張致遠，〈史學方法綱要〉，收入：《史學講話》（臺北：中華文化出版事業社，1952），頁 43～44。

施以上種種考驗，須熟悉一定工具與途徑。最先知道實際應用這種考證方法的，是尼布爾 (Barthold Georg Niebuhr) 在他的《羅馬史》(*Romanische Geschichte,* 1811～1813) 與其書中的序言裏，以及蘭克的《羅曼尼斯與日耳曼民族》(*Geschichte der Romanischen Und Germanischen Völker Von 1494 bis 1535*) 與其《評近代史家》的附錄 (*Zur Kritikneurrer Geschichtschreiber,* 1824)。以蘭克爲師承的史家與編訂日耳曼歷史大系的學者，如魏次 (Gevrg Waitz)、基斯普萊特 (Wilhehm Giesebrecht)、斯畢爾 (Heinrich V. Sybel)、狄羅遜 (Johann Gustav Droysen) 等人，以及他們的學生，大家從研究與教書工作，把這種方法推廣應用，使成爲近代歷史研究的共同精神遺產。

在這個觀點之下，張先生又指出，所謂史源學亦卽是史料的研究、考證、解釋、組織及敍述的工作。在〈史學方法綱要〉中，張先生以大量篇幅來說明各種性質的史源及史源的考證問題。諸如此類的側重點很可以反映十九世紀德國史學的洗禮。

整個看來，1950 至 1970 年的二十年間臺灣史學界對於方法論的興趣，一般言之比較低，論述史學研究方法的專書或論文都比較注重史料的考證問題，而以史料學派的觀點及其方法爲這一階段的主流。關於第一階段（1950～1970）內，史學方法論之較少引起史學工作者的興趣這一項事實，我們可以從學術性刊物所載論文的內容作一分析，卽可得知其大勢之所趨。1949 年以來以來，文史學界中創辦最早的刊物，首推《大陸雜誌》。《大陸雜誌》自 1950 年 7 月創刊，迄今已近 36 年，其中所刊載論文之題目及內容在某種程度之內，可以反映國內史學界的一般趨勢：

表一： 《大陸雜誌》各卷所載史學方法論論文統計表
（1950～1970）

年份	卷別	論文總數	史學方法論論文				
			歷史哲學	史學史	研究方法	史學通論	小計
1950年 7～12月	I	115		1			1
1951	II	103		1			1
	III	98	3				3
1952	IV	´97				1	1
	V	96					0
1953	VI	105					0
	VII	99					0
1954	VIII	102	3	1			4
	IX	101					0
1955	X	107	2				2
	XI	107					0
1956	XII	103		2			2
	XIII	92		1	1		2
1957	XIV	92		1			1
	XV	85		3			3
1958	XVI	93				1	1
	XVII	92		1			1
1959	XVIII	92	1				1
	XIX	89					0

年份	卷						
1960	XX	91					0
	XXI	88		3	1		4
1961	XXII	90		1			1
	XXIII	86			2		2
1962	XXIV	82		3	1		4
	XXV	96		1			1
1963	XXVI	94					0
	XXVII	79		1			1
1964	XXVIII	88					0
	XXIX	103			1		1
1965	XXX	85					0
	XXXI	93					0
1966	XXXII	96					0
	XXXIII	92					0
1967	XXXIV	91					0
	XXXV	99					0
1968	XXXVI	71		1			1
	XXXVII	67		3		1	4
1969	XXXVIII	73		2			2
	XXXIX	71					0
1970	XL	61					0
	XLI	60					0
合　計		3724	9	26	6	3	44

從表一的統計，我們可以發現，在 1950 年至 1970 年之間，《大陸雜

誌》所刊載討論史學方法論的文章極少，僅佔全部文章的1.18%。而在
廣義的史學方法論範圍的 44 篇論文中，屬於史學史者佔絕大部分（共
26篇），討論研究方法或方法論問題的文字極少（僅得 6 篇），由此最
可以反映這二十年間史學工作者對史學方法論缺乏興趣的情形。

　　不僅《大陸雜誌》所刊論文呈現此種傾向，其他學術刊物亦有相同
現象，1963 年 2 月 15 日所創刊的《思與言》雜誌即為一例。自 1963
年至 1972 年的十年之間，《思與言》雜誌所刊載的論文以史學為最
多，共佔總數的 24.08%，如下表所列：

表二:　.《思與言》雜誌所刊載論文類別
(1963～1972)

類　別	篇　數（包括譯作）
哲　學	17（ 4.18%）
心　理	5（ 1.23%）
人　類	51（12.53%）
社　會	40（ 9.83%）
經　濟	37（ 9.09%）
政　治	87（21.38%）
行　政	12（ 2.94%）
法　律	23（ 5.65%）
史　學	98（24.08%）
文　學	20（ 4.91%）
其　他	17（ 4.18%）
	407（ 100%）

資料來源: 謝雨生，〈早期《思與言》雜誌內容分
析〉，《思與言》第十八卷第五期，頁
52，表1。

　　從表二的統計，我們可以發現，《思與言》在 1963 年至 1972 年
之間所刊載的人文社會科學各領域論文中，以史學類為最多；但是史學

論文所討論的主題多集中在歷史事件、制度或人物事蹟的陳述上，而研究方法論只得一篇，僅佔歷史學論文總數的 1.02 ％，下表顯示這種傾向：

表三：　《思與言》歷史學論文主題分布統計表（1963～1972）

主　　題	I卷	II	III	IV	V	VI	VII	VIII	IX	計	％
制　　度	1	0	1	4	5	2	3	5	2	23	(23.47)
敍述、比較	0	6	3	8	4	2	6	3	0	32	(32.65)
思　　想	0	0	0	1	1	2	2	0	0	6	(6.12)
變　　遷	0	0	0	1	1	2	0	1	0	5	(5.10)
人　　物	2	3	3	1	1	0	1	2	0	12	(13.27)
地　　理	0	0	0	0	0	0	0	0	0	0	(0)
對外關係	0	0	0	3	3	0	0	1	1	8	(8.16)
方法論	1	0	0	0	0	0	0	0	0	1	(1.02)
學科、研究	0	1	3	1	2	0	1	0	1	9	(9.18)
社會流動	0	0	0	0	0	0	0	0	1	1	(1.02)
	4	10	10	19	17	8	13	12	5	98	(100.00)

資料來源：謝雨生，〈早期《思與言》雜誌內容分析〉，《思與言》第一八卷第五期，頁 54，表 4。

以上的討論旨在說明，在我們所論述的第一階段（1950～1970）裏，臺灣史學界對方法論的興趣普徧不高，最具有影響力的仍是民國以來史學界所引進以蘭克爲中心的德國史料學派，以史料學爲史學的全部內容。這種對於史學研究的看法與蘭克史學眞相實頗有出入，余英時先生已有所指陳[16]，我們在此不再贅及。此外，德國史料學派的史學研究觀點並不是這一段期間內唯一的觀點。在這二十年中，除了來自歐陸的這一股史學思潮之外，站在傳統中國史學的立場論述研究方法者亦頗有其人，錢穆先生的《中國歷史研究法》可視爲代表。相對於史料學派史

---

[16]　見：余英時，《歷史與思想》（臺北：聯經出版公司，1976），〈自序〉。

學家的觀點，錢先生極爲注重超越於史料及方法之外的「意義」，他說❶：

> 近人治學，都知注重材料與方法。但做學問，應知先應有一番意
> 義。意義不同，則所應採用之材料與其運用材料之方法，亦將隨
> 而不同。卽如歷史，材料無窮，若使治史者沒有先決定一番意
> 義，專一注重在方法上，專用一套方法來駕馭此無窮之材料，將
> 使歷史研究漫無止境，而亦更無意義可言。黃茅白葦，一望皆
> 是，雖是材料不同，而實使人不免有陳陳相因之感。

所謂「意義」，實卽指「研究歷史的意義」，錢先生說：「……先決定
一研究歷史之意義，然後再從此一意義來講研究方法。……研究歷史，
所最應注意者，乃爲在此歷史背後所蘊藏而完成之文化。……每一分
題，在其共通對象文化大體系之下，各自地位不同，分量不同，其所應
着著之材料與其研究方法亦隨而不同❶。」在這項前提之下，錢先生於
《中國歷史研究法》一書中分論通史以及歷史的各別領域的研究方法，
全書細目如下：

第一講　如何研究通史

第二講　如何研究政治史

第三講　如何研究社會史

第四講　如何研究經濟史

第五講　如何研究學術史

第六講　如何研究歷史人物

第七講　如何研究歷史地理

❶　錢穆，《中國歷史研究法》（臺北：三民書局，1969），序，頁1。
❶　同上書，頁1～2。

第八講　如何研究文化

在全書論述中，錢先生一再強調的就是史學研究與現實人生的密切相關性，例如：他認爲研究政治史必須「能配合現實，坐而言，能起而行」（頁 3）；「研究社會史，決不可關著門埋頭在圖書館中專尋文字資料所能勝任，　主要乃在能從活的現實社會中去獲取生動的實像。」（頁 47）；　而研究中國學術史，「首須注重其心性修養與人羣實踐，　換言之，須從學者本身之實際人生來瞭解其學術。若漫失了學者其人，卽無法深入瞭悟到其人之學。」（頁 72），　其餘類似看法亦一再出現於全書之中。

何以錢先生討論歷史研究方法特別注意「意義」？關於這個問題，最妥切的說明仍須求之於錢先生的歷史觀。錢先生認爲歷史與人生不可分而爲二，他說[19]：

> 歷史是什麼呢？我們可以說，歷史便卽是人生，歷史是我們全部
> 的人生，就是全部人生的經驗。歷史本身，就是我們人生整個已
> 往的經驗。至於這經驗，這已往的人生，經我們用文字記載，或
> 因種種關係，保存有許多從前遺下的東西，使我們後代人，可以
> 根據這些來瞭解、來回頭認識已往的經驗、已往的人生，這叫做
> 歷史材料與歷史記載。我們憑這些材料和記載，來反省已往歷史
> 的本身，再憑這樣所得來預測我們的將來，這叫做歷史知識。所
> 以歷史該分三部分來講，一爲歷史本身，一爲歷史材料，一爲我
> 們所需要的歷史知識。

從這一段文字裏，我們可以看到錢先生主張歷史研究絕不止於史料的考

---

[19]　錢穆，《中國歷史精神》（臺北：東大圖書有限公司，1976 年修訂初版，此書初版出版於1951年），第一講：〈史學精神與史學方法〉，頁 2。

訂。他認為，在紮實的史料基礎之上，史學工作者更應進一步為他們的時代提供時代所需要的歷史知識，而為時代而治史這項工作正是歷史研究「意義」之所在。1970年元月6、8、12、14日，錢先生在國立成功大學歷史系以「史學導言」為題，發表系列演講，就已指出歷史學乃生命之學，史學研究必從「世運興衰、人物賢奸」八字入門，亦在此八字歸宿[20]。他一再強調史學研究不能脫離現實人生，他說：「諸位治史，能懂得注意世運興衰人物賢奸，積久感染，也自能培養出一番對民族國家之愛心，自能於民族國家當前處境知關切。諸位當知治史學，要有一種史學家之心情，與史學家之抱負。若不關心國家民族，不關心大羣人長時期演變，如此來學歷史，如一人不愛鳥獸草木而學生物，不愛數字圖形而學幾何與算學。如此來學歷史，最多只能談掌故，說舊事，更無史學精神可言[21]。」錢先生在所著的《中國史學名著》[22]一書中也一再表達同樣的信念。錢先生抱持著這種對歷史的看法與信念，所以他認為史學絕不僅是史料之學而已，只從史料講史學，不免流於「書本文字之學，與當身現實無預」，他說[23]：

> 略論中國近世史學，可分三派述之。一曰傳統派（亦可謂記誦派），二曰革新派（亦可謂宣傳派），三曰科學派（亦可謂考訂派）。傳統派主於記誦，熟諳典章制度，多識前言往行，亦間為校勘輯補。此派乃承前清中葉以來西洋勢力未入中國時之舊規模者也。其次曰革新派，則起於清之季世，為有志功業急於革新之士所提倡。最後曰科學派，乃承以科學方法整理國故之潮流而起。此派與傳統派，同偏於歷史材料方面，路徑較近。博洽有所

[20] 錢穆，《史學導言》（臺北：中央日報社，1960年初版，1978年4月五版），頁34～35。
[21] 同上書，頁36。
[22] 錢穆，《中國史學名著》（臺北：三民書局，1973年初版）。
[23] 錢穆，《國史大綱》（臺北：國立編譯館，1940年6月初版，1980年11月修訂七版），〈引論〉，頁3～4。

不逮，而精密時或過之。二派之治史，同於缺乏系統，無意義，
乃純爲一種書本文字之學，與當身現實無預。無甯以記誦一派，
猶因熟諳典章制度，多識前言往行，博洽史實，稍近人事，縱若
無補於世，亦將有益於己。至考訂派則震於科學方法之美名，往
往割裂史實，爲局部窄狹之追究。以活的人事，換爲死的材料。
治史譬如治岩礦，治電力，旣無以見前人整段之活動，亦於先民
文化精神，漠然無所用其情。彼惟尚實證，夸創獲，號客觀，旣
無意於成體之全史，亦不論自己民族國家之文化成績也。

　　以上我們對於光復以來前二十年之間，國人有關史學方法論作品做
了簡單的回顧，我們可以得到這樣一個初步的瞭解：史料學派史學家與
錢賓四先生對於史學研究的看法，持論有相當出入，兩者間的差異不僅
反映出近代歐洲與傳統中國治史方法的不同而已，更重要的是體顯了雙
方對於史學研究的主觀與客觀問題看法的歧異。史料學派普徧認爲，在
史學研究中史學工作者與歷史事實析而爲二，而史學研究方法論所講求
的正是由史學工作者達到對歷史事實眞相作全盤掌握的方法、原則與技
術。 在這種工作過程中， 主觀性與客觀性是不能混爲一罈的。 而客觀
性的建立就是以史料的批判爲首要工作，所以，史源學就成爲他們史學
方法論的中心課題。這種主客兩分，並講究主體（史學工作者）對客體
（歷史事實的眞相）的掌握之史學思潮，基本上與笛卡兒 (René Des-
cartes, 1596～1659)以後的近代歐洲思想界的發展趨勢有互相呼應之處。
在中國史學界，則由於有乾嘉學術傳統中之考據學的背景作爲內應，因
此，這股史學思潮自民國初年以來，對國內史學工作者一直產生很大的
吸引力，對於中國史學的現代化也有相當可觀的貢獻。但是，主觀客觀
對立的問題在中國史學傳統中卻並不顯著，誠如余英時先生所指出者，
中國史學一方面固然強調客觀性的「無徵不信」，另一方面卻也重視主

觀性的「心知其意」❷。中國傳統史學的矩矱一直是在追求主客交融、情理兼顧；而且，史家在蒐集史料、深思好學之外，更以自己主觀性的見解穿透客觀性的史實，於是，客觀存在的「古今之變」就爲史家的「一家之言」所融攝貫通，而成爲一幅具有意義而可以說明的歷史圖像。錢賓四先生正是秉承並發皇中國史學傳統的精神，因此他於《中國歷史研究法》中特別強調：必先在對歷史研究的「意義」有所掌握的前提之下，才能談研究方法的講求以及史料批判的工作。錢先生在《國史大綱》中之所以特別重視讀史者「對於本國歷史的溫情與敬意」，基本上與前面所說的「意義」這個觀念是分不開的。在這種看法之下，史學研究達到了主客交融、情理合一的境界。

當然，在 1950 至 1970 這二十年之間，除了以上所討論的著作之外，中國學者有關史學方法論的作品，爲數尚多，因篇幅所限，不及一一論列，讀者參閱本文所附書目，卽可一目了然。

三、第二階段的史學方法論研究及其新動向 (1971～1980)

從 1971 年開始，臺灣史學界對於史學方法論的探討，進入一個新的階段，這個階段是以史學與社會科學之理論與研究方法的結合爲其基本特徵。在社會科學的理論與方法的刺激之下，國內史學工作者對於方法論探討的興趣普徧提昇，從 1971 年 4 月 15 日在臺北復刊的《食貨月刊》（原名《食貨半月刊》），以及《思與言》雙月刊所載的論文性質，最可以看出這種學術風氣的轉變。

《食貨半月刊》創刊於 1934 年，是當時國內唯一的中國社會史專

---

❷　參考：余英時，《史學與傳統》（臺北：時報出版公司，1982），頁 267～277。

業刊物，提倡社會科學與歷史學的結合，頗開風氣之先。1971年復刊以後，更繼續提倡社會科學理論與方法在史學研究上的應用，我們統計自 1971 年 4 月至 1981 年 4 月的十一年中，《食貨月刊》所刊載有關史學方法論論文約佔論文總數的 10％以上：

表四：《食貨月刊》所載史學方論論文統計表（1971～1981）

年　份	卷　期	論文總數	史　學　方　法　論　論　文				
			歷史哲學	史學史	研究方法	史學通論	小　計
1971.4～1972.3	I	80		2	9		11
1972.4～1973.3	II	59		1	8		9
1973.4～1974.3	III	53		1	3	1	5
1974.5～1975.3	IV	45			5	4	9
1975.4～1976.3	V	60		1	3	2	6
1976.4～1977.3	VI	53	1	3	5		9
1977.4～1978.3	VII	50		1	2		3
1978.4～1979.3	VIII	44	1	4	1	2	8
1979.5～1980.3	IX	35	1	1	1		3
1980.5～1981.3	X	41		3	2		5
1981.4～1982.4	XI	39			2		2
合　計		559	3	17	41	9	70

十一年裏，《食貨月刊》共刊登了 70 篇屬於史學方法論範圍的論文，其中屬於歷史哲學者有 3 篇，屬於史學史者有 17 篇，屬於史學通論性質者 9 篇，而屬於研究方法領域者有 41 篇，其中專論社會科學與史學結合者尤其佔了絕大份量。這種歷史研究學術風氣的轉變，很具體地呈現在 1975 年薩孟武先生爲他所撰《中國社會政治史》增訂四版所寫的自序之中，薩先生說❷⑤：

> 研究歷史而不了解社會科學，往往顧到部分，而忘及全體，反之研究社會科學的人常能由全體以觀察部分……。單單知道歷史，而未讀過社會科學各種書籍的人，往往不識輕重，輕者說得詳之又詳，至於歷史發展的因果關係又捨而不談，如斯著作不過歷史之雜貨攤而已。

而史學家更大聲疾呼，認爲歷史學如不與社會科學交流，則將「沒有生存的餘地」，張玉法先生的看法可爲代表，他說❷⑥：

> 各類科學都在無限擴張其範圍，尤其是社會科學的擴張，對史學的威脅極大，史學家如不振作，史學將有被瓜分的可能，有價值的史學著作將爲政治學家、經濟學家、社會學家、人類學家，甚至統計學家、心理學家所寫的歷史，史學家將只是「東抄西湊」的人，而史學也就變成了雜燴。

這是近十年來國內史學界重視研究方法的重要因素之一。

---

❷⑤ 薩孟武，《中國社會政治史》（臺北：三民書局，1975年，增訂四版），〈自序〉，第一冊，頁6。

❷⑥ 張玉法，〈史學革命論〉，收入：張氏著，《歷史學的新領域》（臺北：聯經出版事業公司，1979 ），頁 155。

　　這種趨勢也反映在臺灣所出版的人文社會科學雜誌《思與言》雙月刊之中。自1970年至1980年的十年間，《思與言》雜誌共刊載論文 257 篇，其中屬於文史範圍者共 72 篇（佔28.02%），屬於社會學者共 82 篇（佔 31.91%）；值得注意的是，在社會學的論文中，專談方法論者共 14 篇（佔 13.86%）❷。這一點很可以反映臺灣人文社會科學界自 1970 年以後的十年間，對於方法論的注意。這種傾向也出現在歷史學領域的論文中，統計資料顯示，這十年間的《思與言》雜誌共刊登了歷史類的論文 55 篇，各篇論文的主題以歷史制度及歷史事實之敍述分析

表五：《思與言》雜誌所載文史類論文主題分布表
　　　　（1970～1980）

分布次數　主題	N（72）	%（100）
歷　　　史	55	—76.39—
制　　　度	13	18.06
敍　　　述	13	18.06
思　　　想	8	11.11
變　　　遷	4	5.56
人　　　物	4	5.56
地　　　理	4	5.56
對 外 關 係	3	4.17
方　法　論	3	4.17
學　　　科	2	2.78
社 會 流 動	1	1.39
文　　　學	17	—23.61—

　　資料來源：江若珉，〈十年所思所言〉，《思與言》，第一八
　　　　　　　卷第二期，頁 54，表 4 - 2。

❷　見：《思與言》第一八卷第二期，頁52，表 3 - 2，〈十年來論文之分類〉
　　（二），及頁 53，表 4 - 1，〈社會學論文主題分布〉。

佔絕大優勢（共佔 36.12%），若再加上歷史思想的分析，則佔去將近
一半，可見史學家仍以傳統的主題爲主，而對於歷史中社會的一般現
象，如對外關係、社會流動等的研究，尙還是少數；但是值得注意的是
歷史方法的討論出現了三篇文章，佔 4.17%，由此可見方法之講求不
只在社會學，甚至在歷史學裏也漸漸受到重視與討論。表五顯示以上所
說的這種趨勢。

在這種對研究方法的反省比較感興趣的狀況之下，近十年來臺灣的
史學工作者所關切的是史學與社會科學之間哪一方面的關係呢？由於歷
史學本身是一門綜合貫通的學問（而且歷史學與社會科學之間的關係一
方面非常密切，另一方面又極其複雜），因此，它在現代學術分類中始
終未曾獲得明確的定位❷。如果僅從史學工作者所發表的論著看來，近
十年來國內史學界在這種密切而複雜的關係中，比較關心的至少有三個
方向：

第一是對於量化研究方法的介紹與應用。在討論臺灣史學界對量化
研究方法的介紹與應用之前，先讓我們對量化史學在歐美學界的發展作
一般性的觀察。所謂「量化史學」是晚近史學界眾說紛紜、爭執甚多之
一新研究方法，但是史學家提出以統計方法來駕御繁雜的史料的呼籲則
可上溯到十九世紀末年。1890 年代美國史家滕納 (Frederick Jackson
Turner) 中開量化研究之風氣；中國史學前輩梁啟超 (1873～1929)、
丁文江 (1887～1936) 等在 1922 年亦均倡導以統計學治史❷。但是，
大力抨擊「印象式的」(impressionistic) 歷史寫作並把史學的量化研究
作爲一個方法學提出的，則是美國史學家邊森 (Lee Benson)。1957 年

❷ 參考: 余英時，〈翻譯與外來觀念〉，此文係余先生爲康樂、黃進興主
編，《歷史學與社會科學》（臺北: 華世出版社，1981）一書所寫的序，
頁 5。

❷ 參考: 張玉法，〈歷史研究的量化問題〉，收入: 張氏著，《歷史學的新
領域》（臺北: 聯經出版事業公司，1978,1979），頁 73～93。

邊森氏著文呼籲量化史學之建立❸，經濟史家響應最力，結果在 1960
年所謂「計量經濟史學家」（Cliometricians）初次召開了學術性的會
議，研討量化史學問題。自此以下，量化史學飛躍發展，以量化方法寫
成的史學論文幾乎佔據了重要的科際性學報如《經濟史學報》（*Journal
of Economic History*）、《社會史學報》（*Journal of Social History*,
創刊於 1967 年）、《史學方法學報》（*Historical Methods*, 創刊於
1967 年）及《科際史學報》（*Journal of Interdisciplinary History*,
創辦於 1970 年）等刊物的主要篇幅。美國密西根大學（University of
Michigan）的艾狄洛特（William O. Aydelott）教授提倡「量化史
學」尤力，自 1965 年至 1970 年的五年之間，參加由艾氏所主持的
史料分析的暑期研討會的史學工作者合計就有 120 人❸。關於「量化史
學」在近二十年來的進展，從歐美各大學術性刊物所載論文中所附圖表
數量之增加最易窺其大勢之所趨。量化史家柯瑟（J. Morgan Kousser）
最近曾對歐美若干重要學術性史學刊物作過精審的量化分析，頗能見其
發展傾向。根據柯氏之研究，美國境內所發行五種包括各範圍的史學刊
物（包括 *American Historical Review*、*Journal of American His-
tory*、*Journal of Modern History*、*Journal of Southern History*
及 *William and Mary Quarterly*）中，所載論文所附統計圖表有顯
著增加之現象。在 1961 年至 1964 年之間，以上這五種刊物中有三種平
均每 100 頁所刊載之圖表數目在 1.0 以下。通觀整個 1960 年代，在這

---

❸　Lee Benson, "Research Problem in American Political Historiogra-
phy", 收入: 氏著 *Toward a Scientific Study of History* (Philadel-
phia, 1972), pp. 3～80.

❸　Robert P. Swierenga, "Clio and Computers: A Survey of Compu-
terized Research in History", *Computers and the Humanities*, V
(1970), p. 5, 原文未見，此處係轉引自: J. Morgan Kousser, "Qu-
antitative and Social-Scientific History", in Michael Kamman ed.,
The Past Before Us: *Contemporary Historical Writings in the
United States*, p. 435, note. 5.

五種刊物總共 45 個出版年次中, 有 13 個年次無任何統計圖表刊出。但至 1970 年以降則學風丕變, 1970 年代這些刊物平均每 200 頁就有至少一個圖表, 此種發展趨勢與時俱進, 1974 年至 1978 年之間圖表出現的總平均數正好是 1961 年至 1964 年間總平均數的五倍❸。柯氏又分析另外五種具有代表性的社會經濟史專業刊物 (包括 *Journal of Economic History*、*Journal of Interdisciplinary History*、*Journal of Social History, Annals: Economics*、*Sociétés*、*Civilizations* 及 *Vierteljahrschrift für Sozial-und-Wirtschaftsgeschichte*) 中圖表的出現數量, 結果發現在以上這五種專業性刊物中, 圖表的出現次數均較前述五種一般性研究學報爲高, 其中尤以《經濟史學報》爲最高❸。而出版於西德及法國的學報中, 圖表之廣泛出現也證實了史學研究中的「量化革命」(quantitative revolution) 也已廣及歐陸。

1970 年代以後, 國內史學界對於史學研究的量化方法的興趣大增, 也是受到歐美史學界中「量化革命」的衝擊。從論著發表的時間看來, 1972 年瞿海源❸、康綠島❸ 等即在《食貨月刊》 譯介量化研究方法的論文。接著, 1973 年, 黃培先生著《歷史學》一書, 介紹十八世紀以來美國史學各階段的發展, 其書第五章:「史學方法的新動向」, 分論「史學上的定量分析」與「史學上的心理分析」。黃先生在本書中很客觀地介紹了定量分析的長處與短處, 認爲定量分析之缺點是其他史學方法所共有的, 故仍值得介紹與提倡❸。此後, 國內史學工作者對於量化

---

❸ J. Morgan Kousser, *op. cit.*, pp. 438~439.

❸ *Ibid.*, pp. 440~441.

❸ 芬伯著, 瞿海源譯,〈歷史學家運用統計技術從事研究的一個例子: 計數統計表的標準化〉,《食貨月刊》, 復刊二卷二期 (1972年 5 月), 頁106~114。

❸ 艾狄洛特著, 康綠島譯,〈量化在歷史上的應用及其限制〉,《食貨月刊》, 復刊二卷六期 (1972年 9 月), 頁 324~337。

❸ 黃培,《歷史學》(臺北: 臺灣學生書局, 1972), 頁39。

方法的興趣日增，張玉法先生曾撰長文，析論量化方法之意義、功用及源流、史學家對此方法之態度、量化研究的設計與步驟、量化方法的使用限度及其相關問題等等，論述極詳❸。古偉瀛先生更發表一系列的論著❸，對量化分析方法作介紹，特重其重要術語、基本原理及其在史學研究上之實際操作技巧。古先生並從中國史料中舉出四個個案，如「主權」觀念與中國近代民族主義、春秋戰國時代的「交戰度」、正史中的「列女」、十九世紀清朝官員的升遷、清末社會的「不安程度」等來作爲量化分析的實例，對讀者極具啟發作用❸。近年來，國內史學界已有以量化方法從事歷史研究的具體成果出現，如魏秀梅所撰一系列從量的觀察探討清季布政使、按察使、督撫、學政的人事嬗遞的文章❹，即爲一例。量化研究方法將繼續成爲一項重要的史學方法而爲國人所重視。

　　第二是對於心理史學（psycho-history）的介紹。在說明國內對心理史學研究方法的介紹之前，我們先討論國外發展的一般狀況。就其學術源流而言，心理史學雖可上溯到十八世紀的維科（Giambattista Vico,

---

❸　張玉法，〈歷史研究的量化問題〉，收入：氏著，《歷史學的新領域》
　　（臺北：聯經出版事業公司，1978），頁 73～93。

❸　①〈內容分析之幾種用於研究傳記歷史的方法及其於中國材料的初步運
　　用〉，《食貨月刊》，復刊一卷一二期，頁 1～10。
　　②〈愛德華・修特的史學與電腦〉，《食貨月刊》，復刊四卷四期，頁154
　　～156。
　　③馬許著，古偉瀛譯，〈中國社會的正式組織與昇遷〉，《食貨月刊》，
　　復刊五卷一期，頁 23～32。
　　④〈C分析簡介〉，《食貨月刊》，復刊五卷四期，頁 18～23。
　　⑤〈史學量化及其應用於中國史料的一些考察〉，《食貨月刊》，復刊一
　　○卷一、二期合刊，頁 43～56。

❸　古偉瀛，〈史學量化及其應用於中國史料的一些考察〉，收入：杜維運、
　　黃俊傑等編，《史學方法論文選集》，頁 581～608。

❹　見《中央研究院近代史研究所集刊》：
　　①第二期，頁 505～533，〈從量的觀察探討清季布政使的人事嬗遞〉；
　　②第三期下冊，頁 475～495，〈從量的觀察探討清季按察使的人事嬗
　　遞〉；
　　③第四期上冊，頁259～292，〈從量的觀察探討清季督撫的人事嬗遞〉；
　　④第五期，頁 93～119，〈從量的觀察探討清季學政的人事嬗遞〉。

1668～1744）及赫德（J. G. Von Herder, 1744～1803）的作品，但是使心理分析的理論眞正對史學研究產生影響力的，則要推本世紀的弗洛伊德（Sigmund Freud, 1856～1939）。弗氏把「個人」與「社會」視爲對立之敵體，以及強調人類行爲之非理面，雖飽受學界攻擊，然弗氏對二十世紀史學研究之衝擊至深且鉅則是人人共見的事實。英國史學家卡爾（E. H. Carr, 1892～）嘗指出，弗洛伊德對二十世紀史學家而言有兩項重大意義：一是弗氏根本推翻過去以爲人的行爲動機可以充分解釋人類行爲的說法，並進而以心理分析之方法解釋歷史上之重要人物的行爲；二是弗氏提醒史學家在從事研究工作時多反省自己以及自己在歷史上的地位[41]。弗氏以降，對心理史學貢獻最大者，當推哈佛名教授艾里遜（Erik H. Erikson）。艾氏以所謂「認同危機」之說來研究馬丁路德（Martin Luther）與甘地（Mohandas Gandhi)[42]，成爲心理史學的經典之作。艾氏論馬丁路德之作品對學界造成巨大衝擊，並引起廣泛之討論[43]。在史學界中，首次起而呼籲史學工作同仁重視心理歷史研究者，則是 1957 年度美國歷史學會會長蘭格（William L. Langer, 1896～）。1957 年 12 月 29 日，美國歷史學會在紐約市召開年會，蘭氏以〈歷史研究的新課題〉[44]爲題發表會長演說，呼籲史學工作者援用

[41] 見：Edward H. Carr 著，王任光譯，《歷史論集》（臺北：幼獅翻譯中心，1968, 1980），頁 128～129。

[42] Erik H. Erikson, *Young Man Luther*: *A Study in Psychoanalysis and History* (New York: W. W. Norton & Company, Inc., 1958, 1962); *Gandhi's Truth*: *On the Oringins of Militant Nonviolence* (New York, 1969).

[43] 參看：Donald B. Meyer, "A Review of Young Man Luther: A Study in Psychoanalysis and History", *History and Theory*, I (1961), pp. 291～297; Rober A. Johnson, ed., *Psychohistory and Religion*: *The Case of Young Man Luther*.

[44] William H. Langer, "The Next Assignment", *American Historical Review*, 63: 2 (Jan., 1958), pp. 283～304. 此文國內已有中譯，見：卓遵宏譯，〈歷史研究的新課題〉，《近代中國》，第十二期（1979年 8 月 31 日），頁 188～196。

當代心理分析的技術以及新的心理學說如「動力」(dynamics) 或「深度心理學」(depth psychology) 之類理論來從事歷史研究。蘭氏並預言：「現代心理學將來在歷史解釋上一定會佔有更重大的角色」❹。揆諸近二十餘年來歐美史學界有關心理史學豐碩之研究成果❹，蘭氏之預言已完全證實。根據 1976 年的一項調查，全美約有三十所大專院校開設「心理史學」之課程❹，而加州大學洛杉磯分校、耶魯大學、堪薩斯州立大學、紐約州立大學石溪分校、普林斯頓大學、麻省理工學院、波斯頓大學等校在歷史學的博士課程中，也都有「心理史學」之設置。1973 年，*Childhood Quarterly* 創刊，接著《心理史學評論》(*The Psychohistory Review*) 問世，其為此一研究領域之專業刊物。其餘如《美國史學評論》(*The American Historical Review*)、《近代史學報》(*Journal of Modern History*)、《科際史學報》(*The Journal of Interdisciplinary History*) 等均常刊出心理史學之論文。雖然「心理史學」課程逐漸受到大學之重視，亦逐漸成為研究院博士課程之一項重要分科，雖然以心理分析的方法及眼光所撰寫的史學作品亦如雨後春筍般出現，但「心理史學」在史學研究中之地位仍聚訟紛紜，言人人殊，譽者或過其實，毀者或損其真，持平之論尚不多見。

　　「心理史學」在當今歐美史學界雖未能取得一致之評價，然國人亦

---

❹　卓遵宏譯，前引文，頁 196。
❹　關於 1975 年以前歐美學界之心理史學研究成果最詳盡之書目，參看：
　　Faye Sinofsky et al., "A Bibliography of Psychohistory", *History of Childhood Quarterly*, II (1975), pp. 517～562. 此一書目發表於 1975 年。1975 年以後，則有以下二篇論文亦舉心理史學之成果：
　　Thomas W. Africa, "Psychohistory, Ancient History, and Freud: The Descent into Avernus", *Arethuas*, XII (1979), pp. 5～33;
　　Peter Loewenberg, "History and Psychoanalysis", in *The International Encyclepedia of Psychiatry, Psychology, Psychoanalysis and Neurology* (New York, 1979), V. pp. 363～374.
❹　見：George M. Kiren and Leon H. Rappoport, eds., *Varieties of Psychohistory* (New York, 1976), p. 2, 14, N. 2.

頗有運用心理分析之觀驗以從事史學研究者，其所獲致之成果，頗值吾
人注意。例如張瑞德先生嘗援用心理學家李溫（Kurt Lewin）有關心理
學上所謂「雙趨衝突」（approach-approach conflict）之理論，來解釋
蔣夢麟（1886～1964）早年心理上的價值衝突及其平衡，頗饒新意[48]。
由於加上了心理分析的層次，張先生對蔣夢麟之研究相對於其他的中國
近代史論著而言，更能見出問題的複雜性，其分析亦遠非一般環繞「中
西衝突」、「傳統—近代衝突」或「文化認同危機」等主題立論之中國近
代史論著所能同日而語。中國學者擷取艾里遜之「認同危機」（Identity
Crisis）理論以從事思想史研究者，則首推余英時教授。余先生探思想
史之立場，以戴震（1724～1777）及章學誠（1738～1801）爲中心，討
論清學之歷史意義[49]，其研究取徑與梁任公、胡適之兩先生之從方法論
觀點理解清學頗不相同。余先生從心理分析的觀點研究章實齋早年的認
同危機，認爲章實齋從十五、六歲到二十八、九歲之間，曾經爲了找尋
學術上的眞義而作過種種努力，這種危機感持續了一段很長的時間。乾
隆丙戌（1766 年），實齋初晤東原，此時正是實齋一生「認同危機」發
展至最緊要關頭之時期，故東原之考證挑戰始能在實齋心理上引起巨大
回響，並因此而逼使實齋在此後數年之間克服心理上的危機[50]。余先生
由實齋心理上所承受的巨大壓力來解釋其「六經皆史」說，及「朱陸異
同」論，其說極具創見，發前人所未發，殆可視爲以「心理史學」之
眼光治我國思想史之一典範。余先生所提出的，關於清代學術之歷史
意義在於儒家知識主義之興起，這種說法雖未必獲得學界一致之贊同

---

[48] 張瑞德，〈蔣夢麟早年心理上的價值衝突與平衡（光緒十一年～民國六
年）〉，《食貨月刊》，復刊第七卷第八、九期（1977 年 11 月），頁
78～84。

[49] 余英時，《論戴震與章學誠——清代中期學術思想史研究》（香港：龍門書
店，1976）。此外，余氏在此一研究題目上尚有論文數篇，均收入氏著，
《歷史與思想》一書，可參閱。

[50] 余英時，前引書，頁 67、頁 801，註[59]。

❺，然就其方法論立場言，則余先生之研究結合「心理史學」與思想史，在傳統思想史研究法之外另闢蹊徑，其功正有足多者。

臺灣史學界自 1973 年起，卽陸續出現關於心理史學的譯作❺。張玉法先生於 1976 年 10 月 23 日，在中央研究院近代史研究所討論會上，更以「心理學在歷史研究上的應用」為題發表研究報告❺，分析心理學理論及其研究方法在史學研究上的應用及其限制。張先生歸納過去數十年來心理學的研究方法，指出其二大途徑：一是心理分析的傳記研究，二是心理分析的人類學研究，對於歷史研究都頗有助益。這種心理史學的研究途徑雖不易從事，但它對史學工作者而言具有相當大 的 刺激，將會一直引起史學家之興趣。

臺灣史學界近十餘年來對於研究方法比較感興趣的第三個方向是借用社會學的理論與觀念。中國史學界對於社會學理論與方法的興趣，可以上溯到北伐成功之後不久的「中國社會史論戰」❺。當時正值北伐完

---

❺　1977年 6 月26日至 7 月 1 日，美國學術團體聯合會（American Council of Learned Societies）在加州召開「清初思想研討會」，日人岡田武彥教授以〈戴震と日本古學派の思想──唯氣論と理學批評論の展開──〉為題宣讀論文，認為戴東原傾向於主知主義。岡田氏持論與余先生之說相近。徐復觀先生則認為清代漢學不能與西方的主知主義相附會。見：徐復觀，〈清代漢學衡論〉《大陸雜誌》，第五十四卷第四期（1977年 4 月15日），頁 1～22；並參考：胡秋原，〈覆徐復觀先生論漢學宋學及中國學術路向書〉，《中華雜誌》，第一六七期（1977 年 6 月），頁 29～42。

❺　例如：
　①Frank E. Manuel 原著，江勇振譯，〈心理學在史學上的應用與濫用〉，《食貨月刊》，復刊二卷一〇期（1973年 1 月），頁24～42。
　②溫士坦及柏拉特著，吳瑞屯譯，〈理論應用於歷史研究：有關於心理分析理論的問題〉，《食貨月刊》，復刊二卷一二期（1973年 3 月），頁 625～634。
　③馬茲利希著，康綠島譯，〈對心理史學發展的回顧〉，《食貨月刊》，復刊一〇卷一〇期（1981年 1 月），頁 458～468。

❺　此文收入：張玉法，《歷史學的新領域》，頁 95～134。

❺　關於此次論戰的內容，請參閱：鄭學稼，《社會史論戰的起因和內容》（臺北：中華雜誌叢書，1965）。

成， 史學界大力援引各種社會學理論或「模式」來從事中國歷史研究
❺， 雖云開中國社會史研究風氣之先河， 篳路藍縷， 功誠不可沒； 但
因當時之研究成果多在史學與社會學之間作機械的結合，少見有機的結
合，所引起各方人士的責難亦鉅，例如熊十力（1885～1968）先生即曾
指責當時史學界「喜作膚淺理論，或襲取外人社會學說，……根本缺乏
獨立研究與實事求是之精神」❻， 馬一浮先生亦認為「今人治社會學
者，……失之誣也」❼。 但是， 史學與社會學之間， 一則在方法論上具
有互補之作用， 再則在問題意識的形成上可以互作辯證性的刺激❽， 所
以社會學理論與方法對史學工作者仍具有極大的吸引力。《食貨月刊》
自從 1971 年在臺北復刊， 便繼承 1934 年創辦時的理想，大力引介社
會學觀念或方法來研究歷史❾，此以陶希聖先生倡導之功最大、貢獻最
多。除了《食貨月刊》提倡之外，1949年以來， 李宗侗（玄伯，1895～

---

❺　關於當時研究成果， 參考： 許倬雲，〈歷史學與社會學〉， 收入：《二十
　　世紀之科學》第九輯： 人文科學之部，史學（臺北： 正中書局，1966）。

❻　見： 熊十力，《讀經示要》（臺北： 廣文書局，1970年臺再版）， 卷二，
　　頁67～68。

❼　馬一浮，《復性書院講錄》（臺北： 廣文書局，1971年臺北景印初版），
　　頁64。

❽　另詳拙作，〈從方法論立場論歷史學與社會學之關係〉， 收入： 黃俊傑編
　　譯，《史學方法論叢》（臺北： 臺灣學生書局，1981年10月增訂再版），
　　頁 5 ～33。

❾　例如：
　　①David S. Landes and Charles Tilly 著， 鮑家麟譯，〈作為社會學的
　　　史學〉，《食貨月刊》， 復刊一卷三期（1971年 6 月）， 頁155～159。
　　②David S. Landes & Charles Tilly 著， 鮑家麟譯，〈科技與社會科
　　　學的歷史〉（上），《食貨月刊》， 復刊一卷八期（1971年11月）， 頁
　　　431～436；〈科技與社會科學的歷史〉（下），《食貨月刊》， 復刊一
　　　卷九期（1971年12月）， 頁483～498。
　　③海斯著， 邱成章譯，〈歷史的社會研究： 觀念、方法與技術〉，《食貨
　　　月刊》， 復刊四卷四期（1974 年 7 月）， 頁 149～153。
　　④食貨出版社，〈社會科學與歷史學座談會紀錄〉，《食貨月刊》， 復刊
　　　四卷九期（1974年12月）， 頁 377～395。

1974）先生亦大力提倡以社會學觀念治中國古代史 ⑥ ；許倬雲先生的
《先秦社會史論》 ⑥ ，以及毛漢光先生對中國中古社會的研究 ⑥ ，對於
戰後臺灣的史學界的社會學與史學結合的學風均有重大啟發。

　　近十餘年來，社會學的理論與方法，引起臺灣的史學工作者相當大
的興趣。1981年 5 月 29 及 30 兩日，中央研究院民族學研究所舉辦「社
會科學理論與方法：社會學」研討會，共宣讀十篇論文，其中有三篇
就以社會學與歷史學的關係爲討論的主題。同年 6 月 15 日至 7 月 14
日，中央研究院歷史語言研究所與經濟學研究所聯合主辦七十年度中國
社會經濟史暑期研討會，以及 1982 年 7 月 4 日至 8 月 14 日繼續舉辦
之 1982 年度中國社會經濟史暑期研討會，都是這種研究興趣的表現
⑥ 。1981 年 12 月 28 日至 30 日，中央研究院三民主義研究所召開
第一屆歷史與中國社會變遷（中國社會史）研討會，也是努力於社會學
與歷史學的結合。國內學界對史學與社會學結合的興趣，正方興未艾，
例如，在民族學研究所召開的「社會科學理論與方法：社會學」研討

---

⑥　李玄伯先生早歲留法，歸國後曾譯法國史家古朗士（N. D. Fustel de
　　Coulanges, 1830～1889）之《古代城邦》（*La cité antique*）一書爲中
　　文。古氏論古代希臘羅馬城邦特重宗教信仰在古代家族組織以及其他社會
　　政治制度中所佔之重要性。玄伯先生治先秦古史頗循古朗士之蹊徑，取中
　　國古代社會與希臘羅馬以及近代初民社會比而觀之，並以家族祭祀之淵源
　　解釋古代社會中君子小人之分野，再分析春秋中晚期以後，國君與貴族爭
　　權以及貴族之間的爭權、對外之競爭、學術之開放、經濟形態之變化等現
　　象及其所造成的結果──小人的上升。參看：古朗士著，李宗侗譯，《希
　　臘羅馬古代社會史》（臺北：中華文化出版事業委員會，1955），此書譯
　　稿完成於1934年，1955年在臺修訂出版；李宗侗，《中國古代社會史㈡》
　　（臺北：中華文化出版事業委員會，1954年、1963年），頁248～249。

⑥　Cho-yün Hsü, *Ancient China in Transition: An Analysis of Social
　　Mobility, 722～222 B. C.* (Standford: Standford Univ. Press,
　　1965).

⑥　《兩晉南北朝士族政治之研究》（臺北：中國學術著作獎助委員會，1966
　　年）；《唐代統治階級的社會變動》（臺北：國立政治大學博士論文，未
　　刊油印本）。

⑥　這兩次研討會均由行政院國家科學委員會資助。

會上，文崇一先生提出「經驗研究與歷史研究: 方法與推論的比較」這篇論文，就從研究方法與推論方式上比較歷史研究與經驗研究，認爲經驗研究對建立小型或中型理論較爲有利，而歷史研究則對建立大型理論較爲有利❸。但文先生又指出，歷史研究與經驗研究實際上只有時間與資料的不同，而沒有本質上的差異。因此，文先生主張兩者應該結合; 但在結合過程中，應注意中國經驗與西方理論之間的對蹠，他說: 「當前主要問題之一，除了拾取西方研究經驗(包括經驗研究和歷史研究)，運用其方法與理論外，還必須顧慮到中、西文化差異所顯示在行爲和思想上的問題，不應忽視，卻又不能完全跟著走。在通過研究，建構屬於自己的概念或理論時，應如何把握，恐怕還得多從實際研究著手，以期掙脫某些束縛，從中國文化的基礎上，在理論和方法方面，獲得突破性的成就❺。」文先生的主張也受到其他學者的呼應，如賴澤涵先生在同一個研討會中提出〈歷史學與社會學的互補性及合流的可能性〉論文，就指出「由於歷史研究提供的知識及背景，使我們研究社會學更能走向中國化。……由於對自己過去社會能充分了解，知道該研究什麼，如此在引進國外社會學理論時，可以以自己對本國情況的理解而加以批判，然後決定取捨，不致盲目追隨他人。這對社會學研究的本土化有很大的幫助❻。」從這些論點當中，我們可以發現，國內學界近年來紛紛提倡社會學理論與方法和歷史研究的整合; 但他們也強烈地感覺到社會學理論及方法有其西方性格，因此，他們也十分注意使社會學研究中國化的問題， 1980 年底，中央研究院民族學研究所召開「社會及行爲科學研

---

❸ 文崇一，〈經驗研究與歷史研究: 方法和推論的比較〉，收入: 瞿海源、蕭新煌編，《社會學理論與方法研討會論文集》 (臺北: 中央研究院民族學研究所， 1982) ，頁144～145。

❺ 同上書，頁 145～146。

❻ 賴澤涵，〈歷史學與社會學的互補性及合流的可能性〉，收入: 同上書，頁161。

究的中國化」研討會，可以視爲這種學術研究本土化的要求的落實。

在這種注重史學與社會學結合的學術風氣中，韋伯的理論受到國內史學界與社會學界相當的重視。例如，在前文所提到 1981 年 5 月 29 日，中央研究院民族學研究所召開的「社會科學理論與方法：社會學」研討會中，高承恕先生就以「布勞岱（F. Braudel）與韋伯（M. Weber）：歷史對社會學理論與方法的意義」爲題，宣讀論文[67]。高先生通過對布勞岱的史學及韋伯的社會學的分析，指出兩氏之學有其會通之處，並進而指出史學與社會學之間並沒有眞正的界限。高先生特別說明歷史對社會學理論與方法具有五點特殊意義：（1）歷史時間可以使社會學者看出「結構的限制」與演變的大方向；（2）歷史空間可以增強社會學理論的解釋力；（3）歷史的多樣性與複雜性，可防止社會學模型建構的濫用；（4）「因果解釋」與「意義瞭解」之間有其互補性；（5）歷史研究工作與理論形成之間具有互動的關係。高先生於 1981 年 12 月 28 日，在中央研究院第一屆「歷史與中國社會變遷（中國社會史）」研討會上，發表〈從馬斯・韋伯的再詮釋談社會史研究與社會學的關聯〉論文，進一步闡釋這項見解，以韋伯的方法論爲例，呼籲史學與社會學的結合，他說[68]：

> 社會學者應當具備歷史之認識，而歷史學者則也擁有社會科學在理論與方法的訓練。在這樣的前提下，眞正的分工與合作乃爲可能。否則各自爲政，各說各話，所謂合作終究徒具形式而已。或許這樣的看法是有些陳義過高，但是在韋伯的身上我們看到這樣的整合，在最近許多新的發展上，以法國的年鑑學派（Annales

---

[67]　此文收入：黃俊傑編譯，《史學方法論叢》，頁 121~156。
[68]　引文見：《第一屆歷史與中國社會變遷（中國社會史）研討會》（上冊）（臺北：中央研究院三民主義研究所，1982），頁 38~39。

School) 的史學家，談世界體系（world system）的華勒斯坦
(I. Wallerstein) 及其他持相似觀點的學者，以及做比較歷史研
究的摩爾（Barrington Moore Jr.）都顯示這種整合的可能性及
其積極意義。

高先生在這篇論文中，從方法論的立場選出了整個韋伯系統裏面的「理
念類型」、「詮釋的了解」、「選擇性的親近性」三個角度，來闡釋韋
伯學問裏面的社會學與社會史結合爲一這個基本事實；並且舉韋伯對於
資本主義的研究作爲例子，來說明韋伯對於重大問題的分析，基本上是
把它放在西方文化史的歷史脈絡，當作西方文化發展史過程中的一部分
現象來研究的。因此，高先生認爲，韋伯學術傳統是研究中國社會史很
好的策略點⑳。衡諸韋伯學術數十年來在歐美及日本史學界所造成的重
大衝擊，以及國內史學界近十餘年對史學與社會學的結合發生興趣等事
實，我們可以肯定韋伯學術對國內歷史研究當會有某種程度的貢獻或影
響。

在上文的討論裏，我們簡單地回顧近十餘年來國內史學界在研究方

---

⑳ 關於這一點的方法論問題，我對高先生的論文曾作討論。我認爲，韋伯基
本上是一個近代西方文化人，自然是站在西方文化的立場來思考問題。他
的文化背景、學術關懷未必能與中國文化傳統的特殊面相契。因此，「韋
伯是中國社會史研究一個非常好的策略點」，這種說法不免產生一個「共
相」與「殊相」、「普徧」與「特殊」之間的方法論上的矛盾。欲使「社會
科學研究中國化」，必須把社會科學植根於中國歷史文化經驗上，否則亦
只是告別美國實證主義，投向歐陸的社會學理論傳統，終究是依傍門戶，
爲他人作嫁衣裳。西方社會學家，偉大如韋伯、華勒斯坦、Barrington
Moore，他們的著作並非以中國歷史文化爲基礎而撰寫。而中國擁有廣大
的土地、眾多的人口，以及四、五千年豐富的歷史經驗，忽略了這些經
驗，任何社會學理論，恐怕都有它的局限性。因此，重新來反省中國社
會史的歷史經驗，也許是我們此後要談社會學與歷史學整合的時候，值得
我們思考的前提。〔另詳：《第一屆歷史與中國社會變遷（中國社會史）
研討會（上冊）》（臺北：中央研究院三民主義研究所，1982），頁41～
44。

法論的探討上，比較感興趣的三個方向。其實，除了量化方法、心理史
學及社會學理論與方法之外，歐美學界的經濟史、歷史人口學及思想史
研究的方法也相當爲國人所關心，因篇幅所限，未能一一細論。

　　在 1970 年代，除了以上所說的方法論研究趨勢之外，一般通論性
著作的出版，亦較前一時期蓬勃。1974年 5 月，沈剛伯（1897～1977）
先生所發表的〈從百餘年來史學風氣的轉變到臺灣大學史學系的教學方
針〉尤具代表性。沈先生在這篇論文裏，雄渾有力地批判十九世紀以來
德國史學家所創的理論與所用的方法。沈先生指出，十九世紀德國史學
家「受到自然科學的啟示，認爲全世界上的人，地無分於東西，時不論
乎古今， 都是向相同的階段演變， 而這些階段是可用因果關係加以揣
測，更可以古例今的方式來預推無誤的。這種言辯而實非的理論始倡於
主張精神至上之黑格爾，大成於斷定一切唯物之馬克斯。所有十九世紀
後期西方的人文、社會科學研究者， 無論左傾、右傾， 不分悲觀、樂
觀，都曾或多或少地受其影響；乃至浸假而成爲一種支配羣眾、震撼世
界之勢力[70] 。」沈先生認爲這種歷史研究的理論，有其嚴重錯誤之處，
他說[71]：

　　　　波伯教授在 1930 年代曾爲這一類「決定性的史論」（Determin-
　　　　ism in history）造一新詞，稱之爲 Historicism。我想以義譯爲
　　　　歷史演變論而簡稱爲史演論。所有一切唯物、唯心的史演論都犯
　　　　了兩種基本錯誤： 一是他們因爲人們的好、 惡、 需、 求大致相
　　　　同，遂認爲人類的歷史有同一性。殊不知人的行爲大部分是對外
　　　　界刺激所生的反應，環境不斷地改變，人的行動也就隨時隨地底

---

[70]　見: 沈剛伯，〈從百餘年來史學風氣的轉變談到臺灣大學史學系的教學方
　　　針〉，《國立臺灣大學歷史學系學報》創刊號（1974），頁 1。
[71]　同上註，頁 1～3。

不同。況且人的舉動，除了個人造意之外，還要加上一些有四度空間的社會經驗，因此對於同樣刺激所生的反應也往往是東異於西，今異於古。所以歷史上絕無重演的事件。寫歷史的人無法窮物之理，盡人之性，只能用我們極貧之的字彙來把那些小同大異的現象加以同樣的名稱。……我們當比較其異同之點而分別加以研究，若硬要以今論古，或以彼概此，歪曲事實，強加附會，則自然是差之毫釐，謬以千里了！

沈先生繼又指出，史演論的第二點大錯在於因果律的濫用。他認為，歷史上既無重演之事，則每一事件自必各有其因。這些原因大都是很複雜的——有近的，也有遠在數十年、數百年以前，或是數千里、數萬里之外的；有政、法性的，有經濟性的，也有宗教性的；有發自個人的，也有出於大眾的；有謀定始發的，也有偶而衝動的；有鱗爪一現而卽隱的，也有為人所忽而不見記載的。在這樣眾多的原因中，偶有一兩種相同，已是不可多見之事，若欲其百分之百的全同，寧非痴人說夢？所以歷史學者但當在每一件事上，做那「原始察終」的工夫，絕不能把研究某一事件所得到的因果關係定為不變之律，而將之應用到其他類似的事件上去。況且造因縱然全同，得果仍難一樣，因為人類社會不是可以裝在一個瀰天漫地的大玻璃瓶中，令其絕盡外緣，好讓某些狂妄的人來徐加改修，從容試驗，以達到其所預期之果的。老實說，人類努力的成就全視遭遇而定，這些遭遇便是印度哲學之所謂「緣」，它包括天人的交互影響、人與制度的關係，以及人與人的遇合，這些都是難以抗拒的勢力，不可加以預防的。它們可以促成我們的計畫，中和我們的努力，轉移我們的目標，或摧毀我們的事業。有時也許我們能將它克服，但是所採策略必出乎預計之外，所得結果定和當初的理想相去很遠了。羅馬革命以救濟貧農始而以造成帝制終，俄國革命以解放平民始而以奴役人民

終；可見外緣影響之大遠過於原來之因了。世上常有集無數豪傑之士，謀之積年累月，卽將成功或竟以成功之事，而忽爲一小人物或一小事件毀之於一旦者。因此，沈先生認爲近年來，歐美史學家但求明瞭現在而絕不預測未來，但求了解史事的經過，而少談因果關係；其持論謹嚴，實過於十九世紀的大師們多多矣⓻。這種「史演論」的史學家所使用的方法也有待商榷，沈先生說⓼：「十九世紀西方史學家之持論偏激有如上述，今再進而討論其所用的方法，那和清代史學家的作風初無二致。他們除對於古代語文、地下資料、及新興的社會學科各方面的知識較多而外，其疑古之細心與考證之精密，恰與乾嘉諸老一樣。乾嘉諸老所忽之處，彼等亦未曾見到；乾嘉諸老自信太過之處，彼等則陷溺更甚。他們成書之大而且多，雖遠過清儒；然確能傳之久遠者其亦屬有限。德、法、英國先後有史學叢書之作，其學術界通力合作之規模宏大可令我國文人含羞生愧；然而這些鉅著至今已須重寫，綜合各方面的長短得失來講，他們造詣實不能說比乾嘉時代的學者們高出太多。總之，他們的長處，我們早以感謝的態度全加採用；他們的短處，我們也應當仁不讓，加以矯正咧。」在批判百餘年來史學研究的理論與方法之後，沈先生接著指出我們今日研究歷史應循的途徑說⓽：「十九世紀的史學旣多流弊，則我等今日治史究將循何途徑呢？這問題我們在二十年前已曾細加討論。彼時日本學人所傳播之德國史學風氣，在臺灣大學尚未全泯，而唯物史觀之謬論正從大陸傳入。我們深知神州之沈淪實由邪說『爲厲之階』，因謀建立一新而正當的史學以端人心而正風俗，乃決定講求『史義』以根絕一切史演之學，並培養『史識』以補考據之不足。」

　　沈先生所說的「史義」包括五大要義：⑴嚴夷夏之防；⑵明人

⓻　同上註，頁3。
⓼　同上註，頁3。
⓽　同上註，頁4。

倫之教；(3) 辨王霸之道；(4) 通古今之變；(5) 究天人之際。而在講求「史義」之外，又必須培養「史識」，此則有三項理由❼：(1) 考證可以別史料之眞僞，定史料之時代，但不能評判其價值而發揮其作用，若欲化陳腐爲新奇，則非有過人之史識不可；(2) 任何時代歷史的全貌確已無法恢復，但是它的「時代精神」(Zeitgeist) 卻可於古人記載中的字裏行間推測出來。能了然於此，則許多問題都可迎刃而解，不過這又非善用史識不可了；(3) 好的史學家不但能抓住往古代某一時期的時代精神，而且常能在其著作中，藉特殊的筆法或新奇的安排，暗示後代史書以應走之路，其識見最遠大者，則所籠罩的時代亦愈久。沈先生並由此進而析論歷史教育應注重「義」與「識」，因爲「非義不能正其學，非識不能用其學」❼。沈先生這一篇論文體大精深，批判百年來的史學研究方法及理論，並爲歷史研究及歷史教育指出一條康莊大道，是近十年來極爲重要的通論研究方法的著作。

在專著方面，1977 年 11 月，王爾敏先生所著《史學方法》一書出版。依王先生之「敍錄」，我們知此書是王先生根據四年來在大學教授史學方法課程之教學經驗與研究心得，綜合現有中文著作及譯作加以融會貫通而寫成。全書共分五章：第一章「引論」略述史學方法論之意義及其性質；第二章「原論」則取史學史之立場分論史字之涵義、史官之職務、史籍之各種形態、口傳史實之重要性、史學之意義及其性質，以及史家之條件與任務；第三章「通論」共分五章，分別討論歷史學的知識活動的不同層次問題，如史料的蒐集、史實的釐清、記注之方式、解釋的提出以及理論的形成等等；第四章「分論」所探討的是史學研究的實際工作過程，從題目的選擇、論文結構的擬定、資料的引證、表譜的運用、圖版的穿挿、史料的考辨、注腳的使用到序文的撰寫等步驟，

❼ 同上註，頁6。
❼ 同上註，頁7。

王先生皆一一加以論述；第五章「餘論」則略論史學之地位及其功用。全書結構嚴謹、綱舉目張，章節之名稱頗有寓開來於繼往之涵義。

　　此書最具理論興味而引人入勝者尤在於第三章「通論」部分。王先生撰寫此書雖融通中外史學方法之論著，終其究仍歸本於中國史學之傳統。這個基本立場可以從以下兩見解中反映出來：第一，王先生在第二章第六節論史家條件時，一再稱引中國古代史學家對此一問題之看法，指出從事史學工作者所負使命重大，關乎國家及時代興衰至鉅，故苟責亦深，而史家著述之心術尤為史德之要義[77]。王先生繼又指出，客觀之才、學、識、德四長皆足以提示史家用心之目標。在人文科學各學科中，惟有史家特嚴於個人修養，自為特色，亦為史學一門之所以嚴正而卓越之處[78]。這種看法與傳統中國史學家著史之嚴肅態度血脈相通，最能體顯王先生寢饋中國傳統史學之深。

　　第二，王先生在此書中對近五十年來，中國史學界所流行「史學即史料學」之說，曾作深入之檢討，指出此種說法所反映者乃是民國初年以來泛科學主義的思潮[79]。王先生認為史料主義有其重大盲點，自史料以至史實，不經史家之解釋，即無史學之意義[80]。王先生在闡釋歷史解釋之必要性時，立論極為通達，其見解與中國史學重視史論之傳統實有一脈相通之處，自《左傳》的「君子曰」、《史記》的「太史公曰」以下，至《資治通鑑》的「臣光曰」，後並發展成南宋以下的史論專著，如呂祖謙（東萊，1137～1187）的《東萊博議》、王夫之（船山，1619～1692）的《讀通鑑論》、《宋論》……等一系列的作品，都可以說明傳統的中國史學家對疏通工作之重視。王先生之立論根據，正與此一傳統信念深相契合。除了以上所說兩點之外，王先生在《史學方法》全書

---

[77]　王爾敏，《史學方法》（臺北：東華書局，1977），頁 124～126。
[78]　同上書，頁 135。
[79]　同上書，頁 142。
[80]　同上書，第四節，尤其是頁 188。

之論述中，皆顯示出他對史學研究中價值問題的重視。這是此書特別值得我們注重之處。

　　1979 年 12 月，杜維運先生所著《史學方法論》出版。此書乃杜先生近二十年來在臺灣大學及其他院校講授「史學方法論」及其相關科目內容之結晶。杜先生長久以來卽關心中西史學之會通問題，嘗著有《與西方史家論中國史學》一書❽，取正統中國史家之立場，駁斥西方學人對中國史學傳統之謬見，頗能闡發國史之幽微，增進中西學術之瞭解。杜先生又撰〈西方史學輸入中國考〉長文，析論西方史學近百年來在中國之流行，特別推崇史學大師陳寅恪（1890～1969）先生：「留學西洋，會通其史學理論與方法，歸而不露痕迹的研究國史，撰寫國史，這是輸入西方史學的最高境界❽。」杜先生在《史學方法論》一書中，最努力以赴者，乃是貫通中西史學之理想。此書共計二十二章，除第一章「緒論」之外，其餘各章分論史學家之素養、史學與藝術、史學方法與科學方法藝術方法、歸納比較綜合分析各項研究技術、史料之分類與考證、歷史之想像、解釋及歷史著作之撰寫……各項問題。第十六章起則論述史學之眞、善、美、史家之修養、歷史之作用、歷史之比較研究以及史家與時代之關係等。就自序觀之，杜先生撰著此書殆寓有一崇高之理想——此卽是已故臺大教授姚從吾先生致杜先生函中所云：「圓滿的完成……貫通中西史學的理想」❽，以及杜先生自云：「冶中西史學方法於一爐」❽之境界，實則此一理想與境界殆亦卽爲杜先生多年來努力以赴之目標。杜氏論史學方法，不僅擷取西洋史學之新知，尤能融會中國史學之舊義，此爲本書最成功亦最爲吸引讀者之優點。全書論述隨

---

❽　杜維運，《與西方史家論中國史學》（臺北：東大圖書公司，1981年新寫本初版）。

❽　同上書，頁 331。

❽　杜維運，《史學方法論》（臺北：華世出版社總經銷，1979），序，頁 2。

❽　同上書，頁 3。

時徵引中西史籍之記載，指出其方法學之涵義，極能切中肯綮。例如杜先生引《史記》中之同源史料證明太史公之疏誤⑧；第十五章比較《史記》、《漢書》、《通鑑》敍事之詳略，以見司馬溫公修史剪裁之工夫，凡此皆俱見其對中國史學舊籍之嫻熟。再如書中徵引歐美史家論史之作品，亦見杜先生對西洋近代史學浸饋之深。

其次，就當代史學家對史學知識漸失信心以及社會科學對史學研究所引起之重大挑戰而言，杜先生所寫的這部《史學方法論》的另一項重大特點及貢獻，殆在於強調史學研究之獨立自主與尊嚴⑧。我們這裏所說的「獨立自主」與「尊嚴」殆含層次不同之二義：史學研究雖不排斥借用社會科學之概念及方法，然史學絕不淪爲社會科學之附庸，此其一；史學研究有其永恒之學術價值，故亦絕不淪爲任何現實政治目標之工具，此其二。通讀全書，杜先生於此二義反覆發揮，勝義絡繹。而第十八章於章實齋之史德說再三致意，尤特重史家著述之心術⑧，凡此皆可見杜先生用心之縝密與寄意之高遠。

杜先生申論上述第一義，呼籲史學工作同仁「重視人文的研究歷史的方法」⑧，這一點可以反映出杜先生對晚近持論激越之社會科學家及量化論者持有相當保留的態度，他並主張史學研究應歸人文學之陣營。而於上述第二義之發揮則顯係上承中國史學家不畏權勢不曲道以從人之傳統而來。僅此一節，亦可概見中西史學傳統在此書裏結合之一斑。

復次，通讀全書，我們極易覺察杜先生撰著此書所欲揭櫫之理想，在於以比較之眼光，論述治史方法；並欲以此比較之方法，達到撰著

---

⑧　同上書，頁88。

⑧　同上書，頁78。

⑧　同上書，頁 298～299。

⑧　同上書，頁 186。

「普遍、貫通、不偏不倚」[89] 的世界史之理想。杜先生於此書第二十章及第二十一章發揮此義最精。因他極強調比較的眼光，故此書第六章論「比較方法」時，於歷史現象之比較研究特加重視，亟言其重要性[90]。杜先生所持這種觀點，和他對史學研究的功用之看法遙相呼應。他之所以強調比較研究，蓋欲藉此使史學家「知尊重眞理，能保持客觀」[91]，開拓心胸，綜羅中外，以期對當代世界中「正義、寬容、客觀、眞理、人世間所最珍貴者，已非今世之物，毀滅性的大災難，瞬息可至」[92] 之危機思有以矯治。

杜先生在本書首頁即開宗明義爲史學方法下定義云：「史學方法不僅指引史學家種種史學技術，尤其爲史學家指引一些極有價值的史學原理[93]。」在這個觀點的朗照之下，《史學方法論》全書共分二十二章，自各個角度析論史學方法，兼論其相關問題，備極詳贍，如第二章「歷史與史學家」及第三章「歷史科學與藝術」所論述之主題爲史學之性質；第十六章「史學上的純眞精神」、第十七章「史學上之美與善」、第十八章「史德與史學家」、第十九章「歷史之功用與弊害」等各章所析論者，或爲史家之素養，或爲歷史之功能；而第二十二章「史學家的樂觀悲觀與迷惑」所討論者，係近代史學史上，史學家對史學知識之態度及看法之演進。凡此種種論述，都可以反映出杜先生論史學方法論取其最廣義而非偏狹義，最能見其綜羅各方之用心。

1981 年 4 月，嚴耕望先生出版《治史經驗談》[94]。這部書是嚴先生數十年來研究歷史的心得之結晶。嚴先生在序言中說他自己治史雖受

---

[89] 同上書，頁 332。
[90] 同上書，頁 104~109。
[91] 同上書，序，頁 3，並參考第十九章。
[92] 同上書，序，頁 3。
[93] 同上書，頁 1。
[94] 嚴耕望，《治史經驗談》（臺北：臺灣商務印書館，1981 年初版）。

到方法論相當大的影響，但總覺得文科方面的研究，固然也要講方法，
但絕不應遵循一項固定的方法與技術。只要對於邏輯學有一些基本觀
念，如能對於數學有較好的訓練尤佳，因為數學是訓練思考推理的最佳
方法，而任何學問總不外是個「理」字。此外，就是要多多的仔細閱讀有
高度成就的學者的好著作，體會作者探討問題的線索，然後運用自己的
心靈智慧，別出心裁，推陳出新，自成一套，彼此不必相同。至於方法
理論，不妨讓一些專家去講，成為一項專門之學，但實際從事歷史事實
探討的人只能取其大意，不能太過拘守。太過拘守，就太呆板，容易走
上僵化的死路上去，或者只是紙上談兵，並無多大用處。因此，嚴先生
在這本書中所討論的，並非史學研究的抽象理論或方法論，而是實際從
事研究工作的具體方法與規律。全書共九章；（1）原則性的基本方法；
（2）幾條具體規律；（3）論題選擇；（4）論著標準；（5）論文體式；
（6）引用材料與注釋方式；（7）論文撰寫與改定；（8）努力途徑與工作
要訣；（9）生活、修養與治學之關係。此書乃嚴先生積數十年從事史學
研究工作之經驗而提出的具體方法，故全書論述眞正達到「充實而有光
輝」的境界，對讀者啟迪極深，例如金發根先生就曾說：「我讀後不禁
汗流浹背，慚愧萬分。因為其中有些正是我與並輩的同儕們往日常犯的
錯誤。雖然可以說是格於環境，每年為向國科會申請研究補助，必須提
冠冕堂皇的題目，為自己無法集中心力與時間作『面』的研究找藉口（
當時，同儕們也莫不深以為苦），但是畢竟是不足為訓的。我深深的覺
得此書不僅是青年史學工作者應該讀，卽使五十上下逐漸已趨成熟的史
學同工也值得細讀。」[95]

　　嚴先生在第一章的論述中，首先指出從事史學研究必守的幾項原則
性的基本方法：

　　[95]　金發根，〈讀嚴歸田（耕望）教授著：治史經驗談〉，《食貨月刊》，復刊
　　　　一二卷二期（1979年5月15日），頁77。

(1) 要「專精」，也要相當「博通」。

(2) 斷代研究，不要把時間限制得太短促。

(3) 集中心力與時間作「面」的研究，不要作孤立「點」的研究；建立自己的研究重心，不要跟風搶進。

(4) 要看書，不要只抱個題目去翻材料。

(5) 看人人所能看到的書，說人人所未說過的話。

(6) 其他意見包括：（1）慎作概括性的結論；（2）注意普通史事，即歷史上一般現象，不要專注意特殊現象；（3）概括敍述性證據之價值雖較例證性證據為高，但須慎防誇張；（4）注意史料的時間性與空間性。

接著，嚴先生提出幾條具體規律如下：

(1) 儘量少說否定話。

(2) 不要忽略反面證據。

(3) 引用史料要將上下文看清楚，不要斷章取義。

(4) 儘可能引用原始或接近原始史料，少用後期改編過的史料。

(5) 後期史料有反比早期史料為正確者，但須得另一更早期史料作證。

(6) 轉引史料必須檢查原書。

(7) 不要輕易改字。

本書第三章專論研究論題的選擇問題，嚴先生的主要看法可以歸納為以下幾點：（1）研究工作應多做具體問題，少講抽象；（2）應多注意研究問題的實用性，如國家大計、社會動態、人民生活及思想潮流等；（3）青年時代，應做小問題，但要小題大做；中年時代，要做大問題，並且要大題大做；老年時代，應做大問題，但不得已可大題小做；（4）論題的選擇應考慮自己的能力範圍及材料性質；（5）檢查論著目錄雖必要，但不必費太大功夫。第四章討論史學論著之標準，嚴先生認為史學

論著必須能以小見大、聚小爲大，才能達到充實而有光輝的境界。

論文撰寫的體式是許多史學方法書籍中常涉及之問題。嚴先生在本書第五章也討論到這一問題。他認爲，通行之夾敍夾議體未必是最好的固定體式，寫作研究論文當因題目內容而異，因材料情況而異，因自己研究與寫作詳略深度而異，以及因準備供給何人閱讀而異。換言之，研究性論文寫作體式，當因應各種情況之不同而有所變通，不能拘守一種固定方式❻。嚴先生接著析論常見的論文體式，如（1）常行體、（2）綱目體、（3）綱目變體、（4）複合體等的優點及劣點，並強調應隨宜適應，靈活變化，期便閱讀。第六章討論引用料材與注釋方式，嚴先生認爲直錄史料原文與刪節消化重述這兩種方式各有利弊，並無固定不變之方式，史學工作者應力求給予讀者便利，儘可靈活運用，不必拘泥於表面的形式❼。

本書第七章討論史學論文的撰寫與改訂，第八章指示史學工作者以努力的途徑與工作的要訣，最後一章則指出從事學術研究工作者個人的生活、修養及其治學之間有極其密切的關係。嚴先生以數十年之工作經驗現身說法，這三章之論述給予讀者極親切的感受與啟發。

除了以上所簡述綜論史學方法論的專書以外，1979 年 7 月，余英時先生所發表的〈中國史學的現階段：反省與展望〉❽之論文，亦是討論史學研究及其方法的重要文字。余先生在這篇論文中，首先回顧現代中國史的發展過程，指出在許多史學研究的流派之中，影響最大的有二：第一派可稱爲「史料學派」，乃以史料之搜集、整理、考訂與辨僞爲史學的中心工作。第二派可稱之爲「史觀學派」，乃以系統的觀點通

---

❻　嚴耕望，《治史經驗談》，頁 98。
❼　同上書，頁 123。
❽　本文原刊於：《史學評論》第一期（1979年 7 月），頁 1～24，作爲該刊之〈代發刊詞〉，後收入：氏著，《史學與傳統》（臺北：時報出版公司，1982），頁 1～29。

釋中國史的全程爲史學的主要任務。從理論上說，這兩派其實各自掌握
到了現代史學的一個層面：史料學是史學的下層基礎，而史觀則是其上
層建構。沒有基礎，史學無從開始；沒有建構，史學終不能完成。所以
史料學與史觀根本是相輔相成，合則雙美，離則兩傷的，但是在實踐
中，中國現代的史料學派和史觀學派由於各趨極端，竟不幸而形成了尖
銳的對立。史料學派鄙史觀爲空中樓閣，而史觀學派則又譏史料學爲支
離破碎，不識大體❾。余先生繼又指出，史料學派與史觀學派分別代表
了近代史學追求科學化的兩個途徑，兩者都以爲他們的研究方法是合乎
科學的。余先生認爲，近代中國史學家所說的方法有兩個不同層次的涵
義：一是把史學方法看作一般的科學方法在史學研究方面的引申；一是
指各種專門學科中的分析技術，如天文、地質、考古、生物各種科學中
的具體方法都可以幫助歷史問題的解決❿。余先生在上述分析的基礎上
提出史無定法的主張，他說⓫：

> 史無定法，而任何新方法的使用又隱藏著無數的陷阱；這一事實
> 充分說明在史學研究上是沒有捷徑可走的，一切都要靠史學家自
> 己去辛苦而耐心地摸索。這種情況並不自今日始，可以說是自古
> 已然的。一個世紀以前，大史學家蒙森 (Theodor Mommsen)
> 就說過：「如果一位史學教授認爲他能訓練史學家像訓練經典學
> 者和數學家一樣，那麼他是處在一種危險而有害的錯覺之中。史
> 學家是別人不能訓練得來的，他只有自己訓練自己。」這眞是有
> 關史學方法的證道之言。史學的困難在此，但史學的吸引力也在
> 此。

---

❾　《史學評論》，頁2。
❿　同上書，頁13～14。
⓫　同上書，頁15。

余先生所以提出「史無定法」的主張，其主要原因之一是他對文化的複雜性與整體性的深刻認識。他一再強調，史學為綜合貫通之學，史學工作者必須在歷史時間系統之內努力從整體性的觀點來研究人類的過去[102]。因此，他在這篇論文裏指出，史學研究工作者必須透過比較的觀點來掌握歷史現象，他說：「一部中國文化史是旣具有整體性而同時又是複雜萬端的。通過比較的觀點，這種整體性和複雜性才能更清楚、更充分地顯現出來[103]。」他並指出今後的中國史研究的終極目標在於探討「中國文化的獨特形態及其發展的過程」[104]。這篇論文雖非以史學方法為中心，但在對史學研究方向的檢討中卻處處觸及方法問題，很引起讀者重視。

總結上文對近十年來國內有關史學方法論著作之回顧，我們可以看出，這十年間國內史學界對於方法的興趣較前此二十年間為高，而且所注意的方向也較具多面性與複雜性，出版的作品亦較前期更見蓬勃。除了以上所作簡述的幾家之外，這十幾年間如周簡文先生、余鶴清先生、韋政通先生、胡秋原先生、李家祺先生……等，皆有專書，很能呈現這段期間內史學方法論探討的盛況。

四、結　語

以上對近三十年來國內史學界所出版的史學方法論著作，作一簡略的介紹，所涵蓋的範圍僅以在臺灣所刊佈者為限，中國學者在其他地區所發表者，暫不納入討論範圍，此雖不無掛一漏萬之病，但已可發現近三十年來臺灣史學界方法意識高漲之一斑。這種方法意識之形成與民國

---

[102]　這個觀點也見之於《史學與傳統》，〈自序〉。
[103]　《史學評論》，頁19。
[104]　同上書，頁21。

初年瀰漫於學術界的「科學主義」（scientism ）思潮⑩有密切關係， 而
1960年代末期以後， 行爲科學及社會科學的衝擊尤具推波助瀾之功⑩。

　　但是， 我們若就更深入的層面來觀察， 則這種方法意識的高漲，**實**
植根於: 「主」、「客」之斷爲兩橛。換言之， 近代中國史學家意識到
史學工作者乃是研究工作的主體， 他們所探討的對象——歷史事實——
是客觀的存在， 主體與客體不可混爲一談。而主體對客體若欲達深切的
理解與掌握， 必須有一套程序與步驟， 因此， 方法論的講求， 乃成爲重
要的工作。那麼， 此刻我們要問: 這種主客離析的思想因何而起? 這個
問題原本有其複雜的原因與背景， 任何一個對它作簡單的概括性論斷，
都不能免於化約主義（reductionism）的弊病。 但是， 如果專就中國史
學傳統的特質來看， 我們不妨說， 這種主客離析的發展， 與近代中國人
文學術研究中史學與經學的分道揚鑣有著深刻關係。傳統的中國史學與
經學， 原雖有不同的目標——經學所追求的「常」， 是安身立命之道;
史學所探索的「變」， 乃人事之滄桑遞嬗——但是在經學的籠罩下， 傳
統的中國史學家莫不努力於究事以顯理， 垂變以顯常⑩。《左傳》是對
《春秋》史事的說明，太史公更以繼《春秋》之精神自任。自《史記》
以下， 經史之密切結合一直是中國學術傳統的一大特質。近人嘗指出，
經史關係爲中國思想史之一大問題，唐代文中子王通（仲淹， 584～618）
就以《書》、《詩》、《春秋》三經爲聖人述史之作; 南宋陳傅良（君
舉， 1137～1203）、 明代宋濂（景濂， 1310～1381）、 王守仁（陽明，

---

⑩　郭穎頤教授對近代中國思想史上的「科學主義」有深入探討， 參看:
　　Daniel W. Y. Kwok, *Scientism in Chinese Thought, 1900~1950*
　　(New Haven: Yale University Press, 1960).

⑩　關於這一點， 參看: 黃進興， 〈論「方法」與「方法論」: 以近代中國史
　　學意識爲系絡〉， 《食貨月刊》， 復刊一一卷五期（1981年8月1日），
　　頁217～228。

⑩　參看: 錢穆，〈經學與史學〉， 收入: 杜維運、黃進興編，《中國史學史論
　　文選集》（臺北: 華世出版社， 1976）， 頁 120～137。

1472～1528）、李贄（卓吾，1527～1602）均有經史相爲表裏之看法⑩。
在這種學術傳統之下，傳統中國史學家對歷史的探索深深地與道德教化
的目的相結合，因此中國史學的特徵乃表現而爲「事實判斷」與「價值
判斷」的會通。班固（孟堅，32～92）《漢書》卷三十〈藝文志〉云：
「書以廣聽，知之事也；春秋以斷事，信之符也」⑩，我們可以說，在
中國史學傳統中，「知之事」與「信之符」不僅不斷爲兩橛，而且知識
活動是建立道德信念的基礎，道德信念是史家用來觀察、析論史實的根
據。也因此，在中國學術傳統中，歷史知識與現實人生絕不析而爲二。
傳統中國史家在時間之流中追逆往古，然而溯古乃所以知今，歷史的知
識活動是要落實到生命中來講的。在這種傳統之下，主客交融、理事無
礙就成爲中國學問的特徵。

　　但是，至遲從十八世紀開始，經學與史學便逐漸分途發展了。章學
誠（實齋，1738～1801）「六經皆史」說的提出，具有多方面的意義。
在中國學術史上，「六經皆史」是針對顧炎武（亭林，1613～1682）「
經學卽理學」之後考據學風的一大突破；就思想史而言，則此說可視爲
實齋以史學觀點對抗經學觀點的一大發展⑩；就史學史之立場言，則我
們不妨說，實齋的「六經皆史」說提昇了中國史學家的「歷史意識」，
使他們視六經爲透露「道」在古代發展的消息而已，「道」的觀念遂由
靜態之存在一變而爲動態之發展。自此以下，近二百年來中國史學的發
展於是逐漸脫離經學而獨立；歷史的探索亦逐漸成爲一種獨立自主的知
識活動，而不再是達到安身立命的一種手段。中國史學家致力於使中國

---

⑩　參看：周予同、湯志鈞，〈章學誠六經皆史說初探〉，《中華文史論叢》
　　第一期（1962）；余英時，〈清代學術思想史重要觀念通釋〉，《史學評
　　論》，第五期（1983），頁 82～92。

⑩　《漢書》（臺北：藝文印書館景印武英殿刊本），卷十，頁26，下半頁。

⑩　參看：余英時，《論戴震與章學誠》（臺北：華世出版社，1977），頁
　　50 及 53 。

史學研究現代化，他們從各個角度來進行所謂「神話的卻除」(demy-thologization) 的工作。而這種工作必以「主」（史學工作者）「客」（史事）析離為前提，方法的講求正是「主」對「客」的理解手段。這種學術上的發展，或許是近幾十年國內史學界對方法論普徧感興趣的精神遠源。在這種精神遠源的啟導之下，近代中國史學家懷抱強烈的時間觀念，從事史學研究，有意識地區分「主」、「客」，把史學當作獨立而客觀之存在，講求探索史實的基礎與方法，把史學研究推向一個新的高峯，並逐漸匯入世界史學研究的大潮流之中。但是，從另一個角度看，這種主客析而為二的發展，其得失正不易言也。傳統中國史學家治史之矩矱在經史貫通、「主」「客」交融、物我為一，雖然方法意識不彰，但是生命在學術之中獲得安頓，而學術乃所以彰顯生命之意義，因此史學家多半能在變遷之中體認其永恒意義，從無失落之感。所以，王夫之（船山，1619～1692）雖生於天崩地裂的時代，但他對文化傳統的延續，仍具有絕對的信心，在《讀通鑑論》書中，他一再對同時代及後世之人，重申這個信念，就是一個最明顯的例子。自經學與史學分道揚鑣，中國史學家不免長於論「變」而拙於說「常」，其末流所至逐踏入「歷史相對論」(Historical Relativism) 之陷阱，或飄盪游移，不知所止；或竟悠然自適，以為天下之美盡在此矣! 其事至為可痛，其情至為可哀，特別值得我們深切反省，憫其短而匡其所不逮!

1973 年，錢賓四先生著《中國史學名著》，有感於近百年來國人之割裂傳統，自我放逐，嘗於史學研究必須植根於傳統一節拳拳致意。在西方史學思潮大力衝擊而傳統史學格局面臨崩潰的學術背景裏，錢先生認為：「此下中國史學，必當另有新趣」⑪，此所謂「新趣」並不必然以捨舊逐新為其既定模式——在上文中，我們回顧了近三十年來臺灣

---

⑪　錢穆，《中國史學名著》（臺北：三民書局，1973），上冊，頁 33。

史學界對於「新趨」的探索過程，深感於無論此種新趨之方向如何，其必與中國史學傳統相結合，殆無疑義。不論中西，史學研究概以「人」爲主題，傳統中國史學特重人物賢奸，西方史學家自修昔的底斯（Thucydides, ?460～400 B. C.）以迄蘭克，亦莫不以「人」爲其探討之中心課題。伊格斯（Georg G. Iggers）曾爲文回顧西洋史學之發展，特別指出，蘭克之以修昔的底斯爲博士論文題目，實非偶然⓬，其事最足以顯示：新方向的探求必植根於舊傳統，寓開來於繼往，能守舊方能開新。這不僅是古今一體的學術通例，更是此後中國史學研究的一條康莊大道。這是我們檢討近三十年國內史學方法論研究成果之後，所提出的第一個看法。

其次，就發生程序而言，史學方法論的提出及其取向，必在實際的研究工作之後，因此此後國內史學方法論之趨向，當必視歷史學實際之研究成果爲轉移。誠如黃進興先生所指出，一個學科之進步與拓展眞正的關鍵端賴實質問題的解決， 而重要實質問題的解決經常又帶來「方法」的改革或創新，然後才輪到「方法論」對這些成果加以「事後先見之明」式的理論說明及辯護⓭。我們可以說，二十世紀以來，中國史學界方法意識所以高漲，與史學工作者對這種發生程序的誤解有相當直接的關係。佛門尊者僧伽斯那所撰的《百喻經》卷四有一條「口誦乘船法而不解用喻」，很能够說明我們在這裏所持的論點⓮：

　昔有大長者子， 共諸商人入海探寶。 此長者子善誦入海捉船方

⓬　Georg G. Iggers & Harold T. Parker eds., *International Handbook of Historical Studies* (London: Methuen & Co. Ltd., 1980), Introduction, p. 1.

⓭　康樂、黃進興主編，《歷史學與社會科學》（臺北: 華世出版社，1981），〈緒論〉，頁 35。

⓮　尊者僧伽斯那撰，蕭齊天竺三藏求那毘地譯，《百喻經》（臺中: 瑞成書局，1964），頁 66～67。

法。若入海水漩洑洄流磯激之處，當如是捉，如是正，如是住。
語眾人言：入海方法我悉知之。眾人聞已，深信其語。旣至海
中，未經幾時，船師遇病，忽然便死。時長者子卽便代處。至洄
洑駛流之中，唱言：當如是捉，如是正。船盤廻旋轉，不能前進
至於寶所。舉船商人沒水而死，凡夫之人亦復如是。少習禪法，
安般數息，及不淨觀，雖誦其文，不解其義，種種方法，實無所
曉。自言善解，妄授禪法，使前人迷亂失心，倒錯法相。終年累
歲，空無所獲。如彼愚人，使他沒海。

口誦行船之法而未嘗實際操舟，終不免在漩洑洄流之中慘遭滅頂。過度
強調方法論而忽略實際研究工作，其險況有如上述。雖然方法論在摶成
之後不免有其獨立自主性，但就發生程序言，它是「後驗」(*a posteriori*)
於實際工作而存在的。因此，將來國內史學方法論之新趨向，仍需視實
際史學研究工作爲轉移；而且此二者之間辯證性的互動，正是史學研究
所以日新又新的源頭活水。讓我們以這樣的認識與信心，來期待明日的
史學研究更上層樓、綻放異彩！

　　（本文曾分刊於《漢學研究通訊》，第二卷第二期及第三期及《史
學評論》第六期，後收入：賴澤涵主編，《三十年來我國人文及社會科
學之回顧與展望》，臺北：東大圖書公司，1987，頁163～239）。

參　考　書　目

凡　例：

(1) 本書目之內容概以專論研究方法者爲要（論文部分尤然），凡
　　廣義的史學方法論，諸如史學史、史學通論、歷史哲學等討論，
　　範圍甚大，爲節省篇幅，暫不收錄。

(2) 本書目以 1950 年以後臺版之中文書文爲主（包括譯作），凡
　　（1）1950 年以前、（2）臺灣以外、（3）以外文寫作者，概未
　　列入。

(3) 本書目之編排，係依出版年代之先後爲序，年代相同者，再依
　　作者（或譯者）姓名之英文字母之先後爲序。

(4) 書目之編輯，有如秋風掃落葉，滄海遺珠在所難免，敬祈諒
　　解。

（一）專書部分

張致遠編，《史學講話》，臺北：中華文化出版事業委員會，1952。

啟明書局編譯所編撰，《歷史研究法》，臺北：啟明書局，1952。

蔣祖怡，《史學纂要》，臺北：正中書局，1952。

傅斯年，《史學方法導論》（僅存「史料論略」一節），見《傅孟眞先
　　　　生全集》（第二冊），臺北：臺灣大學，1952。

吳天任，《章實齋的史學》，香港：東南書局，1952；臺北：商務印書館，
　　　　1979。

張蔭麟，《論傳統歷史哲學》，臺北：中央文物供應社，1953。

Tonybee, A. J. 著，鍾建閎譯，《歷史之研究》，臺北：中央文物供
　　　　應社，1953。

Sorokin, P. A. 著，徐道鄰譯，《危機時代的社會哲學—— 現代歷史哲
　　　　學評論》，臺北：中央文物供應社，1953。

李宗侗，《中國史學史》，臺北：中華文化出版事業委員會，1953。

姚永璞，《史學研究法》，臺北：中央文物供應社，1953。

錢　穆，《中國歷史精神》，臺北：國民出版社，1954。

錢　穆，《國史新論》，九龍：求精印務公司，1955；臺北：東大圖書
　　　　公司，1981 年重印。

牟宗三，《歷史哲學》，高雄：強生出版社排印，1955。

包遵彭等編，《史料與史學》，臺北：正中書局，1956。

張壽鏞，《史學大綱》，（約園演講集之三），未詳出版地點、書局，
　　　　1958。

金毓黻，《中國史學史》，臺北：商務印書館影印本，1958。

許冠三，《史學與史學方法》，香港：自由出版社，1958～1959；臺
　　　　北：旋風出版社，1959。

梁啟超，《中國歷史研究法》（附補編），臺北：中華書局影印本，
　　　　1959。

錢　穆，《中國歷史研究法》，香港，孟氏教育基金委員會，1961；臺
　　　　北：三民書局，1969。

Salvemini, Gaetamo 著，周謙沖譯，《史學家與科學家──史學與社
　　　　會科學概論》，臺北：商務印書館影印本，1962。

杜維運，《清乾隆時代之史學與史學家》，臺北：臺灣大學文學院，
　　　　1962。

Nagel, Ernest 著，許冠三選譯，《歷史解釋》，香港：震旦圖書公
　　　　司，1963；臺北：萬年青書廊翻印，未詳出版年代。

See, Henri 著，黎東方譯，《歷史之科學與哲學》，臺北：商務印書
　　　　館影印本，1963。

朱雲彩，《史學方法》，臺北：臺灣師範大學夜間部，1965。

Barnes, H. E. 著，何炳松譯，《史學史》，臺北：商務印書館，1965。

Robinson, J. H. 著，何炳松譯，《新史學》，臺北：文星書店，1965。

何炳松，《通史新義》，臺北：商務印書館，1965。

李　濟，《想像的歷史與真實的歷史之比較》，臺北：國立歷史博物館，
　　　　1965。

李宗侗，《歷史的剖面》，臺北：文星書店，1965。

涂序瑄，《西洋史學史》，臺北：臺灣師範大學，1965。

Barnes, H. E. 著，董之學譯，《新史學與社會科學》，臺北：商務印書館，1965。

Bernheim, E. 著，陳韜譯，《史學方法論》，臺北：商務印書館臺一版，1966。

陳登原，《歷史之重演》，臺北：商務印書館，1966。

紹特韋爾著，何炳松等譯，《西洋史學史》，臺北：商務印書館，1966。

許倬雲，《歷史學研究》，臺北：商務印書館，1966。

許雲樵，《史學通論》，臺北：青年書局，1966。

胡良珍，《史學方法之探討》，臺北：史學通訊，1966。

李宗侗編，《史學》（二十世紀之科學第九輯），臺北：正中書局，1966。

See, Henri 著，黎東方譯，《歷史唯物論批評》，臺北：帕米爾書局，1966。

杜維運，《與西方史學家論中國史學》，臺北：中國學術著作獎助委員會，1966。

徐文珊，《中國史學概論》，臺北：維新書局，1967。

呂思勉，《史通評》，臺北：商務印書館，1967。

費海璣，《歷史研究集》，臺北：商務印書館，1968。

Langlois, Ch. V. 與 Seignobos, Ch. 同撰，李思純譯，《史學原論》，臺北：商務印書館，1968。

李宗侗，《史學概要》，正中書局，1968。

Carr, E. H. 著，王任光譯，《歷史論集》，臺北：幼獅書局，1968。

尹慶耀，《歷史寫下的答案》，臺北：中華民國國際研究所，1968。

班茲著，向通譯，《史學》（原名：《史學史》），臺北：商務印書館，（人人文庫 743），1969。

Nietzsche, F. 著，淦克超重譯，《歷史之用途與濫用》，臺北：水牛
　　出版社，1969。

增田涉等著，李永熾譯，《歷史與思想》，臺北：水牛出版社，1969。

陸懋德，《史學方法大綱》，臺北：陽明出版社，1969。

孫德謙，《太史公書義法》，臺北：中華書局，1969。

余鶴清，《史學方法》，臺北：樂天出版社，1969。

杜蘭夫婦著，鄭緯民譯，《歷史的教訓》，臺北：大江出版社，1970。

錢　穆，《史學導言》，臺北：中央日報出版社，1970。

胡秋原，《史學方法之要點並論純瞎說》，臺北：學術出版社，1970。

李家祺，《歷史纂述的方法》，臺北：商務印書館，1970。

Rowse, A. L. 著，廖中和譯，《歷史的功用》，臺北：幼獅文化事業
　　出版公司，1970。

沈剛伯，《史學與世變》，臺北：仙人掌出版社，1970。

孫隆基，《歷史的鳥瞰》，臺北：大西洋出版社，1970。

萬年青書廊選譯，《歷史哲學與歷史解釋》，臺北：萬年青書廊，1970。

杜維運，《學術與世變》，臺北：環宇出版社，1971年5月臺一版。

Mises, Ludwig 著，淦克超譯，《理論與歷史》，臺北：幼獅書店，
　　1971。

姚從吾，《歷史方法論》（《姚從吾先生全集（一）》），臺北：正中
　　書局，1971。

Wells, H. G. 著，葉新發譯，《歷史的教訓》，臺北：水牛出版社，
　　1971。

葉龍彥，《歷史意識與歷史哲學》，臺北：榮文出版社，1971。

Black, C. E. 著，郭正昭譯，《現代化的動力——一個比較歷史的研
　　究》，臺北：環宇出版社，1972。

錢　穆，《中國史學名著》，臺北：三民書局，1973。

金靜庵，《中國史學史》，臺北：漢聲出版社，1973。

周培智，《歷史學歷史思想與史學研究法述要》，臺北：史學出版社，
　　　　1973。

黃　培，《歷史學》，臺北：學生書局，1973。

羅　光，《歷史哲學》，臺北：商務印書館，1973。

Walsh, W. H. 著，王任光譯，《歷史哲學》，臺北：幼獅文化事業出
　　　　版公司，1973。

何炳松，呂思勉著，《歷史研究法二種》，臺北：華世出版社，1974。

巴利諾斯奇著，胡一貫譯，《唯物史觀批判》，臺北：國防部總政治作
　　　　戰部，1974。

Gawronski, Donald V. 著，容繼業譯，《歷史意義與方法》，臺北：
　　　　幼獅書店，1974。

林同濟、曾伯倫同撰，《文化形態史觀》，臺北：地平線出版社，1974
　　　　年臺一版。

呂思勉，《歷史研究法》，不悉其出版於何年，臺北：華世出版社影印
　　　　本，1974。

宋　晞，《中國史學論集》，臺北：開明書店，1974。

楊懋春，《史學新論——試作社會學與歷史學的整合》，臺北：華欣文
　　　　化事業出版公司，1974。

Spengler, O. 著，陳曉林譯，《西方的沒落》，臺北：華新出版社，
　　　　1975。

黃進興，《歷史主義——一個史學傳統及其觀念的形成》，臺北，
　　　　1975。

蔡石山，《西洋史學史》，臺北：環球書社，1975。

楊鴻烈，《歷史研究法》，臺北：華世出版社影印，1975。

張存武、陶晉生編，《歷史學手冊》，臺北：食貨出版社，1976。

中華文化復興運動推行委員會主編，《中國史學論文選集》，臺北：幼獅文化事業出版公司，1976。

Descartes, René 著，黃金穗譯，《方法導論》，臺北：協志工業叢書出版公司，1976。

饒宗頤，《中國史學上之正統論》，香港：龍門書店，1976；1979年宗青圖書公司在臺翻版。

沈剛伯，《史學與世變》，臺北：大林出版社，1976。

杜維運、黃進興編，《中國史學史論文選集（一、二冊）》，臺北：華世出版社，1976。

Cantor, N. F. 與 Schneider, R. 同撰，涂永清譯，《史學導論》，臺北：水牛出版社，1976。

Walsh, W. H. 著，閻子桂譯，《歷史哲學》，臺北：幼獅文化事業出版公司，1976。

葉奕宏編，《歷史的看法》，臺北：奕宏出版社，1976。

余英時，《歷史與思想》，臺北：聯經出版事業公司，1976。

周簡文編著，《史學通論》，臺北：正中書局，1977。

朱希祖，《中國史學通論》，臺北：莊嚴出版社，1977。

Collingwood, R. G. 著，黃超民譯，《歷史的見解》，臺北：正文書局，1977。

Smith, Page 著，黃超民譯，《歷史家與歷史》，臺北：商務印書館，1977。

黃俊傑編譯，《史學方法論叢》，臺北：學生書局，1977。

宋　晞主編，《史學論集》（中華學術與現代文化叢書第三冊），臺北：華岡出版有限公司，1977。

王爾敏，《史學方法》，臺北：東華書局，1977。

葉松發譯，《歷史的教訓》，臺北：水牛出版社，1977。

余英時，《論戴震與章學誠》，臺北：華世出版社，1977。

張玉法，《歷史學的新領域》，臺北：聯經出版事業公司，1978。

陳安仁，《歷史專題研究論叢》，臺北：華世出版社影印臺一版，1978。

Toynbee, A. J. 著，陳曉林譯，《歷史研究》，臺北：桂冠圖書公司，1978。

翦伯贊，《史料與史學》，臺北：宗青圖書出版公司影印本，1978。

金耀基，《從傳統到現代》，臺北：時報文化公司，1978。

周虎林，《司馬遷與其史學》，臺北：文史哲出版社，1978。

Kahler, E. G. 著，黃超民譯，《歷史的意義》，臺北：商務印書館，1978。

Tonybee, A. J. 著，林綠譯，《歷史的研究》，臺北：源成出版社，1978。

吳相湘，《歷史與人物》，臺北：東大書局，1978。

吳曼君，《論唯物史觀》，臺北：正中書局，1978。

Boulding, K. E. 著，萬爾甄譯，《社會動力學入門——歷史的辯證與發展》，臺北：食貨出版社，1978。

錢　穆，《歷史與文化論叢》，臺北：東大圖書公司，1979。

李　璜，《讀史之頁》，臺北：傳記文學出版社，1979。

逯耀東，《中共史學的發展與演變》，臺北：時報文化出版公司，1979。

杜維運，《史學方法論》，臺北：撰者自刊鉛印本，1979。

杜維運、黃俊傑編，《史學方法論文選集》，臺北：華世出版社，1979。

蕭欣義主講，《中國古代思想史研究法舉隅》，臺北：淡江大學編印，1980。

李弘祺，《史學與史學方法論集》，臺北: 食貨出版社，1980。

杜維運、陳錦忠編，《中國史學史論文選集三》，臺北: 華世出版社，
　　　　1980。

江金太，《歷史與政治》，臺北: 桂冠圖書公司，1981。

黃俊傑，《歷史的探索》，臺北: 東昇出版事業公司，1981。

Collingwood, R. G. 著，黃宣範譯，《歷史的理念》，臺北: 聯經出
　　　　版事業公司，1981。

康　　樂、黃進興合編，《歷史學與社會科學》，臺北: 華世出版社，
　　　　1981。

Popper, K. R. 著，李豐斌譯，《歷史定論主義的窮困》，臺北: 聯
　　　　經出版事業公司，1981。

嚴耕望，《治史經驗談》，臺北: 商務印書館，1981。

陳援庵，《援庵史學論著選》，臺北: 木鐸出版社，1982。

余英時，《史學與傳統》，臺北: 時報文化出版公司，1982。

(二) 論文部分

周德偉，〈歷史事象之研究方法〉，《三民主義半月刊》二〇期，頁30
　　　　～40，1954年2月。

董作賓，〈論中國歷史研究的科學化〉，《中國一周》二一一期，頁3
　　　　～5，1953年5月。

王德昭，〈四十三年度歷史學的研究〉，《教育與文化》六卷四期，頁
　　　　2～5，1955年1月。

黃玉齋，〈先哲對於歷史的解釋〉，《臺灣文獻》六卷二期，頁1～
　　　　24，1955年6月。

南　　史，〈鄉土歷史方法談片〉，《臺南文化》五卷二期，頁163～165
　　　　1956年7月。

董作賓，〈關於古史年代學的問題〉，《大陸雜誌》一三卷六期，頁1
　　～4，1956年9月。

李宗侗，〈怎樣研究中國歷史〉，《中國一周》三四三期，頁5，1956
　　年11月。

鄙　湖，〈論史法〉，《中國文化》一卷五期，頁27～28，1958年8
　　月。

衛挺生，〈研究歷史方法的現實考驗〉，《民主評論》九卷二三期，頁
　　17～21，1958年12月。

楊希枚，〈語文學、考古學、人類學、史學與人類及其文化史的研
　　究〉，《大陸雜誌》二一卷一、二期合刊，頁75～80，1960
　　年7月。

許冠三，〈歷史題材獨特性的分析〉，《大學生活》六卷一三期，1960
　　年11月。

胡秋原，〈關於「近代中國之西方認識」並論中國思想史問題(上)〉，
　　《大陸雜誌》三二卷六期，頁1～5，1961年9月。

＿＿＿，〈關於「近代中國之西方認識」並論中國思想史問題(下)〉，
　　《大陸雜誌》二三卷七期，頁24～29，1961年10月。

楊希枚，〈西洋近代的東方學及有關中國古史的研究〉，《大陸雜誌》
　　二四卷四期，頁1～6，1962年2月。

劉世超譯，〈普通定律在歷史中的功用〉，《新時代》三卷七期，頁31
　　～37，1963年7月。

胡秋原，〈歷史學及其方法論——近世中國之盛衰第一章〉，《中華雜
　　誌》一卷一期，頁5～9，1963年8月。

＿＿＿，〈歷史哲學與文化哲學——歷史學及其方法論續論〉，《中華
　　雜誌》一卷三期，頁24～26，1963年10月。

唐君毅，〈歷史事實與歷史意義（上）〉，《民主評論》一四卷二二期，

頁 2～9，1963 年 11 月。

劉塗城，〈史學家與歷史〉，《中國一周》七一一期，頁21～24，1963
　　　年 12 月。

陸寶千，〈歷史學的理論架構〉，《思與言》一卷五、六期，頁 1～
　　　3，1963 年 12 月。

畢思孟，〈歷史概念對一民族之展望與努力的社會政治經濟影響之檢
　　　討〉，《臺大社會學刊》一期，頁 92～94，1963 年 12 月。

唐君毅，〈歷史事實與歷史意義（下）〉，《民主評論》一四卷二三
　　　期，頁 2～7，1963 年 12 月。

阮芝生，〈什麼是歷史的事實〉（臺大歷史系學士論文），1964。

勞　榦，〈中國歷史的週期及中國歷史的分期問題〉，《大陸雜誌》二
　　　九卷五期，頁 1～8，1964 年 9 月。

梁　奇，〈歷史與史學家的目標〉，《民主評論》一五卷一六期，頁
　　　17～19，1964 年 9 月。

逯耀東，〈對中共「歷史解釋」的分析〉，《民主評論》一五卷二一
　　　期，頁 18～21，1964 年 11 月。

劉述先，〈歷史與人文眞理的關連性〉，《民主評論》一六卷七期，頁
　　　2～7，1965 年 4 月。

高明士，〈從湯恩比之「歷史的研究」一書中看湯恩比之歷史研究法〉，
　　　《史繹》二期，頁 60～68，1965 年 5 月。

Berlin, Isaiah 原著，李恩涵譯，〈環繞「科學的歷史」的有關問
　　　題〉，《思與言》三卷一期，頁 3～10，1965 年 5 月。

李　濟，〈想像的歷史與眞實的歷史之比較〉，《新時代》五卷九期，
　　　頁 3～9，1965年 9 月。

梁敬錞講，〈梁敬錞論歷史研究法〉，《中國一周》八一六期，頁10，
　　　1965 年 12 月。

杜維運，〈歷史與方法論〉，《出版月刊》八期，頁 23～24，1966 年 1 月。

胡良珍，〈史學方法之探討〉，《史學通訊》一期，頁 5～13，1966年 4 月。

李景武，〈歷史之作用〉，《史學通訊》一期，頁 14～15，1966 年 4 月。

胡良珍，〈史學研究之方法〉，《中國一周》八四二期，頁 9～11，1966 年 6 月。

王樹槐，〈研究歷史應否運用道德的裁判〉，《思與言》四卷五期，頁 2～4，1967 年 1 月。

陸惠風，〈史家四長的再商榷（一）〉，《新亞生活》九卷一八期，頁 10～11，1967 年 3 月。

李家祺，〈談「歷史立場」問題〉，《出版月刊》二三期，頁 75～76，1967 年 4 月。

陸惠風，〈史家四長的再商榷（二）〉，《新亞生活》九卷二〇期，頁 9～11，1967 年 4 月。

李 璜，〈史學研究的重點〉，《文史學報》四期，頁 49～53，1967 年 6 月。

易君博，〈社會科學中的歷史解釋〉，《國立政治大學學報》一六期，頁 47～71，1967 年 12 月。

宋 晞，〈中共的史學研究〉，《華岡學報》四期，頁191～223，1967 年 12 月。

堀米庸三著，李永熾譯，〈歷史與自然科學〉，《新時代》八卷一期，頁 26～27，1968 年 1 月。

蘭克著，陸崇仁譯，〈歷史與政治之類似性與差別性〉，《中華雜誌》八卷二期，頁 41～42，1970 年 2 月。

胡秋原，〈史學方法與歷史哲學之要點（上）〉，《中華雜誌》八卷三期，頁 16～21，1970 年 3 月。

＿＿＿，〈史學方法與歷史哲學之要點（中）〉，《中華雜誌》八卷四期，頁 32～41，1970 年 4 月。

＿＿＿，〈史學方法與歷史哲學之要點（下）〉，《中華雜誌》八卷九期，頁31～40，1970 年 12 月。

＿＿＿，〈史學方法之要點並論純瞎說〉，《文化期》三一期，頁42～45，1970 年 5 月。

李家祺，〈歷史的假設方法〉，《新時代》一〇卷一一期，頁39～41，1970 年 11 月。

沈景鴻，〈檔案與史學〉，《中華文化復興月刊》三卷一一期，頁77～79，1970 年 11 月。

閻沁恒，〈湯恩比的史學方法及觀念〉，《國立政治大學學報》二二期，頁 175～196，1970 年 12 月。

胡秋原，〈關於史學預見及求眞之誠〉，《中華雜誌》九卷一期，頁38～43，1971 年 2 月。

李家祺，〈歷史能否成爲科學〉，《現代學苑》八卷三期，頁26～28，1971 年 3 月。

杜維運，〈史學上的純眞精神〉，《思與言》八卷六期，頁 11～13，1971 年 3 月。

柳詒徵，〈中國史學之雙軌〉，《史學與地學雜誌》一期，第一篇，臺北文海出版社影印，1971 年 5 月版。

Landes, D. S. 與 Tilly, Charles 著，鮑家麟譯，〈作爲社會科學的史學〉，《食貨月刊》復刊一卷三期，頁 155～159，1971 年 6 月。

陶晉生，〈作卡片的要點〉，《食貨月刊》復刊一卷三期，頁 173～

175，1971 年 6 月。

于宗先，〈經濟史研究的新趨向〉，《食貨月刊》復刊一卷四期，頁
　　18～21，1971 年 7 月。

李永熾，〈思想史的類型、範圍與對象〉，《中華文化復興月刊》四卷
　　一〇期，頁 49～52，1971 年 10 月。

李家祺，〈史學的懷疑方法〉，《新時代》一一卷一一期，頁36～38，
　　1971 年 11 月。

鮑家麟譯，〈科技與社會科學的歷史（上）〉，《食貨月刊》復刊一卷
　　八期，頁 431～436，1971 年 11 月。
　　〈科技與社會科學的歷史（下）〉，《食貨月刊》復刊一卷九
　　期，頁 483～498，1971 年 12 月。

陶龍生，〈歷史家的謬誤〉，《食貨月刊》復刊一卷一一期，頁 606～
　　607，1972 年 2 月。

黃俊傑譯，〈科學方法與史學家的工作〉，《思與言》九卷六期，頁
　　41～46，1972 年 3 月。

Lipset, S. M. 著，黃俊傑譯，〈歷史學與社會學——若干方法學上的
　　省察〉，《食貨月刊》復刊一卷一二期，頁 635～651，1972
　　年 3 月。

古偉瀛，〈內容分析（content analysis）之幾種用於研究傳記的方法及
　　其於中國材料的初步運用〉，《食貨月刊》復刊一卷一二期，
　　頁 652～661，1972 年 3 月。

陶晉生，〈波克何夫爾，歷史分析的行為研究途徑〉，《食貨月刊》復
　　刊一卷一二期，頁 662～664，1972 年 3 月。

樊亞香、休斯著，〈作為藝術與科學的歷史〉，《食貨月刊》復刊二卷
　　二期，頁 115～117，1972 年 5 月。

芬伯著，瞿海源譯，〈歷史學家運用統計技術從事研究的一個例子：計

數統計表的標準化〉，《食貨月刊》復刊二卷二期，頁 106～
114，1972 年 5 月。

堪脫與史耐德著，涂永清譯，〈談史料〉，《食貨月刊》復刊二卷四
期，頁 221～228，1972 月 7 月。

楊懋春，〈以社會學眼光論歷史的創造者〉，《思與言》一○卷二期，
頁 1 ～ 9，1972 年 7 月。

艾狄洛特著，康綠島譯，〈量化及其在歷史上的應用及其限制〉，《食
貨月刊》復刊二卷六期，頁 324～337，1972 年 9 月。

袁憶平譯，〈行為及社會科學的研究方法及工具〉，《食貨月刊》復刊
二卷九期，頁 476～484，1972 年 12 月。

徐先堯，〈現代的歷史敍述之商榷〉，《臺大歷史系導報》六期，1973
年。

曼紐著，江勇振譯，〈心理學在史學上的運用與濫用〉，《食貨月刊》
復刊二卷一○期，頁 514～532，1973 年 1 月。

文崇一，〈社會文化變遷與歷史研究〉，《食貨月刊》復刊二卷一○
期，頁 510～513，1973年 1 月。

溫士坦及柏拉特著，吳瑞屯譯，〈理論應用於歷史研究: 有關心理分析
理論的問題〉，《食貨月刊》復刊二卷一二期，頁625～634，
1973 年 3 月。

德銳著，梁庚堯譯，〈歷史的了解〉，《食貨月刊》復刊三卷一期，頁
37～49，1973 年 4 月。

勞夫希廸著，劉石吉譯，〈經濟史家所走的路〉，《食貨月刊》復刊三
卷二期，頁 80～87，1973 年 5 月。

黃俊傑譯，〈關於觀念史的若干解釋〉，《國立編譯館館刊》二卷一期，
頁 175～184，1973 年 6 月。

杜正勝，〈歷史研究的課題與方法〉，《食貨月刊》復刊三卷五期，頁

228～236，1973 年 8 月。

涂永清譯，〈史學方法與歷史哲學〉，《現代學苑》一○卷九期，頁
18～24，1973 年 9 月。

海斯著，邱成章譯，〈歷史的社會研究：觀念、方法與技術〉，《食貨
月刊》復刊四卷四期，頁 149～153，1974 年 7 月。

胡秋原，〈我的史學方法論及與馬克斯等之不同（上）〉，《中華雜
誌》一二卷七期，頁 49～56，1974 年 7 月。

古偉瀛，〈愛德華休特的《史家與電腦》〉，《食貨月刊》復刊四卷四
期，頁 154～157，1974 年 7 月。

孫同勛，〈從歷史被濫用談治史應有的態度〉，《中華文化復興月刊》
七卷七期，頁 42～47，1974 年 7 月。

徐芳玲，〈評介《歷史的量化》〉，《食貨月刊》復刊四卷五期，頁
215～219，1974 年 8 月。

胡秋原，〈我的史學方法論及與馬克斯等之不同（下）〉，《中華雜
誌》一二卷八期，頁 34～38，1974 年 8 月。

黎東方，〈歷史不僅僅是一種科學〉，《現代學苑》一一卷八期，頁 4
～ 8，1974年 8 月，又見《新時代》一四卷八期，頁 2 ～ 6，
1974 年 8 月；及《中國歷史學會史學期刊》七期，1975 年 5
月。

杜維運，〈史學上之比較方法〉，《中央圖書館館刊》七卷二期，頁
32～40，1974 年 9 月。

思與言雜誌社，〈「社會科學與歷史學」討論會紀錄〉，《思與言》一
二卷四期，頁 1 ～19，1974 年 11 月。

陳　華，〈歷史解釋中之地理因素〉，《食貨月刊》復刊四卷一○期，
頁 442～446，1975 年 1 月。

張偉仁，〈中國法制史書目分類的標準與方法〉，《食貨月刊》復刊四

卷一二期，頁 544～562，1975 年 3 月。

瞿海源，〈Tb 統計分析簡介：一篇有關於清朝官僚研究論文的註解〉，
　　　《食貨月刊》復刊五卷一期，頁 20～22，1975 年 4 月。

古偉瀛，〈C分析簡介〉，《食貨月刊》復刊五卷四期，頁170～177，
　　　1975 年 7 月。

杜維運，〈史學上的美與善〉，《國立編譯館館刊》四卷一期，頁167～
　　　174，1975 年 7 月。

陶晉生，〈政治史研究的展望——兼評艾爾登著《政治史》〉，《食貨
　　　月刊》復刊五卷一二期，頁 576～583，1976 年 3 月。

黃　培，〈雍正史上的問題——兼論研究態度、研究方法和書評〉，《
　　　食貨月刊》復刊六卷一期，頁 1～10，1976 年 4 月。

克雷格著，陳華譯，〈談政治史與外交史〉，《食貨月刊》復刊六卷四
　　　期，頁 168～177，1976 年 7 月。

陳芳惠，〈歷史地理學在日本〉，《大陸雜誌》五三卷五期，頁 64～
　　　66，1976 年 11 月。

羅炳綿，〈中國近代社會史研究途徑的探索〉，《食貨月刊》復刊六卷
　　　八期，頁 478～482，1976 年 11 月。

史特姆堡著，蔡英文譯，〈思想史家所用的模式〉，《食貨月刊》復刊
　　　六卷八期，頁 483～492，1976 年 11 月。

于宗先，〈評介中國近代史的透視〉，《食貨月刊》復刊六卷一二期，
　　　頁 695～696，1977 年 3 月。

黃俊傑，〈思想史方法論的兩個側面〉，《臺大歷史系學報》四期，頁
　　　357～383，1977 年 5 月。

黃俊傑譯，〈思想史及其相關學科〉，《食貨月刊》復刊七卷三期，頁
　　　141～147，1977 年 6 月。

羅炳綿，〈近代中國社會史研究和史學趨勢〉，《大陸雜誌》五五卷一

期，頁 29～37，1977 年 7 月。

杜正勝譯，〈論經濟史研究〉，《食貨月刊》復刊七卷一二期，頁617～
　　　633，1978 年 3 月。

王　煜，〈評介中村元教授巨著《比較之觀念史》〉，《大陸雜誌》五
　　　七卷一期，頁 26～41，1978 年 7 月。

陶希聖，〈三論語與春秋三傳之淵源——試作社會史的分析〉，《食貨
　　　月刊》復刊八卷一二期，頁 537～556，1979 年 3 月。

克康包爾著，陳芳妹譯，〈影響藝術史研究的因素〉，《食貨月刊》復
　　　刊九卷七、八期合刊，頁 304～324，1979 年 11 月。

古偉瀛，〈史學量化及其應用於中國史料的一些考察〉，《食貨月刊》
　　　復刊一〇卷一、二期合刊，頁 43～56，1980 年 5 月。

威廉・瑞著，黃進興譯，〈史學及社會科學的整體論與個體論〉，《食
　　　貨月刊》復刊一〇卷六期，頁 254～263，1980 年 9 月。

唐美君，〈人類學與史學〉，《東海大學歷史學報》四期，頁 1～12，
　　　1981年 2 月。

黃進興，〈論「方法」及「方法論」：以近代中國史學意識爲系絡〉，
　　　《食貨月刊》復刊一一卷五期，頁 217～228，1981 年 8 月。

范克萊著，邢義田譯，〈中國對十七八世紀歐洲人寫作世界史的影響〉，
　　　《食貨月刊》復刊一一卷七期，頁 316～338，1981 年10月。

金發根，〈讀嚴歸田（耕望）教授著：治史經驗談〉，《食貨月刊》復
　　　刊一二卷二期，頁 77～84，1982 年 5 月。

三、關於「史學方法論」教學工作的幾點思考

目　次

一、前　言

　　「史學方法論」這門課程，自從光復以來就在各大學的歷史學系中，一直居於相當重要的地位。早期是作爲必選科目之一，而與「中國史學史」、「西洋史學史」鼎足而三，成爲歷史系的史學課程必選科目之一。近二十餘年來，則一直是歷史系的必修科目之一。當年教育部相

關部門決定以「史學方法論」作爲必修科目的實際考量因素雖已不得而知，但是，數十年來這門課程在歷史學系中別居要津則是事實，因此，對於這個課程的教學工作的思考也就具有重要的意義。

這篇論文寫作的目的，就是在於通過我自己自從 1980 年以來，在臺大歷史系承乏「史學方法論」課程的實際教學經驗，進行反省，並提出若干初步的看法，以就教於與會同仁。全文的論述除第一節「前言」之外，第二節討論「史學方法論」的課程設計與教材內容；第三節檢討個人的教學方法，以及教學過程中所遭遇的問題；第四節則就自己教學工作接觸所及，提出若干意見。

二、課程設計與教材內容

（一）課程設計

我承乏「史學方法論」這門課程十年來，曾嘗試各種不同的課程設計與教材，因每年學生的資質不同，而成效互異。經多年的嘗試與調整之後，近年來我基本上根據以下二項原則設計課程：

1. 整體性：整體性原則從兩個方面落實在課程設計上：
(1) 就課程的每一個講授單元而言，講課內容、閱讀作業與課堂討論以及研究報告的撰寫等三大部分，構成不可分割的整體，環環相扣，庶幾將理論與實踐融爲一體。
(2) 就課程的上學期與下學期內容的聯繫而言，兩者互相呼應，也構成貫通爲一的整體。上學期的講授內容是下學期講授內容的基礎，而下學期內容則是上學期內容的細密化與分殊化。
2. 草根性：所謂「草根性」原則就是課程設計以及開學時與學期結束後，均對學生進行問卷調查，以便從學生方面獲得足夠的資訊，以爲調整教學內容的參考。

　　根據以上這兩項原則，這個課程在每一個講授單元除了講課內容之外，均設計三個部分：

1. 必讀作業：配合講授單元之主題，提示主要參考書中之相關部分論述。

2. 參考讀物：列舉當代學者對於該單元涉及相關問題之研究論著書目，作爲學生將來進一步自修之參考。

3. 思考問題：就每一講授單元或閱讀作業之相關課題，列舉問題若干則，提供學生思考空間，並作爲檢驗學習效果之參考。

這三個部分均配合課堂講授內容，希望發揮整體性的教學效果。每次上課之前二十至三十分鐘，通常使用來討論上週之指定作業、參考讀物及思考問題，並討論同學在進行撰寫研究計畫（第一學期）及研究報告（第二學期）時，所遭遇之問題及其解決之道。

　　由於這門課程貴在理論與實踐融合，所以，本課程定全年必須繳交研究報告乙份，第二學期期末考前二週交卷，但在第一學期上課終止前先交一份研究計畫，以不超過六百字之稿紙五張爲限，此一計畫列爲第一學期期中考成績。計畫擬定過程中必須與老師商量。研究報告之題目儘量在本學期講授內容、作業及思考問題範圍內尋求。

　　在第一學期開學第一週上課時，就發出學生意見調查表（因爲臺大的學生名單通常在第一學期期中考左右才能印發給教師，所以只好自行進行調查，匯集學生名單），特別要求學生就以下問題表示意見：

1. 請擇要列舉您所讀過有關中西史學史及史學方法論書籍。

2. 您認爲那一本書最好？原因何在？請加簡述。

3. 您對於本課程有何期望？（可分爲對授課老師和對您自己兩方面來講）

4. 您對於本課程有何具體建議？

5. 其他：（可談談大學畢業後個人之計畫）

通過這些問題，可以在開學之初就對本年度學生之一般狀況獲得初步瞭解。而且，爲了進一步檢驗教學之反應，在每學期結束時，製作印發無記名之學生意見調查表，請學生塡好後在期末考時帶回繳交，以便作爲下學期或下學年度設計課程之重要參考。

（二）教材內容

依據上述「整體性」原則所擬之教材內容，上下兩學期互相配合，上學期的講授內容共十二個單元，細目如下：

第　一　講　導　論

第　二　講　傳統中國史學的思想基礎及其方法論傾向

第　三　講　傳統中國史學的拓展

第　四　講　傳統中國史學的發皇

第　五　講　近代中國史學的發展及方法論的講求

第　六　講　近代歷史學研究專業化及史學思潮的激盪

第　七　講　史料批判與論文寫作舉隅

第　八　講　歷史寫作的特質與目的：「國家史詩」或「科學史學」？

第　九　講　歷史敍述藝術的分析

第　十　講　歷史解釋及其問題

第　十一　講　歷史通則的建立及其方法學上的問題

第一學期的授課內容大約可以分爲三個部分：（一）、從第一講至第六講，基本上採取「卽中國史學史以言史學方法論」的途徑，通過對中國傳統史學及其方法論，以及對二十世紀中國史學研究思潮的檢討，提示中國史家治史的方法論內涵及其在近代的轉變。這一部分的教材內容，希望爲學生奠定中國史學史的基礎，並在第二講要求學生必須背誦《史記》〈太史公自序〉自「上大夫壺遂曰……」起至「述往事，思來者」

爲止的一段文字，庶幾爲有本有源之學。（二）、第七講「史料批判與論文寫作舉隅」，講授時間較一般單元略長，主要是配合所發講義〈中國史研導引〉（一）及（二）（另詳本文附錄二），就進行研究報告撰寫過程中（1）、第一手史料的蒐集與工具書的運用；（2）、近人論著目錄的查閱；（3）、論文撰寫計畫的擬定，以及（4）、研究論文的撰寫等四個步驟，具體加以分析說明，以作爲同學進行研究撰寫論文之基礎。這一部分的授課內容與教學方法（另詳本文第三節）互相配合。（三）、第八講至第十一講，則分別探討歷史研究的目的、歷史敍述、歷史解釋及歷史通則等問題。這一部分的講授閱讀作業，希望能對歷史學的知識活動的主要面向進行初步分析。

　　本課程下學期的講授內容自第十二講至第二十三講止，共十一個單元，細目如下：

　　　　第 十二 講　歷史知識的性質
　　　　第 十三 講　歷史研究與社會變遷：反映或滲透？
　　　　第 十四 講　歷史學與詮釋學：歷史解釋的方法論問題
　　　　第 十五 講　歷史研究中的客觀性問題
　　　　第 十六 講　研究實習（一）
　　　　第 十七 講　歷史學與社會學：理論與方法
　　　　第 十八 講　心理學與歷史研究
　　　　第 十九 講　史學量化問題
　　　　第 二十 講　社會史研究方法論
　　　　第二十一講　思想史研究方法論
　　　　第二十二講　研究實習（二）
　　　　第二十三講　歷史研究中的道德判斷

以上的授課單元，也大致區分爲三個部分：（一）、第十二講至第十五講的內容，基本上是繼續上學期關於歷史知識問題的不同面向的探討；

（二）、第十七講至第二十一講，則集中在史學研究與其他學門（如社會學、心理學）之關係，以及史學研究的分支領域（如社會史、思想史）之探討。（三）、第十六講及第十七講則是配合講課及閱讀作業內容，所進行的研究實習。第十六講「研究實習（一）」是配合第十五講對「歷史研究的客觀性問題」的分析，要求學生在八項歷史事件或人物中選擇其一，閱讀近人論著，分析以下三個問題：

1. 這位作者對歷史人物或事件提出何種解釋？你認為他的解釋能否成立？為什麼？

2. 它根據何種史料？這批史料的可信度如何？能否支持該作者之論點？

3. 根據你這一次的研究實習的經驗，你對「歷史研究中的客觀性」有何種新看法與新體認？

這項「研究實習」的目的，是希望同學透過實際的閱讀與分析，而對「歷史研究中的客觀性」這個問題有所體會。第二十二講「研究實習（二）」，則是選擇《史記》的八篇列傳：

1. 《史記》，卷七四，〈孟子荀卿列傳〉。

2. 《史記》，卷七五，〈孟嘗君列傳〉。

3. 《史記》，卷七九，〈范雎蔡澤列傳〉。

4. 《史記》，卷八四，〈屈原賈生列傳〉。

5. 《史記》，卷八五，〈呂不韋列傳〉。

6. 《史記》，卷八六，〈刺客列傳〉。

7. 《史記》，卷一一七，〈司馬相如列傳〉。

8. 《史記》，卷一二四，〈游俠列傳〉。

要求同學加以改寫，這是一次歷史敍述藝術的練習。在進行這項練習時，並特別要求同學注意以下三個問題：

1. 我要敍述的歷史事實之核心或人物的精神是什麼？

2. 這種史實核心或精神，應如何表達？

3. 我將如何安排歷史敍述之高潮（climax）？

希望通過歷史敍事的練習，而加強同學的文字表達能力。本學期最後一個單元是「歷史研究中的道德判斷」，這個問題是史學研究的關鍵課題，章學誠（實齋，1738～1801）說：「必通於六藝比興之旨，而後可以講春王正月之書」（《文史通義・史德》），在歷史研究中，知識活動與道德修爲實爲一種「不離不雜」（朱子語）之關係，實在是一項重大的課題，「史學方法論」這門課程就以對這個課題的反省作爲整個課程的結束。

三、教學方法與問題檢討

（一）教學方法

這門課程的教學工作，多年來所注重的主要有兩項原則：

第一，注重思考性。每一個講授單元均希望能做到思考導向，並且在期末考試中落實這項原則。例如本課程上學期第八講分析「歷史寫作的特質與目的：『國家史詩』或『科學史學』？」，討論近代中西史學家如錢穆、傅斯年、J. B. Bary, Lord Acton, N. D. Fustel de Cou-langes 等人對歷史研究的看法，於是，爲了考核學生對講授及閱讀內容的瞭解，在第一學期期末考中，我就出了一道試題如下：

如果司馬遷、錢穆、傅斯年一起出席「歷史研究的目的與方法」學術座談會，請問：

1. 你認爲他們三人各自發言內容是什麼？

2. 何以他們會如此發言？

3. 你如何評論他們的發言內容？

這題試題擬題的用意，不僅在於檢驗學生學習及閱讀作業的心得，更在於

建立學生思考的主體性，使他們能縱浪大化，執古人之手，與古人偕行。

再舉一例說明考試與授課的配合。本課程上學期第十講分析「歷史解釋及其問題」，雖然閱讀作業是以韋伯（Max Weber）的 "The Logic of Historical Explanation" 等論著爲中心，但爲求落實在實際分析之上，我在民國 76 學年度期末考曾提出以下試題：

試分析以下這一段文字中的歷史解釋及其可能蘊涵的問題。

> 天地果無初乎？吾不得而知之也。生人果有初乎？吾不得而知之也。然則孰爲近？曰：有初爲近。孰明之？由封建而明之也。彼封建者，更古聖王堯舜禹湯文武而莫能去之，蓋非不欲去之也，勢不可也。勢之來，其生人之初乎？不初無以有封建。封建，非聖人意也。彼其初，與萬物皆生，草木榛榛，鹿豕狉狉，人不能搏噬而且無毛羽，莫克自奉自衛。荀卿有言：必將假物以爲用者也。夫假物者必爭，爭而不已，必就其能斷曲直者而聽命焉。其智而明者所伏必眾，告之以直而不改，必痛之而後畏，由是君長刑政生焉。故近者聚而爲羣羣之分其爭必大，大而後有兵，有德又有大者，眾羣之長又就而聽命焉，以安其屬。於是有諸侯之列。則其爭又有大者焉，德又大者，諸侯之列又就而聽命焉，以安其封，於是有方伯連帥之類。則其爭又有大者焉，德又大者，方伯連帥之類又就而聽命焉，以安其人。然後天下會於一。是故有里胥而後有縣大夫，有縣大夫而後有諸侯，有諸侯而後有方伯連帥，而後有天子。自天子至於里胥，其德在人者死，必求其嗣而奉之。故封建，非聖人意也，勢也。

這題試題是希望從學生對柳宗元〈封建論〉中的歷史解釋之分析，檢驗學生對這個課題的思辯深度。

第二，這門課程注重實際的研究實習工作。本課程上學期第七講「史料批判與論文寫作舉隅」，參考我所編的〈中國史研究導引（一）、（二）〉（見本文附錄二），引導學生運用類書（如《古今圖書集成》）或工具書（如《東洋學研究文獻類目》等），查閱必要的初步資料，自己進行研究，特別強調第一手史料的蒐集工作。在過去數年間，每學年開學後，就集合所有同學在臺大總圖書館參考室，在館員的引導下，參觀各種工具書及圖書館的藏書配置狀況。自從今（1991）年開始自己編製〈中國史研究導引〉，印發學生參考，就大為方便並節省不少時間。

為了使學生獲得最新的資訊，如果第二學期時間許可的話，也商請臺大歷史系古偉瀛教授帶領學生，參觀中央研究院的史籍自動化工作。本課程下學期的第十九講「史學量化問題」，也特別商請古教授擔任講授。

為了檢驗學生閱讀作業的分析能力，以及撰寫研究報告的實際工作能力，我在民國 78 學年度期末考曾以以下二題作為試題：

1. 本學期教學重點在史學論著之閱讀與分析。試在本學期指定閱讀之近人史學著作中，任舉二種，比較二位作者之史學方法論之特徵，並就己見評論其短長優劣。

2. 本年度你必須繳交研究論文乙篇，試以你自己這一年來的研究經驗為例，從方法論立場討論下列問題：

（一）從論題的選擇到論著的完成，史學工作者會遭遇到哪些方法論問題？

（二）這類問題能否解決？ 如果可以， 應如何解決？ 如果無法解決，則何以無法解決？

這兩道試題就是為了配合注重實際工作這項教學方法而擬定的。

（二）問題檢討

　　我承乏這門課程十年來，苦樂相參，憂喜交集，但是，近四、五年來在教學中多遭遇的困難似乎較過去數年爲大，茲依序檢討如下：

　　近年來「史學方法論」這門課程的教學，所遭遇的最大困難，在於最近數年來國內政治動盪，權力鬥爭激烈，學生身處時代變局之中，無心向學，上焉者本乎救國救民之良知，投身社會運動，冀求拯生民於既溺；下焉者則隨俗浮沉，搖旗吶喊，冀求累積其畢業後之政治資本。政治人物爭權奪利，社會則幽昧偸樂，文化則百草不芳，學術及教育自然日趨下流，言之痛心。在這種社會政治背景之下，要求學生奮發向學，無異緣木而求魚，其爲徒勞而無功，早爲識者所共見。

　　其次，在社會風氣耳濡目染之下，若干國立大學文學院三、四位教授共用一間研究室，歷史系師生所獲得之國家教育資源與工學院師生相較之下，不啻天壤之別。在此種狀況下，歷史系學生在學校無法經常與師長接觸（因師長無個人之研究室，故下課後師生各作鳥獸散），時日漸久乃不知學術爲何物。除特殊傑出學生之外，一般學生均習慣於抄筆記的記誦之學，要求學生利用圖書館，撰寫研究報告，不僅不合時宜，實不啻逆流而游泳也。

　　第三，就我承乏這門課程接觸所及，少數天賦較高學生多好玄想而惡實證，喜談「理論」而無耐心爬梳史料、建構史實、提出解釋。尤其近年來政治日趨自由化，多數優秀青年羣趨激進思想或理論，冀求一夕之間全盤解決國家社會之複雜問題，對於講求細密工夫的史學基本訓練課程興趣日趨淡薄，這種「非歷史的」（ahistorical）以及「反歷史的」（anti-historical）心態與時代狂流，實乃史學課程（包括「史學方法論」）之勁敵也。

　　以上從三個比較大的角度檢討「史學方法論」這門課程在教學上所遭遇的困難，三者皆是結構性而且是日積月累所形成之問題，恐非短時間內一、二人之努力所能起沈疴於一時也。

四、結　語

　　沈剛伯教授曾爲文論臺灣大學歷史學系之教學方針，呼籲「建立一新而正當的史學以端人心而正風俗，講求『史義』以根絕一切史演之學，並培養『史識』以補考據之不足。」（《國立臺灣大學歷史學系學報》，創刊號，〈卷頭語〉）。從史學方法論之立場觀之，這種看法的提出自有其時代之背景及其理論之基礎。就今日之時代言之，沈先生之卓識，實歷久而彌新。針對當代人心沉淪，歷史意識鬱而不彰的沈疴，歷史教學實不能以史料之搜集爲史家惟一之職志，章實齋說：「整輯排比，謂之史纂；參互搜討，謂之史考，皆非史學。」其言實寓有深意。但如何在「史學方法論」課程中，注入傳統史學之精神？章學誠曰：「必通於六藝比興之旨，而後可以講春王正月之書」，這段話言之似易而實難，如何取精用宏，落實實踐，這不僅是「史學方法論」課程之挑戰，實亦爲所有史學課程之職責也。

　　（本文曾在《歷史學系課程教學研討會》宣讀，國立政治大學歷史系主辦，1992年 6 月23日至25日）

史學方法論教學參考資料

黃　俊　傑　編

編　輯　說　明

一、本參考資料編輯之目的，在於配合史學方法論課程之講授，供學生學習參考之用。

二、本參考資料共列二十三個講授單元，每一講授單元包括下列各項：

  1. 必讀作業：配合講授單元之主題，提示主要參考書中之相關部分論述。

  2. 參考讀物：列舉當代學者對於該單元涉及相關問題之研究論著書目，作為學生將來進一步自修之參考。

  3. 思考問題：就每一講授單元或閱讀作業之相關課題，列舉問題若干則，提供學生思考空間，並作為檢驗學習效果之參考。

三、本課程之基本要求：

  1. 本課程每週上課三小時，其中二小時講課，一小時討論，同學必須依各講進度閱讀指定作業並作練習，以備參加下週討論。討論課之發言成績將併入學期成績計算。

  2. 本年度本課程每一講授單元之作業以經典作品之閱讀分析為主，盼同學儘量讀完，並積極參加討論，以提昇教學效果。

3. 本學期僅考期末考，期中考以「研究計畫」代替。

4. 本課程全年必須繳交研究報告乙份，第二學期期末考前二週交卷，但在第一學期上課終止前先交一份研究計畫，以不超過六百字之稿紙五張爲限，此一計畫列爲第一學期期中考成績。計畫擬定過程中必須與老師商量。研究報告之題目儘量在本學期講授內容、作業及思考問題範圍內尋求。

史學方法論講授提綱

第一學期

第　一　講　導　論

第　二　講　傳統中國史學的思想基礎及其方法論傾向

第　三　講　傳統中國史學的拓展

第　四　講　傳統中國史學的發皇

第　五　講　近代中國史學的發展及方法論的講求

第　六　講　近代歷史學研究專業化及史學思潮的激盪

第　七　講　史料批判與論文寫作舉隅

第　八　講　歷史寫作的特質與目的：「國家史詩」或「科學史學」？

第　九　講　歷史敍述藝術的分析

第　十　講　歷史解釋及其問題

第　十一　講　歷史通則的建立及其方法學上的問題

第二學期

第　十二　講　歷史知識的性質

第　十三　講　歷史研究與社會變遷：反映或滲透？

第 十四 講　歷史學與詮釋學: 歷史解釋的方法論問題

第 十五 講　歷史研究中的客觀性問題

第 十六 講　研究實習 (一)

第 十七 講　歷史學與社會學: 理論與方法

第 十八 講　心理學與歷史研究

第 十九 講　史學量化問題

第 二十 講　社會史研究方法論

第二十一講　思想史研究方法論

第二十二講　研究實習 (二)

第二十三講　歷史研究中的道德判斷

以上係本學年預定講授之提綱，實際講授後之內容或稍有修訂。第二學期將進行二次研究實習(第十六及二十二講)，請各位同學在本學期開學第一週之內，即依第十六講及二十二講之說明，自行分組，進行研究，撰寫報告，以便屆時提出口頭報告。

基本參考書:

一、錢　穆，《中國史學名著》(一、二兩冊) (臺北: 三民書局，三民文庫 168)。

二、嚴耕望，《治史經驗談》(臺北: 商務印書館，1981)。

三、嚴耕望，《治史答問》(臺北: 商務印書館，1985)。

四、杜維運，《史學方法論》(臺北: 華世出版社，1981)。

五、黃俊傑編譯，《史學方法論叢》(學生書局，1981年增訂再版)。

六、陶晉生、張存武編，《歷史學手冊》(食貨出版社)，本書可作論文寫作格式之參考。

註: 以上書目中，第一、二、三書內容精要，必須在第一學期期中考試以前讀畢，其餘三書則依講授內容指定閱讀範圍。

課外參考書：

以下書目僅供課外進一步閱讀之參考，同學可就興趣所近選擇閱讀。

一、李弘祺等著，《史學與史學方法論集》（臺北：食貨出版社，1980）。

二、黃進興、康樂編，《歷史學與社會科學》（臺北：華世出版社，1981）。

三、思與言雜誌社編，《史學與社會科學論集》（臺北：明文書局，1983）。

* 以上三書討論史學與社會科學之關係。

四、杜維運，《與西方史家論中國史學》（臺北：東大圖書公司，1981）。此書糾彈西方學人對中國史學傳統之謬見。

五、徐復觀，《兩漢思想史》，卷三，（臺北：學生書局，1979）。本書中有關史學及《史記》《漢書》各篇論文。

六、吳光明，《歷史與思考》（臺北：聯經出版公司，1991）。從哲學觀點析論「歷史」與「思考」之交互關係。

七、R. G. Collingwood 著，黃宣範譯，《歷史的理念》（臺北：聯經，1981），本書乃 Collingwood 的人文主義歷史觀之表達。

八、Karl Popper 著，李豐斌譯，《歷史定論主義的窮困》（臺北：聯經，1981），本書對歷史決定論大加批判。

九、J. Barzun and H. F. Graff, *The Modern Researcher*, (Harourt, Brace and World, 1957).

此書討論若干具體研究過程之問題。

十、Fritz Stern ed., *The Varieties of History: From Voltaire to the Present* (Meridian Books, 1956).

　　本書選編近代以降西方歷史哲學之重要文字。

十一、Michael Kammen ed., *The Past Before Us*: *Contemporary*
　　　Historical Writing in the U.S. (Ithaca and London:
　　　Cornell University Press, 1980).

　　本書爲美國歷史學會之報告，對當代美國史學之研究作全盤介
　　紹。

十二、Hans Meyerhoff ed., *The Philosophy of History in Our*
　　　Time (Doubleleday Anchor Book).

　　本書選編當代西方歷史哲學之重要文字。

十三、W.G. Beasley and E.G. Pulleybank, *Historians of China*
　　　and Japan (London: School of Oriental and African
　　　Studies, 1961).

　　本書討論中日史學傳統中之重要方面及代表史家。

十四、Geoffrey Barraclough, *Main Trends in History* (New York
　　　and London: Holmes Publishing, Inc., 1979).

　　本書全面檢討戰後歐美史學發展之新趨勢。

十五、遠山茂樹，《戰後の歴史と歴史意識》（東京： 岩波書店，
　　　1968～1979）。

　　本書檢討戰後日本之史學思潮。

十六、遠山茂樹,》歴史學から歴史教育へ》（東京: 岩波書店，1981）。

　　本書代表遠山茂樹一家之言。

十七、岩波講座〈世界歴史〉30: 別卷:《現代歴史學の課題》（東京:
　　　岩波書店，1968）。

　　本書介紹當代世界史學界之重要理論與趨勢。

十八、世良晃志郎,《歴史學方法論の諸問題》（東京: 木鐸社，1977）。

本書討論「歷史的認識」、「法史學方法論」及「封建制諸問題」。

十九、歷史學研究會編，〈現代歷史學の成果と課題〉II：《歷史學と歷史意識》（東京：青木書店）。

本書代表日本「歷史學研究會」一派史家對日本史學之研究。

二十、貝塚茂樹，《中國の史學》，收入《貝塚茂樹著作集》第七卷（東京：中央公論社，1977）。

本書為貝塚先生所撰有關史學論文之總集，討論司馬遷、劉知幾以及日本史學研究之問題。

二一、堀米庸三編，《歷史學のすすめ》（東京：筑摩書房，1973，1980）。

本書糾集各家就羅馬史、日本史、中國史、東亞史……之立場，分別撰文檢討研究觀點及方法之問題。

二二、「講座日本史」10：《現代歷史學の展望》（東京：東京大學出版社，1971, 1979）。

本書討論戰後日本史學思潮與民主主義、社會科學、歷史教育……等之關係。

二三、林健太郎，《史學概論》（東京：有斐閣，1970）。

本書析論歷史學方法論之問題，為優良之入門書。

二四、永原慶二，《歷史學敍說》（東京：東京大學出版會，1976，1980）。

本書討論戰後日本史學之發展，並論及研究方法及歷史教育之問題。

註：其餘有關之近人專書或論文不一一列舉，將於各講之內容之後隨時在課堂提出建議。

第一講　導　論

必讀作業:

一、朱　熹，〈讀書之要〉，《朱文公文集》（四部叢刊初編縮本），
　　　卷七四，頁 1371。

二、熊十力，〈與鄧子琴等書〉，《尊聞錄》（臺北: 時報出版公司，
　　　1983 年 7 月）〈熊先生手札〉，頁 17，上～頁19，上。

三、嚴耕望，《治史經驗談》（商務印書館: 1981）。

四、嚴耕望，《治史答問》（商務印書館: 1985）。

五、黃進興，〈論方法及方法論: 以近代中國史學意識爲系絡〉，《食
　　　貨月刊》，復刊一一卷五期，1981 年 8 月，收入: 康樂、黃
　　　進興編，《 歷史學與社會科學 》（ 臺北: 華世出版社，1981
　　　年）。

六、李弘祺，〈學習歷史應該研讀史學名著〉，收入: 李弘祺編譯，《
　　　西洋史學名著選》（臺北: 時報出版公司，1982）〈附錄〉。

七、黃俊傑，〈三十年來史學方法論研究的回顧與前瞻1950～1980〉，
　　　收入: 賴澤涵主編，《三十年來我國人文及社會科學之回顧與
　　　展望》（臺北: 東大圖書公司，1987），頁 103～239。

參考讀物:

一、馬一浮，〈復性書院開講日示諸生〉。

二、馬一浮，〈讀書法〉，皆收入: 《復性書院講錄》。

三、熊十力，〈怎樣讀馬一浮先生的書〉，收入: 《爾雅臺答問》（臺
　　　北: 廣文書局影印本）。

思考問題:

一、朱子與熊十力先生論讀書方法有何異同?

二、方法與方法論區別何在?

三、近代中國方法意識高漲之原因何在?

四、何以學習歷史應該研讀史學名著?

五、從 1950～1980 年之間國內史學方法論發展之新動向如何?

六、歷史學是藝術或科學? 試申論之。

第二講　傳統中國史學的思想基礎及其方法論傾向

必讀作業:

一、《史記》，〈太史公自序〉，其中自「上大夫壺遂曰……」至「述往事、思來者」一段文字必須背誦。

二、司馬遷，〈報任安書〉。

三、《史記》，〈伯夷列傳〉。

四、《史記》，卷一三，〈三代世表〉序。

五、《史記》，卷一，〈五帝本紀〉贊。

六、《史記》，卷一二三，〈大宛列傳〉贊。

七、劉勰，《文心雕龍》，〈史傳篇〉。

八、劉知幾，《史通》，〈六家〉，〈二體〉。

九、《漢書》，卷六二，〈司馬遷傳〉贊。

十、《後漢書》，卷四〇，〈班彪班固列傳〉。

參考讀物:

一、王陽明，〈瘞經閣記〉，收入: 《古文觀止》（臺北: 三民書局）。

二、錢　穆，《中國史學名著》（臺北: 三民書局，1973）。

三、錢　穆，〈孔子與春秋〉，收入: 《兩漢經學今古文平議》（香港: 新亞研究所，1958）。

四、錢　穆，〈經學與史學〉，收入: 杜維運、黃進興合編，《中國史學史論文選集》（臺北: 華世出版社，1976），頁120～137。

五、阮芝生，〈太史公怎樣搜集和處理史料〉，《書目季刊》，七卷四期，1974 年 3 月。

六、阮芝生，〈試論司馬遷所說的「通古今之變」〉，《沈剛伯先生八秩榮慶論文集》，（臺北: 聯經出版公司，）。

七、阮芝生，〈司馬遷的心〉，《國立臺灣大學文史哲學報》，二十三期。

八、阮芝生，〈論史記五體及「太史公曰」的述與作〉，《國立臺灣大學歷史學系學報》，第六期。

九、阮芝生，〈試論太史公的「究天人之際」〉，《史學評論》，第六期，1973年 9 月。

十、阮芝生，〈論史記五體的體系關連〉，同上，第七期。

思考問題:

一、中國史學之基本精神何在? 此種精神衍發何種方法論上之傾向? 試討論之。

二、熊十力先生嘗云: 「史記之書，以郡縣大一統的眼光，而忽視古代列國之史家，遂使列國之民性、國故與學術、政俗與文化，不可詳考。」（《十力語要》，卷一，頁71，下）其說當否? 試舉例詳論之。

三、所謂「究天人之際，通古今之變，成一家之言」，言簡意賅，義蘊豐富。就你目前知解所及，此語應作何解？

四、從〈太史公自序〉、〈報任安書〉及〈伯夷列傳〉的內容來看，太史公史學之目的何在？

五、太史公史學方法有何特徵？

六、班固對司馬遷史學頗有激越之批評，原因何在？其說能否成立？試討論之。

七、或謂：「遷之於固，猶龍之於豬」，其說當否？試論述之。

八、《史通》之〈六家〉、〈二體〉兩篇要旨何在？貝塚茂樹論中國史學，以為中國史學理論重在「著史」，與西洋之注重「考史」頗不相侔。其說當否。試討論之。

九、中國傳統學問「經」「史」合一，此一特質在史學傳統中如何表現？帶來何種結果？

第三講　傳統中國史學的拓展

必讀作業：

一、《資治通鑑》，卷一，〈周威烈王，「三家分晉」〉條之「臣光曰」全文。

二、《資治通鑑》，卷六十九，論正統之「臣光曰」一段文字。

三、《資治通鑑》，卷一九六，〈642 年，夏，4 月〉條。

四、《資治通鑑》，卷二四六，〈839 年，多，10 月〉條。

五、朱　子，〈古史餘稿〉，收入：《朱文公全集》，（四部叢刊初編縮本）（七），卷七十二，頁 1334，上～1338，上。

六、朱　子，《御批資治通鑑綱目》，（四庫全書珍本六集之第一三三～一七二冊），〈朱子序例〉，〈凡例〉。

七、《資治通鑑》，卷二九四，〈進書表〉。

八、呂祖謙，《東萊博議》，第一篇。

九、王夫之，《讀通鑑論》，卷末，〈敍論〉。

十、《呂東萊先生文集》（金華叢書本），卷十九，〈史說〉。

參考讀物:

一、陳　垣，《通鑑胡註表微》（臺北: 世界書局，1970），收入: 《新校資治通鑑》，第十六冊。

二、錢　穆，〈朱子之史學〉，收入: 《朱子新學案》（臺北: 三民書局，1971），第五冊。

三、錢　穆，《中國史學名著》（臺北: 三民書局，1973），第二冊，〈司馬光資治通鑑〉〈朱子通鑑綱目與袁樞通鑑紀事本末〉二篇。

四、楊聯陞〈官修史學的結構〉，收入: 《國史探微》（臺北: 聯經出版事業公司，1983）。

五、杜維運，《與西方史家論中國史學》（臺北: 東大圖書公司，1981）。

六、W. G. Beasley and E. G. Pulleyblank eds., *Historians of China and Japan* (London: School of Oriental and African Studies, 1961)（臺北有影印本），第九篇論文。

七、貝塚茂樹，《中國の史學》（東京: 中央公論社，1977）。

思考問題:

一、司馬溫公史學之思想基礎何在?

二、試從「臣光曰」文字內容析論司馬溫公之政治思想。

三、朱子的歷史觀有何特質?

四、司馬溫公與朱子對歷史之看法有何異同?

五、呂東萊對「鄭伯克段於鄢」史實之評論有何思想基礎?

六、王夫之對中國史學中之「通」字作何解釋?

第四講　傳統中國史學的發皇

必讀作業:

一、鄭　樵，《通志》，〈總序〉。

二、馬端臨，《文獻通考》，〈自序〉。

三、黃宗羲，《明夷待訪錄》之〈原君〉、〈原臣〉、〈原法〉、〈置相〉各篇，尤其〈原法〉一篇，可細玩。

參考讀物:

一、蕭公權，《中國政治思想史》（臺北: 聯經出版公司, 1983），論黃宗羲思想部分。

二、Hok-lam Chan (陳學霖)，"Comprehensiveness (*T'ung*) and 'Change' (*pien*) in Ma Tuan-lin's Historical Thought", in Hok-lam Chan and Wm. T. de Bary eds., *Yuan Thought: Chinese Thought and Religion Under the Mongols* (New York: Columbia University Press, 1982).

三、錢　穆，《中國史學名著》，（二），〈鄭樵通志〉，〈馬端臨文獻通考〉，〈黃梨洲的明儒學案，全謝山的宋元學案〉三篇。

思考問題:

一、就本週所讀三篇論文所見，中國傳統史學自宋代以後有何重大發展?

二、黃梨洲對歷史之看法有何特異?

三、馬端臨如何解釋「通」之觀念?

第五講　近代中國史學的發展及方法論的講求

必讀作業:

一、章學誠，《文史通義》，〈易教上〉，〈原道中〉，〈原道下〉。
　　　參讀: 韓愈，〈原道〉收入: 《朱文公校昌黎先生集》（四部
　　　叢刊本）。

二、胡　適，〈國學季刊發刊宣言〉，收入: 《胡適文存》（臺北: 遠
　　　東圖書公司，1961），第二集，卷一。

三、顧頡剛，《當代中國史學》（臺北有影印本）。

四、顧頡剛，《古史辨》，〈自序〉。

五、顧頡剛，《史林雜識》，〈小引〉。

六、顧頡剛，《秦漢的方志與儒生》，〈序〉。

七、錢　穆，《國史大綱》，〈引論〉。

八、錢　穆，《中國歷史研究法》，〈序〉。

九、何炳松，《通史新義》，（臺北: 臺灣商務印書館，1970）〈自序〉。

參考讀物:

一、余英時，《論戴震與章學誠》，尤其是〈內篇〉第五章。

二、杜維運，〈西方史學輸入中國考〉《國立臺灣大學歷史系學報》，
　　　第三期（1976）。

三、汪榮祖，〈梁啟超新史學試論〉，《中央研究院近代史研究所集刊》，
　　　第二期（1971）。

四、李弘祺，〈漫論近代中國史學的發展與意義〉，《食貨月刊》，十卷
　　　九期，1980 年 12 月。

五、唐代史研究會編，《中國歷史學界的新動向》（東京：刀水書房，
　　　1982）。

六、Anne F. Thurston and Jason H. Parker eds., *Humanistic and
　　　Social Science Research in China* (New York: Social
　　　Science Research Council, 1980).

七、黃俊傑，〈蕭公權與中國近代人文學術〉，《史學評論》，第四期
　　　（1982 年 8 月）。收入：氏著，《儒學傳統與文化創新》，
　　　（臺北：東大圖書公司，1983）。

八、余英時，《史學與傳統》，（臺北：時報出版公司，1982）〈自序〉。

思考問題：

一、「六經皆史」說的提出在中國史學史上有何重要性？

二、胡適「整理國故」之基本觀點為何？

三、何謂「層累造成說」？

四、錢穆先生對歷史研究之看法為何？

五、何炳松對為歷史研究有何特殊見解？

六、近代中國史學發展所遭遇之基本問題何在？應如何解決？

七、或謂近百年來國人歷史意識日趨淡薄，其說能否成立？試就己見加
　　　以討論。

第六講　近代歷史學研究的專業化及
史學思潮的激盪

必讀作業：

一、余英時，〈中國史學的現階段：反省與展望〉，《史學評論》，第
　　　一期（1978），頁 1 ～24，及英譯稿。

二、傅斯年，〈歷史語言研究所工作之旨趣〉，《中央研究所歷史語言
　　　研究所集刊》，第一本，收入：杜維運、黃進興編，《中國史
　　　學史論文選集》（二），頁 926～979。

三、Fritz Stern ed., *The Varieties of History*（臺北：虹橋書店
　　　影印本），Part I, Ch. 10, pp. 170～177。

參考讀物:

一、李弘祺，〈近代西洋史學之發展〉（上）（下），《思與言》，一
　　　五卷四期及五期，1977, 11～1978, 1 月。

二、李弘祺，〈歷史主義的危機與超越〉，《史學評論》，第一期，
　　　1978 年。

三、夏伯嘉，〈馬克布洛克與法國年鑑學派〉，《史學評論》，第一
　　　期，1978 年。

四、汪榮祖，〈白德爾與當代法國史學〉，《食貨月刊》，六卷六期，
　　　1976 年。

思考問題:

一、近代西洋史學方法論之發展趨勢何在？

二、第二次世界大戰以後歐美史學界在研究方法上有何重要發展？其問
　　題何在？

三、明季哲人方以智（密之，1611～1671）嘗云：「中學長於通幾，西
　　學長於質測。」當代儒者熊十力亦云：「中人得其渾全，西人長於分
　　析。」此種說法就中西史學之差異言，能否成立？試析論之。

四、就本週閱讀作業觀之，余英時先生與傅孟眞先生對歷史研究所持之
　　基本觀點有何不同？其原因何在？試申論之。

五、試就英國、法國、德國等三種《史學評論》發刊辭之內容互作比較

討論之。

第七講　史料批判與論文寫作舉隅

必讀作業:

一、杜維運，《史學方法論》，第九、十章。

二、嚴耕望，《治史經驗談》，頁 34～68, 113～124。

參考讀物:

一、J. Vansina, "Once Upon a Time: Oral Tradition as History in Africa".

二、M. I. Finley, "Archeology and History".

以上二文皆收入: *Historical Studies Today.*

三、Donald R. Kelly, *Foundations of Modern Historical Scholarship* (New York and London: Columbia University Press, 1970). 此書之第三部分論近代西方史學之訓詁考據傳統 (philological tradition) 之發展，與中國史學之史料批判傳統頗可互相發明。

四、蒙思明，〈考據學在史學上的地位〉，《責善半月刊》，二卷一八期。

五、柳詒徵，〈正史之史料〉，原刊於: 《史地學報》，第二卷第三號，1923 年 3 月。今收入: 杜維運、黃進興編，《中國史學史論文選集》，二，頁 980～990。

六、蕭一山，〈近代史書史料及其批評〉，收入: 《中國史學史論文選集》，頁 991～1015。

七、梁啟超，《中國歷史研究法》，第五章: 〈論傳統中國史學之辨偽

工夫〉。極爲深入，應詳讀。

八、宋·李心傳，《舊聞證誤》，此書先列舊文各說，而後次第駁正，
　　斷以己見，其文章考證俱臻上乘。

九、Martin G. Wilbur, "Reflection on the Oral History in Chinese
　　Historiography", 1980 年 8 月 15 日在第一屆漢學會議宣讀
　　之論文。

練　習:

一、史學研究首重史料。不據史料，馳騁異說，是謂無根之學。故本講
　　所言之內容貴實習而不尙空談。請各位同學取《通鑑》任何一卷精
　　讀之，以與正史之紀傳作對比，查其史料出處，考證其異同，研究
　　「直接史料」與「間接史料」在史學研究上之差異。

二、請將《漢書》及《史記》中記載同一史事或人物之章節互做比較，
　　究其異同。

三、試舉近代學者任何一篇考證文章，檢討其對史料之運用與批判。（
　　例如：①余英時，〈章實齋與童二樹——一條史料的辯證〉，收入：
　　《論戴震與章學誠》；②余英時，《方以智晚節考》。）下次上課時
　　將以余英時先生之「章實齋與童二樹」論文爲例，加以討論分析，
　　請同學們找出此文，事先加以閱讀。

思考問題:

一、史料運用有層次之問題，試舉例申論之。

第八講　歷史寫作的特質與目的：
##　　　　「國家史詩」或「科學史學」？

必讀作業:

一、錢　穆，《國史大綱》，〈引論〉。

二、錢　穆，《中國歷代政治得失》。

　　參考: 胡昌智，〈《國史大綱》與德國歷史主義〉，《史學評論》，第六期，頁 15～38。

三、*The Varieties of History*, pp. 108～119. (Jules Michelet 文章)

四、*Ibid.*, pp. 209～223. (J. B. Bury 文章)

　　參考: 周樑楷，〈柏里的史學理論及其批評〉，《食貨月刊》，九卷三期，1980 年 6 月。

五、*Ibid.*, pp. 246～249. (Lord Acton 文章)

六、*Ibid.*, pp. 178～190. (N. D. Fustel de Coulanges 文章)

七、傅斯年，〈歷史語言研究所工作之旨趣〉。

　　參考: 黃俊傑，〈民國四十年來至民國六十年國內史學思潮的激盪〉，《史學評論》，第六期。

思考問題:

一、《國史大綱》一書的思想基礎何在？在此思想基礎上，錢先生對歷史研究與寫作持有何種看法？

二、J. B. Bury 所謂 "History is Science, no more and no less" 應作何解？

三、Lord Acton 與 N. D. Fustel de Coulanges 對歷史寫作的看法有

何共通之處?

四、錢先生在《中國歷代政治得失》書中綜論歷代政治，勝義紛披，充
　　滿歷史之慧識，試就全書基本論點略作綜括，以爲討論之基礎。

五、《中國歷代政治得失》書中呈現何種形態之「歷史意識」（參看胡
　　昌智與黃俊傑論文）? 證據何在? 試作討論。

六、此種「歷史意識」與錢先生之政治思想如何結合?

七、以上所討論之「歷史意識」與政治思想與錢先生的其它著作中所呈
　　現的「歷史意識」與政治思想是否一致?

第九講　歷史敍述藝術的分析

必讀作業:

一、*The Varieties of History*, pp. 227~245 ("Clio Rediscored").

二、《史記》，〈秦始皇本紀〉。

三、齊思和，〈戰國制度考〉，《燕京學報》，第二十四期。

四、張蔭麟，《中國史綱》（臺北: 正中書局，1951 年 5 月一版），第五
　　　　章:〈戰國時代的政治與社會〉; 第七章:〈秦始皇與秦帝國〉。

五、《史記》，〈刺客列傳〉。

參考讀物:

一、D. H. Fisher, *Historians' Fallacies: Toward A Logic of His-
　　torical Thought* (New York: Harper Colophon Books,
　　1970）. 此書第五章析論歷史敍事在方法學上之謬誤，很值得
　　參考。

二、Oscar Handlin, *Truth in History* (The Belknap Press of
　　Harvard University Press, 1979） 第一部分 "Persistent

Themes and Hard Facts" 之十一、十二、十三、十四等篇文字。

此書作者係哈佛大學歷史系講座教授，專攻美國史，望重士林。此書可視爲作者晚年證道之言，信筆所及，勝義紛披，然亦多主觀語，故 Paul K. Conkin 氏在 *History and Theory* XIX: 2 (1980)，頁 224~237，撰寫長篇書評批評此書。大致言之，此書雖非專就方法論立場析論史學研究，然因係作者反省之言，故仍有可觀者。

思考問題:

一、Trevelyan 對歷史學有何看法? 這種看法與 J. B. Bury 有何不同?試申論之。

二、試比較杜牧、太史公、齊思和及張蔭麟對秦之興亡之敍述藝術。

三、太史公敍述荊軻刺秦王之史實有何特殊筆法? 試加分析。

第十講　歷史解釋及其問題

必讀作業:

一、Max Weber, "The Logic of Historical Explanation", in W. G. Runciman ed., *Weber: Selections in Translation* (Cambridge: Cambridge University Press, 1978), pp. 111~131.

二、Max Weber 著，張漢裕譯，《基督新教倫理與資本主義精神》（臺北: 協志工業出版社，1960）。

三、杜　牧，〈阿房宮賦〉。

四、賈　誼，〈過秦論〉，收在: 《史記》，〈秦始皇本紀〉。

五、柳宗元，《柳河東集》（四部備要本），卷三，〈封建論〉。

參考讀物：

一、黃進興，〈歷史解釋與通則的關係：韓培爾觀點之檢討〉，《食貨月刊》，四卷八期，1974 年。

二、黃進興譯，〈分析歷史哲學對史家的啟示〉，《食貨月刊》，四卷七期，1976 年。

三、殷福生，〈因果的解釋〉，《現代學術季刊》，一卷四期，1957年。

四、亞伯爾著，本社譯，〈社會科學裏的因果觀〉，《現代學術季刊》，一卷四期，1957 年。

五、R. F. Atkinson, *Knowledge and Explanation in History*: *An Introduction to the Philosophy of History*(Ithaca, N. Y.: Cornell University Press, 1978).

六、Patrick Gardiner ed., *Theories of History*;　第二部分之 "Explanation and law" 所收各篇論文極有參考價值。

七、Sidney Hook ed., *Philosophy and History*: *A Symposium* (New York: Columbia University Press, 1963)，此書中有關歷史解釋各篇論文，頗可參考。

思考問題：

一、作業（一）論文要旨何在？ Weber 對歷史研究方法所持之看法與 E. Meyer 有何不同？

二、杜牧、賈誼及柳宗元如何解釋歷史之變遷？ 其基本觀點有何不同？

三、影響歷史解釋的因素有那些？ 試舉例申論之。

四、何謂歷史解釋中的「整體論」（holism）？ 何謂「個體論」（individualism）？

練　習：

一、史學研究之一項中心任務即為因果關係之建立；然史學家建立史事
之因果關係每易犯方法學上之謬誤。試就坊間所見史學作品為例，
討論作者對因果關係之解釋及其問題。

二、試取近人論述同一史實（如：五四運動；　春秋戰國社會變動……
等）之著作二種，比較其歷史解釋之異同，分析作者所持之方法論
立場。

第十一講　歷史通則的建立及其方法學上的問題

必讀作業：

一、Carl Hemple, "The Function of General Laws in History",
收入: Patrick Gardiner ed., *Theories of History*, pp.
344～355.

二、Isaiah Berlin, 〈歷史是科學嗎?〉，收入: 康樂等編，《歷史學
與社會科學》，〔I〕。

參考讀物：

一、Alexander V. Riasanovsky and Barnes Rizrik eds., *Generali-
zations in Historical Writing* (Philadelphia: University of
Pennsylvania Press, 1963).

二、Louis Gottschalk ed., *Generalization in the Writing of
History*, (A Report of the Committee on Historical Ana-

lysis of the SSRC) (Chicago: University of Chicago Press, 1963, 1964).

思考問題:

一、傳統中國史學研究對「通則」的建立極爲重視，試就思想史立場分析其原因。

二、韓普氏的論文要旨何在？其說與柏林 (Isaiah Berlin) 之見解有何不同？

練　習:

一、試以一部近人史學論著或論文爲例，分析其所建立之歷史通則及其問題。

第十二講　歷史知識的性質

必讀作業:

一、胡昌智，《歷史知識與社會變遷》（臺北：聯經出版公司，1988），第一章，頁 1～94。

二、黃宣範譯，《歷史的理念》（臺北：聯經出版公司，1981），第五章，頁209～330。

三、吳光明，《歷史與思想》（臺北：聯經出版公司，1991）

參考讀物:

一、余英時，《歷史與思想》（臺北：聯經出版公司，1976），頁167～246。

二、Leon J. Goldstein, "Collingwood's Theory of Historical

Knowing", *History and Theory*, vol. IX, No. 1 (1970), pp. 3～36.

三、Patrick Gardiner, *Theories of History* (雙葉翻印版)，頁 211～264。收錄 Dilthey, Croce, Mannheim 及 Collingwood 等人之論文。

四、Kuang-ming Wu, *History, Thinking and Literature in Chinese Philosophy* (Taipei: Institute of Humanities and Social Sciences, Academic Sinica, 1991).

思考問題:

一、所謂「歷史知識的自主性」涵義何在?

二、何謂「歷史意識」?

三、何以任何歷史敍述均不能免於被批判?

四、歷史知識有何社會功能?

五、何以「歷史」中有「思考性」? 何以人類的「思考」活動以「歷史」爲其前提?

第十三講　歷史研究與社會變遷: 反映或滲透?

必讀作業:

一、胡昌智，《歷史知識與社會變遷》(臺北: 聯經出版公司，1988)，第二及第三章，頁 95～252。

二、錢　穆，《國史大綱》，〈引論〉。

思考問題:

一、歷史研究何以有其社會性?

二、胡昌智如何分析《國史大綱》中的歷史意識及其社會基礎?

三、歷史意識有那些類型?

四、近代中國歷史意識結構經歷何種變遷?

第十四講　歷史學與詮釋學: 歷史解釋的 方法論問題

必讀作業:

一、Richard E. Palmer, *Hermeneutics* (Evanston: Northwestern University Press, 1969, 雙葉有翻印版), pp. 33～45; pp. 66～71.

二、Chün-chieh Huang, "The Mencius and Historical Hermeneutics", *Tsing- hua Journal of Chinese Studies*, n. s. vol. 19. 20. 2 (Dec. 1989).

三、David C. Hoy, *The Critical Circle: Literature, History and Philosophical Hermeneutics* (Berkeley: University of California Press, 1978, 雙葉有翻印本), 尤其是第五章。

參考讀物:

一、葉秀山, 《思·史·詩: 現象學與存在哲學研究》(北京: 人民出版社, 1988)。

二、《思想》(東京: 岩波書店), 1979, No. 5, 此期以《解釋學の課題》作爲專號, 論文均平實可讀。

思考問題:

一、試討論當代詮釋學的定義、意義及其範圍。

二、何謂歷史解釋者的「歷史性」(Historicality)? 它在歷史研究方法
論中會引起何種問題? 能否克服或超越? 試討論之。

三、何謂解釋的「循環性」(Circularity)? 在方法論可以區分爲幾種「
循環性」?

第十五講　歷史研究中的客觀性

必讀作業:

一、Hans Meyerhoff ed., *The Philosophy of History in Our
Time* (New York: Doubleday Anchor Books, 1959), pp.
120~227. 收錄 Carl L. Becker, Charles A. Beard,
Raymond Aron, John Dewey, Arthur O. Lovejoy, Morton
White, Enest Nagel 及 W. H. Walsh 各家之論文。

參考讀物:

一、Peter Novick, *That Nobel Dream*: *The "Objectivity Question"
and the American Historical Profession* (N. Y.: 1988).

思考問題:

一、何謂「客觀性」?

二、歷史研究中的所謂「客觀性」應如何解釋?

第十六講　研究實習 (一)

作　業:

全班同學自行分組，針對下列之歷史事件或人物，搜集當代學者的

著作中對這些事件或人物所作的歷史解釋與批評之資料，每組派一位代表提出口頭報告，並回答同學問題。這項搜集資料的工作，必須在本學期開學後立卽進行，在第十六講上課前完成：

1. 秦始皇	5. 孫中山
2. 明太祖	6. 蔣中正
3. 鴉片戰爭	7. 毛澤東
4. 二二八事件	8. 孔　子

各組提出口頭報告時，應特別注意下列問題：

1. 這位作者對歷史人物或事件提出何種解釋？你認爲他的解釋能否成立？爲什麼？

2. 他根據何種史料？這批史料的可信度如何？能否支持該作者之論點？

3. 根據你這一次的研究實習的經驗，你對「歷史研究中的客觀性」有何種新看法與新體認？

第十七講　歷史學與社會學：理論與方法

必讀作業：

一、黃俊傑，《史學方法論叢》（學生書局：1981年 增訂再版），〈從方法論立場論歷史學與社會學之關係〉，頁 5～34；及第三、四、五、六、七章。

二、Cho-yün Hsü, *Ancient China in Transition*: *An Analysis of Social Mobility* (Standford: Standford University Press, 1965，臺北雙葉有翻印版）。

三、S. N. Eisenstadt, "Sociological Theory and an Analysis of the Dynamics of Civilization and Revolution,"*Daedalus* (Fall,

1977）Vol. II, 此文縱論百年來之社會學發展，確爲大家手
筆，應精讀。

四、張光直，〈從中國古代談社會科學與現代化〉，《中國時報》〈人
間副刊〉，1986 年 4 月 1 日。

參考讀物：

一、黃俊傑，〈許著《先秦社會史論》讀後〉，收入：氏著《歷史的探
索》，（臺北：水牛出版社，1985）。

二、Seymour M. Lipset et al., *Sociology and History: Method*
(N. Y. : Basic Books, 1968).

三、余英時，〈從史學看傳統〉，收入《史學與傳統》（臺北：時報出
版公司，1982）。

四、黃俊傑，〈史學、社會學與社會科學研究的中國化〉，收入：《儒
學傳統與文化創新》（臺北：東大圖書公司，1983）。

五、杜維運、黃俊傑編，《史學方法論文選集》（臺北：華世出版社，
1980 增訂版）。

十五：〈社會科學的歷史解釋〉。

十六：〈社會科學與歷史學〉。

六、康樂等編，《歷史學與社會科學》，二：〈史學與社會科學的整體
論與個體論〉。

七、賴澤涵，〈歷史學與社會科學的互補性及合流的可能性〉，收入：
瞿海源等編，《社會學理論與方法研討會論文集》（臺北：中
研院民族所，1982）。

八、楊國樞、文崇一編，《社會及行爲科學研究的中國化》（臺北：中
研院民族所，1983）。

思考問題:

一、許倬雲先生的書提出四個問題作爲分析春秋戰國社會流動情形之觀察點。許先生提出問題之方式有何特點? 此種提法有何方法論的意義? (參考: Max Weber, *The Methodology of Social Science*, 臺北虹橋書店有影印本)。

二、試以許倬雲先生的書第二章爲例,分析許先生運用史料之方法論涵義。

三、牟潤孫先生云: 「我國今後史學發展,必當以社會科學爲基礎,始克儕諸世界之林。」您同意此種說法否? 試加討論。

四、歷史學與社會學在方法論上有何關係?

五、作爲歷史學研究者,我們在努力促使歷史學與社會學結合之中,應有何種警覺? 應注意何種問題?

六、中國歷史經驗的研究在所謂「社會科學研究的中國化」過程中扮演何種角色? 試就己見申論之。

七、根據 S. N. Eisenstadt 的分析,六〇年代的「近代化」理論基本缺陷何在? 何以如此?

第十八講　心理學與歷史研究

必讀作業:

一、張玉法,〈心理學在歷史研究上的應用〉,收入: 杜維運、黃俊傑編,《史學方法論文選集》(臺北: 華世出版社, 1980),頁 535~581。

二、余英時,《論戴震與章學誠》(香港: 龍門書店, 1976,臺北: 華世出版社),第五章,頁 45~82。

三、余英時，《陳寅恪晚年詩文釋證》（臺北：時報出版公司，1984）。

思考問題:

一、余英時先生如何解釋章學誠「六經皆史」說的提出？

二、余先生運用何種史料？如何證明他的論點？這種運用史料的方法對你有什麼啟示？

三、余先生治思想史有何方法論的傾向？

四、根據余先生的分析，清代考證學風對戴東原產生何種壓力？余先生如何證明這一點？

五、《孟子字義疏證》一書撰寫的心理背景何在？

六、余先生如何分析戴東原思想發展的「內在理路」？

七、余先生如何分析陳寅恪晚年心境與思想？這種分析方式有何長處與限制？試加討論。

第十九講　史學量化問題

必讀作業:

一、古偉瀛，〈史學量化及其應用於中國史料的一些考察〉，《食貨月刊》，第十卷，第一、二期合刊，1969 年 5 月，頁 43～56。

二、康樂、黃進興主編，《歷史學與社會科學》，（八），劉錚雲譯，〈史學、量化與社會科學〉，頁 183～203。

三、古偉瀛，〈「關蹊」（PC）與歷史研究〉，國立中興大學歷史系編，《第三屆史學史國際研討會論文集》（臺中，1991 年 2 月），頁 77～118。

四、古偉瀛，〈歷史量化的反思〉，《新史學》，第二卷，第二期，頁 109～123。

思考問題：

一、量化方法對史學研究有那些幫助？歷史學者反對量化的原因又有那些？

二、在讀過本講所指定的第三篇有關個人電腦在文字處理、史料儲存、史料安排以及處理的功能之後，請您運用歷史的想像以及過去從事研究的經驗，討論一下這種新的科技對於我們今日的歷史研究，在方法上會有怎樣的改變以及影響？試從史料的處理、研究的過程以及論文的撰寫等三方面來探討。

三、在看過必讀作業論文所舉出的史學量化實例後，請就您目前所研究的，或是有興趣的題目當中，思索如何對此題目進行量化的研究。請思考如何搜集史料並轉成量化史料，可能使用何種量化方法以及將來如何寫成論文（亦卽用圖表或是求統計量或是時間數列等）三方面加以討論。

第二十講　社會史研究方法論

必讀作業：

一、李弘祺，〈從社會科學到社會整體歷史〉，《史學評論》，第三期，1981，頁 36～78。

二、康樂譯，〈從社會史到社會的歷史〉，收入：《歷史學與社會科學》，頁 95～126。亦收入：李豐斌譯，《當代史學研究》，第一篇。

三、《史記》，卷一百二十四，〈游俠列傳〉，第六十四。

四、Cho-yün Hsü, *Ancient China Transition: An analysis of Social Mobility, 722～222 B.C.* (Standford University

Press, 1965)，臺北雙葉有影印本。本書篇幅較多，可瀏覽一過，以求通識其大體。亦可參考：黃俊傑著：《歷史的探索》一書中所收錄之書評。另外「社會變遷」一章可精讀。亦可參看：許倬雲：〈春秋戰國的社會變動〉，收入：《求古篇》（臺北：聯經出版公司，1982）。

五、杜正勝，《編戶齊民》（臺北：聯經出版公司，1990），〈序〉。

參考讀物：

一、錢　穆，〈如何研究社會史〉、〈如何研究經濟史〉，收入：氏著《中國歷史研究法》（臺北：東大圖書公司，1967），頁32～63。

二、許倬雲，〈傳統中國社會經濟史的若干特性〉，《食貨月刊》，十一卷五期，1981 年 8 月。此文亦收入《求古篇》作爲該書代序。此文努力於綜合傳統社會史家研究成果及 Peter Blau, S. N. Eienstadt, Amitai Etzioni, Anthony Giddens 等大家之新見。

三、鄭學稼，《社會史論戰的起因和內容》（臺北：中華雜誌社，黎明出版公司亦有發行）。

四、羅炳綿，〈中國近代社會史研究途徑的探索〉，《食貨月刊》，六卷八期，1976 年 10 月。

五、Cochan, Thomas C., *The Inner Revolution* (N. Y. : Haper and Row , 1964).

六、Hexter, J. H., "A New Framework for Social History," *Journal of Economic History*, 15 (1955).

七、Hobsbawn, E. J., "From Social History to the History of Society" in Feblix Gilbert and Stephen R. Glaubard eds.,

Historical Studies Today (New York: W. W. Norton & Company, Inc., 1972, pp. 1~26), 此文又見於 M. W. Flinn & T. C. Smout eds., *Essays in Social History* (Oxford: Clarendon Press, 1974), pp. 1~22.

八、Iggers, Georg G., *New Directions in European Historiography* (Middle Town, Connecticut: Wesleyan University Press, 1975) .

九、*The Journal of Modern History*, 44: 4 (December, 1972), pp. 447~576.

十、Kinser Samual, "Annalist Paradigm? The Geohistorical Structure of Fernand Braudel", *The American Historical Review*, 85: 1 (Feb., 1981), pp. 63~105.

十一、Perkin, H. J., "Social History" in H. P. R. Finberg ed., *Approaches to History* (Toronto: University of Toronto Press, 1962) pp. 51~82, 此文又見於 Fritz Stern ed., *The Varieties of History* (New York: World Publishing, 1972), pp. 430~455.

十二、Smelser, Neil J., *Essays in Sociological Explanation* (Englewood Cliffs, New Jersey: Prentice-Hall, Inc., 1968).

關於社會史研究學報:

國內中文期刊有《新史學》；日本史學界則有《社會經濟史學》、《一橋論叢》……等刊物以常刊載社會史論著，值得參考。歐美史學界有關社會經濟史之期刊則甚多，茲列舉如下:

1. *The Economic History Review.* (England)
2. *The American Journal of Economics & Sociology.*

*3. *Economic Development and Cultural Change.*

4. *Explorations in Economic History.*

5. *History of Political Economy.*

6. *The Journal of Economic History.* (U. S. A.)

7. *Bussiness History Review.*

8. *The Journal of Peasant Studies.* (England)

9. *The Journal of Economic Issues.*

10. *Population and Development Review.*

11. *The American Historical Review.*

*12. *Comparative Studies in Society and History.*

*13. *The Journal of Interdisciplinary History.*

14. *Journal of Social History.* (U. S. A.)

15. *Social History.* (England)

16. *Past and Present.* (England)

17. *International Review of Social History.* (The Netherlands)

18. *The Journal of European Economic History.* (Italy)

19. *Historical Methods.*

20. *Peasant Studies.* (U. S. A.)

21. *SINGS: Journal of Women in Culture and Society.*

22. *The Journal of Family History.*

23. *Journal of Marrige and the Family.*

關於最近世界史學界之研究動向，可以參看：

1. Harold T. Parker eds., *International Handbook of Historical Studies: Contemporary Research and Theory* (Westport, CN.: Greenwood Press, 1979)。

2. Michael Kammen ed., *The Past Before Us: Contemporary*

Historical Writing in the United States (Ithaca, N.Y.: Cornell University Press, 1980).

思考問題:

一、北伐成功後，中國社會史研究蓬勃一時，試就史學史及思想史之立場分析其原因。

二、所謂「社會整體歷史」主張之基本立場何在？此種研究視野與傳統「社會史」有何不同？

三、您認爲未來中國社會史研究應注意何種問題？理由何在？

四、根據許倬雲先生的分析（〈傳統社會經濟史的若干特性〉），空間和時間因素如何影響中國社會史的發展？

五、《史記》之〈游俠列傳〉，與《先秦社會史論》兩書對社會史之研究所持之方法與角度有何不同？

六、許倬雲運用何種史料來分析春秋戰國社會變動？這種分析有何方法論的涵義？

七、杜正勝先生如何解釋中國古代社會的形成？他的研究方法有何特點？

第二十一講　思想史研究方法論

必讀作業:

一、黃俊傑，〈思想史方法論的兩個側面〉，收入：《史學方法論叢》
　　　（臺北：學生書局，1981，第三版）。

二、余英時，《中國近代思想史上的胡適》（臺北：聯經出版公司，
　　　1984）。

參考讀物:

一、Dominick LaCapra, "Rethinking Intellectual History and Reading Texts", *History and Theory*, XIX: 3 (1980).

二、林載爵譯，〈政治史與思想史短辯——特指非西方文化〉，收入: 康樂編，《歷史學與社會科學》，第三篇。

三、Felix Gilbert, "Intellectual History: Its Aims and Methods" in *Historical Studies Today*, pp. 141~158.

中譯本見李豐斌譯，《當代史學研究》，第四篇。

四、徐復觀，〈研究中國思想史的方法與態度問題〉，收入: 《中國思想論集》（臺北: 學生書局，1975），頁 1~11。

五、徐復觀，〈答輔仁大學歷史學會問治古代思想史方法書〉，《幼獅月刊》，二六三期，1957 年 11 月，頁 24~26。

六、アノサノライト（Arthun F. Wright），〈中國思想研究の新方法〉，《東方學》，第十一輯，1955年 4 月，頁130~137。

七、阮芝生，〈學案體裁源流初探〉，《史原》，1971 年 10 月，頁 57~75。

八、B. Schwartz 著，張永堂譯，〈關於中國思想史的若干初步考察〉，收入: 段昌國等譯，《中國思想與制度論集》（臺北: 聯經出版公司, 1976），頁 1~3。

九、王爾敏，〈近代中國思想研究及其問題之發掘〉，《新知雜誌》第二年第三期，1972 年，頁 47~68。

十、木全德雄，〈思想史研究の方法論に關する二、三の問題〉，收入: 《中國哲學史の展望と摸索》（東京: 創文社，1976），頁 27~45。

十一、武田清子編，《思想史の方法と對象——日本と西歐》，（東

京: 創文社，1976)，頁 6～8。

思考問題:

一、所謂「觀念史」與「思想史」研究方法有何差異? 各有何種方法論
　　上的問題?

二、中國思想史研究有何種方法論上的特殊問題?

三、余英時如何解釋《中國哲學史大綱》在現代中國史學史上之意義?

四、余英時研究胡適之中心問題何在? 作者如何分析此一問題? 他使用
　　何種史料加以論證? 你認為他的論證方式有何特點? 你能否同意?
　　試加以討論。

第二十二講　研究實習 (二)

作　業:

　　全班同學分組，每組自由組合，精讀《史記》以下各篇，互相討論
以進行研究。每組練習將所分配的《史記》「列傳」之史實，以現代敍
述或以歷史小說方式改寫，每篇文字以四千字為限:

1. 《史記》，卷七四，〈孟子荀卿列傳〉。
2. 《史記》，卷七五，〈孟嘗君列傳〉。
3. 《史記》，卷七九，〈范雎蔡澤列傳〉。
4. 《史記》，卷八四，〈屈原賈生列傳〉。
5. 《史記》，卷八五，〈呂不韋列傳〉。
6. 《史記》，卷八六，〈刺客列傳〉。
7. 《史記》，卷一一七，〈司馬相如列傳〉。
8. 《史記》，卷一二四，〈游俠列傳〉。

本項作業必須開學時即開始進行，並在二十一講結束時完成繳交，以便

在第二十二講講課時分析得失。

思考問題:

　　各組同學在進行本項練習寫作時，請思考下列問題:

1. 我要敍述的歷史事實之核心或人物的精神是什麼?
2. 這種史實核心或精神，應如何表達?
3. 我將如何安排歷史敍述之高潮 (climax)?

第二十三講　歷史研究中的道德判斷

必讀作業:

一、章學誠，《文史通義》，〈史德篇〉。

二、張哲郎，〈道德判斷與歷史研究〉，收入: 《中西史學史研討會論
　　　文集》（臺中: 國立中興大學歷史系主編，1986 年 1 月），
　　　頁 181～225。

參考讀物:

一、E. H. Carr 著，王任光譯，《歷史論集》，第三章: 〈歷史、科
　　　學與道德〉。

二、王樹槐，〈研究歷史應否運用道德的裁判〉，收入: 李弘祺等著，
　　　《史學與史學方法論集》（臺北: 食貨出版社，1980）。

三、柳詒徵，《國史要義》，〈史德第五〉。

四、Herbert Butterfield, "Moral Judgments in History".

五、Isaish Berlin, "Historical Inevitability".

六、Jacob Burckhardt, "On Fortune and Misfortune in History."
　　　　　　　以上三文皆收入: Hans Meyerhoff ed., *The Philosophy*

of History in Our Time (A Doubleday Auchor Original).

七、Adrian Oldfield, "Moral Judgement in History," *History and Theory*, vol. XX, No. 3 (1981), pp. 260~277.

八、Arthur Child, "Moral Judgment in History," *Ethics*, 61(1951) pp. 297~308.

九、Ann Low-Beer, "Moral Judgment in History and History Teaching" in W. H. Burston and D. Thompson eds., *Studies in the Nature and Teaching of History* (London, 1967), pp. 137~142.

思考問題:

一、何謂「道德判斷」?

二、主張史學研究應運用「道德判斷」者的理由何在? 反對者的理由又是那些? 這兩種人有無一定的歷史觀?

三、就當前及未來中國史學研究而言, 「道德判斷」一題具何種意義? 我們應如何對待此一問題? 試就己見申論之。

附　錄　二

中國歷史研究導引[*]

黃　俊　傑　編

一、基本史料簡介[*]

（一）傳統國史舊籍介紹

1) 錢　穆，《中國史學名著》上、下冊，（臺北：三民書局，1973～
　　1980）

2) 張舜徽，〈中國歷史要籍介紹〉，收入：《中國古籍研究叢刊》（
　　臺北影印本，未著出版者及時間）。

3) ──，《中國文獻學》（臺北有影印本）。

4) 雷　敢選註，《中國歷史要籍序論文選注》（長沙：岳麓書社，
　　1982）。

5) 金毓黻，《中國史學史》（上海：1944；臺北：1968 出版時作者
　　易名爲金靜庵）。

6) 劉　節，《中國史學史稿》（河南：中州書畫社，1982）。

7) 王樹民，《史部要籍解題》（臺北：木鐸出版社）。

8) 余嘉錫，《目錄學發微》（臺北：藝文印書館，未著出版日期）。

───────────────

[*]本項研究導引之編輯，承陳學霖師提供資料，謹申謝意。

9) 高振鐸主編，《中國歷史要籍介紹及選讀》上、下冊，（哈爾濱：黑龍江人民出版社，1982）。

10) 毛春翔，《古書版本常談》（香港：中華書局香港分局，1973）。

11) 陳國慶著，澤谷昭次譯，《漢籍版本入門》（東京：研文出版，1984）。

12) 內藤虎次郎，《支那史學史》（東京：1949, 1953, 1966）。

13) 貝塚茂樹，〈中國の史學〉，收入：《貝塚茂樹著作集》（東京：中央公論社，1977），第七卷。

14) Beasley, W. G. & E. G. Pulleyblank, ed., *Historians of China and Japan*, London, 1961.

15) Gardner, C. S., *Chinese Traditional Historiography*. Cambridge, Mass., 1938, 1961 (with addition & corrections by L. S. Yang).

16) Han Yu-shan, *Element of Chinese Historiography*, Hollywood, 1955.

17) Prusek, J., "History and Epics in China and the West" in his *Chinese History and Literature*, Prague, 1970, pp. 17~34.

18) Pulleyblank, E. G., "The Historiographical Tradition" in R. Dawson, ed., *The Legacy of China*, Oxford, 1964, pp. 143~164.

19) Wright, A. F., "On the Uses of Generalization in the Study of Chinese History" in L. Gotschalk, ed., *Generalization in the Writing of History*, Chicago, 1963, pp. 36~58.

20) "Zur Chinesischen Geschichtsschreibung", *Saeculum*, 23: 4 (1972).

　　本期包括四篇以德文寫作論述中國史學之論文，原係在1970～1971
年美國耶魯大學之〈中國史學及比較史學研討會〉 (Yale Seminar on
Chinese and Comparative Historiography) 提出，英文原題如下：

A. F. Wright, "The Modern Inquerer and the Chinese Historio-
　　　graphical Tradition",

J. Zimmerman, "Time in Chinese Historiography",

M. Freeman, "The Rise of the *Shih-p'ing* and the New History
　　　of the Northern Sung",

S. Naquin, "Chinese Terminology for Rebellions".

（二）考古資料介紹

1. 考古學:

1) 衛聚賢，《中國考古學史》（上海: 1937）。

2) 文物編輯委員會編，《文物考古工作三十年》（北京：文物出版
　　社，1979）。

3) 中國社會科學院考古研究所編著，《新中國的考古發現和研究》（
　　北京: 文物出版社，1984）。

4) Chang, Kwang-chih, *The Archaeology of Ancient China*,
　　Third rev. & enlarged ed., New Haven, 1977.

5) Cheng, Te-k'un, *Prehistoric China: Archaeology in China*,
　　vol. 1, Toronto, 1959.

6) ——, *Prehistoric China: Archaeology in China*, Supplement
　　to vol. 1, Cambridge & Toronto, 1966.

7) ——, *Shang China: Archaeology in China*, vol. 2, Cam-
　　bridge, 1961.

8) ——, *Chou China: Archaeology in China*, vol. 2, Toronto,

1963.

9) 北京大學歷史系考古教研室商周組編著，《商周考古》（北京：文
物出版社，1985）。

2. 金石學:

1) 容　爰，《金石書目錄》（上海：1929）。

2) 黃公渚，《周秦金石文選評注》（上海：1935）。

3) Bernard, Noel, "New Approaches and Research Methods in
Chin shih-hsüeh", *Tōyō Bunka Kenkyujo Kiyo* （東洋文
化研究所紀要），19 (1959), pp. 1~31.

4) Tsien, Tsuen-hsüin （錢存訓），*Written on Bamboo and Silk*:
The Beginnings of Chinese Books and Inscriptions,
Chicago, 1962. 此書已有中文及日文翻譯本。

3. 甲骨學:

1) 胡厚宣，《五十年甲骨學論著目錄》。

2) 董作賓，《甲骨學六十年》（臺北：1965），此書有英譯本：*Fifty
Years of Studies in Oracle Inscription*, Tokyo, Tokyo
Bunko, 1964.

3) 羅振玉，《殷墟書契前編》（1912）；《菁華》（1914）；《後編》（
1916）；《續編》（1932）。

4) 孫海波，《甲骨文字》（臺北：1965）。

5) 董作賓，《殷墟文字及外編》（臺北：中央研究院，1956）。

6) 李孝定，《甲骨文字集釋》（臺北：中央研究院，1967）。

7) 島邦男，《殷墟卜辭綜類》（東京：1967），臺北大通書局有影印
本。

8) 王國維，《王觀堂先生全集》（臺北: 1968）。

9) 董作賓，《殷曆譜》(1945)。

10) 貝塚茂樹，《中國古代史學の發展》（東京: 1946）。

11) ──，《古代殷帝國》（東京: 1957）。

12) 饒宗頤，《殷代貞卜人物通考》（香港: 1959）。

13) 《甲骨學》，（東京: 自 1959 年起發行）爲甲骨學之專攻刊物。

4. 銅器銘文:

1) Ferguson, J.，《歷代著錄吉金目》（上海: 1939 年，臺北有影印本）。

2) 容　庚，《金文編》1925，修訂本，上海，1939，重印本，北京，1959。

──，《金文續編》（上海: 1935）。

3) Karlgren, B.，（高本漢），*Grammata Sarica Recensa*, Stockholm, 1957, Goteborg, 1964.

4) 丁福保，《古錢大辭典》（上海: 1937，臺北: 1962）。

5) Wang　Yü-ch'üan（王毓銓），*Early Chinese Coinage*, New York, 1951.

6) Cole, Arthur B.，*An Encyclopedia of Chinese Coins*, Denver, 1967. vol. I: A Bibliography on Far Eastern Numismatology and Coin Index.

7) 《金文關係文獻目錄》（廣島: 1956）。

5. 石刻史料:

1) 嚴耕望，《石刻史料叢書》（臺北: 1967），共四二〇冊。

2) 王　昶，《金石粹編》(1871)，補略，補正。

3) 孫星衍等，《寰宇訪碑錄》（1833）《校勘記》。

4) 商承祚，《石刻篆文編》。

5) 趙萬里，《漢魏南北朝墓誌集釋》（臺北有影印本）。

6) 楊殿珣，《石刻題跋索引》（上海：1941）。

7) 《新加坡華文碑銘集錄》（香港：1972）。

（三）正史史料介紹

1. 版　本:

1) 百衲本《二十四史》（上海：1930～1937，臺北：臺灣商務印書館，
   1965）。

2) 《二十四史》（上海：同文書局，1894）。

3) 《二十五史》（上海：開明書店，1935）。

4) 《二十五史》（臺北：藝文印書館，1956）。

5) 《二十四史》（新校標點本）（臺北：鼎文書局有影印本）。

2. 補遺及考異:

1) 《二十五史補編》（上海：1935～1937）。

2) 錢大昕（1726～1804），《廿二史考異》（1782）。

3) 王鳴盛（1722～1789），《十七史商榷》。

4) 趙　翼（1736～1820），《廿二史劄記》（1799），並參考：杜維運，
   《廿二史劄記考證》。

以上 2)，3)，4) 三書均有索引：佐伯富，《中國隨筆雜著索引》（京
都：1954, 1960）。

（四）歷史地圖

1) 譚其驤主編，《中國歷史地圖集》（上海：地圖出版社，1982），
   共八冊。

2) Caroline Blumden and Mark Elvin, *Cultural Atlas of China* (New York: Facts on File, Inc., 1983).

（五）年表及統計表

1) 萬國鼎編，萬斯年、陳夢家補訂，《中國歷史紀年表》（香港：商務印書館香港分館，1958, 1978；臺灣商務印書，1966 出版，書名改爲《中西對照歷代紀年圖表》）。

2) 梁方仲編著，《中國歷代戶口、田地、田賦統計》（上海：上海人民出版社，1980）。

二、研究設計、工具書及參考書*

（一）基本參考書

1) 陶晉生、張存武編，《歷史學手册》（食貨出版社）。

2) Endymion Wilkinson, *The History of Imperial China*: *A Research Guide*, Harvard East Asian Monographs, No. 49 (Harvard University Press, 1975).

3) Ssu-yü Teng （鄧嗣禹）and Knight Biggerstaff, *An Annotated Bibliography of Selected Chinese Reference Works*, 3rd ed., Harvard-Yenching Institute Studies, II（Harvard University Press, 1971）.

4) Franke, Herbert, *Sinologie*, Born, 1951.

5) Van der Sprenkel, Otto B., "China" in *Handbook of Oriental History*, ed., C. H. Philips, London, 1951, 1963.

---

*本研究導引之編輯，承陳學霖師提供資料，謹申謝意。

6) 梁啟超，《中國歷史研究法》，共二冊（上海: 1922）。

7) 《中國史學入門》（京都: 東方學術協會，1951）。

（二）一般性介紹

1) Dawson, Raymond S., ed., *The Legacy of China* (Oxford, 1964), ch. 1, 7.

2) Pulleyblank, E. G., *Chinese History and World History* (Cambridge, England, 1955).

3) Wang Gungwu（王賡武），"The Inside and Outside of Chinese History", *The Round Table* (July, 1972), pp. 283～295.

4) Wright, Arthur F., "The Study of Chinese Civilization", *Journal of the History of Ideas*, XXI (1960), pp. 233～253.

1. 中國學者之學術傳統:

1) 錢　穆，《國學概論》（臺北: 臺灣商務印書館，1956）。

2) 錢　穆，《中國學術通義》（臺北: 臺灣學生書局，1984）。

3) 錢　穆，《現代中國學術論衡》（臺北: 東大圖書公司，1984）。

4) 錢　穆，《中國史學名著》（臺北: 三民書局，1973～1980）。

5) 姚名達，《中國目錄學史》（1936）。

6) Beasley, W. G. & E. G. Pulleyblank eds., *Historians of China and Japan* (London, 1961).

7) Gardner, Charles, S., *Traditional Chinese Historiography* (Cambridge, Mass., 1938; 1961).

8) Wylie, Alexander, *Notes on Chinese Literature* (Shanghai, 1922; N.Y., 1967 ed.).

2. 歐美漢學傳統:

1) 陶振譽, 《世界各國漢學研究論文集》 (臺北: 1962)。

2) 周法高, 《漢學論集》 (臺北: 正中書局, 1965, 1972)。

3) T'ao Chen-yu (陶振譽), *Sinology in Japan and the U. S.*, tr. & ed. by T. W. Kwok (Honolulu, 1966).

4) Demieville, P., "Apercu Historique des etudes Sinologiques en France", *Acta Asiatica* 11 (1966), pp. 56~110.

5) Duyvandak, J. J. L., *Holland's Contribution to Chinese Studies* (London, 1950).

6) *Fifty Years of Soviet Oriental Studies: Brief Reviews 1917~1967* (Moscow, 1968), eds., B. G. Gafurov & Y. K. Gankovsky, sec. 7, 9, 23, 26.

7) Franke, Herbert, *Sinology at German Universities, with a Supplement on Manchu Studies* (Wiesbaden, 1968).

8) Leslie, Donald & Jeremy Davidson, *Author Catalogues of Western Sinologists* (Caberra, Australian National University, Department of Far Eastern History, 1966).

9) Moule, A. C., "British Sinology", *Asiatic Review* 44 (1948), pp. 187~192.

10) Prusek, Jaroslav, "Fifty Years of Oriental Studies in Czechoslovakia," *Archiv Orientalni* 36: 4 (1968), pp. 529~534.

11) Rowbotham, A. H., "A Brief Account of the Early Development of Sinology", Chinese Social and Political Science Reiew 7: 2 (1923), pp. 113~138.

12) Thompson, Laurence G., "American Sinology, 1830~1920",

Tsing-hua Journal of Chinese Studies, II: 2 (June, 1961), pp. 244~285.

13) 杜維運，《與西方史家論中國史學》(臺北: 東大圖書公司，1981)。

3. 戰後中國與日本學界之研究趨勢:

1) 顧頡剛，《當代中國史學》(1947)，並參看: Bayard Lyon 發表於 *Far Eastern Quarterly* 10: 1 (Nov., 1950) 之書評。

2) 程發軔，《六十年來的國學》，共五冊 (臺北: 1972~1975)。

3) 唐代史研究會編，《中國歷史學界の新動向》(東京: 刀水書房，1982)。

4) Banno, Masataka, et. al., "Development of Chinese Studies in Postwar Japan", *Developing Economics* 2, (Sept./Dec., 1962), pp. 57~98.

5) Feuerwerker, Albert, ed., *History in Communist China* (Cambridge, Mass: M. I. T. Press, 1968).

6) Fujieda, Akina & Wilma Fairbank, "Current Trends in Japanese Studies of China and Adjacent Areas", *Far Eastern Quarterly* XIII: I (1953), pp. 37~47.

7) Teng, Ssu-yu, "Chinese Historiography in the Last Fifty Years", *Far Eastern Quarterly*, VIII: 2 (Feb., 1949), pp. 131~157.

8) ——, et. al., eds., *Japanese Studies on Japan and the Far East* (Hong Kong, 1961).

9) Wright, Arthur F., "Sinology in Peiping, 1941~1945", *Harvard Journal of Asiatic Studies* 9 (1945~1947).

10) Anne F. Thurston and Jason H. Parker eds., *Humanistic and*

Social Science Research in China (New York: Social Science Research Council, 1980).

11) 高明士，《戰後日本的中國史研究》（臺北: 東昇，1982），此書第三篇附有〈相關文獻目錄〉。

12) 高明士主編，《中國史研究指南》（臺北: 聯經出版公司，1990），共五冊。

13) 關於戰前日本學界之中國史研究可參考: 吉川幸次郎編: 《東洋學の創始者たち》（東京: 講談社，1976）。

4. 戰後歐美各國之漢學研究趨勢:

1) Aubin Françoise, "Travaux et tendences de la Sinologie Soviétique recente", *T'oung Pao*, LVIII (1~5) (1972), pp. 161~171.

2) Balazs, Etienne, "The Present Situation of Chinese Studies in France", Paper read at the International Symposium on History of Eastern and Western Cultural Contacts (Tokyo, 1957).

3) *Bulletin de liasion pour les études Chinoises en Europe* (*Newsletter for the Chinese Studies in Europe*), No. 1 (1968) , Paris, 1968.

4) *Ch'ing-shih wen-t'i*《清史問題》, vol. I~, The Society for Ch'ing Studies, 1965~ (New Haven & St. Louis).

5) De Crespigny, R. R. C., "Asian Studies in Australia, 1970", *Abrnahrain* (Leiden), X (1970~1971), pp. 17~25.

6) Fairbank, John K., "Assignment for the 70's", *American Historical Review*, LXXIV: 3 (Feb., 1969), pp. 861~879.

7) Goodrich, L. C., "Recent Developments in Chinese Studies", *Journal of the American Oriental Society*, LXXXV (Apr. /June 1965), pp. 117~121.

8) *Ming Studies*, No. 1~, ed., Edward T. Farmer Minneapolis, 1975.

9) Rozman, Gilbert, "Soviet Re-interpretations of Chinese Social History: The Search for the Origins of Maoism", *Journal of Asian Studies*, XXXIV (Nov., 1974), pp. 49~72.

10) *Sung Studies Newsletter*, No. 1~, eds. Edmund Worthy, Jr. (Princeton/Hong Kong, 1970~); Anthony W. Sariti (Philadelphia, 1974~).

11) Wright, Arthur F., "Chinese Studies Today", *Newsletter of the Association for Asian Studies*, X: 3 (Feb., 1965), pp. 2~12.

12) Liu, Ts'un-yan, *Chinese Scholarship in Australia* (Camberra: Australian National University, 1967).

13) 馮　蒸編著，《近三十年國外「中國學」工具書簡介》（北京: 中華書局，1981）。

5. 中國史研究方法的反省:

1) Eide, Elling Q., "Methods in Sinology: Problems of Teaching and Learning", *Journal of Asian Studies*, XXXI: I (Nov., 1971), pp. 131~141.

2) "Symposium on Chinese Studies and the Discipline", *Journal of Asian Studies*, XXIII: 4(Aug., 1964), pp. 505~538; XXIV: I (Nov., 1964), pp. 109~114. Articles and

comments by J. R. Levenson, M. C. Wright, G. W. Skinner, M. Freeman,

F. W. Mote, D. C. Twitchett, & K. C. Hsiao).

3) Wright, Arthur F., "On the Uses of Generalization in the Study of Chinese History" in *Generalization in the Writing of History*, ed., Louis Gottschalk (Chicago, 1963), pp. 36~58(Comment by Derk Bodde, in *Ibid.*, pp. 59~65).

4) 嚴耕望，《治史經驗談》（臺北: 臺灣商務印書館，1981）。

5) ——，《治史答問》（臺北: 臺灣商務印書館，1984）。

（三）中國史研究書目索引

1. 一般性書目索引:

1) 余秉權，《中國史學論文引得》（臺北有影印本）。

2) ——，《中國史學論文引得續編》（臺北有影印本）。

3) 《中國近二十年文史哲論文分類索引》（臺北: 國立中央圖書館，1970）。

4) 漢學研究資料及服務中心編印，《臺灣地區漢學論著選目》（臺北: 漢學研究資料及服務中心，每年出版一冊）。

5) Chang Chun-shu (張春樹)，*Premodern China*: *A Bibliographical Introduction*. Michigan Papers in Chinese Studies, No. II, Center for Chinese Studies, The University of Michigan, Ann Arbor, Mich., 1971.

6) Hucker, C. O., *China*: *A Critical Bibliography*, Tucson, 1962.

7) Nathan, Andrew J., *Modern China, 1840~1972*: *An Introduction to Sources and Research Aids*, Michigan Papers in Chinese Studies, No. 14, Center for Chinese

Studies, The University of Michigan, Ann Arbor, Mich.,
1973.

8) Wilkinson, Endymion, *The History of Imperial China*: *A Research Guide*, Harvard East Asian Monographs 49. East Asian Research Center, Harvard University, 1973.

以上係與中國史研究直接相關者。至於涉及中國邊疆民族歷史之外文研究書目索引，可參考以下各書:

1) D. Sinor, *Introduction a L'étude de L'Eurasie Centrale* (Wiesbaden, 1964).

2) H. Webb, *Research in Japanese Sources*: *A Guide*, New York, 1961.

3) R. Marcus, ed., *Korean Studies Guide*, Berkeley, 1964.

4) S. H. Hay and M. H. Chase, *Southeast Asian History*: *A Bibliographic Guide*, New York, 1962.

2. 參考書及叢書索引:

*1) Teng, S. Y. (鄧嗣禹) and Knight Biggerstaff, *An Annotated Bibliography of Selected Chinese Reference Works* (Third edition), Harvard-Yenching Institude Studies II, Harvard University Press, 1971.

*2) 曾影靖，《中國歷史研究工具書敍錄》（香港: 1968）。

*3) 上海圖書館編，《中國叢書綜錄》（上海: 上海古籍出版社，1982），共三大冊。

4) 《百部叢書集成索引》（臺北: 藝文印書館）。

5) 《百部叢書集成分類目錄》（臺北: 藝文印書館）。

6) 吳小如、莊銘權編著，《中國文史工具資料書舉要》（臺北: 明倫

出版社，未著出版時間）。

3. 歷史辭典及百科全書:

1) 周木齋，《中國歷史小辭典》（上海: 1934; 臺北: 1968）。

2) 《東洋歷史大辭典》，共九冊（東京: 平凡社，1937～1939）。

3) 《アジア歷史辭典》，共十冊（東京: 平凡社，1939～1962; 臺北
有影印本）。

4) 《東洋史辭典》，京都大學文學部東洋史學科編（京都: 1961）。

5) 《東洋文化史大系》，共八冊（東京: 1938）。

6) 《世界歷史辭典》，共二十四冊（東京: 平凡社，1951～1956）。

7) 《世界歷史大系》（東京: 1956）。

8) 《中國歷史大辭典》（上海: 上海辭書出版社，1983）。

9) 趙吉惠、郭厚安主編，《中國儒學辭典》（瀋陽: 遼寧人民出版
社，1989）。

10) 韋政通主編，《中國哲學辭典大全》（臺北: 水牛出版社，
1983）。

11) 嚴北溟主編，《哲學大辭典·中國哲學史卷》（上海: 上海辭書出
版社，1985）。

（四）一般工具書及參考書

1. 西文一般工具書:

（1）參考書索引:

1) Enock Pratt Free Library, *Reference Books*, 6th ed., 1966.

2) Walford, A. J., *Guide to Reference Materials*, London, 1966～
1968, 3 v.

3) Winchell, Constance, *Guide to Reference Materials*, 8th, ed.,
1967, suppl., 1968～.

(2) 書目的「書目」:

1) Besterman, Theodore, *World Bibliography of Bibliographies*, 4th ed., Geneva, 1965~.

2) *The Bibliographic Index*, 1938, date.

(3) 印刷中書籍之索引:

1) British Museum, *General Catalogue of Printed Books*, 1881~1955, new ed., 1959~.

2) Paris, Bibliothèque nationale, *Catalogue General des Livres Imprimés, Auteurs*, Paris, 1900~.

3) *The United States Catalog*, 4th ed., 1928; suppl. by *Cumulative Book Index*, 1928~date.

4) U.S. Library of Congress, *Catalog of Books*, 1942~1946; suppl., 1948.

5) ——, *Author Catalog*, 1948~1952.

6) ——, *National Union Catalog Author List*, 1952~1955; 1953~1957; 1958~1962; 1963~.

7) ——, *Subject Catalog*, 1950~1954; 1955~1959; 1960~1964; 1965~.

(4) 書　評:

1) *Book Review Digest*, 1905~date.

2) *Book Review Index*, 1965~date.

3) *Index to Book Reviews in the Humanities*, 1960~.

(5) 期刊總目及索引:

1) *British Union Catalogue of Periodicals*, 1955~1958, 4 v.; suppl., 1960, 1962; *New Periodical Titles*, 1964~date.

2) *Cumulated Magazine Subject Index*, 1907~1949, Boston: G.

K. Hall, 1964, 2 v.

3) *International Index to Periodicals*, 1907~1965; changed to *Social Sciences and Humanities Index*, Apr. 1965~date.

4) *New Serial Title*, 1950~1960, 1961~1965, 1966~1967, suppl. to date; *Subject Index to New Serial Titles*, 1950~1965.

5) *Poole's Index to Periodical Literature*, 1802~1906.

6) *Reader's Guide to Periodical Literature*, 1900~date.

7) *Union List of Serials*, 3rd, ed., 1965, 5 v.

(6) 報紙及內容索引:

1) *Essay and General Literature Index*, 1900~1933; suppl., 1934~date. Contains a large number of analytie materials for biography and criticism of individuals, often serves as an index of biographies.

2) Ellis, J., *Index to Illustrations*, Boston: F. W. Faxon Ob., 1966.

3) *London Times*, Index, 1906~Sept./Oct., 1968.

4) *New York Times*, Index, 1913~date.

(7) 博士論文及微捲:

1) *Chinese Materials on Microfilm Available from the Library of Congress*, Compiled by James Chu-yul Soong, Association of Research Libraries, Center for Chinese Research Materials Bibliographical Series, No. 11, 82 p.

2) *Microfilm Abstract*, 1938~1951; *Dissertation Abstract*, 1952~date.

3) *National Register of Microfilm Masters*, 1965~date.

4) *Union List of Microfilms*, 1951, 1949~1959.

2. 西文中國史研究書目:

(1) 全盤性書目:

1) Cordier, Henri, *Bibliotheca Sinica*: *Dictionaire Bibliographique Des Ouvrages Relatifs a I'Empire Chinois*, 2nd ed., rev., Paris: 1904~1908, 4 v., Supplement, 1922~1924; Peiping reprint ed., 1938; Taipei reprint 1966, 5 v., *Author Index* by East Asiatic Library, Columbia University Libraries.

2) *Cumulative Bibliography of Asian Studies, 1941~1965*, Boston: G. K. Hall, 1969, 8 vols.

3) Lust, John, *Index Sinicus*: *A Catalogue of Articles Relating to China in Periodicals and Other Collective Publications, 1920~1955*, Cambridge, England, Hoffer, 1964.

4) Skatchkov, P. E., *Systematic Bibliography of Books and Journal Articles on China in Russian Published Between 1730 and 1957* (Bibliografia Kitaia), lst ed. (Moscow, 1930; rev. and supple., Moscow, 1960).

5) Yuan, T. L., *China in Western Literature*: *A Continuation of Cordier's Bibliotheca Sinica*, New Haven; Far Eastern Publications, Yale University, 1958.

(2) 最新研究成果書目:

1) *Bulletin of Far Eastern Bibliography*, ed. by E. H. Pritchard,, 1936~40 (mimeographed); continued in Far Eastern Quarterly, 1941~1946; issued as a separate volume, Far Eastern Bibliography, 1947~1955; as *Bibliography of*

Asian Studies since 1956.

2) *Revue Bibliographique de Sinologie,* V. 1-, 1955～, Paris: Mouton & Co., 1957～.

(3) 選擇性書目:

1) Chang, Chun-shu, *Premodern China: A Bibliographical intro-duction*, Michigan Papers in Chinese Studies, No. 11, Center for Chinese Studies, The University of Michigan, Ann Arbor, Mich., 1971.

2) Goodrich, L.C. and Fenn, H.C., *A Syllabus of the History of Chinese Civilization*, 6th ed., New York: China Society of America, 1958.

3) Hucker, C.O., *China: A Critical Bibliography*, Tucson: University of Arizona Press, 1962.

4) Kerner, R.J., *Northeastern Asia: A Selected Bibliography*, Berkeley: University of California, 1939, 2 v.

5) Latourette, K. S., *The Chinese: Their History and Culture*, 4th ed., rev., New York: Mocmillan, 1964.

6) Maspero, Henri, "Chine et Asie Centrale" in *Historie et Historians depuis cinquante ans, 1876～1926*, v. 2. Paris, 1927～1928, pp. 217～559.

7) Needham, Joseph, *Science and Civilization in China*, v. I-, Cambridge: University Press, 1954～.

(4) 進行中的博士論文及研究計畫目錄:

1) Bloomfield, B.C., *Theses on Asia Accepted by Universities in the United Kingdom and Ireland*, 1877～1964, London: Frank & Co., 1967.

2) *Columbia University Masters' Essays and Doctoral Dissertations on Asia, 1875～1956*, New York, 1957.

3) Li Tze-chung, *A List of Doctoral Dissertations by Chinese Students in the United States, 1961～1964*, Chicago: Chinese American Educational Foundation, 1967.

4) Gordon, Leonard H. D. and Schulman, Frank J., *Doctoral Dissertations on China: A Bibliography of Studies in Western Languages, 1945～1970*, Seattle: University of Washington Press, 1972; pb. ed.

5) Stucki, Curtis, *American Doctoral Dissertations on Asia, 1933～1958, Including Appendix of Masters' Theses at Cornell University*, Ithaca, N.Y., 1959.

6) *University of Chicago Doctoral Dissertations and Masters' Theses on Asia, 1894～1962*, Chicago, 1962.

7) U. S. Department of State, *External Research: A List of Studies Currently in Progress*, Washington, D. C., 1951～date.

8) Yuan, T. L., *A Guide to Doctoral Dissertations by Chinese Students in America, 1905～1960*, Washington, D.C., 1961.

9) Yuan, T. L., *Doctoral Dissertations by Chinese Students in Great Britain and Northern Ireland, 1916～1961*, Reprint from *Chinese Culture*, IV: 4, March, 1963.

10) ——, *A Guide to Doctoral Dissertations by Chinese Students in Continental Europe, 1907～1962*, Reprinted from *Chinese Culture*, V: 3～4, VI: 1 (Mar. ～Oct., 1964).

(5) 專題研究書目:

1) Chan, Wing-tsit, *An Outline and An Annotated Bibliography by Chinese Philosophy*, rev. and expanded ed., New Haven: Far Eastern Publications, Yale University, 1969.

2)——, *Chinese Philosophy, 1949~1963: An Annotated Bibliography of Mainland Publications*, Honolulu: East-West Center Press, 1967.

3) Chiu, Rosaline Kwan-wai, *Language Contact and Language Planning in China: A Selected Bibliography*, International Center for Research on Bilingualism, Les Press de L'Universite Laval, Quebec, 1970.

4) Dehergne, Joseph, S. J., *Repertoire des Jesuites de Chine de 1552 à 1880*. Bibliotheca Instituti Historici S. J., vol. XXXVII., Roma: Institutum Historicum S. I., 1973.

5) Hanayama, Shinsho, *Bibliography on Buddhism*, Tokyo: Hokuseido Press, 1961.

6) Hervouet, Yves, Bibliographie des Travaux en Langues, *Occidentales sur les Song Parus de 1946 à 1965*. Bordeaux: So-Bo-Di, 1969.

7) Tiang, Joseph, *Chinese Bureaucracy and Government: An Annotated Bibliography*, Honolulu: East-West Center, 1964, pb. ed..

8) Laing, Ellen J., *Chinese Paintings in Chinese Publications, 1956~1968; An Annotated Bibliography and an Index to the Paintings*, Michigan Papers in Chinese Studies, No. 6, Ann Arbor: Center for Chinese Studies, University

of Michigan, 1969.

9) Li, Tien-yi, *The History of Chinese Literature*: *A Selected Bibliography*, rev. ed., New Haven: Far Eastern Publications, Yale University, 1969.

10) Lieberman, Frederic, *Chinese Music*: *An Annotated Bibliography*, Asian Music Publications, Series A., No. 1, N.Y., Society for Asian Music: Asian Music Publications, Music Department, Brown University, Providence, R.I., 1970.

11) Lin, Fu-shun, comp. & ed., *Chinese Law Past and Present*: *A Bibliography of Enactments and Commentaries in English Text*, New York: East Asian Institute, Columbia University, 1966.

12) Soymie, Michel & F. Litsch, "Bibliographie du Taoisme études dans les langues occidentales", in *Dokyo Kenkyu*道教研究, vol. 3 (Tokyo, 1968), ed. Yoshioka Yoshitoyo 吉岡義禮 and M. Soymie, pp. 247～317.

13) Yang, Daniel Shih-peng, *An Annotated Bibliography of Materials for the Study of the Peking Theatre*, Wisconsin China Series, No. 2, University of Wisconsin: Madison, Wisconsin, 1967.

14) Yang, Winston L.Y. and Teresa S. Yang, comp., *Bibliography of the Chinese Language*, New York: Paragon Book Gallery: 1966.

3. 中日文研究文獻索引:

(1) 中 文:

1) de Rachewiltz, Igor, and M. Nakano, *Index to Biographical Material in Chin and Yuan Literary Works*, First Series, Oriental Monograph Series No. 6, Centre of Oriental Studies in association with Australian National Press, Canberra, 1970.

2) Fairbank, J. K. and Lui, K. C., *Modern China: A Bibliographical Guide to Chinese Works, 1898~1937*, Cambridge: Harvard University Press, 1950.

3) Franke, Wolfgang, *An Introduction to the Sources of Ming Dymasty*, University of Malaya Press, Kuala Lumpur, 1968.

4) Fu, Lo-shu, *A Documentary Chronicle of Sino-Western Relations (1644~1820)*, 2 v., Tucson: University of Arizona Press, 1966.

*5) 《現代中國關係中國語文獻總合目錄》（東京: アジア經濟研究所，1967~1968），共八册。

6) Hartwell, Robert, *A Guide to Sources of Chinese Economic History, A.D. 618~1368*, Chicago: Committee on Far Eastern Civilizations, University of Chicago, 1964.

7) Laslie, Donald and Jeromy Davidson, *Catalogue of Chinese Local Gazeteers*, Canberra: Department of Far Eastern History, Australian National University, 1967.

8) *Preliminary Union List of Materials on Chinese Law*, compiled by Margaret M. Moody, Cambridge: Harvard University Press, 1967.

9) 馬先醒，《漢史論著類目》，刊於 *Chinese Culture*, X: 3 (Sept.,

1969), pp. 103~170; X: 4 (Dec., 1969), pp. 105~157; XI: 1 (Mar., 1970), pp. 124~178.

10) Sun, E-tu Zen and de Francis, John, *Bibliography on Chinese Social History: A Selected and Critical List of Chinese Periodical Sources*, New Haven: Yale University, 1952.

11) 宋 晞, 《宋史研究論文與書籍目錄》, 刊於 *Chinese Culture* (1966), 中文本由華岡出版社出版。

12) Wylie, Alexander, *Notes on Chinese Literature: With Introductory Remarks on the Progressive Advancement of the Arts: and a List of Translations from Chinese into Various European Languages*, Shanghai: American Presbyterian Mission Press, 1867; reprint ed., 1922; reissued in Peking, 1939; Taipei & New York reprint, 1964.

13) Yang, Lien-sheng (楊聯陞), *Topics in Chinese History*, Cambridge: Harvard University Press, 1950.

14) 《全國博士碩士論文目錄》 (臺北: 國立中央圖書館)。

15) 高明士主編, 《中國歷史研究指南》 (臺北: 聯經出版公司, 1990), 共五冊。

(2) 日 文:

1) Center for East Asian Cultural Studies, Tokyo, *Bibliography of Bibliographies of East Asian Studies in Japan*, Tokyo: Toyo Bunko, 1964. Part IV: China, pp. 73~146; also Mongolia, Chinese Turkestan, and Tibet, pp. 61~71; Taiwan, p. 190.

2) Fairbank, J. K. and Masataka Banno, *Japanese Studies of*

Modern China: A Bibliographical Guide to Historical and Social Science Research on the 19th and 20th Centuries, Rutland and Tokyo: Charles Tuttle Co. for the Harvard-Yenching Institute, 1955.

3) 《宋代研究文獻目錄》（東京：東洋文庫，1957），〈補編〉出版於1959；〈提要〉出版於 1961。

4) 東一夫、吉田富編，《中國政治思想と社會政策研究文獻目錄——（五代、宋）》（東京：1971）。

5) 山根幸夫等，《元代史研究文獻目錄》（東京：1971）。

6) 《明代史研究文獻目錄》（東京：東洋文庫，1960）。

7) 于式玉，《日本期刊中東方學論文篇目附引得》（北平：哈佛燕京社，1933～1940），共二冊。

*8) 島田虔次等編，《アジア歷史研究入門》，共五卷（京都：同朋舍，1983）。

9) 山根幸夫編，《中國史研究入門》（東京：山川出版社，1983），上下二冊。

10) 《東洋史研究文獻類目》（京都大學人文科學研究所，自 1934 年起出版迄今），國內有影印本。

11) 《史學雜誌》（日本史學會出版），每年五月份出版乙冊，對前一年日本史學界研究成果作回顧與展望。

四、大學通識教育的挑戰與對策

目　次

一、前　言

　　1984 年 4 月 5 日，教育部發佈「大學通識教育選修科目實施要點」，通知全國各公私立大學及獨立學院查照辦理通識課程選修制度，這是近數十年來我國高等教育史上的重要發展。在「實施要點」中，教育部指出：「當前大學教育由於分科過早，學生缺乏本門以外的知識與研究方法，所以大學畢業生不免目光局限一隅，無法全面觀照現代知識的發展。本要點旨在配合現行部頒『大學必修科目表施行要點』第七點之精神，使學生在自由選修中可以獲得較佳的通識教育❶。」並進一步

---

❶　見：教育部臺⑺高字第一一九八六號函及附件「大學通識教育選修科目實施要點」。

解釋說：「大學教育的目的，不僅在培養有能力的工作者、生產者，而且在培養懂得生活，了解生活之知識分子。『大學必修科目表施行要點』第七點之規定，其用意並不在於灌輸各學科龐雜、瑣碎的知識，而在於讓學生通過這些課程，了解自身與自身（包括生理或心理之自身）、自身與社會環境、自身與自然世界等，相互之間的種種關聯，使學生生活於現代社會而善知何以自處❷。」在上述對大學教育目的的認識之下，教育部要求各大學院校在以下七大學術範疇內開授各種選修科目❸：

（一）文學與藝術。

（二）歷史與文化。

（三）社會與哲學。

（四）數學與邏輯。

（五）物理科學。

（六）生命科學。

（七）應用科學與技術。

大學通識教育選修制度不論就理論或就實務觀點言，都牽涉多方，有待集思廣益，深入探討。本文的寫作就是希望以下列三個問題為核心，配合時賢所提出的看法，思考現階段大學通識教育的相關問題，並就困境之所在試擬若干初步對策：

（一）在近年來世界各國教育改革的潮流之中，我國大學實施通識教育的理論基礎何在？

（二）當前我國大學通識教育所遭遇的問題何在？

（三）面對我國大學通識教育的諸般問題，應如何尋求對策？

---

❷ 同上註。
❸ 同上註。

二、大學通識教育的理論基礎

　　近年來國內學界人士因有感於國內高等教育之過度偏重專業訓練，所以許多學界人士在各種場合呼籲在專業訓練與通識教育之間力求平衡，其中前任國立臺灣大學校長虞兆中教授更在 1981 年 8 月接掌臺大以後，正式揭櫫以通識教育作爲他辦學的理想，虞先生說❹：

> 我主張通才教育，另方面也是根據人本身具有可塑性的特質。人的心智雖各有其偏向，但很少人的偏向狹隘到只能在數學、或是哲學一門學科裏出入；多半是學自然科學的人可以在此大範圍裏游走，而人文學科偏向的人，學哲學也可，學政治也可。大學教育既是高等教育中一個基礎教育的階段，則施以通才教育，可使大學畢業生在就業和繼續深造時，都可在相當廣大，相當具有彈性的範圍內取捨、伸展。（不過，在時間上，他們需要較長的時間適應。）此外，儘管現在是知識爆炸的時代，但是我相信有一些基本的東西是不易變的，卽使變，也變的較少，變得不快，如果一個人具有這些基本的東西，他就有高度調整自己的能力，足以適應這個變遷日亟的社會。通才教育就是要教授學生這些基本的東西。

虞先生是臺灣教育界最早提出通識教育作爲大學教育理想的教育家。他曾在 1982 年 12 月 25 日在《思與言》雜誌社所主辦的「大學通才教育

---

❹　見：楊麗文，〈訪虞兆中校長──談大學教育的眞精神〉，《臺大人》，試刊號（1982 年 2 月），頁 9～10。

的理論與實際」的座談會中進一步闡釋通識教育的具體內容，他說❺：

我心目中的通才教育有二部分：

（一）人格教育：我認爲大學教育的目的是在培養高品質的人。

應該了解且常思考人生的眞諦、人生的價值、求取了解自
己在時間上的位置，要有承上啟下的使命感。求取了解自
己在空間上的位置，要對國家、社會有責任感。因此，在
使命感、責任感的雙重思考下可以建立其奉獻的精神。爲
了這些目的的達成，需要有比較廣泛的知識基礎，了解已
往和現在的文化，更甚而了解未來可能的文化。從二次大
戰以後，尤其是六〇年代以後，未來學非常受人注意，以
我們現在的條件，未來並不是很遙遠的，因此對未來社
會可能的發展也應該了解。同時不僅對本國的文化需要了
解，對外國的文化亦應該了解，當然也應該注意道德、倫
理的修養等，卽我們除了本行的知識外，對知識的了解還
需要有相當大的範圍。

美國哈佛大學經過多年的研討，在 1978 年通過的改革大
學教育的指導方針，建立了一個核心課程，包括有文學與
藝術、歷史、哲學（倫理學、政治學）、社會學（經濟
學、心理學、人類學）、自然科學（物理學、生物學、行
爲科學）、數學以及外國語言與文化，同時建議一個大學
生應該修習這些課程，這個內容值得我們參考。

（二）專業教育：我總覺得我們現在的大學課程，有些地方不免
低估了學生的能力，認爲學生一定要教才會，事實不然，

---

❺　見：〈「大學通才教育的理論與實際」座談會紀錄〉，《思與言》，第二
　　十卷第五期（1983 年 1 月），頁 2。

我們常可發現在大學所學的東西，到後來有很多用不上，有些卽使可以用上也已經不合時宜了。但這些課程卻花費了我們相當多的時間，如果能減少這類課程而增加上述的核心課程是值得考慮的。因此我們在專業課程中，是否可以強調核心課程，因爲核心課程是基礎的東西，變動慢而且少，使就業時富有彈性，而且可以長時間乃至終身得益。

自從通識教育被當作一個大學教育的理想而提出後，各方人士紛紛從不同角度提出各種關於大學通識教育的意見，充實了教育部實施通識課程選修制度的理論基礎。歸納近年來時賢所發表的言論，大學通識教育之所以有其必要性，乃基於以下幾種理由：

1. 促進人文學術與自然科學的交流：臺灣的高中教育中，自然科學與人文學術過早分組，再加上大學聯考制度的僵化，使大學教育中「人文」與「科技」形成兩大壁壘，如同C. P. Snow所謂的「兩個文化」，許多人士早深引爲憂。例如吳大猷先生在 1982 年 11 月 28 日上午在《思與言》雜誌社二十週年紀念大會演講中就指出「現代社會上『科技』和『人文』兩個文化間，有極大的鴻溝。如何溝通這兩個文化，是關心人類文化者的一個意義重大深遠的課題。其實這個問題，並非近日才有人想到的。幾十年前，我國的一些大學（倣效美國），都規定文法科的學生須選修若干學門的理科課程，理科的學生，須選修若干文科或社會學科的課程。這規定大致仍維持至目前。但除非這些爲其他學院選習的課程，有特爲計畫的課題及特有貫徹通達科學、人文、社會學科的教師，則這『互選課程』的辦法，是流於『應付規定』，『避難就易』的『點綴』、『形式』，收效甚微。在大學教育中，培育『通才』，是『目的』之一，至少和培育專門人才同樣重要。我們常聽見

『培育通才』的口號，但很少有人深入的想想何謂通才，如何可以培育通才，更少有具體的措施方案去培育通才。我們不僅在實行上缺乏措施，卽在思索時亦只停留在口頭上的『原則』而已。這是我們『學者』、『教育家』和『教育行政』者宜研討的課題❻。」這種看法的着眼點在於以通識教育作爲「人文」與「科技」之間的橋樑，余英時先生也支持這種看法，他說：「基本上，我贊成研習人文科學的學生修習一些自然科學課程，反之亦然。但是，不能出於強迫，因爲強迫學習往往流於形式，而流於形式就不會有效果。重要的是，教師與學生之間要有一種共同的了解——做人不僅是要有一職業，讀書生活也不僅僅是一種職業訓練。我國傳統教育的毛病在於偏重通才，不重專業。現在的情形恰好相反。由於社會趨於專業化，個人必須有一技之長，職業才有保障。因此，那些專長易於找到職業，大家便一擁而上。這種情形當然不限於臺灣，美國、蘇聯與中國大陸等地，亦復如此。例如：目前各國都有許多男女，紛紛學醫、法律與電腦。這純粹是一種以職業爲主導的教育取向。這種取向，有予以自覺改變的必要❼。」以上這種看法是近年來學界人士最常提出的對於通識教育的必要性的看法。這些意見匯結到1983年8月22日至25日行政院國家科學委員會所召集的「社會文化與科技發展研討會」之中，當李亦園先生代表「歷史文化與科技發展」組提出結論時，他綜合各方看法正式建議政府積極促進各大學通才教育課程之設立，促使自然科學及社會科學的交流，使人文精神灌注於各種科學研究的領域之中❽。這是大學通識教育的第一項理論基礎。

---

❻ 見吳大猷，〈科學與人文〉，《思與言》，第二十卷第五期（1983 年 1 月），頁 441～443。
❼ 張明貴等記錄整理，〈人文與自然科學應如何均衡發展——吳大猷院士與余英時院士對談〉，《中國時報》，1983 年 9 月 8 日，第三版。
❽ 見：《社會文化與科技發展研討會論文集》（臺北：行政院國家科學委員會，1983 年），頁 590。

2. 加速從傳統到現代的轉化: 近年來國內知識分子所關懷的重大課題之一就是如何促使傳統中國文化加速其現代化❾。例如李亦園先生就對中國文化在臺灣地區的復興運動提出這樣的看法:「現在所說的文化應該是過去傳統的文化與新的環境配合適應於現代社會。……如果有一批人眞正將中國文化眞正的精神提出(不是考證、註釋), 想辦法利用到現代社會, 是很有用的。這樣的研究, 恰好能與歐洲的思考方式配合在一起, 補救現代工業社會過份機械化、功利化的影響, 對於未來人類的發展必有益處。臺灣若要發展成代表中國文化的文化大國是要朝這方面發展。這樣的發展並不意味著對傳統文化的過份熱愛, 而是針對著現代社會的困境, 與歐洲社會學新的研究趨勢配合在一起, 這是一條很可行的路, 因此也是可以做得到的, 並不是懸得太高的理想❿。」在這一種考慮之下, 許多人認爲通識教育是一條從傳統社會通往現代社會的重要途徑。例如虞兆中先生就曾指出通識教育的目標要能「了解已往和現在的文化, 更甚而未來可能的文化⓫。」這種看法與第一種看法稍有不同。 第一種意見比較注重不同學術領域 (「自然科學」與「人文學術」) 之間的會通與交流, 希望透過通識教育而謀求「兩種文化」的平衡; 第二種看法則從歷史的縱深的立場, 時間序列的觀點注意通識教育之作爲傳統性與現代性之間的過渡橋樑⓬。最近杭之先生對這項觀點頗有發揮, 他說:「筆者以爲, 以當前全球生態環境危機爲中心主題的生態環境教育是一個值得我們努力的通識教育方向。這裏所說的生態環境

---

❾　這一個問題的論著極多, 不勝枚舉, 例如: 葉啟政, 〈三十年來臺灣地區中國文化發展的檢討〉, 收入: 朱岑樓主編, 《我國社會的變遷與發展》(臺北: 三民書局, 1981 年), 頁 103～179。

❿　見: 周天瑞訪問, 劉鏞雲記錄, 〈挑戰當前, 如何突破——與許倬雲、李亦園作人文對話〉, 《中國時報》, 1982 年 8 月 9 日, 第八版。

⓫　同註❺。

⓬　關於通識教育中的歷史感問題, 另詳: 林火旺, 〈歷史感, 致中和——訪黃俊傑教授談通才教育之精神〉, 《民生報》, 1982 年 3 月 21 日, 第十版。

教育並不是說要以專業的理論生態學或環境科學來作爲通識教育的課目，而是說，一方面要每一位受教者（不管是理工學生或文法學生）都對生態學有基本但不膚淺的認識，使受教者認識到人在生態界中的地位及其各種作爲對生態環境將產生什麼樣的影響；另一方面，使他們對造成當前全球生態環境危機之西方近代文明中倚賴工具理性的現代化發展過程有一反省的、批判的了解，換句話說，就是要能够站在生態倫理與有機世界觀的前瞻立場重新對西方近代文明發展之『現代性』的歷史（這個歷史可以說就是在主體性優位的新導向下，倚賴工具理性與策略理性去進行現代化、去完成現代文明價值與制度結構之重構的歷史）加以審視、反省、批判。這樣的教育不只有助於我們在面對『現代性』危機時能培教出較大的學習能力，以免於盲目的作爲，也將『兩種文化』之隔離與衝突找到一個結合點❸。」杭之先生的這種看法，很能點出通識教育之作爲人類邁向「現代性」的階梯的意義。但是，在「以生態環境教育作爲通識教育方向」這種看法中，蘊涵有強烈的以「工具理性」爲基礎的教育觀點（這正是杭之先生所反對的觀點），卻也是值得再深入思考的另一個問題❹。

3. 促使教育從割裂走向整合：長期以來，臺灣的大學教育偏重於專業教育，課程過於割裂，許多有識之士早已指出其問題。例如虞兆中先生在 1982 年臺大的「通才教育基礎研習營」閉幕典禮中就指出，大學生應是高尚品質的人，不只是某一專門知識領域的專人❺。張明哲先生在同一場合中也強調，在大學畢業生成爲科學家或工程師之前，應先

❸　見：杭之，〈兩種文化的結合點——通識教育應走的方向〉，《中國時報》，1985 年 4 月 19 日，〈人間〉副刊。

❹　關於杭之先生的看法的討論，另詳：管家義，〈反挫與新條框——評杭之先生「兩種文化的結合點」〉，《中國時報》，1986 年 5 月 14 日，〈人間〉副刊；杭之，〈對通識教育方向的補充說明〉，《中國時報》，1986 年 6 月 4 日，〈人間〉副刊。

❺　見：《民生報》，1982 年 3 月 8 日。

做一個完整的人⑯。這種要求培育「一個完整的人」的呼聲在教育界日益壯大，他們認為以「人力資源規劃」的概念來辦教育的政策確實亟應加以修正，例如葉啟政先生就指出：「我國在設立大學的時候，一開始就是走實用、功利的路線，尤其是科學知識，更是一直主導臺灣三十多年來教育的方向。現在我國的教育還是被經濟眼光所制約，大學科系招生人數的員額分配，就是在所謂『人力資源規劃』的概念下被決定。這種完全適應科技發展、經濟建設的教育設計，是把大學生當成可以生產商品的機械，這樣的教育只能培養單向度的人⑰。」但是，如何才能使大學生避免淪為「可以生產商品的機械」呢？許多學界人士近年來特別注意到大學課程的安排必須要從割裂走向整合，才能培育完整的人。因此，誠如黃堅厚先生所指出，大學課程的整體規劃與系統化乃成為迫切需要進行的工作⑱。而通識教育正是進行這種由課程的割裂走向整合的重要途徑，也是彌補「工具主義課程論」的缺點的有效方式。黃炳煌先生的說法最能綜合上述立場，他說：「今後我們的通才教育必須打破這種框框，由不同類別的個別學科之統整，到某一類型的學術領域（如整個人文學科）與不同領域的某一學科之統整，再到不同領域彼此之間的統整，再到某一學科或領域與現實生活的統整，最後再進入某一學科或領域，甚至整個學校教育與人生理想的大統整⑲。」這種說法是當前國內大學通識教育第三種常被提出的理論基礎。這種理論要求教育目標從「工具理性」走向「價值理性」，也要求從「專業本位的教育」走向「人性本位的教育」，這種看法基本上與最近二十年來國際間所謂「科技

---

⑯　同上註。

⑰　見：林火旺，〈訪葉啟政教授談大學通才教育〉，《民生報》，1982 年 3 月 17 日。

⑱　參看黃堅厚先生在〈社會文化與科技發展研討會〉上，為「教育與科技發展」組所作之結論，見：《社會文化與科技發展論文集》，頁 601。

⑲　見：黃炳煌，〈科技發展與課程發展〉，《社會文化與科技發展研討會論文集》，頁 519。

人文化」的呼聲是互通聲氣的。

　　以上我們嘗試著將近年來國內學界人士關於通識教育所提出的意見加以歸納，這些意見為民國七十四學年度以後教育部實施大學通識課程選修制度提供了理論上的背景。

　　國內各界關於大學通識教育的改革意見並不是孤立的現象，它事實上與各國改革高等教育的思潮桴鼓相應。誠如郭為藩先生所指出，實用主義路線的擡頭是最近十年來世界各國大學教育發展的主流，這種主流表現在大學之設置科技研究園區、技術學院的興起、建教合作的加強等趨勢之上。但是，近年來人文主義思想仍然對大學課程改革發揮相當影響❷⓪。對於大學通識教育的重視正是這種人文主義教育思潮的重要部分。

　　在近年來世界各國高等教育改革潮流之中，比較值得注意的是美國和日本。1978 年 2 月哈佛大學在該校文理學院院長羅索斯基（Henry Rosovsky）主持下設計的核心課程（Core Curriculum）正式提出並掀起美國大學人文主義課程改革的熱潮。這套核心課程包括五個領域：(1) 文學與藝術、(2) 歷史、(3) 社會與哲學分析、(4) 科學與數學、(5) 外國語文與外國文化。每一領域包括八至十門科目，其中有些是過去已開設的現成課目，有些是特別為實施通才教育而新設計的，學生在每一領域至少應修讀一門或二門科目。通常哈佛大學修讀學士學位的學生要修習三十二門科目，有八門為符合通才教育的要求修讀的科目，另有八門為自由選修的專業科目，所以通才教育在整個課程中佔有四分之一的份量❷①。哈佛大學的通識教育改革是後來美國高等教育改革思潮的起點而已。自此之後，從 1982 年的《白迪亞建議書──教育宣言》

---

❷⓪　參看：郭為藩，〈最近大學教育發展的主流與清流〉，收入：中國教育學會主編，《迎接二十一世紀的教育改革》（臺北：臺灣書店，1985年），頁 13～26。

❷①　參考：郭為藩，〈最近大學教育發展的主流與清流〉，頁 24～25。

(*The Paideia Proposal: An Educational Manifesto*) 起，幾年之間
關於美國教育改革的研究報告約出版十餘種，其中與大學通識教育關係
較大的是全國人文科學促進會 (National Endowment for the Huma-
nities) 的研究小組於 1984 年 11 月發表一篇轟動美國學界的報告，稱
爲《挽救我們的精神遺產——高等教育人文學科報告書》(*To Reclaim
a Legacy—A Report on the Humanities in Higher Education*)。
這部報告書中指出，大學教育的目的原在擴大學生知識的視野，提高生活
的境界，而今日美國大學的課程猶如自助餐廳的菜餚 (A Self-Service
Cafeteria)，支離破碎，只是爲謀一份差事而作準備。目前美國大學生
教育水準低落，在人文學科的通識教育尤然。美國大學生在四年大學課
程完成後，有 75% 未曾修讀歐洲史，有 72% 的人未讀過美國史或美國
文學，有86%的畢業生未讀過希臘羅馬文明或其他重要古典文學名著，
至於美國大學生在外國語文方面缺乏素養，更是顯而易見❷。因此，這
個研究小組呼籲對高等教育中的通識教育付予應有的重視。

除了美國之外，近年日本的教育改革也頗爲引人注目。日本自明治
維新以來，極爲重視教育改革，極有助於國家的現代化。二次大戰以後
所推動的教育改革在各級教育都推行相當徹底的民主化改革，成爲戰後
日本復興的文教基礎。近年來，以自民黨內的「文教制度調查委員會」
爲中心，舉辦系列演講會，邀請有社會地位及影響力的人士提供教育改
革的意見，其基本方向包括：一爲日本教學現狀與改革的課題，二爲師
資教育改革方向，三爲大學入學考試制度的改革，四爲私立大學的現狀
與未來發展❸。自民黨主辦的這一系列演講與座談會成爲日本教育改革
的推動力。事實上，自從 1955 年自民黨取得政權以來，日本的教育政

❷ 參考：郭爲藩，〈前引文〉，頁 24；魏明通，〈美國的教育改革論及其
反應與評價〉，收入：《迎接二十一世紀的教育改革》，頁 69~98。
❸ 參考：教育部教育研究委員會，《日本當前教育改革研討資料》（油印未
刊本），頁 1，「內容簡介」。

策都是由自民黨制定❷，近年來自民黨所推動的這一般教育改革力量，
就在 1983 年 6 月蘊蓄爲「臨時教育審議會」。1982 年 6 月，日本中
曾根首相指示要把教育改革視爲內政最重要課題，開始進行有關文化與
教育之懇談會，接著在 12 月，首相又指示「教育改革之七項建議」，
1984 年 1 月，首相指示臨教審之設置方針，3 月，文化與教育懇談會
向首相建言，國會提出臨教審設置法案，8 月，臨教審設置法案成立，
9 月，臨教審成立，開始審議全國教育問題，設置四個部門會議，分
別就四個主題進行討論，到了 1984 年 11 月，公布「審議經過概要之
一」，1985 年 4 月，發表「審議經過概要之二」，爲了加強意見的交
流，並且發行「臨教審消息」（〔臨教審だより〕），以集思廣益。「
臨教審」的改革雖然牽涉教育各個層面，方向亦多，但是以下幾點是共
同關懷之所在❷：

1. 劃一主義的打破、個性主義的推行（第一部會）。
2. 根據終生學習社會的建設而矯正偏差的學歷觀念（第二部會）。
3. 六年制中等學校的設置、學分制高中的設置、高等專修學校（
   三年制以上）畢業生給與大學入學資格（第三部會）。
4. 共通測驗的實現、大學入學考試中心的改革、國公立大學考試
   機會的多次化（第四部會）。

針對以上這些大問題，「臨教審」對日本教育改革的大方向，基本上指
向「自由化」及「多元化」，以求適應急速變遷中的日本社會的需要。
關於「臨教審」推動教育改革的經過，請參考我所節譯的〈日本「臨時

---

❷ 關於這一點，參考：山崎政人，《自民黨と教育政答──教育委員任命制
から臨教審まで──》（東京：岩波書店，1986）。

❷ 關於「臨教審」對日本教育改革的各種意見與討論內容，可參考：《讀賣
新聞》（朝刊），1985 年 4 月 25 日，第一版及第七版；及黃俊傑譯，〈
日本「臨時教育審議會」審議概要〉，刊於：《迎接二十一世紀的教育改
革》，頁 221~244，今收入本文之〈附錄一〉。

教育審議會」審議概要〉，收入本文作爲〈附錄一〉。

日本現行的大學教育制度就已有很強烈的通識教育取向。例如：東京大學大學部四年的教育中，前兩年學生均在「教養學部」，謂之「前期課程」，大三以後才分別申請進入法、醫、工、文、理、農、經濟、教育及藥學等各學院肄業。在「教養學部」肄業二年期間內，學生分成「文科一類」、「文科二類」、「文科三類」、「理科一類」、「理科二類」及「理科三類」等幾種主要類別，各類別必須選修「一般教育」（略近於我國所謂「通識教育」）課程，包括「人文」、「社會」、「自然」及「其他」等範圍課程之學分各八學分❷⁶。由此觀之，日本各大學現階段雖未刻意推動通識教育，然其現有的大學教育制度實卽以通識教育爲基礎。

除了以上所述美國及日本的大學通識教育的改革及實施狀況之外，另外一個值得我們參考的例子是香港中文大學的通識教育改革計畫。遠在 1978 年，香港中文大學就根據富爾敦報告書的建議，實施學生本位的教學方法，後來又修訂通識教育課程並調整主副科學分。根據 1984 年 2 月中文大學教務長的看法，中大的通識教育面臨至少三個問題：一、學制問題：現行的學制對學生要求太多。除主副修科外，還有通識課程及各學院對學生不同的要求。學生可能因其他課程太重而忽略通識課程。二、課程設計的問題：有些通識科目教授的題目很多，這些題目沒有好的或足夠的閱讀材料，而且往往分別由幾位老師任教，缺乏連貫性，致成了鬆散的現象。此外，一年級的通識教育要求學生涉獵的範圍很廣泛，又要融會各學科的知識，這並不是人人都可以做到的，甚至老師們要應付橫跨數個學科的課題去領導學生選修，也感困難。三、學生

---

❷⁶　參考：《東京大學教養學部便覽一（前期課程）》及《履修の手引き（一般教育科目等の）》（東京大學教養學部出版，1983 年 4 月），尤其是頁 62～63。

態度的問題：很多學生進入大學時，持有以下兩種常有的心態：第一是
應付考試的中學生學習心態。他們只讀那些與考試有直接關係的資料，
對擴濶視野的其他科目不感興趣。 第二是過份關心將來的就業問題。
學生只顧及選修那些與他們將來職業直接有關的科目，而忽略了通識課
程❷。因此，從 1984 年 1 月 1 日起，中文大學校長特別任命一個以金
耀基教授爲主席的特別小組，檢討通識教育課程，小組成員會定期討論
相關課題，包括通識教育的概念和功能的界定和釐清，通識教育在本校
課程結構中的問題等，並進而研究設計或改善通識課程之方法。而且在
檢討的過程中，該小組會參考不同地方的經驗和資料，因爲通識教育是
很多中外大學共有的課程。不過，他們也會顧及到香港的特殊情況。譬
如說，美國的著名大學普遍很著重通識，但他們的學生中，有高達85％
以上是會進入研究院深造的，大學四年只是一個基礎的階段。反觀中文
大學，卻有八成以上本科生在畢業後踏入社會工作。這些歧異之處，在
他們衡量中大通識教育時，都特別留意❷。

在本節的討論裏，我們簡單歸納近年來國內各界人士所提大學通識
教育的理論基礎，也對國外的大學通識教育改革思潮與實際狀況略作觀
察。我們發現，國內人士所提出以通識教育作爲科學與人文的橋樑，作
爲從傳統到現代的過渡，以及從「工具理性」走向「價值理性」等看
法，基本上均與當前世界各國的大學通識教育改革思想互相激盪，聲氣
相求。但是，現階段臺灣各大學所推動的通識教育卻遭遇若干特殊性的
問題。這些問題是什麼？這些問題的本質又何在？這是我們要繼續探討
的課題。

---

❷　見：〈檢討中文大學學制──訪問教務長廖栢偉博士〉，《學生事務》（
　　香港中文大學，學生事務處出版，1984 年 2 月 20 日），第一版。
❷　同上註。

三、當前大學通識教育的問題

　　國內各大學依教育部之規定，實施通識教育以來，各方人士關於大學通識教育的具體及細節問題，爭議甚多，但在大學校園內師生對於通識教育則多持肯定態度。例如 1986 年 7 月間，《今日校園》雜誌曾對大學生 1,000 人、大學教師 130 人發出問卷，結果學生問卷回收 250 份，教師問卷回收 61 份，要求大學師生對通識教育問題表示意見。統計資料顯示許多重要的意見。誠如李亦園教授所指出，80% 以上的老師和學生都認為「通識教育」有繼續實施的必要，這一點是非常重要的，因為這表示在校園裏無論老師或學生都仍然對通識教育予以肯定。但是另外一面，60% 以上的教師及 50% 以上的學生則都認為「通識教育」實施以來仍有許多缺點❷⁹。這種情形教育當局也很清楚，所以教育部才會委託清華大學於 1986 年 8 月 26、27 兩日舉行一次大規模的「大學通識教育研討會」，以檢討改進的方案。

　　其次，《今日校園》雜誌所作的調查也顯示，70% 以上的老師及 60% 以上的學生都不贊成教育部對通識教育作統一規定；而 80% 以上的老師與學生也都贊成通識教育由各校酌情辦理。誠如李亦園先生所說❸⁰，這兩個題目實在是題意不甚清楚，因為根據教育部所頒通識教育課程實施要點，很難說教育部有一統一的規定。在這作業辦法中，教育部只說明每一學生應選修四至六學分的課程，而課程內容則列：「文學與藝術」、「歷史與文化」、「社會與哲學」、「數學與邏輯」、「物理科學」、「生命科學」、「應用科學與技術」等七大範疇，這樣寬廣的範疇可以說只是一種舉例而已，其原因即在於惟恐太肯定地規定科目，

---

❷⁹　參看：李亦園，〈我看通識教育〉，《今日校園》，1986 年 8 月 1 日。

❸⁰　同上註。

各校在實施時就有困難了，只有在這大範疇下，各校才能「酌情辦理」
❸ 。 但是大學師生並未能體會出這一原意， 仍然覺得教育部有統一規
定，可見雙方實在應該多加溝通。

不僅是《今日校園》雜誌對於大學通識教育所作的問卷調查顯示大
部分的大學師生對通識教育均持肯定態度， 1986 年國立臺灣大學學生
代表聯合會對於「大學通識教育的成效」所作的調查，也顯示對通識教
育的肯定❸ 。因此，我們的問題不是要不要實施通識教育的問題，我們
的問題應是就當前國內高等教育的一般狀況而言，實施通識教育遭遇何
種困難的問題。

<hr>

❸ 在教育部所頒布「大學通識教育實施要點」之「貳、注意事項」中明白列
示下列各點:
一、為顧及各校之師資、設備及其他狀況之差異，本要點對實際開授之科
目不作硬性之規定，以發揮各校教育之特色。
二、為提供學生充分之學習機會，各校宜儘量提供多種選修課程，提昇其
多樣性。
三、每學年開學前，各校訂定擬開授之選修科目名稱，連同科目內容概要
報部核備。
四、各科目如因教材幅面較廣，可由數位教授擔任，輪流教授；對於牽涉
價值判斷的課程， 學生可同時接觸不同學說， 使思慮活潑， 心胸開
放。
五、各科目之講授，可作概略性介紹，亦可就特殊論題講授，每年更換論
題。所選論題或方法，以具代表性且易引起學生興趣為準， 在符合課
程宗旨範圍內，由授課教師規劃授課內容。
六、為避免修課學生程度差異太大，而影響教學效果；如各校在教學人力
不足、無法分班上課之情況下，每年開課時宜註明選修之條件（如註
明某科以文法科學生為授課對象），條件宜逐年變動，使不同程度的
學生皆有選修機會。
七、教學方式宜講授與討論並重，必要時，輔以參觀或實習。
八、為提昇選修科目之教學效果，各科開授時，宜提供參考書目或指定教
材，俾便學生選讀。
九、大學舉辦通識教育選修科目，事屬初創各校應於實施一學年後，將施
行效果及改進意見報部，以憑檢討改進。
以上各點對於各大學實施通識教育已提供相當的彈性原則，應可澄清
若干人對教育部有統一規定的懷疑。
❸ 該項調查之報告並未正式發表。

當前臺灣的大學實施通識教育所遭遇的問題至少可以區分爲兩類:

第一類是屬於結構性的問題。大學通識並不是孤立的存在，它是整體社會政治經濟結構中的一部，更是整個教育體系的一部分；因此，大學通識教育的改革必然不可避免地涉及整體結構調整的問題。誠如艾森西塔 (S. N. Eisenstadt) 分析社會變遷時所指出的，現代化過程中，任何變遷的制度化或新制度的設置必然都需要社會的內在轉化爲之配合❸。大學通識教育的改革亦是如此。

（一）結構性問題

簡而言之，我國大學通識教育所遭遇的結構性困境有二:

1. 我國現階段社會日趨功利，學術基礎較弱，大學通識教育在這種社會及學術結構之下不易眞正生根。吳大猷先生對於臺灣的社會及學術結構的根本問題曾有一針見血的分析，吳先生在指出國內學術工作者多半「未養成對學術的內在興趣」等問題之後說❸:

> 學術風尚如是，而來日學術人才來源的大學學生，情形亦足可憂。在中學階段，教師的教學方法及目標，皆在訓練學生應付升學考試，致學生養成不正確的求學態度和習慣，對學術沒有興趣、欣賞和尊崇。競考升學的動機是學位，沒有較高的理想；不屑努力於知識基礎的奠立，而誤以蹺課爲求自由性向發展。許多大學，致大財力於建築設備者多，致大心力於學術研究者少。雖

---

❸　關於這一點的分析，參考: S. N. Eisenstadt, "Transformation of Social, Political, and Cultural Orders in Modernization", in S. N. Eisenstadt ed., *Comparative Perspectives on Social Change* (Boston: Litte, Brown and Company, 1968), pp. 256～279, esp. p. 256.

❸　見: 吳大猷，〈臺灣的學術和人才問題──「臺灣地區的社會變遷與文化發展」研討會中致詞〉，《聯合報》，1984 年 12 月 29 日，第三版。

云前者易而後者難，然實亦我們對學術、教育的認識和理想的反照也。

臺灣青年在吳先生所指陳的這種社會風氣之中成長，他們面對的是資訊發達，工業進步，現代化加速發展的背景，他們成為徬徨無依的浮萍。想振作，欲振乏力；想奮鬥，不知方向；想努力，沒有師友相扶持。他們沒有思想，沒有氣魄，沒有擔當。現在各界人士所提倡的大學通識教育就是針砭時代病痛的良藥，但是，這帖良藥卻為社會及教育結構所架空。在這種情況之下，所謂「大學共同科目規劃研究專案小組」所能從事的都是架漏補縫的邊緣性工作而已❸。大學通識教育絕不能脫離社會教育、家庭教育乃至於中小學教育而孤立存在，因此，當前我國大學通識教育首須面對的就是如何透過整體社會及教育結構的改善，奠定紮實的基礎這個問題。

2. 當前我國大學教育一元化的色彩過於濃厚，各大學的教育內容同質性（homogeneity）大於異質性（heterogeneity），因此，大學通識教育的提倡就教育部的立場言，雖然用心良苦，立意亦佳，但卻不易具體實施， 而且效果也與預期相去甚遠。 關於這項困境， 我們可以舉劉源俊教授的意見為例作進一步的分析。劉教授認為，「教育部提倡通識教育時，不應把每一件事都規定的死死的，應該讓各校可以自由發展自己的理想，建立自己的特色和風格，這樣的教育才會活潑發展❸。」劉先生的意見代表長久以來許多學界人士的看法，許多人士認為由於高等教育一元化的傾向過重， 所以國內各大學雖然校名不同， 但卻是程不同的「教育部大學××分校」而已。這種說法也許並非持平之論，但

---

❸ 杭之先生對於這一點也曾作分析，參看：杭之，〈通識教育的基礎〉，《中國時報》，1984 年 5 月 23 日，〈人間副刊〉。

❸ 見：〈文史理工、水乳交融──訪劉源俊教授談大學通才教育〉，《民生報》，1982 年 3 月 19 日。

卻是學界人士長久以來的感受。

　　針對這種教育部權責過度膨脹的責難，教育部也有所解釋。1983年
7 月 22 日，當時的教育部常務次長施金池及陳梅生二位先生代表部長
參加《中國時報》所主辦的座談會時，曾提出如下的辯解[37]：

> 　　現在教育部規定的必修學分一共有五十個左右，然後有二十八個
> 共同必修學分，以及二十五到三十五個各學校訂定，由部審定的
> 選修學分。雖然加起來已經接近一百二十八學分的總數了；但是
> 教育部允許各系把畢業學分增加到一百四十八個。在這個彈性範
> 圍之內，各校科系可以發展他們自己的特色，太多了超過這個範
> 圍也不行，我們必須顧慮學生吃不吃得消。
> 　　教育部管的是原則性的問題，其實我們也希望學校能夠多擔負些
> 責任。在原則性的問題上，比方說校長的人選、經費的撥給、課
> 程、老師資格、學費標準、學生數目等，不錯，是由教育部決定
> 的，但是教育行政絕不會干擾學校行政，教育部不會命令學校要
> 怎樣管理學生，怎麼點名上課，或其他事務性的事情。學校的功
> 能一般說來有教學、研究，跟公共服務三方面。教學方面我們是
> 規定了總學分數，研究方面大致可以分成建教合作跟個人研究兩
> 種方式，教育部管得很少，至於公共服務方面，教育部幾乎全無
> 干涉；學校大可以在這幾個方面發展特色，批評教育部管得太多
> 的說法，其實都是誤解！教育部事實上還很希望各個學校能發揮
> 它們的特色，怎麼樣發展特色？教授、專家應該比我們都清楚，
> 教育部不會過問學校發展特色。

---

[37] 見：〈望聞問切：教育會診〉，《中國時報》，1983 年 7 月 23 日，〈人
間副刊〉。

教育部所主管的誠然只是「原則性的問題」，但這些「原則性的」決定可能會有意或無意地、直接或間接地造成或至少加速了我國高等教育一元化的發展傾向。這是當前大學通識教育所面臨的第二個結構性的困境。

（二）非結構性問題

現階段我國大學通識教育所面對的非結構性問題至少包括以下三種：

第一種是對待教育的心態問題。許多人士對教育的本質所持的看法對於通識教育的實施頗有不利影響。國內若干人士把教育過程視為一種「社會工程」(Social engineering)，因此，各級教育資源的分配都必須在「人力規劃」的大原則下來進行。持這種心態的人士認為，在一個日趨分工專業多元化的現代社會中，每個人必須具備不同的專門學識或專業技能才能對整個社會有所貢獻，教育的目的就是使每一個人能夠充分的發揮潛在的智慧與能力，為國家培育各種專業人才，因此，學生性向的測定、智商的測驗，都應該從國民小學起就保持紀錄，設計一套因材施教的計畫，這樣才能達到發展人力資源為國家培育人才的目的。這些人士並且時常引用並稱讚新加坡所實施的教育分流制度，認為這種制度對人力資源的培育具有直接的效益。

以上這種心態非常實際，也很能配合國家經濟建設的人力需求，過去數十年來教育在我國經濟發展過程中確實有其重要貢獻。但是這種心態如果持之太過，可能對於大學通識教育的推動有相當傷害。因為根據「社會工程」的基本觀念所規劃的教育系統，必然以專技教育為主要目標。受教育者在這種教育系統裏很容易成為達到經濟建設或政治目的的工具，與「造就完整的人」的教育目標相去甚遠。這種實用主義或工具主義的教育觀，很容易造成或加速學生的「異化」，使他們成為「肢解

的人」，而不是完整的人；使他們不能明確分辨學術思想與意識形態的分野❸；也使他們無法在個人與社會之間發展出一種民胞物與的胸襟。這種心態與大學通識教育基本上是扞格難通的。

第二種非結構性的問題則是形式主義的問題。我國各級教育系統中，形式主義色彩特濃，蔣中正先生在《民生主義育樂兩篇補述》早已指出這種現象❸，由形式主義所造成教育系統的僵化，亦早爲各方有識之士引爲憂慮，而謀求改革之道❹。

形式主義心態之所以會形成大學通識教育推展上的困境，乃是在於：許多習慣於形式主義思考的人士，一旦認識了大學通識教育的價值，卽亟欲加以「制度化」，以便以更有效直接的方式加以推廣。在形式主義的要求之下，最好全國各大學均一體實施，以擴大效果。

這種形式主義的心態及其作法，無形中抹煞了各個不同大學特殊的風格，使各個大學生無法發揮它們各自的長處與特點。而且，更嚴重的是，這種心態與做法很容易把學術思想轉化成爲意識形態，其末流所至甚至有可能把教育（education）一變而爲「思想的灌輸」（indoctrination），其所造成的結果與通識教育的理想正好相反。

當前大學通識教育所面對的第三種非結構性的問題是師資的問題。在任何形式的教育之中，教師的重要性不言可喻。《今日校園》雜誌所作的調查顯示，一半以上的老師認爲影響通識教育成效最重要關鍵在於教師是否恰當，這誠然是確切不移的見解，因爲通識教育主要在教給學

---

❸　關於這一點，可以參考：余英時，〈學術思想與意識形態〉，《明報月刊》，二〇〇期（1982 年 8 月），頁 18～25。

❸　參考：蔣中正，〈民生主義育樂兩篇補述〉，收入：《國父全集》（臺北：中國國民黨中央委員會黨史委員會編訂出版，1973 年），第一册，頁 249。

❹　關於各界人士代表性的意見，參看：《天下雜誌》，第三十五期（1984年4月1日），〈探索社會病根──教育問題專集〉；《中國論壇半月刊》，第十七卷第十一期（1984 年 3 月 10 日），頁 8～26。

生有寬廣的眼光及綜合的能力去吸收理解現代知識，因此專業知識很高的教師未必能勝任此類課程，但是大學教授都是專業的教師，特別是專業的學院，能教通識教育課程的師資不多，課程不免流於形式❹。在我所接觸的各校曾修習過通識課程的大學在學學生中，絕大多數學生最關切的問題有二：（一）一般功課壓力太大，所餘修習通識課程的時間有限。這一點尤其以理工學院學生最為常見；（二）教授通識課程的師長不易求得❷。可見師資問題實在是通識教育的關鍵性問題。

除了優良師資不易求之外，尚有若干擔任通識教育課程的教師教學態度不夠認真，每易招致學生怨懟。例如某著名大學之某通識教育課程選修學生合計超過千人（分為兩班上課），上課多屬閒話家常，考試方式則為十五題選擇題，學生選課時每人需繳交選課單，授課先生則在課堂出售其書，凡買了書的同學可領取到兩張小紙條，這些紙條是用來貼在選課單上的，貼好才繳交選課單，此與學生之學期成績頗有關係❸。學生怨聲載道，但是因格於必須選修四至六學分通識課程之規定，亦只能勉強選修。像這種狀況可能不只出現於一所大學，成為通識教育實施過程中所產生的另一個問題。

總結本節的分析，當前我國大學通識教育所面臨的有結構性的困境，也有非結構性的問題。我們要落實大學通識教育的理想，應提出何種對策始能因應上述困局的挑戰呢？這是本文下節接著要討論的課題。

---

❹ 參看：李亦園，〈我看通識教育〉，《今日校園》（1986年8月）。

❷ 例如1986年清華大學學生所辦的「通識教育座談會」所關切的問題即以這兩個問題為主。參看：《清華雙周刊》，新六十期（1986年1月10日），第三版，〈完整的教育、完整的人——通識教育座談會〉；洪有義先生亦認為師資是通識教育能否成功的關鍵，參看：洪有義，〈改進通識教育課程之我見〉，《中國論壇》，第二十二卷第三期（1986年5月10日），頁44～45。

❸ 根據該大學選修該課程學生對上課實況之口述，本文均隱其名。

四、對策的提出

　　盱衡現階段國內高等教育的一般狀況，以及前文所分析大學通識教育所面臨的問題，我們可以提出以下各項初步看法，作爲落實大學通識教育的對策。

　　首先，大學通識教育的價值及其必要性已爲大學師生及各界人士所一致肯定。但是，針對隨著氾濫於各級教育體系中的升學主義，以及瀰漫於社會的功利主義心態，我們如欲求大學通識教育的成功，則必須一方面在中小學教育階段就培育學生多方面的興趣，也就是透過啟發式教學使學生在中小學階段就對通識教育具有初步的認識，使他們認識到升學考試只是受教育的手段，而不是它的目的；另一方面，我們也應注意在社會各階層培育尊重知識、尊重學術的一般態度。必須如此，大學通識教育才可能在一個比較適當的教育及社會環境中落實。

（一）多元化的教育觀

　　如何才能達到以上的理想呢？我們認爲最重要的第一項策略就是：盡量促使大學教育從一元化走向多元化，也就是盡量使各大學由同質性走向異質性。

　　關於第一項對策，我們可以對「多元化」一詞再作進一步的討論：

　　1.　「多元化」指賦予各大學更多的自主權，使各大學除了最低限度的部訂必修課（現行必修課亦應再予減少）之外，對課程的安排、教師的聘請及其他學術與教育事務擁有更大的決定權，以使各大學能更充分地發揮各自的辦學特色。只有在多元化及多樣性的教育背景之下，大學通識教育才能奠定在更穩固的基礎之上。

　　爲了說明「一元化」的教育所帶來的弊端，我們可以舉日本的教育

爲例加以說明。1985 年 4 月，日本「臨時教育審議會」在歷次會議中分析日本教育的現狀，指出明治時代以降，所謂「趕上型」之近代化教育，係以追上歐美工業先進國爲基本目標，綜合看來，這種近代化教育是收到了大成效；但是在文明轉換的時代變化中，這種教育還是出現了劃一性、閉鎖性、及非國際性等弊害。在看得見的種種教育發展的現象上，出現了瀰漫於當前整個教育的弊害：價值觀念偏差、考試競爭太過激烈、校園暴力、青少年犯罪、缺乏教養……等。「臨教審」諸委員先生都認爲實在有必要除去這些弊端，而他們提出的策略就是「教育自由化」。「臨教審」所謂「教育的自由化」就是透過戰前戰後的教育經驗，把日本近代教育上未能正式配合的自由、自律之價值擺在中心位置，而能夠經由「理念的水準」及「手段的水準」，積極檢討改進❹。

這種以「自由」、「自律」爲中心理念的教育觀，與宋明的教育傳統不謀而合。誠如狄培理（William Theodore de Bary）所說：中國儒家教育原有一個源遠流長的自由傳統❹。這個自由傳統就是在多元化的基礎上，承認人類具有無限的可塑性，相信人可以經由自己的努力超越結構的限制，而達到「止於至善」的境界。舉例言之，南宋大儒朱子（1130～1200）的歷史教學就洋溢著這種儒家人文主義的精神❹。朱子的教育強調返回古代尋求判斷歷史人物的基本價值，以人及其潛力爲歷史教學的中心關懷。這個特殊的觀點在儒家傳統中源遠流長，朱子鼓吹這項傳統，並且將它應用於歷史教學。朱子的歷史教學表現了自由教育

---

❹　同上註❷。

❹　參考: Wm. Theodore de Bary, *The Liberal Tradition in China* (Hongkong and New York: The Chinese University Press and Columbia University Press, 1983)，中譯本見: 李弘祺等譯，《中國的自由傳統》（臺北: 聯經出版事業公司，1984）。

❹　關於朱子的歷史教育，另詳拙稿: Chun-chieh Huang, "Chu Hsi as a Teacher of History"，收入:《第二屆中西史學史研討會論文集》（臺中: 中興大學，1987）。

的觀點，朱子以爲歷史研究的最終目的在「窮理」，理雖可以經由歷史研究而釐清，但它總是由內而發，而不是由外而得。朱子認爲歷史研究「只是以自家義理斷之」❹，換句話說，只有從道或理的角度，才能瞭解歷史事實之間的複雜因果關係，這樣，客觀的歷史事實就統攝於主觀的識察之下了。歷史研究就像朱子的歷史教學一樣，始於對「理一分殊」的瞭解，而止於源自心中培養出來的理。在朱子的教學方式中，歷史研究成爲培養自我，與從自我爲中心的枷鎖中解放心靈的手段。在這層意義下，朱子的歷史教育，正是展現宋代自由教育理想的爲己之學。

今日我們提倡大學通識教育實在可以從中國儒家教育的自由化、多元化傳統中汲取歷史的智慧，並創造其現代意見。

2.　「多元化」指大學通識教育師資來源的多元化，也指通識教育課程設計的多元化，兼顧學生的需求，使學生的意見能納入課程設計的考慮因素之中。

先從師資方面來談。前文的分析指出，當前大學通識教育最重要的關鍵之一就是優良師資難覓。目前國內各大學聘用教師多優先考慮本校畢業校友，這固然是無可厚非的人之常情，但是，這種聘人方式如持之太過，則各校之間壁壘分明，鴻溝加深，無形之中加強了大學「一元化」的色彩，對通識課程的實施有其不利的影響。關於師資的多元化，臺大校長孫震教授曾說：「我有一個基本構想，覺得我們整個的社會趨向於多元化，在各方面的變化也越來越大，因此，我們培養出來的青年，也應該是多元的有創造性與適應的彈性，爲了達到這個目的，自然應該考慮從多條系統來尋求師資，由不同來源的師資給予青少年有形與無形的潛移默化，給他不同的影響，使我們的青少年不完全是一個模式，一樣的思想，講一樣的話，結果讓我們的整個文化失去創新與變化

❹　黎靖德編，《朱子語類》（臺北：正中書局影印 1270 年刊本），卷十一，頁 312。

的動力。如果希望我們的青少年有創造性，能夠尋找新的發展，在尋求
師資的階段就必須有多方面的來源，而不應該僅以一個來源爲基礎。」
❹ 如果我們希望以通識教育來培育學生的創造力與思考力，那麼，大學
師資的提昇與多元化實在是一條值得努力的途徑。

接著再談大學生的需求。 長久以來， 高等教育政策的釐定， 均缺
乏來自受教育者──大學生的聲音。因此，許多政策與措施儘管用心良
善，但卻未能得到學生熱烈的廻響，也因此不能獲得應有的成效。大學
通識教育課程的實施也是如此。各大學教務主管單位除了從學校立場設
計安排課程之外，也應事先調查大學生的選課興趣、意願與需求，將學
生的需要納入考慮。 事實上， 1984 年 7 月教育部「大學共同科目規劃
研究專案小組」所撰寫的「關於大學通識教育及共同科目之綜合建議」
書中，就曾提出如下的建議❹：

> 關於通識教育選修科目之實施，本小組建議: 爲顧及各校師資、
> 設備之差異，對實際開授之科目不作硬性規定，以便發揮各校教
> 育之特色， 並訂定開授科目之基本範疇如下：（一）文學與藝
> 術， （二）歷史與文化， （三）社會與哲學， （四）數理與邏
> 輯， （五）物理科學， （六）生命科學， （七）應用科學與技
> 術。上述基本範疇所包括之科目應作廣義之解釋，各校各院系在
> 每學年開學前訂定擬開授之選修科目名稱，連同科目內容概要報
> 部核備。

對於通識課程實施的多元化及彈性化已作充分建議， 各校如能本 此 精

---

❹ 見: 孫震，〈革新的理念，革新的學制〉，《中國論壇》，第十七卷第十
　 一期（1984 年 3 月 10 日），頁 13～14。
❹ 〈關於大學通識教育及共同科目之綜合建議〉（大學共同科目規劃研究專
　 案小組提交教育部長之建議書，1984 年 7 月，未刊本），頁 2。

神，多多容納學生意見，則通識教育的成效必大爲提昇。

以上所提出的第一項「多元化」的對策實建立在一項看法之上：社會是一個整合體，而社會的整合除了有賴於社會的「中心」之發揮整合督導作用之外，社會的「邊陲」所具有的自主性力量也是社會整合的重要因素[50]。基於這項看法，教育主管當局賦予各校更大的自主性與多元性愈多，則大學通識教育成功的可能性愈大。

（二）人文主義教育觀

提昇大學通識教育境界的第二項策略是：重新肯定以人爲本位的教育價值。如同上文的分析，近數十年來，臺灣經濟建設成果斐然有成，這項歷史性的成就使許多人士思考教育問題不免有意無意之間從「經建人力規劃」的立場，以投資報酬率的觀點，從「社會工程」的角度，來思考教育問題。正如前文所指出的，把教育視爲「社會工程」，把教育當作達到經濟或政治目標的工具，以及各形各色的形式主義心態，都與上述思考傾向有關。我們如果要使大學通識教育真正落實，則對待教育的態度必須有所修正。也就是說，教育不僅是一種手段，教育本身更是一項莊嚴的目的，教育不僅是一種工具，教育本身更是一項偉大的價值。只有經過這樣的重新認識與肯定，大學通識教育非結構性障礙才能排除，而大學通識教育才能邁上坦途。這種根植於人文主義的教育觀，不僅與中國古代儒家培育「完整的人」的理想一脈相承，也與當代人文主義心理學（Humanistic Psychology）的新思潮互通聲氣[51]，值得我們在高喊「邁向已開發國家」口號時特別加以深思。我們對待教育的態度

---

[50] 關於這項看法，參看: Edward Shils, *Center and Periphery: Essays in Macro-sociology* (Chicago and London: The University of Chicago Press, 1975), pp. 3~16 "Center and Periphery"; pp. 48~90 "The Integration of Society".

[51] 參考: 郭爲藩，〈人文主義心理學與人文主義教育〉，收入: 氏著，《人文主義的教育信念》（臺北: 五南圖書出版公司，1984年），頁1~26。

必須經過這樣的重新調整，我們努力在下一個時代裏建立一個「富而好禮」的社會理想才能奠定思想上的基礎。

五、結　語

——試擬若干具體改革措施

本文分析至此，我們在原則性的層次上，提出「多元化的教育觀」及「人文主義的教育觀」，作爲針對當前我國大學通識教育所面臨的結構性及非結構性問題的基本策略。

在這兩項基本策略之下，我嘗試提出以下幾點具體的改革措施：

首先，由於教育改革（大學通識教育的改革僅是整體教育改革的一部分）與政治結構具有高度的相關性，我們建議政府教育主管部門將「教育改革」列爲研究之項目。當前臺灣教育問題盤根錯節，升學主義的氾濫、青少年暴力問題、各級教師素質的提昇問題……等等，均層層相扣，牽一髮而動全身，本次研討會所探討的「大學通識教育」問題僅是教育問題的一個環節而已。在「整體」未獲改善之前，「部分」（指大學通識教育）的改進所能獲致的效果必然大打折扣。再從近年來世界各國爲了迎接二十一世紀的來臨，所進行的教育改革經驗來看，非提昇至政府最高領導部門，則教育改革必難克奏膚功。例如日本當前的教育改革運動由自民黨內部先行推動，最後由首相組織「臨時教育審議會」正式推行；美國總統雷根在 1983 年 4 月 30 日，在休士頓廣播發表「面臨危機之國家」的教育改革報告，呼籲全美各界配合改革行動；法國執政黨社會黨在 1981 年 6 月取得政權之後，就推動教育改革，並於 1984 年 1 月 26 日由密特朗總統公布「高等教育法」；西德在 1984 年由聯邦教育部長韋爾門 (Dorothee Wilms) 所推動的大力發展技術學院的教

育改革，也是由施密特總理所指示❺。因為策劃指導的政府層次極高，所以，近年來世界各國教育改革的推動比較能夠發揮實務效果。臺灣的教育問題如欲謀求比較根本的改革，並在比較紮實的基礎上落實大學通識教育，由政府教育主管當局來推動教育改革應是極為可行的途徑。只有如此，才能盱衡未來國家建設的需要，進行比較切實的全面革新。

　　第二，在「多元化」的基本策略之下，我認為不妨參酌國外若干大學的制度，在大學一年級及二年級授課不分科系，教授一般性通識教育課程（包含現行「國文」、「英文」等共同必修課程），奠定大學生治學的基本基礎。大三及大四這兩年則授予各科系之專業科目。這項建議在現階段我國高等教育體制之下，當然有其實施上的實際困難。但是，這項新制度可能是落實大學通識教育較為有效的方式。

　　這種大學前期教育不分科系的新制度，國內早有學界人士提出❺。這種新制度在消極方面，可以對前文所分析存在我國教育系統中的形式主義、工具主義、功利主義等弊端有所匡正；在積極方面，則符合自古以來中國儒家「由博返約」的教育傳統。如果用北宋大儒胡瑗（安定，993～1059）在湖州教學的經驗來說❺，我們可以說，這種新制度是以大學前二年的時間從事以「經義」為主的教育，其教學目的在疏通學生心性，開展學生器局；後二年時間則從事以「治事」為目標的教學，使學生習得一技之長以應世之所需。透過這種新大學教育制度的實施，通識教育即可真正落實，成效可期。

---

❺　參考：郭為藩，〈最近大學教育發展的主流與清流〉，收入：《迎接二十一世紀的教育改革》，頁 13～26；厲威廉，〈美國高等教育的改革〉，收入：同上書，頁 27～48；詹棟樑，〈西德的高等教育改革〉，收入：同上書，頁 49～68。

❺　許倬雲師及毛高文教授曾提出這種看法。見：〈學習如何做「人」──訪許倬雲、毛高文談通才教育〉，《時報雜誌》；呂應鐘也重提此議，見氏著，〈通識教育的迷思〉，《大學雜誌》，一九三期（1986 年 5 月 31 日），頁 64～69。

❺　黃宗羲，《宋元學案》（四部備要本），卷一，〈安定學案〉，頁 1。

　　第三，基於「人文主義教育」思想，我認爲大學通識教育的實施必須與學生課外活動及宿舍生活等方面相互配合，始能達到培育「完整的人」的通識教育目標。這項措施落實的基本前提則有賴於所謂「訓導工作」觀念的改變。訓導工作的性質應是保母，而不是警察。因此，所謂「訓導工作」應該學術化、通識教育化。在這項認識的基礎上，大學宿舍應儘量鼓勵不同科系學生同住一室，而且各大學可以安排教授們定期（例如每週一次或每兩週一次）在學生宿舍過夜，與學生暢談社會與人生各種問題，寓通識教育於潛移默化之中，其收效之宏大必極可觀。中國古代書院教育的傳統雖然未能全面復行於今日之大學，但這項師生夜談制度的設置卻可以保留並發揚書院教育之遺意，值得我們考慮推行。

　　第四，基於「人文主義教育」的立場，而特別針對當前臺灣一般青年歷史意識的失落，我認爲大學通識教育可以提倡中國經典著作的研讀與討論。中國文化源遠流長，經典著作浩瀚無垠，古人早有皓首不能窮一經之嘆。我們在此所提倡的並不是全盤的復古，而是對古代精神及文化遺產作批判的繼承，以發揚其現代意義。這種構想類似於美國芝加哥大學以每門學問的發展史爲主軸所設計的通識教育課程[55]，使接受通識教育的學生能直接與文化史上偉大的心靈相印證。

　　通識教育之所以應再加強學生的歷史感，乃是因爲近四十年來，臺灣的經濟突飛猛進。隨著經濟發展的快速成功及社會的富庶繁榮，社會大眾的價值觀頗有功利主義的傾向。功利主義極易造成短視現象，使人只知現在，旣無過去，也沒有未來，生活在「一度空間」裏，被歷史所放逐。這種社會病態給剛長成的青少年帶來的傷害尤其嚴重，他們沒有

---

[55]　參考：江炳倫，〈從芝加哥大學的通識教育談起〉，《自立晚報》，1986年 5 月 26 日，第三版。

「永恒」的價值目標可供取向，只能無所事事，流落在西門町，穿著印有龍飛鳳舞的「原宿」、「怒」……等字的仿日衣服，成為「失落的一代」、「無根的一代」。針對當前臺灣社會這種時間感日趨式微的特殊狀況，我認為或可再借重通識教育來加強學生的歷史感，使學生體認個人生命並非斷然獨立的個體，而是上與千百代的祖先及淵遠流長的文化傳統，下與無窮量的子孫及未來社會結為一體的。使學生在時間之流裏找到定位，對未來有堅定的信心與抱負。

欲達成這個目的，「中國經典的研讀」仍是值得考慮的一種方式。在這科技一日千里、知識不斷推陳出新的現代社會裏，欲保有恒久價值，不被日新月異的社會變遷所淘汰，仍有賴經典著作對於人類心智的啟發與陶養。尤其研讀經史典籍，能使學生更深入地瞭解民族、歷史與文化，增強學生一脈相傳的感受，幫助學生確認文化的淵源。而長久浸潤於古聖先賢的典範之中，亦使學生在立身處世上有確定而具永恒價值的學習對象，不致於迷失在現代社會中。大部分的古典經籍雋永艱深不易研讀，因此必須有系統、由淺入深地編寫教材，以培養學生對經典的終生感情與興趣，並且最好能扣緊社會未來的發展，使經典的知識與現代生活合而為一，使學生即使畢業以後，也能主動研讀，涵養心性，提昇生活境界。

最後，為求延續通識教育的教學效果，並使教師的教學經驗有所交流，我建議創辦《通識教育通訊》刊物，並編纂《通識教育參考叢書》。盱衡現階段各大學院校所實施的通識教育課程，不無失之蕪雜之病。就上下溝通而言，教育部一紙規定宣布，便再缺乏明確引導；就左右聯繫而言，各校之間各自為政，缺乏連絡。致使如此美善政策不易推動、效果亦不彰。如果能創辦諸如「通識教育通訊」之類的刊物，則學校之間可交換彼此的經驗，教育部亦可直接獲知各校實施情況、困難及意見，作為研究改進的參考。關於這一點，日本的作法頗值吾人參考。日本的

「臨時教育審議會」在正式進入審議（1984 年 12 月）之後，於 1985 年 1 月，「臨時教育審議會」卽編集發行《臨教審消息》（《臨教審だより》）月刊，成爲消息連絡中心。匯各方意見，而收劍及履及之效。因此創辦類似刊物，頗能收上下呼應、左右流通之功。此外，編纂「通識教育參考叢書」，亦不失爲增強通識教育的一種方法。此處所謂「參考叢書」，並不指課程的教科書，而是指只供課外參考用的書籍而言。一方面可供學生課外閱讀，以補課堂之不足；另一方面可供社會人士進修，使通識教育的施教對象更廣、施教時間更長。教育部或可就文學與藝術、歷史與文化、社會與哲學、數學與邏輯、物理科學、生命科學、應用科學與技術等範疇，補助民間出版社出版深入淺出的參考書，供教師、學生、社會人士……之參考，藉以將通識教育延伸爲終生教育的一種途徑，藉此厚植社會力量❺❻。

總而言之，隨著工業化的快速發展，臺灣社會將愈趨專業化，但愈是專業化的社會，通才教育愈有其重要性❺❼。讓我們以這樣的認識，期望「大學通才教育」的境界不斷提昇，日新又新。

　　（本文曾刊於《大學通識教育研討會論文集》，新竹，清華大學人文社會學院編印，1987，頁5-41）

---

❺❻　參考：拙作，〈提高大學通識教育的境界〉，《聯合報》，1986年3月1日，第二版。

❺❼　參考：沈君山，〈專業社會更需要通才教育〉，《天下雜誌》，第三十五期（1985 年 4 月 1 日），頁50～57。

附　　錄

日本臨時教育審議會審議概要

（摘譯自 1985 年 4 月 25 日《讀賣新聞》）

目　　次

一、臨時教育審議會（以下簡稱「臨教審」）之成立及審議經過簡況

昭和 58 年（西元 1983 年）6 月，中曾根首相指示要把教育改革視為內政最重要課題，開始進行有關文化與教育之懇談會。

58. 12. 首相指示「教育改革之七項建議」。

59. 1. 首相指示臨教審之設置方針。

59. 3. 文化與教育懇談會向首相建言。

59. 3. 國會提出臨教審設置法案。

59. 8. 臨教審設置法案成立。

59. 8. 岡本會長及其他委員人選決定。

59. 9. 臨教審成立，開始審議。

59. 11. 設置四個部門會議，分別就四個主題進行討論。

59. 11. 公布「審議經過概要之一」。

59. 11. 舉辦第一次公眾聽證會。

59. 12. 決定各部門會議專門委員，進入正式審議。

60. 1. 發行《臨教審消息》。

60. 1. 臨教審募集有關教育改革之論文。

60. 1. 環繞「自由化」問題之內部對立形成表面化。

60. 2. 傾向一次答詢，部門會議開始作集體審議。

60. 4. 蒐集歸納各部會議案。

60. 4. 發表「審議經過概要之二」。

二、「概要」簡介

「概要」內容包括 〈 「總會審議」（說明在總會審議的經過情形）
「部會審議」（四個部門會議討論之摘要）

「概要」形式有兩份 〈 「概要之一」係事務局所作成，僅列討論要點，招致不滿
「概要之二」係審議委員親自審集整理，寫成十萬字之詳細審議經過及內容報告

會長岡本道雄於 4 月 24 日公布「概要之二」。預計二個月內再作深入討論，舉行公眾聽證會，廣泛聽取各方意見，於六月底歸納整理好此次教育改革之建議，送呈首相中曾根。

三、審議要點

1. 劃一主義的打破、個性主義的推行（第一部會）。

2. 根據終生學習社會的建設而矯正偏差的學歷觀念（第二部會）。

3. 六年制中等學校的設置、學分制高中的設置、高等專修學校（

三年制以上）畢業生給與大學入學資格（第三部會）。

4. 共通測驗的實現、大學入學考試中心的改革、國公立大學考試
機會的多次化（第四部會）。

四、各部門會議（以下簡稱「部會」）審議經過簡略概要

A. 第一部會──負責討論教育改革的理念部分

1. 教育的「自由化」一詞之爭議。

2. 對今後之教育，提倡打破「劃一主義」，推行「個性主義」──
確認在教育裏，「個人尊嚴、個性尊重、自由、自律、自身責
任等之確立」是重要的。

3. 對於推行「個性主義」之意義，及「自由化」問題，未能得統
一之結論，留下日後討論的火種。

B. 第二部會──負責討論如何矯正社會上的學歷觀念

從企業界的人才任用、進昇及工資發給等方面來研究學歷所帶
來的影響，發現在與職業生活有關的層面上，和外國相較，日本誠
難稱爲「學歷社會」（易言之，在日本，於職業生活上，學歷對人
才任用、進昇、工資發給等之影響力較外國爲低）。

另一方面，在學校裏，「學歷的競爭依然激烈嚴酷」。爲謀求
消解這種情況，本部門強調：在學校教育完成後，也要按照個人意
願，有繼續求學之機會，因此要確保「終生學習的社會」之建設。

C. 第三部會──負責檢討自幼稚園至高中的教育改革

1. 爲實現初中高中一貫教育，建議設置「六年制中等學校」。

2. 從終生教育之觀點，設置爲社會人士打開高中教育門戶的「學
分制高中」。

3. 「六年制中等學校」之最大特色乃在避免教育制度之僵化，因
此不義務設置；「學分制高中」是以專修學科來「零售」學

分，再根據總分來決定是否修業完成。這個建議主要是針對兩種社會人士：

① 只要求得某些特定學分者。

② 已上過高中但中途輟學而想復學者。

D. 第四部會——負責審議（將成爲一次答詢焦點的）大學入學測驗之改革。

1. 討論以「共通測驗」來取代現有的國公立大學之共同一次考試，讓各國立、公立、私立大學都能自由利用。

2. 據此，各大學

   (a) 利不利用此「共通測驗」，悉聽尊便。

   (b) 利用其中多少科目亦悉聽尊便。

3. 爲充分整備此項改革，建議讓現在的大學入學測驗中心，負責四項工作：

   (a) 大學與高中之間消息的交換。

   (b) 要能有效運用「進路指導」。

   (c) 強化各大學的入試負責部門。

   (d) 加強研究不限於一至三月而分布全年的考選方法。

4. 此外，原則上爲增加「一試決勝負」的國公立大學受試之機會，提出三點討論：

   (a) 擴大二次考試之範圍。

   (b) 把大學分羣，分散考試日期。

   (c) 在一定期間內，大學、院系都能決定好考試日期。

五、各部會審議經過細節摘要

（一）第一部會——預估二十一世紀的審議

A. 截至目前爲止的審議狀況——

以下列三項之檢討爲具體課題:

①　人類形成的基礎，戰前戰後之教育評價及教育目標。

②　因應高度科技化、情報化、國際化、自由化、高齡化、高學歷化等，教育應有的作法。

③　整個國家及地方公共團體之教育任務、教育行政的正確作法、教育條件的完善整備。

而作下列之審議:

①　對卽將面臨的二十一世紀應作何種展望?

②　應如何掌握此次教育改革的方向?

B. 主要的審議內容——

(1) 人類社會的發展階段之文明史上的認識。

(2) 日本的歷史與民族性。

(3) 明治以降，近代化的明暗及教育成果的任務。

(4) 戰後教育改革的評價。

(5) 教育現狀及所提出的問題焦點

　　(a) 培養高度知性水準之教育不見其「功」，反見其「過」:

　　　　①　青少年犯罪，校園暴力擴大，問題教師產生。

　　　　②　價值觀念偏差、考試競爭太激烈。

　　　　③　學生創造性及樸質性的喪失等教育荒廢現象，爲究明其因有必要以危機意識處理之。

　　(b) 戰後雖云日本教育已有改變，道德教育則付之闕如。

　　(c) 今日教育以記誦爲中心，學生缺乏獨立思考的能力。

　　(d) 日本社會雖然自由選擇度甚高；教育卻避開「自由」的問題，只強調均質性，陷入劃一化、僵硬化。

　　(e) 現在的教育在價值觀的表面上，不是平等強過自由嗎? 而且，需要自由這一邊被嚴酷限制的話，供給自由的那一邊自

　　　身就沒有改善的意願，服務的品質甚爲低落。因此應該採取
　　　下列步驟：

　　① 革除在教育上供給獨占帶來的弊害。

　　② 緩和教育行政各種規定限制。

　　③ 重估教育行政各種許可。

　　④ 推行自由化。

　(f) 初中教育，尤其是義務教育，全國各地一定要保持一定的水
　　　準，使孩子們學會基礎事項，做爲支持整個國家能力的基石

　(g) 在小學階段等，如果太強調個性，會是什麼樣的事情呢？

(6) 在今後國際社會中，日本應有的態度是什麼？

(7) 追求二十一世紀的日本人，其生活方式及資質是什麼？

C. 「從劃一主義到個性主義」的討論要點（集體審議）——

(1) 邁向二十一世紀的社會與教育之要求。

(2) 教育改革方向

　① 環繞著所謂「自由化」：原先就是臨教審內外話題的所謂「
　　　自由化論爭」，不用說自然也成爲集體審議的焦點。有著種
　　　種議論：

　　　「作爲臨教審，爲了申訴所謂第三教育改革，不是仍然要以
　　　　強調自由化爲重點嗎？」

　　　「對於時代認識、國民意識等改革之必要，雖有同感；但關
　　　　於自由化的意義及內容之討論仍然闕如，因此無法贊成。」

　　　「作爲教育改革的理念，不加入『自由化』的話，便不值爲
　　　　改革之名。」

　　　「學生能選擇教師等種種 『 自由化 』 論調， 是誤解之根
　　　　本。」

　　　「教育現況是決心要壓制自由、平等、無規律之想法，而『

自由化』論不是可以冲淡這種教育現狀?」

「『教育自由』一詞已含有各種意義，所以認爲臨教審使用
　『自由化』一詞是不當的人，不是有欺瞞之意嗎? 爲強調
　自由、自律、自負責任之價值，『自由化』一詞也是重要
　的。」

「今後之討論，不在如何給『自由化』下定義，而是要朝著
　樹立個性尊重之理念、找出劃一化之原因何在、如何來修
　正……等之方向前進才好。」

　　──透過以上爭論，以下的論點遂爲之彰顯。

② 教育現狀之認識:

　　明治以降所謂「趕上型」之近代化教育，係以追上歐美工
業先進國爲基本目標，綜合看來，這種近代化教育是收到了大
成效; 但是在含有文明史轉換的時代變化中，這種教育還是出
現了劃一性、閉鎖性、及非國際性等弊害。在看得見的種種教
育荒廢現象的基礎上，出現了貫穿當前整個教育的弊害: 價值
觀念偏差的考試競爭太過激烈、校園暴力、青少年犯罪、教養
喪失……等，實在有必要除去這些弊端。

③ 教育改革的基本方向:

　　關於這一點有兩個對立的主張:

「所謂『 教育的自由化 』應該是透過戰前戰後的教育， 把
　我國近代教育上未能正式配合的自由、自律之價值擺在中
　心，而能夠經由『理念的水準』及『手段的水準』，積極
　檢討改進。」

「『教育的自由』或『教育的自由化』一詞曖昧不明，拿來
　和父母親及教師對孩子的教育本質一對照，我實在無法理
　解此等語言之意義。」

但是作為此次教育改革的焦點應有的基本方向，有必要揭示教育中之個性尊重及個人尊嚴乃為人格完成所不可或缺者，這一點已得到大家的共識。

④ 教育改革的手段與方法:

關於義務教育的理想作法、學區制、學校與補習班、公立學校與私立學校、學校的設立基準、教科書檢定、教員任用、教育部教育委員會的任務……等，應該在何種範圍、何種程度內，來進行教育制度、內容、方法等的自由化、彈性化、多樣化……諸問題，今後有必要以自由豁達且又具體富建設性的形式來繼續討論，此點已獲得一致的同意。

⑤ 打出「個性主義」的口號來:

接受了如上般的議論，「確立個人尊嚴、個性尊重、自由、自律、自負責任的原則（以下稱『個性主義』）」之表現才變得可以採用。

但是，環繞學區制為主的討論，則又燃起「自由化」之爭論。從以上的經過看來，所謂「自由化」的考慮及以「自由化」為基礎的各種議論，在今後應該被列為繼續檢討、議論的主題。

(3) 教育目標

關於教育目標，討論了制定教育基本法的原委、其精神之滲透程度、在此基本法中所規定的「人格完成」的意義、道德教育的理想作法……等等問題。

關於教育基本法，雖有積極、消極兩方面的評價，對於條文修改的主張則幾乎沒有。而且，教育基本法的精神不能說被現今之教育正確地恢復起來。此事是否與教育的荒廢有關呢? 確立了這個認識，今後可要對教育目標作深入議論。

(4) 結　論

　　關於此次教育改革的基本方向，因爲有打破現今教育中顯而易見的劃一性、閉鎖性、非國際性，實現多樣性、開放性、國際性的根本改革之必要，而有「從劃一主義到個性主義的轉移改革」之想法。

(二) 第二部會——-矯正偏差的學歷觀念

A. 到目前爲止的審議狀況——

B. 討論的觀點——

C. 社會變化與教育、學習之終生化——

　　晚近以來，日本社會環境面臨著極大的轉變:

　(a) 人口結構的急速高齡化。

　(b) 經濟的服務化、溫和化、情報化及技術的進步。

　(c) 國際化的進展。

　(d) 在國民生活水準的上昇、高學歷化等背景上，國民價值觀念的改變。

　(e) 核心家庭化的進展、女性社會參與等家庭中「質」的改變。

　(f) 急速都市化過程中，已往的地域共同體觀念的崩潰。

這些變化給向來的教育體系帶來各種影響，而這些影響應該是可以由教育與學習的終生化來迎阻化解的。在此次教育改革會議中，本部會就是以此爲討論主題，要對現今以人生初期爲中心的教育體系謀求改善，建設「終生學習的社會」，也就是「一邊工作一邊求學的社會」。

D. 正在審議中的事項——

E. 對所謂「學歷社會」的檢討——

(1) 「學歷社會」的定義

　① 「學歷比其他因素更能決定個人在社會上的地位」之社會。

② 「人物評價的價值標準較偏重學歷」的社會，或「可以根據
學歷很高度地測試出個人能力有無」的社會。

③ 學歷的激烈競爭給社會帶來種種弊害，從探討這種競爭何以
激烈化的觀點，又可將「學歷」的意義分爲三類：

(a) 以學校類別分（縱的學歷）：有小學、中學、高中、大
學等教育程度及教育期間的差別。

(b) 以學校歷差分（橫的學歷）：有著名學校與默默無聞學
校、招牌響亮的學校與不出色學校……等，同種學校間
之差別。

(c) 以專業領域分：有普通高中與職業高中、大學裏院系、
學科、專修及課程等等差別。

(2) 學歷社會的形成

(3) 學歷社會的效用

① 明治以來所謀求廣泛任用各界人才，已達成積極的任務。

② 對於全體國民，由於施行統一的基礎教育，一邊培養了支持
我國社會發展的人才，同時也達成了提昇國民生活及文化水
準的大任務。

③ 形成高素質勞動力的基礎，促進了產業構造的高度化。

(4) 學歷社會的弊害

① 價值偏差的人物評價：

(a) 帶來失落（對年輕人而言）、卑劣感、及意願的喪失。

(b) 團體活動力降低。

(c) 對於經常往來於補習班等經濟寬裕的人造成有利的入學考
試局面，產生了由於收入不同而就學機會不均衡的現象。

② 僵硬化的學歷觀。

③ 學校教育的偏差。

(5) 日本學歷社會之現況

①　收入層面的學歷等差:

根據縱的學歷所給付的工資等差，和外國相較:

（a）與美國比較，日本的等差較小;

（b）和歐洲各國的白領階級及藍領階級比較，日本的等差最小;

（c）即使與韓國相較，日本的等差仍然最小。

②　企業界任用層面的學歷等差:

（a）採取指定學校制的企業最近幾乎已經沒有。企業界逐漸重視根據自身的判斷來決定取捨，而不被畢業大學的名稱所左右。這種傾向正在增強中。

（b）雖然任用層面的等差有減少趨勢，但是這種傾向卻不能斷言企業界的人事負責部門已經全然不受過去任用意識的影響。

（c）公務員的任用也還有偏向特定大學出身的現象。

③　晉昇面的學歷等差:

如果以各種實證研究爲根據來檢視這方面的學歷等差，則很難承認學歷是決定晉昇的要素。

④　國民行動模式層面的學歷志向:

（a）與外國相較，日本誠難以認定爲「學歷社會」; 但即使如此，以良好的學歷爲目標的學歷競爭依然嚴酷。因此，國民的一般意識及以此爲基礎的行動模式還是存在著學歷志向的。

（b）上述情況之背景是: 由於過去依據學歷起薪的種種差別待遇及人與人之間的等差意識還殘留著，另外，在戰後雇用比率名的上昇中，白領階級志向（即重視頭銜）及重視畢業於著大學等潮流普遍風行，導致社會的評價一面倒，完

全以學歷取向。

(6) 學歷社會的未來

　　　伴隨著經濟的服務化、溫和化、國際化、勞動人口的高齡化等變化，在特定的領域內，正大量需要高度專業性的專門和技術人才。這種變化可以降低學歷的相對價值。如果擴充終生教育及學習機會的話，預計學歷意識會隨著世代交替慢慢地消解。

(7) 改正學歷社會的基本方向

① 謀求通貫一生的多樣又多元的人類評價。

② 擴充社會所有部門的學習機會。目前激烈的學歷競爭是起因於大家認為進了社會之後，學歷、資格等的取得並不容易。因此，廣泛地確保在進了社會之後仍能依自身的能力和意願繼續學習，這才是矯正學歷社會的正確、有力方向。

③ 把學校教育活性化。

④ 對於公家機構、企業界等之任用方法，謀求能夠因應多樣性的時代人才之任用。

⑤ 積極找尋方案，以矯正國民對學歷社會現況之認識。

F. 本部會討論主題——

(1) 成人取向的終生教育及訓練體制等整備與充實。

(2) 因應情報化、高度技術化、國際化的教育改革。

(3) 學校教育的活性化與多樣化。

(4) 地方教育、家庭教育的活性化。

(三) 第三部會——義務教育也要邁向多樣化

A. 到目前為止的審議狀況——

B. 當前的審議事項——

C. 到目前為止的論點——

(1) 義務教育

① 培養全體國民，讓他們學得作為人類所必須具備的資質，並培養他們豐富的個性及社會性，使他們具有眞才實學、健壯的體力及豐實的內心，因此決定要對每個兒童及學生施以徹底的教育與指導。

② 義務教育階段中的「自由化」問題，雖有應該評價之處，但謀求學制、學校設置、教育內容（含教科書）、學區制、教員資格等的自由化，則是應該愼重從事之事。

(2) 中等教育

① 關於高中入學選拔方法，爲了推行高中的多樣化與個性化，有以下意見：

(a) 降低對偏差値的依賴。

(b) 判定學業能力以外的適應性（包括協調性、責任感等）。

關於大學入學資格檢定制度，本部會要從 1. 大學入學選拔制度、2. 大學入學資格、3. 對高中教育的影響、4. 防止考試競爭過於激烈等觀點，一邊與第四部會協調，作大幅度的審議。另外，對專科學校高等課程（修業年限三年以上的課程）之畢業生，要推行給與大學入學資格的措施。

② 目前學校教育充滿著過烈的考試競爭所帶來的弊害、欺虐、不當行爲、校園暴力等種種問題。

爲解決這些問題，本部會集中重複檢討了連貫初中教育與高中教育應有的作法，以終生教育爲基礎的六年制中等學校和學分制高中等構想，達成以下見解：

〔六年制中等學校〕

(a) 能够因應學生的多樣化及往後的時代，而使教育制度柔軟富於彈性的同時，還確立了有必要謀求提供多樣教育機會

之認識。本部會根據使現行初中教育與高中教育一貫化的
原則，檢討了把現行初中、高中並列的「六年制中等學校」
（暫稱），作爲以延伸學生個性（特別是讓學生學得選擇
前進路線的能力）爲目標的新學校。

(b) 六年制中等學校的特色:

（ㄅ）能實行有計畫的、繼續的、效率的、一貫性的教育。

（ㄆ）能够推行適應才能開發的教育。

（ㄇ）適當地因應學生個性，編成富於彈性的課程，能够適
切地進行前進路線的指導。

（ㄈ）能使初中與高中教育圓滿接續，讓學生過平穩安定的
學校生活。

（ㄉ）有助於課外活動之充實。

相反地，也有學者擔心:

（ㄊ）喪失了初中到高中的緊扣環節，產生中間鬆弛的現象。

（ㄋ）由於學生年齡差距及學校規模的擴大，會產生對學生
指導的困難。

因此，並不採行將現行制度的初中與高中全部轉換的方法，
只是根據能靈活運用這種學校的創設旨趣之教育範圍、地
域，或實現條件齊備的場合及地方上公共團體、學校法人等
的判斷才設置。

(c) 六年制中等學校所預想的類型:

（ㄅ）藝術、體育、外語等，及早施以專門的、一貫的教育
與訓練是更有效的。

（ㄆ）整合各種專門課程的教育。

（ㄇ）整合或調正普通教育與專門教育。

（ㄈ）提高數理科學習的適應能力之教育。

（ㄅ）和六年制中等學校之設置旨趣相稱的教育。

(d) 關於六年制中學的設置，有必要配合考慮不讓它又使考試
競爭激烈化。

〔學分制高中〕

(a) 從終生教育的觀點，設置這種適應學習者之希望、學習
過程與生活環境等的學校。為了讓這種高中容易為人所接
受，擬根據學分的累加來承認畢業資格，以增加成人的求
學機會。

(b) 學分制高中之機能:

（ㄅ）對科目、學科等學分取得之認定。

（ㄆ）根據學分的累加，施以畢業之認定。

這是針對那些用已往的方法難以受到高中教育、或高中時
中途輟學、或以高中以外的教育設施正在求學的人，為他
們謀求擴大接受高中教育的機會。

(c) 學分制高中卽使是針對成人的教育，也是在謀求使高中教
育之履修容易化、擴大教育機會。這是因應「學習社會」、
「終生教育」的時代請求而有的新式教育設施，顯示了學
校教育的社會教育化。

(d) 學分制高中學分之累加法是: 肄業中的高中所取得的學分，
加上大學入學資格檢定考試合格科目的認定學分，符合了
所規定要件的時候，就認定畢業資格。

(e) 修業年限是只要符合這個學校所規定的條件卽可; 取得畢
業資格者，需要有三年以上的在籍。

(f) 關於入學資格，由於這種學校具有終生教育的特性，因此
不施行選拔考試，用登錄制較為適當。關於全天候課程及
雙重在籍等問題，尚有疑義存在，需再作進一步討論。

(g) 關於上課方式: 利用星期日、夜間及短期集中上課的講演方式，對這些求學者是有必要的。

(3) 關於兒童、學生的問題行為（原文略）。

(4) 道德教育（原文略）。

(5) 提高教員素質

為了讓教育適切進行，提高教員素質是特別重要之事。決定今後也要對此問題繼續檢討:

①　設置試用證書，以任用後一年的試用期間，對實際的成績施以考試，合格者授與教師證書。

②　一年期間，在具體任命的計畫下讓教員施以實際練習，再根據這成績來任用為教師。

關於試用制，雖有種種提案，但似乎未有如何明確排除不合格教師之方案。

(6) 教師條件（原文略）。

(7) 學前教育

關於這一項亦決定今後繼續討論。

(四) 第四部會──對大學入學考試作檢討

A. 及至目前的審議狀況──

B. 高等教育與中等教育的接續問題──

(1) 提出問題時的想法。

(2) 檢討時留意的事項。

C. 關於大學入學選拔制度的改革──

(1) 大學入學選拔制度的原委與現狀

①　大學入學選拔制度的變遷。

②　「共同一次考試」（按: 相當於「會考」)的引入及其評價:

(a) 所謂難題、怪題已不再出現,變得能夠順著高中教育出題。

(b) 根據此次考試與第二次考試（按：幾乎所有國立大學都在共同一次考試之後，再舉辦一次考試，招考合乎要求的學生）的綜合判斷，可以達到徹底的對學生學力的判斷。

(c) 使得從以前就存在的大學「順序化」越發徹底，朝著「切成圓片」的現象前進。

(d) 「進路指導」偏向對偏差值的重視，助長了非本意入學的傾向。

(e) 共同一次考試與二次考試之組合對考生而言，變得負擔過重。

(f) 國立大學的考試機會，大抵只限於一次。

③　關於私立大學的入學者選拔（原文略）。

(2) 改革觀點及方向

①　針對改革的觀點：

(a) 今後有必要更進一層推行高等教育的個性化、多樣化。

(b) 沒有考慮到佔學生總人數 80％的私立大學被忽略了。

②　對現行共同一次考試的檢討：

(a) 一部分委員主張應該廢止。但是廢止之後，只是回到未舉辦共同一次考試之間的狀態，與入學者選拔制度的改善無關。

(b) 相反地，也有委員主張把共同一次考試作爲大學入學資格考試。但是，在日本，對於認定高中畢業生大學入學資格的範圍是否應該擴大，此一問題值得檢討，若根據考試把現行資格的範圍縮小，則欠缺理由。

③　新式共同測驗的提議：
本部會提議新式共同考試的檢討，以作爲改革大學入學者選拔制度的一個方案：

(a) 更改現行共同一次考試，創設各國、公、私立大學都能自

由利用的「共同測驗」（暫稱）。各大學可以自由判斷決定是否要利用此種測驗？利用哪些科目？採取什麼方法？也不妨由國立大學協會或大學間種種社團組織協議來共同利用；另外，短期大學也可以自由利用此一測驗。

（b）根據此一「共同測驗」，在尊重高中內容教育的同時，可以期待對各大學實現多樣的、特性的選拔有所助益。共同測驗的種類，內容卽使多也很好，而且關於此一理想作法，也是應該參考了「能研測驗」（按：相當於美國的ＳＡＴ，是在測驗學生是否有能力接受大學教育）、共同一次考試等經驗，及外國狀況吧？

（c）實施共同測驗的時候，一則各國、公、私立大學可以採用平等的立場，再則高中學校的當事者也可以參與規劃，而且也可以考慮檢討大學入試中心之設置形態及其功能。所討論的主題為：

（ㄅ）共同測驗的實施體制、實施時期與次數、考試手續費以及各大學投考報名費之處理。

（ㄆ）對有意入大學者，施以種種適切的進路指導；對大學及高中之間的情報交換給予種種媒介機能。

（ㄇ）以共同測驗為中心，擴充關於擴大大學入學選拔的研究機能。

（ㄈ）對大學入試中心所需要之經費負擔的正確作法。

④ 為改革大學入學選拔制度所有條件之整備工作：

（a）目前各大學入學選拔制度大抵都很脆弱，對高中各校以考上的情報收集與交換，一般而言可以說並不充分。尚有謀求強化各大學入學考試負責部門設置之必要。

（b）關於進路指導，我們期待發展加深大學入試中心積極的媒

介機能之活力以及加深各大學與高中之間的交流等種種嘗
試。

(c) 政府及地方公共團體盼望能夠講授對於如上所述的那些條
件整備所必要的措施。

⑤　國立大學考試機會之多次化:

考生和一部分國立大學對考試機會的多次化有強烈要求。

關於此點，所提出之具體方案有:

(a) 擴大第二次考試的範圍。

(b) 把大學分類，使入學選拔日期分散。

(c) 在一定的期間內各大學、院系可以任意選擇考試日期。

國立大學對於上述（b）之實現，特別寄與積極努力的期待。

⑥　對高中職業科畢業生的關照（原文略）。

⑦　關於歸國子女、社會人士等之特別選拔（原文略）。

⑧　改革的進行方法:

爲謀求「共同測驗」及大學入試中心之改革，設計一處協議
場所，供國立、公立、私立大學及高中學校之主事者都站在
平等的立場，來參加專門性的、具體性的檢討，期待能很快
地說明所需要的措施。

D. 關於接續之其他問題——

(1) 入學時期（9月入學）之檢討

關於大學入學選拔制度，有委員指出連大學入學時期也應
檢討。假定只將大學改爲9月入學的話，會有以下之優點:

(a) 現今入學考試乃在2月至3月氣候條件不利的短期間內實
施。如果把大學入學訂爲9月，則至3月底能完全授完高
中三年之課程，4月到5月能充作選拔期間。

(b) 7月到8月能作種種有效利用。

(c) 外國有很多都是 9 月或 10 月的入學制，如果日本也改爲
9 月入學，對國際交流頗有助益；對歸國子女回國入學也
較圓滿。

另一方面缺點是：

(d) 大學畢業之修業年限勢必延長。

(e) 會產生高中及大學畢業生就職及任用上之問題。

(f) 隨著九月入學的改變，會有學費收入減少之財政上的問題。

(g) 學年度和會計年度會變得不一致。

(h) 國際上不採 9 月、10 月入學制的國家也有之。

(i) 從高中畢業到大學入學期間，產生大量的在社會上歸屬不明
的青年。

(j) 會加強把高中畢業後的那段入學考試準備，當作考試生意的
依賴程度，有些委員擔心它會越發過度激烈化。

如上所述，還需要更進一步檢討之處甚多，希望能在深一層的
審議上達成結論。

(2) 其他問題

關於高等專科學校範圍的擴大，大學與專校間的加強聯繫，
大學入學資格檢定制度的年齡制限問題，對修業年限三年以上
的高等專校畢業生是否給與大學入學資格……等問題，也都曾
加審議；但這些問題本部門已決定要在高等教育之門徑應該是
盡可能多樣而且廣闊的基本認識之上，更進一步重複來檢討。

五、國中教師對歷史教育的看法

目　次

一、前　言

　　歷史教育在整個教育體系中佔有特殊而重要的地位。這種地位反映在以下兩項事實之上：第一，歷史教育拓展了受教育者時間的深度感，使學生透過歷史的學習而深深知道他們不是宇宙間孤伶伶的存在體，他們繼承祖先篳路藍縷創造的文明遺業，也對後世萬代子孫負責任。歷史知識的薰陶使學生知道「過去」、「現在」與「未來」是貫通為一，不可切割的連續體。這種認識使他們具有縱面的時間感，開拓生命的深度。經由歷史意識的不斷加深，個人的生命乃得逐漸溶入民族慧命的流行當中。理想的歷史教育不僅可以培養學生縱面的歷史感，它也可以培養學

生橫面的社會感。因爲接受理想的歷史教育之後，學生應該理解他們與社會上的其他成員都繼承了相同的歷史文化遺產，他們的精神生命都是紮根在共同的歷史文化基礎之上，彼此絕不斷爲兩橛。由於這種覺醒，受教育者很容易體認「血濃於水」的歷史文化情感，而其民胞物與的襟懷也隨之油然而生。個人與社會之間，在歷史教育的潛移默化下，就自然而然地聯繫起來。

第二，歷史教育對當前我國社會的轉型可以發揮整合的作用。近百年來，中國歷經鉅變，各種歷史性的問題應運而生。其中影響最爲深遠，牽動最爲廣的問題就是：數千年來中國的歷史傳統所孕育的價值體系如何更新，以適存於近代工業文明的生活方式之中？因爲近代工業文明是一個十分複雜的整體，其所包涵的層次亦多，所以在近百年來中國歷史發展的過程中，上述問題在不同時代中每以不同的面貌呈現出來，而對中國人產生不同的挑戰。近代工業文明不論就其技術層次而言、或就其制度層次而言、或就其思想層次而言，在今日的臺灣均已達到一個極其高度的發展，也對今日臺灣所承襲的一套傳統價值體系，造成了空前未有的衝擊。因此，如何在新舊激盪、東西交融的現代臺灣，汲取傳統文化的精華，注入現代文明，以創造一高度的綜合性文化價值體系，就成爲我們這個時代首先不得不面對的難題。聯結傳統文化與當代臺灣社會，使傳統文化的精神貫穿到當前社會中，使社會的生命參與到綿延不絕的時間之流中，最重要的途徑莫過於培養社會成員濃厚的歷史意識。歷史教育正是充實當前臺灣社會的歷史意識最爲有效的手段。

以上的討論旨在說明：歷史教育不論就受教育而言，或就整體社會來說，均具有莫大的影響力。但是，值得更進一步指出的是：在歷史教育的過程中，教師的重要性遠超乎歷史教科書、教學法、課程結構……等其他因素之上，而成爲歷史教育之主軸。歷史教師是知識的詮釋者，因此，他們是人類的「過去」與「現在」之間的橋樑，也是歷史研究

與歷史教育之間的媒介。如果在歷史教育中抽離了教師的橋樑與媒介作用，則古今必爲兩截，而歷史研究與歷史教育將裂爲鴻溝矣!

在各級歷史教師中，中學（包括國民中學及高級中學）教師扮演特別重要的角色，這不僅因爲中學六年教育是小學的基礎教育與大專高等教育之間的銜接階段；而且更重要的是，中學（尤其是國中）階段是青少年歷史思考能力逐漸形成的時期，教師在這段形成過程中發揮了最大的影響力。國外的研究文獻都指出：學生歷史思考能力的成長遠較其數理思考能力的成長爲遲，前者約晚於後者 4 年。就歷史的思考而言，少年的敍述思考能力約始於 12 歲，解釋的思考能力約始於 16 歲❶。而 12 歲到 16 歲之間正是少年接受國民中學教育的時間，國中歷史教師在少年的認知發展過程中扮演了催化劑的角色。

再進一步說，歷史是人類行爲及其結果的總紀錄。歷史理解需要解釋及思考能力。歷史課程中所展現的是一個成人的世界，它與國中少年所能理解的現實世界與精神世界相去甚遠。國中學生的歷史意識尚未定型，這種少年與成人之間的鴻溝有賴於歷史教師爲之填補，並引發學生的想像力，在史料與史實之間以及「過去」與「現在」之間築起溝通的橋樑❷。只有教師才能彌補史料不完整以及教科書形式僵化的缺點，也只有教師才能協助學生發展歷史思考中的類推、解釋、想像等能力

---

❶ 關於少年歷史思考發展的研究，參考: Michael A. Zaccaria, "The Development of Historical Thinking: Implications for the Teaching of History", *History Teacher*, XI (1978), pp. 323～340. 當然，這項調查數據所反映的是美國的青少年的歷史思考能力的發展狀況。由於社會型態不同，可能與臺灣的狀況有所出入。我期望將來有學者從事臺灣的青少年歷史思考的實證研究。

❷ 參考: E. A. Peel, "Some Problems in the Psychology of History Teaching: I. Historical Ideas and Concepts" in W. H. Burston and D. Thompson eds., *Studies in the Nature and Teaching of History* (New York: Humanities Press, 1967), pp. 159～172.

❸。

由於國中歷史教師在歷史教育過程中佔有極其重要之地位，所以，國中歷史教師這一個羣體乃成爲中學歷史教育研究中不可忽視的一環。但是環繞著國中歷史教師的歷史教育觀，至少有以下問題亟待追索：

（一）現階段國民中學教師所認知的當前國中歷史教育的結構性問題何在？

（二）現階段國民中學歷史教師對歷史教育的本質之認知如何？

（三）現階段國民中學歷史教師對歷史教育的未來有何看法？

這篇論文的寫作卽係基於對上述問題的關懷，以 1983 年至 1984 年之間，我對 183 位現任國中歷史教師所作的問卷調查爲基本資料，針對以上幾個問題所作初步的分析。本文所作問卷調查對象均爲當時正在參加或已參加過國立臺灣師範大學歷史科暑期進修班的國中歷史教師，這些教師的數量僅佔全體國中歷史教師的一部分，但他們卻具有相當的代表性，因爲參加暑期進修班教師的任教年資約爲十年上下，是現階段國中歷史教師之重要階層。進修結束後，仍有相當長時間之任教期間，對未來國中歷史教育仍有重大影響力。這是本文之所以選擇參加師大暑期進修班教師作爲問卷調查對象的基本理由。因此，就研究性質而言，本文基本上是一種以某一特定羣體爲對象的「定性研究」，這點必須首先加以說明。

二、國中歷史教育的結構性問題——
歷史教師的歷史教育觀（一）

國中歷史教育並非孤立的存在，它與整體教育體系的結構息息相

---

❸ E. A. Peel, "Some Problems in the Psychology of History Teaching: II. The Pupil's Thinking and Inference" in W. A. Burston and D. Thompson eds., *op. cit.*, pp. 173~195.

關，它基本上是整個教育體系結構中的一個環節。因此，對國中歷史教育的思考無可避免地必須始於結構性問題的分析。

從問卷調查的資料顯示：當前國中歷史教師認爲，國中歷史教育的結構性問題至少有以下二項：一是教科書問題；二是歷史科在當前教育體系中的地位問題。茲分別依序加以討論。

首先，我們討論教科書問題。教科書是從歷史學研究通往歷史教育的正式橋樑之一，其重要性不言可喻。就現階段臺灣的中學歷史教科書而言，至少牽涉到（一）統一的標準本的問題；（二）歷史教科書與歷史教學配合的問題；（三）當前正進行中新版教科書的編寫工作等三個環節。每一個環節都與教科書之能否發揮縮短歷史研究與歷史教學之鴻溝的作用有深刻關係。

關於統一的標準本歷史教科書問題，大部分接受問卷調查的國中歷史教師都認爲現行制度應予維持，亦卽應使用全國統一的標準本歷史教科書。在回答「有人認爲爲了教學及考試的方便，應有全國統一的歷史教科書，就像現在我們所實行的一樣，這種看法您同意嗎？」這個問題時，持「同意」態度的教師佔全體接受問卷調查者的 68.03%，「不同意」者佔 31.02%。而且，值得注意的是，任教年資較淺者贊成使用標準本教科書的百分比（75.55%）遠大於年資較深者（23.18%）；師大畢業的歷史教師贊成使用統一教科書者（佔 81.73%）多於非師大畢業的教師（佔 75.95%），表1及表2分別顯示上述趨向（見下頁）。這種趨向也許可以顯示：師大畢業而教學年資較淺的教師，也許由於大學時代所接受的師範專業訓練的影響，所以比較傾向於接受標準本教科書。

爲什麼標準本教科書是必需的呢？問卷調查資料顯示，教師們的意見十分紛紜，但下列幾項是較具有代表性的理由：

表1　國中教師對標準本教科書的態度（以任教年資分）

態度　年資	非常同意		同　　意		不　同　意		非常不同意		未作答
	N	%	N	%	N	%	N	%	
任教十年以上（138 人）	14	10.14	18	13.04	102	73.91	3	2.17	1
任教十年以下（45 人）	2	4.44	32	71.11	7	15.56	4	8.89	
總　　數（813 人）	16	8.74	50	27.33	109	59.57	7	3.83	1

資料來源: 筆者調查所得

表2　國中歷史教師對標準本教科書的態度（以畢業學校分）

態度　學校別	非常同意		同　　意		不　同　意		非常不同意		未作答
	N	%	N	%	N	%	N	%	
師　　大（104 人）	7	6.73	78	75	16	15.38	2	1.92	1
其 他 學 校（79 人）	9	11.39	51	64.56	15	18.99	3	3.80	1
總　　數（183 人）	16	8.75	129	70.49	31	16.94	5	2.73	2

資料來源: 筆者調查所得

（一）配合聯考制度，維持公平競爭: 「升學主義不能根除，還是有統一教材較不易有糾紛。在我們今天的教育制度下，若無統一教材，可要天下大亂。」[4]

（二）因爲中學參考圖書缺乏: 「在學校圖書缺乏的情況下，若無教科書爲依據，僅憑師生自由發揮，自己充實、攝取歷史知識似非易事，最後可能造成家庭經濟較爲富裕的，較佔優勢。」[5]

---

[4] 見問卷編號 061。
[5] 見問卷編號 009。

（三）以統一的歷史知識促進國家的統一：「由於中國對民族性欠缺團隊精神，私心太重，務必以齊一的教科書，以利大一統局面的實現。」❻

（四）中學尚無判斷能力：「中學生尚缺乏判斷的能力，如有統一的教材則可避免中學生不知如何取捨。」❼

　　這四種常見的理由顯然都是從國中歷史教學所面對的現實狀況著眼，而不是從理論或理想的立場出發。國中教師站在歷史教育工作陣營的第一線上，所以他們對實際問題的體認也最爲深刻，他們反對取消標準本教科書制度的普遍態度，與其說是由於保守的心態所致，不如說是由於對現實環境的深刻認識而形成的。

　　國中教師這種接受標準本教科書的態度如果與「歷史解釋」這項因素合而觀之，則更爲突出。問卷中曾設定下項題目：

　　「歷史教育應注意解釋，所以不應該有統一的教科書。」這種說法您同意嗎？

結果統計數字顯示：贊成上述說法者僅佔 22.51%，反對者高達 75.01%，其中年資深之反對者（81.16）略高於年資淺者（75.55）；師大畢業者（83.65%）高於非師大畢業者（77.22%）。表3及表4顯示上述趨向（見下頁）。

　　細釋教師們反對因重視歷史解釋而取消標準本教科書的理由，仍多基於對當前現實特殊狀況的考慮：

（一）爲統一國民的政治認同：「在國民基本教育時期，全國上下統一教授是正確的，若像諸子百家齊放共鳴，至少在戡亂時期的臺灣是不太適合的。」❽

---

❻　見問卷編號 010。
❼　見問卷編號 063。
❽　見問卷編號 080。

表3　國中教師對取消標準本教科書之態度（以年資分）

態度 年資	非常同意		同　意		不　同　意		非常不同意		未作答
	N	%	N	%	N	%	N	%	
任教十年以上 (138 人)	2	1. 45	21	15. 22	108	78. 26	4	2. 90	3
任教十年以下 (45 人)	2	4. 44	9	20	32	71. 11	2	4. 44	0
總　　數 (183 人)	4	2. 18	30	16. 39	140	76. 50	6	3. 27	3

資料來源: 筆者調查所得

表4　國中教師對取消標準本教科書之態度（以畢業學校分）

態度 學校別	非常同意		同　意		不　同　意		非常不同意		未作答
	N	%	N	%	N	%	N	%	
師　　大 (104 人)	2	1. 92	15	14. 42	84	80. 77	3	2. 88	
其 他 學 校 (79 人)	1	1. 27	17	21. 52	58	73. 42	3	3. 80	
總　　數 (183 人)	3	1. 64	32	17. 49	142	77. 60	6	3. 28	

資料來源: 筆者調查所得

（二）歷史研究與歷史教育不同: 「歷史教育與研究的性質，目標不同，歷史研究因方法、資料、立場而各異，而教育需有一致的標準，故需有統一的教科書。」[9]

（三）爲配合聯考制度: 「不統一讓學生怎麼去參加聯考? 否則要唸更多的課本增加學生的負擔嗎? 」[10]

從上文的論述之中，我們可以發現: 絕大多數主張接受標準本教科書的國中教師， 基本上都傾向於從「歷史教育與時代現實的密切相關

---

[9]　見問卷編號 060。
[10]　見問卷編號 015。

性」這個角度來思考標準本教科書問題。他們或視標準本歷史教科書爲強化國家政治目標的手段，或視之爲維持聯考公平性的工具，或視之爲維護社會經濟公平的方式。總之，絕大多數的歷史教師都認爲，歷史知識的統一性不但在理論上是可能成立的，而在現實上也是必須的。在我們的研究中，只有極少數的歷史教師注意到歷史知識的變動性，例如有一份問卷如此主張：「同一件史事，其原因及影響有時是很複雜的，從不同角度來看就有不同的觀點。」❶ 因此，他認爲歷史教育應以解釋爲重，不應有標準本教科書。持這種看法的少數教師比較強調歷史知識的多樣性，認爲人對「過去」的認識會因時空因素的變動而改變，所以，統一的教科書無法窮盡內容複雜的歷史現象。但是，整體說來，持這種態度的教師畢竟是少數，這些少數教師對歷史教師之作爲歷史現象的獨立而自主的詮釋者的角色十分強調，但這種意見畢竟無法得到大多數教師的呼應。正如一位教師在回答問卷中所說的：「問題是：不由政府聘請學者專家來共同訂定教科書，那麼還有誰有能力來選擇教材？地方政府還是教師本身？」❷ 大多數教師都相當倚重政府在歷史教育中所扮演的角色，因此，標準本教科書即成爲不可或缺的必要媒介物。

接著，我們討論歷史教科書與歷史教學之間的配合問題。根據上文的討論，既然大多數教師贊同使用標準本教科書，那麼，教科書與教學工作如何配合就成爲一項歷史教育的結構性問題了。關於這個問題，首先值得我們注意的事實就是：超過半數以上的國中教師（66.81%）認爲現行的國中歷史教科書（指民國七十二學年以前所使用之舊版教科書）不能配合他們的教學工作，其中年資淺者（66.67%）多於年資深者（60.14%）；師大畢業者（59.62%）多於非師大畢業者（56.67%），表 5 及表 6 分別顯示上項趨勢：

---

❶　見問卷編號 067。
❷　見問卷編號 020。

表 5　國中教師對歷史教科書能否發揮功能的看法（以年資分）

態度\年資	是		否		未 作 答
	N	%	N	%	
任教十年以上（138 人）	51	36.96	83	60.14	4
任教十年以下（ 45 人）	13	28.89	30	66.67	2
總　　　數（183 人）	64	34.97	113	61.75	6

資料來源: 筆者調查所得

表 6　國中教師對歷史教科書能否發揮功能的看法（以畢業學校分）

態度\學校別	是		否		未 作 答
	N	%	N	%	
師　　　大（104 人）	39	37.50	62	59.62	3
其 他 學 校（ 79 人）	26	32.91	51	64.56	2
總　　　數（183 人）	65	35.52	113	61.75	5

資料來源: 筆者調查所得

這項事實可以顯示: 任教年資較淺的以及師大畢業的教師對於教科書的期望較大，所以他們也失望較大。這項發現與上文所說師大畢業及年資淺的教師比較傾向接受標準本教科書這種現象若合符節。

　　既然對教科書普遍感到難於配合教學，那麼，教科書是否應該改編呢？ 問卷調查統計顯示: 教師們要求重新編寫歷史教科書的呼聲甚高，90.85％的教師認爲有重編之必要。而且，這種呼聲不分年資深淺以及是否師大畢業背景，均高達 90 ％以上。表 7 及表 8 說明上述這種現象:

表7　國中教師對重編歷史教科書的看法（以年資分）

態度 年資	非常有必要		有些必要		沒有什麼必要		毫無必要		未作答
	N	%	N	%	N	%	N	%	
任教十年以上（138人）	23	16.67	103	74.64	10	7.25	2	1.45	
任教十年以下（45人）	11	24.44	31	68.89	3	6.67	0	0	
總數（183人）	34	18.58	134	73.22	13	7.10	2	1.09	

資料來源：筆者調查所得

表8　國中教師對重編歷史教科書的看法（以畢業學校分）

態度 學校別	非常有必要		有些必要		沒有什麼必要		毫無必要		未作答
	N	%	N	%	N	%	N	%	
師大（104人）	15	14.42	80	76.92	9	8.65	0	0	0
其他學校（79人）	17	21.52	56	70.89	4	5.06	1	1.27	1
總數（183人）	32	17.49	136	74.32	13	7.10	1	0.55	1

資料來源：筆者調查所得

這項統計數字說明：國立編譯館目前正進行中的新版標準本歷史教科書的編寫，正是一項順應當前客觀形勢要求的工作，符合絕大多數的國中教師們的期望，也因此更必須莊敬戒慎，兢業從事。

再進一步分析，國中歷史教科書的改寫方向如何才算妥適呢？教科書所涵蓋的就地區歷史而言，大部分的國中教師（77.86%）同意問卷所提出的現象，認為目前國中歷史教科書的外國部分太偏重歐美地區，新版教科書的改寫方向應該加強亞洲、拉丁美洲史及非洲史的內容，以力求在教學中為學生創造一個較為平衡的歷史圖像。再就斷代而言，超過半數以上的教師認為：在國中歷史教學的斷代中，不論中國史或外國

史，都應該加強現代史及近代史的教學，尤其是現代史（不論中國現代史或世界現代史），超過 50 ％的教師認爲應予加強。他們的理由泰半是：現代史與當前國家及世界現狀關係密切。其中一位國中教師的意見很具有代表性，他所持加強中國現代史教學的理由是：「由目前國家的處境，做個檢討，了解自己的缺點加以改進，以便在世界上能有個舉足輕重的地位。」⑬ 他所提出的加強西洋現代史教學的理由是：「了解西洋人在近代強盛之原因，作爲我們學習的方向，捨短取長，以強盛自己的國家。」⑭

值得我們進一步加以分析的是：以上所引的加強現代史教學的理由蘊涵著一種非常強烈的實用主義的心態。歷史教學在這種心態已被轉化爲富國強兵的一種工具。歷史教學本身的獨立自主性（autonomy）與歷史知識本身的尊嚴性的意義相形之下乃告晦而不彰。這項發現與上文所指出的，教師們以標準本教科書爲強化國家目標的工具這項事實，在基本心態上是毫無二致的。總結地說，我們可以借用韋伯（Max Weber, 1864～1920）的話來說明當前我國國中歷史教育的一項結構性問題在於：國中歷史教師的「工具理性」（Instrumental rationality）非常發達，而「價值理性」（Value rationality）則較爲淡薄。這種傾向在他們對教科書問題上表露無遺。

接著，我們討論歷史科在當前教育體系中的地位問題。這個問題的分析必須涉及一項與歷史教育「工具化」這項事實互有關聯的結構性問題，這就是聯考制度。在問卷調查中，曾設定一個問題：「今天中學歷史教育的根本問題在於聯考領導教學這個現象。您同意這項說法嗎？」，結果統計數字顯示：回答同意（佔 67.35％）及非常同意（佔21.58％）的國中教師共佔 88.93％的高百分比。絕大部分的教師都指出，國中校

---

⑬ 見問卷編號 109，第十八題之「說明理由」。
⑭ 見問卷編號 109，第十九題之「說明理由」。

長、學生家長及社會大眾都以聯考成績來判斷老師教學成績，因此，歷史教育完全以聯考之馬首是瞻。

這項聯考領導歷史教育的事實，不僅是當前國中歷史教育乃至各級教育的重大結構性問題； 這項事實也印證了上文所說的歷史 教育日趨「工具化」的傾向!

除了「聯考」這項難以突破的「結構上的限制」之外，從國中教師的立場看來，歷史科不論在學校、學生、課程結構及教育行政人員之中都未能獲得應有的重視。 問卷調查資料顯示： 45.36％的國中教師認爲歷史科沒有受到他們所任教的學校當局的重視 。 89.01％的教師認爲在國中的課程安排上，歷史科早已淪爲副科，成爲其他科目（如國文）教師配課的踏腳石 。 尤其是年資淺者（ 93.33％）及師大畢業者（ 85.58％）對這種病態感受較資深者及非師大畢業者更爲深刻。

但是， 對於結構中的人的因素， 國中教師們的意見則較爲樂觀。 59.56％的教師認爲他們所任教國中的校長對歷史教學 工作 幫 助 很 少（ 37.98％） 或沒有幫助（ 21.58％）； 40.04％的教師則認爲有些幫助（35.25％）或很有幫助（4.79％）。50％的教師們認爲政府教育行政機關對歷史科持有錯誤見解（ 37.57％）或一直相當陌生（12.43％）。但也有 49.88％的教師認爲這種狀況一直在改善中，歷史科正漸漸受到教育行政機關的瞭解或重視。

總結本節的討論， 我們可以發現： 國中教師心目中當前國中歷史教育的結構性問題，在教科書編寫問題及歷史科地位低落的現象。我們的分析顯示，國中教師比較傾向於從現實狀況立場出發來思考歷史教育問題，因此，歷史教學以及教科書的編寫與使用都相當地被「工具化」了。 這種「 工具化 」的傾向更受到聯考制度及升學主義心態的推波助瀾，使歷史科地位逐漸淪喪。

三、國中歷史教育的非結構性問題——
歷史教師的歷史教育觀（二）

除了上節所分析的結構性問題之外，當前國內國中歷史教育也存在著許多非結構性的問題。這些問題從國中歷史教師的歷史教育觀中也具體而微地表現出來。

首先值得我們討論的是中學歷史教育的目標問題。在問卷調查中，我們設計了一個問題：

「中學歷史教育以培養民族精神為目的」，這句話您同意嗎？

統計數字顯示：回答「同意」（佔71.72%）及「非常同意」（佔24.32%）的國中教師合計佔總數的 96.04%，為壓倒性之絕對多數，其餘回答「不同意」及「非常不同意」者僅分別佔 3.83% 及 0.14%。不論任教年資、畢業學校或年齡高低等因素的差異，絕大多數的國中教師均認為國中歷史教育應以培養民族精神為目的。

這種趨勢如果與另一項題目的回答趨勢一併考慮當更有意義：

「中學歷史教育應培養學生的世界眼光，使其成為世界公民」，

這句話您同意嗎？

統計結果顯示：回答「同意」（佔 67.76%）及「非常同意」者（11.48%）合計佔 79.24%。而且，值得注意的現象是，回答「同意」及「非常同意」者以 34 歲以下之年齡層佔多數，尤其集中在 25 歲以下的年齡層，如表 9 所示（見下頁）。這項事實也許可以部分地說明：國中教師於歷史教育的目標所持的態度，與年齡互有關係。年輕教師比年長教師更能注意透過歷史教育過程開拓學生的世界性的眼光。雖然如此，但是，不論年長、年輕教師，對於「中學歷史教育以培養民族精神為目的」所持的理由如何呢？以下列舉若干比較具有代表性的理由：

表9　國中教師對「中學歷史教育以培養學生世界眼光」的看法
　　　（以年齡分）

態度 年齡	非常同意		同　　意		不　同　意		非常不同意		未作答
	N	%	N	%	N	%	N	%	
54～45歲（3人）	0	0	2	66.67	1	33.33			
44～35歲（14人）	4	28.57	5	35.71	5	35.71			
34～25歲（119人）	12	10.08	86	72.27	21	17.65			2
25歲以下（44人）	6	13.64	32	72.73	6	13.64			1
總　　數（183人）	22	12.02	125	68.31	33	18.03			3

資料來源：筆者調查所得

（一）「教育是屬於國家政策推行之一環，尤以歷史教育更是直接
　　　指示民族傳承的一環，其與歷史研究應有所差距，也就是說
　　　並非純史實之傳述。」⑮

（二）「有國家才有歷史，國家與歷史是並存，要國家興盛強大，
　　　更加要注重歷史，國人愛國家，應激發國人熱愛、模仿、效
　　　法先人創國、立國的奮鬥歷程。」⑯

（三）「歷史是一個國家民族文化發展之所由來，因此為激發國人
　　　的愛國思想，最重要的學科便是歷史。而文化復興運動，是
　　　個保衛歷史文化運動，其目的則在使我們歷史發揚光大啟明
　　　復旦。」⑰

（四）「我認為史學與歷史教育的目的是不同的，歷史教育應考慮

---

⑮　見問卷編號 082，第一題之文字說明理由。
⑯　見問卷編號 036，第一題之文字說明理由。
⑰　見問卷編號 018，第一題之文字說明理由。

到國家民族的立場， 所以中學歷史應以培養民族精神 爲 目的。」⑱

其餘類似上列理由甚多，我們不再一一臚列。細繹這些理由，我們可以發現：絕大多數的國中教師都視歷史教育爲實踐國家目標的重要工具。他們認爲，歷史就是「古人創國立國的奮鬪歷程。」⑲ 因此，歷史教育乃是激發學生愛國情操的一條有力的途徑。這種看法與上文所分析的國中教師多重視歷史教育的「工具理性」這項事實互相呼應，構成國中教育歷史教育觀的重要內容。

國中教師這項歷史教育觀 —— 視歷史教育爲加強民族精神之手段——基本上與十九世紀所謂「科學史學」(Scientific history) 崛起以前的歷史思想有其近似之處。例如法國史學家米希內 (Jules Michelet, 1798~1874) 就把歷史當作是「國家史詩」(National epic)，是先民艱辛締造國家的歷程，因此，歷史學有其教化之功能⑳。這種以歷史教育爲提振民族精神教育的手段的歷史教育思潮，也是第二次世界大戰結束以前日本中學歷史教育思潮的主流㉑。民國以來，尤其是抗戰以降中國的歷史教育也一直是沿著這條思想脈絡發展，當前臺灣的國中歷史教師的歷史教育觀是與這條思想脈絡相一致的。

但是，以民族主義爲中心的歷史教育觀如持之太過，則亦不能免乎偏狹之弊。國內一位歷史教授就曾指出：「中國史的特色，重視華夷之辨，但是重視的是文化上的民族觀。民國以來卻因『驅逐韃虜』的革命

---

⑱ 見問卷編號 004，第一題之文字說明理由。

⑲ 同⑯。

⑳ 關於米氏對歷史研究及歷史教育的看法，參看: Jules Michelet's Introduction to *The People*, 收入: Fritz Stern ed., *The Varieties of History* (1956), pp. 108~119.

㉑ 關於戰前及戰後日本歷史教育的變化，參考: 遠山茂樹，《戰後の歷史學と歷史意識》（東京: 岩波書店，1968, 1979），〈序說: 戰前と戰後の歷史學と歷史教育〉，頁 1~24.

情緒，及近代迭受外侮；反而強調漢族之義，偏狹的歌頌英雄，無形中視滿、蒙、回族同胞為異族，造成漢族文化的沙文主義。」❷ 這種狀況確實值得我們深思。錢賓四先生亦嘗指示民族精神教育必須與現代世界眼光相輔相成，始能各自獲得妥當之定位。錢先生說：「竊謂提倡民族精神教育，決不是要把自己民族孤立脫出於並世各民族之外，抱殘守闕，關門自大，遺世獨立。所以要提倡民族精神教育者，乃為求把自己民族投進於並世各民族之林，釋回增美，革舊鼎新，爭取自己民族在現代世界潮流下，並駕齊驅，得一平等自由之地位。」❸ 這種說法最能執兩用中，得其均衡。

盱衡各國世界歷史教育發展之趨勢，我們發現，世界史教學日益獲得重視。聯合國在 1953 年起就出版《世界史學報》(*Journal of World History*)。美國一般大學之歷史教學也以「世界通史」(World History) 或「世界文代史」(World Civilization) 課程取代過去「西洋文化史」(Western Civilization)❷。而且，此種注意世界史教學之趨勢正方興未艾，成為當前美國高等教育之一項新興現象❷。1983 年，美國歷史學會與國際歷史學會議日本國內委員會聯合舉辦「第一屆日美歷史學會議」，麥克尼爾 (William H. McNeill) 在會中以〈美國的歐洲史教育〉("Teaching European History in the United States") 為題發表論文❷，指出：歷史教育應注重世界史的眼光，而且，更應注意歷史

---

❷ 見：呂士朋教授接受民生報記者訪問所發表之談話。刊於：《民生報》，1983 年 8 月 7 日，「文化新聞版」。

❸ 錢穆，〈關於提倡民族精神教育的一些感想〉，收入：氏著，《歷史與文化論叢》(臺北：東大圖書公司，1979)，頁 405。

❷ 參看：邢義田，〈「世界史」抑中國文化立場的「西洋史」？〉，《史學評論》，第三期 (1981 年 6 月)，頁 143～144。

❷ 關於這項趨勢的發展，參考：Karen J. Winkler, "Textbooks: the Decline and Rise of Western Civilization", *The Chronical of Higher Education*, Dec., 1, 1982, pp. 23～24.

❷ 見：Williaw H. McNeill 著，王琪、游鑑明譯，〈美國的歐洲史教育〉，《史學評論》，第八期 (1984 年 7 月)，頁 61～76。

教育的社會功能。麥氏這項論點很引起日本學者的共鳴，東京大學歐洲史教授西川正雄就曾說，聽了麥氏的演講，深深感到歷史教育非從我族中心主義中掙脫出來不可；在同一個會議中，日本歷史學者二谷貞夫的論文：〈戰後の高等學校におけるヨーロッパ史教育──學習指導要領の變遷とその歷史認識の考察〉❷，也指出 1970 年以後，日本的中學歷史教育走向以『文化圈』為中心的世界史體系。以上所舉諸例告訴我們海外歷史教育的發展趨勢，也都是在尋求以均衡的世界眼光，籠罩人類全局。

總結本節的討論，我們可以大致獲得這樣的看法：現階段國中教師對歷史教育的非結構問題之看法中，以歷史教育的目標這個問題最關緊要。國中教師的愛國情操最為難能可貴，最足欽佩。但在強調歷史教育的民族主義教化作用的同時，我們如果也同時強調歷史教育的「知人、曉事、識時」❷ 的一般教育功能，並注意拓展學生的世界眼光，那麼，國中歷史教育也許將更臻完美，並與當前世界歷史教育思潮作更有啟發性之互動。

四、歷史教師的自我評價

國中歷史教師對於他們所從事的歷史教育工作的自我評價及其展望又如何呢？這是我在此想加以探討的另一個問題。

歷史教育的重要目的之一乃在於啟發並培養受教育者的「歷史意識」。我在另一篇論文中曾指出，從歷史上來看，中華民族是非常具有「歷史意識」的民族。傳統中國深刻的「歷史意識」表現而為兩個基本

---

❷ 見：二谷貞夫著，蔡淵洯譯，〈戰後日本高等學校的歐洲史教育〉，《史學評論》，第八期，頁 99～106。

❷ 見：錢穆，〈論中國歷史教學問題〉，《民主評論》，八卷八期（1975年），頁2～3。

型態，它們均與儒家的思想傳統有深刻的關係。第一種型態是：把歷史作爲彰顯人生眞理或道德教訓的鏡鑑。因此，歷史事實也就是表現抽象的道德眞理的具體事例。在這一種垂態的「歷史意識」支配之下，史學研究基本上是一種垂「變」以顯「常」的學問，史學家企圖從透過對「變遷」的分析來掌握「永恒」。也在同樣的立場之上，許多中國史學家認爲非體「常」不足以盡「變」，只有對「永恒」的人生常道有所體認才能對歷史的「變遷」有眞切的理解。第二種型態的「歷史意識」則是指：人透過對歷史的學習而自覺到他是站在歷史的洪流裏，意識到「過去」、「現在」與「未來」綜合爲一，體認到時間之流乃是一個生生不已的延續體，三者間是「抽刀斷水水更流」的關係㉙。傳統中國人充滿了豐沛的歷史意識，也因此具有強烈的時間感。中國人只有在「前不見古人，後不見來者」，被時間所放逐的心境下，才會感到「念天地之悠悠，獨愴然而淚下」。

　　這種源遠流長的「歷史意識」是否在臺灣的中學歷史教育之中培育、綿延、茁壯呢？一半以上的接受問卷調查的國中教師（佔 61.06%）都認爲當前的中學歷史教育是欠缺歷史意識的歷史教育。「不同意」及「非常不同意」這種看法的教師僅分別佔 35.52%及 1.09%。持有這種看法的教師與任教年資十年以上者（佔 59.72%）多於任教年資十年以下者（佔 55.55%）。這些數字似乎可以如此理解：相當多數的國中歷史教師對他們的工作有相當的挫折感，他們認爲當前國中歷史教育中的歷史意識有待提昇。而且，任教年資愈久者愈持有此種看法。

　　那麼，什麼原因造成國中學生歷史意識有待加強的狀況呢？接受問卷調查的國中教師常提到的幾項原因如下：

　　（一）教材與教法的限制：「因爲教材、教法的關係，中學師生所

㉙　見：拙作，〈歷史教育與歷史意識的培育〉，收入：拙著，《儒學傳統與文化創新》（臺北：東大圖書公司，1983），頁 161～162。

從事的歷史教育僅停留於史事片斷浮面的傳誦。」 ❸⓿

(二) 聯考的壓力: 「目前在聯考的壓力下, 中學歷史教育已成爲爲聯考而教, 爲聯考而學, 無歷史意識可言」 ❸❶。

(三) 學生學習態度的不正確: 「學生曾說歷史只是聯考得分的工具之一, 不升學者認爲讀那些『死』的事毫無意義, 亦卽歷史和現實不能配合, 學生對自己國家的歷史無認同感。」 ❸❷

(四) 教師的限制: 「老師有權利也有義務對教材做各種角度的解釋, 但傳統的教育下, 老師本身亦缺乏歷史意識。」 ❸❸

從歷史教師的眼中看來, 雖然由於升學考試等因素, 而使歷史教育發揮提昇學生歷史意識的作用受到限制, 但是, 國中教師們卻以樂觀進取的精神堅忍奮鬥, 他們認爲只要教師自己努力以赴, 配合聯考制度的改變, 歷史教育的未來展望是樂觀的。 以下兩種意見可以反映這種看法:

(一) 教師的努力: 「只要教師本身看重自己, 強調自己, 說明歷史本身的重要, 讀歷史並非普通人所能勝任, 因史學是包羅萬象的科學, 故一流人才, 才能讀歷史, 學生自然會重視歷史。」 ❸❹

(二) 聯考命題方式的改進: 「目前聯考命題已逐漸在改變中, 絕不再像以往的偏重記憶, 而是屬於事件的聯貫與比較, 因此今後的歷史教學必較受重視, 故其發展是樂觀的。」 ❸❺

這種樂觀奮鬥的精神使多數的國中歷史教師希望參加國立臺灣師範

---

❸⓿ 見: 問卷編號 086, 第三題之說明理由。
❸❶ 見: 問卷編號 078, 第三題之說明理由。
❸❷ 見: 問卷編號 085, 第二題之說明理由。
❸❸ 見: 問卷編號 043, 第三題之說明理由。
❸❹ 見: 問卷編號 018, 第五題之說明理由。
❸❺ 見: 問卷編號 087, 第十六題之說明理由。

大學所主辦的歷史科暑期進修班。在接受筆者調查的已參加過暑期進修班的國中教師中， 96.32%的教師認爲暑期進修對他們的教學工作「有點幫助」（佔 53.56%）或「很有幫助」（42.76%）。這是令人欣喜的現象。

五、結　論

本文以問卷調查資料爲基礎，分析臺灣的國中歷史教師對歷史教育的看法。我們的研究發現，在國中歷史教師的心目中，臺灣的國中歷史教育存有許多結構性的問題，其尤爲重大者包括聯考領導歷史教學的現象，教科書改編的必要性，以及歷史科爲一般社會大眾所誤解……等。臺灣的國中歷史教育的非結構性問題，主要是歷史教育的目標如何達成的問題。 換句話說， 絕大多數的國中教師都同意， 國中歷史教育應以「培育民族精神」及「拓展學生之世界心胸」爲目標。但這兩大目標之間如何透過教學而取得平衡？ 這是國中歷史教育在非結構性的層次上值得努力的課題之一。

我們的研究也同時發現，雖然有相當多數的教師感受到國中歷史教育中的「歷史意識」仍有待大力提升，但他們都樂觀奮鬥，認爲透過他們的努力可以改善歷史教育的現狀。參加教師暑期進修班就是一條有效的途徑。教師們這種反求諸己、努力以赴的精神，最令人敬佩，它也是中國源遠流長的儒家教育精神在現代的表現。特別值得我們加以表揚。

歷史教育是傳統中國教育中最充實而有光輝的一頁，也是現代國民教育中最爲重要的一個環節。歷史教育不僅爲學生提供時間感，也爲學生在變動不居的世界裏覓得一個價值的定位。歷史教育的重要性正在於建立這種承先啟後的價值觀念。歷史教育所牽涉的現象複雜萬端，值得仔細分疏的問題不勝枚舉。這篇論文以國民中學歷史教師作爲研究的主

體，試圖對國中教師的歷史教育觀作初步的分析，以作爲我們思考歷史
教育問題的部分參考。

附記: 本文所使用之部分資料係筆者參加林明德教授主持「我國中學歷
　　　史教育之研究」研究計畫 (NSC74-0301-H003-01) 時所搜集，
　　　該項計畫由行政院國科會支助，特此聲明致謝。又本文曾在「國
　　　際歷史教育研討會」(1985 年 8 月 9 日～10 日，臺北) 宣讀，
　　　感謝張元教授惠示高見。

六、中國史教育的新展望
——以戰後臺灣經驗爲參考架構

目　次

一、前　言

　　這篇論文的主題在於對作爲通識課程的中國史教育提出新的展望。這種新展望的思考，是以戰後四十多年來的「臺灣經驗」作爲基本參考結構而進行的。全文的論述共分爲六節：第一節說明全文宗旨，並釐清兩項質疑；第二節及第三節分論戰後臺灣經驗的主要發展方向及其社會文化涵義；第四節及第五節則站在對於戰後「臺灣經驗」的思考的基礎之上，對於中國史教育提出多元觀與世界觀等兩項新的展望。第六節則就管見所及，提出若干結論性的看法。

　　但是，在解嚴後現階段的臺灣，任何人企圖在「臺灣經驗」的基礎

上，論述中國史教育的內容與方向，不可避免地必須先面對以下兩項批判性的意見：

(1) 有人認爲，近百年來臺灣快速地邁向現代化，尤其是近四十餘年來的經濟發展，業已成功地創造一個現代化的社會。在像現代臺灣這樣的社會中，傳統中國的歷史經驗可資參考之處甚少。所以，與其在現代臺灣教育體系中提倡傳統中國歷史教育，不如多注意現代工業社會或資本主義所帶來的各種現代問題（如環境保護、社會分工、跨國企業以及人性疏離等）更爲實際而有用。

(2) 另一種意見認爲，自從漢人移民進入臺灣以來，四百年來臺灣歷經了明鄭、滿清、日本以及國民政府的統治，由於政治史的斷裂而使現代臺灣與傳統中國出現了本質上的差異，所以，傳統中國的歷史經驗，不但毫無參考價值，而且對於二十一世紀臺灣的發展也毫無助益。

以上這兩種意見，從主張者的立場看來都持之有故，言之成理，在相當程度內代表了近年來臺灣社會內部反對中國歷史教育的兩種主流意見。第一種意見可以稱之爲「現代主體性論」，第二種意見可以稱之爲「臺灣主體性論」，雖然著眼點不同，但是他們不贊成中國史教育的推動這項立場則是一致的。

這兩種意見採取一種「機械的」而不是「有機的」思考方式，前者假設「傳統」與「現代」處於一種機械式的對立狀態，此消彼長，截然兩分，所以，在像臺灣這樣的現代社會中，向前展望具有「現代性」(modernity) 的課題，比回顧以「傳統性」(traditionality) 爲中心的歷史經驗，更爲有用而實際；後者則假定「臺灣」與「中國」是機械式的二分關係，中國歷史的經驗並不適用於現在以及將來臺灣的發展。潛藏在這兩種意見中的「機械的」思考問題的方式，有其內在的問題，值

得加以分析。

首先，我們檢討第一種意見。晚近學界關於「近代化」(moderni-zation) 的研究文獻一致指出：就近代世界史的經驗看來，從「傳統」到「現代」並不是一種機械的對立關係，而是一種迂迴的發展關係，「傳統」中的許多因子常以曲折的方式在「現代」社會中繼續發揮作用❶。因此，「傳統—現代」二分對立的假設，是難以成立的。這種從「傳統」到「現代」的曲折發展，在戰後的臺灣也可以獲得部分的證實。舉例言之，所謂「經濟奇蹟」是戰後「臺灣經驗」中最常被提起的成就，但是，在戰後臺灣為數可觀的企業體之中，關係網絡（尤其是家族關係）仍是臺灣的企業經營最重要的因素之一。「關係」的普遍存在，增強了臺灣企業的韌性與堅強的生命力❷。講究「關係」正是傳統中國社會的基本特徵之一。這個例子可以反映：傳統中國社會文化的若干因子（如講究「關係」），仍以曲折的方式而在現代臺灣發生作用。因此，我們思考臺灣的現在以及未來，仍有必要通過歷史的視野，參考傳統中國的歷史經驗。從這個觀點來看，反對中國歷史教育的第一項理由顯然難以成立。

其次，我們再考慮第二項意見。第二項意見是建立在「臺灣與中國大陸有其本質上的差異性」這項假設之上。這項假設的成立基礎是相當薄弱的。從晚清時代臺灣社會的發展來看，誠如陳其南所指出：「祖籍人羣械鬥由極盛而趨於減少，同時本地寺廟神的信仰則形成跨越祖籍人羣的祭祀圈；宗族的活動則由前期以返唐山祭祖之方式漸變為在臺立祠

❶ 參考：Shmuel N. Eisenstadt, "Sociological Theory and an Analysis of the Dynamics of Civilization and Revolution", *Daedalus*, (Fall, 1977): *Discoveries and Interpretation: Studies in Contemporary Scholarship*, vol. II, pp. 59~78.

❷ 關於這個問題最近的實證研究，參考：彭懷眞，《臺灣企業業主的「關係」及其轉變——一個社會學的分析》（臺中：東海大學社會學研究所博士學位論文，1989）。

獨立奉祀❸」的現象，但是從漢人的祖籍分類意識、民間信仰的寺廟祭祀圈、以及血緣宗族的發展型態等方面來看，臺灣社會的「中國性」仍是很明確而無庸置疑的。在相當大的幅度之內，臺灣仍可以被視爲「中國社會文化研究的實驗室❹」。從歷史的觀點，我們可以說，四百年來臺灣史的發展雖然在政治史上呈現斷裂性，但是在社會文化的深層結構上仍有其強韌的持續性。近年來若干人士所持「因爲臺灣與中國大陸不同，所以中國歷史教育在臺灣不必實施」這種意見，基本上未能正視臺灣社會文化結構與中國社會文化傳統的持續性這項事實。

　　經過上文對於存在於當前社會的兩項質疑加以分析與釐清之後，我們可以進入本文主題的論證。我們先從戰後臺灣變遷經驗的基本方向加以討論。

二、戰後臺灣經驗: 變遷原因及其內容

　　從歷史的角度來看，戰後臺灣經歷了巨大而深刻的變遷。傳統的「農業的心靈」已爲「工業的心靈」所取代，傳統社會中植根於泥土的農民如今獲得了「解放」，從泥土中連根拔起，社會流動性增大，社會也趨向多元化。

　　最近四十多年來快速的工業化，使戰後臺灣社會發生結構性的變化，其所導致的文化變遷主要方向有二: (1) 多元化的社會型態取代中國歷史上悠久的君主中央集權; (2) 文化生活中「並立原則」則取代「從屬原則」。值得我們注意的是，如此徹底的文化、政治和結構上的改

---

❸　陳其南，《臺灣的傳統中國社會》（臺北: 允晨文化實業有限公司，1987），頁 178。

❹　陳紹馨，〈中國社會文化研究的實驗室——臺灣〉，收入: 氏著，《臺灣的人口變遷與社會變遷》（臺北: 聯經出版事業公司，1979），頁 1～7。

變主要是受到下列二個因素的影響: (a) 生產模式的改變──工業取代了農業。(b) 教育的普及──學校和歸國留學生數目的增加。

以下我們先探討這兩項變遷因素的發展,再討論戰後臺灣文化變遷的內容。

(一) 變遷的因素

1950 年代的臺灣基本上是一個農業社會。1952 年農業人口佔總人口比率的52.4%,而國內農產品生產淨值佔經濟總產值的38.3%。經由對外貿易,農產品外銷所獲得的利潤爲六○年代中期的工業「起飛」奠定良好的基礎。1953 年後, 隨著四年經濟建設計畫的完成, 農業人口佔總人口的比例開始穩定的下降: 1960 年是 49.8%,1965 年是 45.4%,1970 年是 40.9%,1975 年是 34.7%,1989 年是 18.1%❺。從人口結構改變的角度來說,在三十年內,臺灣已由農業臺灣蛻變爲工業臺灣。農業部門和工業部門之間成長率的顯著差別,更加速了這種結構性的變化。統計資料顯示: 工業的年成長率逐漸超越農業年成長率,在1963 到 1972 年間工業成長率與農業成長率的差別更爲顯著: 工業 18.5%,遠高於農業的 4%❻。

在戰後臺灣的生產結構轉變的同時,工業化亦改變了國民生產淨額(NDP)。統計資料顯示: 五○年代早期,農業在國民生產淨額之重要性遠勝過工業; 從 1963 年起,國民生產淨額中之工業產值逐漸超過農業,1965 年第三個四年經建計畫完成後, 更加速了工業化的進行, 使臺灣成功地進入「新興工業國家」 (NIC) 之林。

在戰後臺灣社經結構的轉變中最值得注意的是: 民營企業的快速發

---

❺ Council for Economic Planning and Development, R.O.C., *Taiwan Statistical Data Book* (1990, 以下簡稱 *TSDB*), Table 4-3, p. 65.

❻ *TSDB*, Table 4-56 and 5-26, p. 68 and p. 85.

展，甚至超過了國營事業。1952 年民營企業的生產值（43.4％）尚低於公營企業（56.6％），但隨著臺灣經濟的發展， 兩者的生產總值於 1958 年達到相同的水準。1977 年民營企業所佔比例高達 77.2％，1989 年更高達 81.4％ ❼。 其快速的發展更帶動了臺灣個人取向的文化的形成。

除了顯著的成長之外，民營企業也展現出充沛的活力，創造出「臺灣奇蹟」。這種活力亦可由民營與公營企業產值的年成長率差別看出，民營企業的年成長率皆遠高於公營企業❽。

在戰後「臺灣經驗」中，造成私人企業飛快成長的原因很多，主要的因素包括：（1）一般人民的辛勤工作；（2）民營企業有較多的決策自主權；（3）民營企業有較佳的工作倫理等等。從私人企業快速發展的角度來看，我們可以發現戰後臺灣文化的主要面向在於個人主義的興起。相對於傳統中國的人民對政府的依賴，戰後臺灣的人民對自己更加有信心。

但是，經濟的重建並不是臺灣文化變遷的唯一原因。教育的推展則是另一個同等重要的因素，統計資料顯示：過去四十年來臺灣教育在數量的成長方面較有成就。其中最值得注意的是，文盲比例由 1952 年的 42.1％，減至 1989 年的 7.1％；此外，接受中等教育的比例亦由1952 年的 8.8％提昇至 1989 年的 44.9％❾。 自 1968 到 1969 學年度開始實施九年國民義務教育以來，教育的普及更是加速發展。

學校數目的增加，加速了教育的普及化。1950 到 1951 年時，全省各級學校總數為 1504 所，平均每一千平方公里只有 41.8 所學校，到了 1988 至 1989 年，全省學校總數增至 6940 所，平均每一千平方公里

---

❼ *TSDB*, Table 5-4, p. 89.
❽ *Ibid.*
❾ *TSDB*, Table 2-46, p. 7.

有 186.30 所❿ 。

　　教育的推展使知識更易於獲得，資訊更加流通，這兩項發展皆有益
於臺灣的民主化的進展。戰後臺灣教育的發展，使人民察覺到傳統文化
和社會中，思想、政治、社會及經濟制度，所加諸於個人的束縛。由
於接受較好的教育，戰後臺灣的人民更勇於尋找自我的尊嚴和生命的意
義，自由主義、個人主義等思想開始在近數十年來的臺灣生根茁壯。

　　除了量的擴增之外，自海外歸國的留學生對臺灣教育內容的變遷亦
有很大影響。統計數字顯示，1982 年起每年有 1,000 個留學生回國服
務，1989 年則有 2,464 人。這些人分別服務於政府機構、工、商業界
和大學。這些為數可觀的返國留學生以從美國及日本回國者最多⓫ 。美
日兩國社會所盛行的自由、民主、法治、平等以及個人主義等價值理
念，乃隨留學生的返國而大為傳播。

　　上文分析造成戰後臺灣社經和教育變遷的原因，現在我們再繼續探
討戰後臺灣文化變遷的內容。

（二）文化變遷之內容

　　隨著快速的工業化，戰後臺灣文化的劇烈變遷主要表現在兩個方
面：(1) 農業心靈的消逝；(2) 多元論和並立原則的興起。

　　隨著工業化的進行和農業的日漸式微，農業心靈的消逝是理所當然
的發展趨勢。這點在臺灣農民對其土地和職業的態度的轉變上表現的特
別明顯。五〇年代早期的臺灣農民是根植於泥土的，視耕作為一種彰顯
生命意義的神聖的天職。對五〇年代的臺灣農民而言，土地是神聖的，
而耕種則是他們與生俱來的天職。但是到了六〇年代中期，「經濟奇蹟」
使這種傳統的「農民靈魂」急速的消逝，土地的性質也轉變成為可變賣

---

❿　　《中華民國教育統計》（臺北：教育部，1990），頁 VIII。
⓫　　同上書，頁 5～53。

的商品，從事農作變成只是維生的方式之一。

在這種轉變過程中，農民深受痛苦。1985 年我曾與廖正宏教授對 455 位農民做過一次調查，半數以上的受訪農民（59.3%）認為農業已無前途可言，其中 37.0%的專業農對農業尤其表示悲觀。接近半數（48.6%）的受訪農民不滿意務農的生活，有 16.6%的人更是非常不滿意。我們的調查資料顯示：絕大多數（75%）的農民，對於出售祖傳田地不以為恥；超過半數者（57.6%）認為擁有土地並非是階級的象徵，這也是 35 歲以下兼業農的典型看法⑫。

這種農民思想的改變，清楚地顯示出傳統文化在今日臺灣已日薄西山。無論是否出於自願，農民們已從土地之中解放出來了。

農本主義的消逝和多元論、並立原則的興起這些變化，帶動著戰後臺灣文化也隨之發生變遷。臺灣文化已從傳統中國文化中的內向的、集體的、懷舊的取向轉變成以外向的、個人主義的、前瞻性為主導的文化。心理學家楊國樞長期研究臺灣大學生的價值取向，他的研究成果指出：當前臺灣學生的性格傾向於內向發展、個人主義、前瞻性和控制自然的支配型價值取向，明顯地迥異於傳統中國人的價值取向模式：內向發展、集體主義（直線的）、守舊和服從大自然⑬。楊教授對臺灣的大學生價值取向的描述也可以適用於大學生以外的羣體。廖正宏教授和我於1985 年 12 月訪問了 624 位鄉村居民及 1911 位高中學生，統計資料顯示：農民這一羣過去臺灣社會中最保守的社羣，已具有強烈的個人主義傾向⑭。顯然地，傳統社會文化中的一元論與從屬原則，已經被講求

---

⑫　廖正宏、黃俊傑，《戰後臺灣農民價值取向的轉變》（臺北：聯經出版事業公司，1992），頁 50。

⑬　See: Kuo-shu Yang, "Chinese Personality and Its Change" in M. H. Bond ed., *The Psychology of Chinese People* (Oxford: Oxford University Press), p. 26.

⑭　廖正宏、黃俊傑，前引書，頁 55~72。

平等的並立原則所取代了。

三、戰後臺灣經驗的社會文化涵義

　　我們在上節的論述中，指出戰後的臺灣由於工業化的快速發展，而導致農業心靈的消逝與多元化社會的來臨。那麼，戰後臺灣的巨變在社會文化史上有何意義呢？這個問題必須放在中國文化史的歷史背景中來思考，才能掌握其全幅的意義。

　　中國史上的農業傳統歷史悠久。晚近考古成果業已證明早在公元前五千年左右，華北和華南便已開始種植稻米。從新石器時代開始，農業幾乎已經滲透進生活中的每一層面，使中國的文化成為以農為本的文化──社會流動性極少、地方主義盛行、重農主義甚強，天人合一成為中國哲學的核心觀念。

　　農業使中國人民植根於土地之中，所以中國社會的流動率極其有限，如此又導致了強烈的地方意識，甚至成為狹隘的地方主義。家庭中男子的地位亦因農業需要密集的勞力而大為提昇。從西漢時代開始，這種農業生活方式就引導中國的政治走向重農抑商的取向。在社會及經濟的基礎上，也產生了一種獨特的中國哲學，強調天（自然或宇宙的秩序）、人（人類的秩序）和諧。這個悠久而強韌的農業傳統，也塑造出一種農業心靈──根植於泥土、以農為本、和諧取向的心靈。

　　這種農業的生活方式，從兩個方面塑造或加強了中國社會結構的特質：(1) 在生活的多數領域中皆是中央集權、單一威權統治的；(2) 人民全然的順從、徹底的遵守威權從屬原則。這兩項特質使經濟、農業、宗教、道德等活動亦隨之喪失自主性，無法自由發展，生活的各個領域皆受到政治力量的干涉。

　　相應於單一威權的支配，在民間社會中也瀰漫著「隸屬原則」❺。人類學家許烺光先生指出，中國社會的「顯著親屬關係」是父子關係❻。父子關係直接塑造了中國文化中一再受到強調的「從屬原則」，所謂「從屬原則」是指「垂直的」、「階層組織的」關係脈絡，這種垂直的階層組織具體而微的顯示在最具基礎性的父子關係之上。所以，在傳統的中國文化中，服從權威與隸屬原則有著密切的關連。簡言之，務農的傳統衍生出威權統治式的君主中央集權、從屬原則和順從統治權威的心態。以上這些原則是傳統中國文化的重要因素。一言以蔽之，傳統中國社會文化的基礎特徵就是「一元論」。君主制度形成中國政治上的一元論，服從威權形成中國社會的一元論；在農業社會中，這兩者又促成了經濟的一元論，使個人的地位無足輕重。這也說明了為什麼以農為本的中國文化在進入以自由、平等和獨立為核心價值的現代世界時，會如此緩慢而困難的原因。

　　從以上所說的歷史背景來看，戰後臺灣的變遷實在具有極其深刻的涵義。經過了戰後四十多年的發展，臺灣的社會與文化已經從傳統中國的「一元化」格局之中掙扎出來，走向一個「多元化」的新時代。這種從「一元」到「多元」的轉化，也使從屬於單一的「中心」的傳統世界觀，轉變而為「多元」中心並立的新世界觀。這一切的轉變，在戒嚴令廢除後的近五年之間，更有加速發展的現象。

四、中國史教育的新展望（一）：多元觀

　　現在，我們可以站在本文第三節與第四節所提出的論點的基礎上思

---

❺ 關於「隸屬原則」，參考：牟宗三，《中國文化的省察》（臺北：聯經出版事業公司，1983），頁 68。

❻ Francis L. K. Hsü, "Dominant Kin Relationships and Dominant Ideas", *American Anthropologist*, 68 (1966), pp. 997~1004.

考：　在經歷戰後四十多年發展的當前臺灣，　我們應如何從事中國史教育，才能使歷史經驗對現代臺灣社會的青年產生意義而有所啟發？

　　我認為，相應於上文所說的「多元化」發展趨勢，中國史教育的第一個新原則是：「多元觀」。所謂「多元觀」是指我們在解釋中國歷史經驗時，不僅要像傳統史家一樣地注重政治史，而且也同時注重社會領域、經濟領域以及文化思想領域內的多元性力量，在中國歷史發展過程所發揮的作用。

（一）「一元觀」的歷史解釋

　　傳統中國的歷史研究與歷史教育，常常傾向於「一元觀」，將複雜多樣的歷史變遷，歸結到單一的因素如歷史人物心術之不正、思想之空虛或時代道德之演變……等。所以，五胡亂華常被解釋為魏晉清談所導致的結果；道咸以降清代的中衰則被解釋為乾嘉考據所造成的結果；五四運動也常被解釋為造成大陸易手的原因。諸如此類的歷史解釋在中國史教育中屢次受到強調。這種一元論的歷史解釋，不僅在方法論上陷入一種「化約論」（reductionism）的謬誤，而且對現代的讀史者也難以產生共鳴，無法發揮歷史教育的效果。

　　我們僅舉一例以概其餘。近數十年來在臺灣的中國歷史教育中，知識分子在歷史上的角色常常被突出而加以強調。西漢帝國的體制被認為是中國歷史第一次文人政府的出現；東漢士風的淳美更是歷代知識分子的典範；宋代則是知識階層復興的大時代。這些說法個別來看，都可以獲得具體史實與大量史料的支持。這種歷史解釋對於提振當代知識分子的自信與悲願，也有其積極的貢獻。

　　但是，如果從通史的立場來看，知識階層是不是主導中國歷史發展最重要的因素，可能就值得再加以深思。從許多史實看來，中國知識分子的挫折感本身，其實就是一個具有悠久歷史的「傳統」。春秋時代，

孔子「栖栖惶惶，席不暇煖」，期望以其易學天下，但終不免於「道不行，乘桴浮於海」的感嘆；孟子雖然「後車數十乘，從者數百人，以傳食於諸侯，所至每與國君分庭抗禮」，但是，他尊王賤霸、嚴義利之辨的理想也慘遭挫折。秦漢大一統帝國出現以後，知識分子用世的機會固然大為增加，但是，大一統王權的建立卻也為知識分子帶來空前的「專制政治的壓力感。❼」東方朔的〈答客難〉、揚雄的〈解嘲〉……等作品，都可以說是漢代知識分子在經歷了衛德明 (Hellmut Wilhelm) 所謂的「學者的挫折」(scholar's frustration) ❽ 之後，發抒憤懣的作品。西元 960 年，大宋帝國建立，儒學復興，知識分子救世之心更加強烈，范仲淹（989～1052）所提出的「先天下之憂而憂，後天下之樂而樂」的理想，更是成為宋代以下知識分子一貫的信念。但是，南宋朱熹（1130～1200）「立於朝者僅四十日，仕於外者僅九考」，死後葬禮也受到官方派人加以「約束」；王陽明（1472～1529）被貶於貴州龍場驛，經歷「百死千難」，才悟出「致良知」之教。洎乎二十世紀，艾愷 (Guy Allito) 所稱的中國「最後的儒者」❾ 梁漱溟（1893～1991）更是歷經了三十多年的霜雪。在中國歷史上知識分子懷抱「國族無窮願無極，江山遼闊立多時」（徐復觀先生改梁啟超先生之詩句）的悲願，努力於經世淑世乃至救世的偉大事業，無奈常常受到歷史現實的架空，而使他們的理想成為徐復觀先生所謂的「民族的鄉愁」❿。1949 年以後，

---

❼ 參考：徐復觀，〈兩漢知識分子對專制政治的壓力感〉，收入：氏著，《周秦漢社會政治結構之研究》（臺北：臺灣學生書局，1975），頁 281～294。

❽ 參考：Hellmut Wilhelm, "Scholar's Frustration: Notes on a Type of 'Fu', "in John K. Fairbank ed., *Chinese Thought and Institutions* (Chicago: University of Chicago Press, 1957), pp. 310～319.

❾ Guy Allito, *The Last Confucian: Liang Shu-ming and the Chinese Dilemma of Modernity* (Berkeley: University of California Press, 1979).

❿ 參考：徐復觀，〈在非常變局下中國知識分子的悲劇命運〉，收入：氏著，《中國思想史論集》（臺北：臺灣學生書局，1975），頁263～277。

知識分子的「民族的鄉愁」，在「巢已破，卵空全，神皋洪水正滔天」
（蕭公權師「鷓鴣天」詞）的歷史背景裏，變得更為悽愴怛惻。

我們不禁要追問：為什麼在中國歷史上知識分子一直沒能取得政治
上的獨立自主性，以至於一再地淪落為專制體制下的弄臣或烈士？為什
麼狄培理（William Theodore de Bary）所論述的《中國的自由傳
統》[21]一直未能在現實世界中落實、開花、結果？為什麼島田虔次先
生所心儀的王陽明、秦州學派以至李卓吾思想中那種具有近代性格的因
素，一定要慘遭挫折呢[22]？

這個問題當然不是三言兩語所能解答，但是，以下兩點因素對中國
知識分子的挫折的形成具有關鍵性的作用：

(1) 從制度史的立場來看，中國培育知識分子的教育制度一直與科
舉制度有千絲萬縷的關係，而深受政治力的滲透。因此，中國
知識分子就必須依賴政權的保護，才能獲得生存的機會。從宋
代教育史來看，不僅地方的書院有逐漸被「官學化」的趨勢，
而且，中央的官學也牢牢地受到政府的控制[23]。所以，以知識
分子為構成主體的「紳士」階層，就充滿了保守性格，成為專
制統治者所栽培的向日葵，只能仰望掌權者關愛的眼神。

(2) 從思想史的角度來看，儒家哲學的特質之一，就是存有論與倫
理學的密切結合，自然世界的「所以然」與人文世界的「所當

---

[21] 見: William T. de Bary, *The Liberal Tradition in China* (New
York and Hong Kong: The Chinese University Press and Columbia
University Press, 1983); 中譯本: 李弘祺譯，《中國的自由傳統》（臺
北: 聯經出版事業公司，1983）。

[22] 島田虔次，《中國における近代思惟の挫折》（東京: 筑摩書房，1949,
1970）。

[23] 參考: 李弘祺，《宋代教育散論》（臺北: 東昇出版事業公司，1980），頁
5; Thomas Hong-Chi Lee, *Government Education and Examination
in Sung China* (New York and Hong Kong: St. Martin's Press and
The Chinese University Press, 1985), pp. 273~278.

然」常被等同爲一。這種思想特質，反映在儒家政治思想上，就是許多受儒家精神洗禮的知識分子常常期望政治領袖身兼道德楷模，他們常常將政治事物視爲道德活動的延伸。因此，歷代許多知識分子畢生努力於「格君心之非」，把政治的平治寄託在統治者的一旦良心發現，幡然改悟。他們希望從統治者心靈深處進行一場「無聲的革命」。他們從來未能正確地認識政治活動與道德活動各自有其獨立的領域，他們也很少從制度面去設想對人性尊嚴的保障。我們必須在這個思想史脈絡裏，才能正確地掌握黃宗羲的《明夷待訪錄》以及戴震的《孟子字義疏證》的啟示意義。

在以上所說的制度史以及思想史原因的交互作用之下，中國歷代知識分子的經世理想常常被架空而成爲「民族的鄉愁」。從中國歷史經驗來看，知識分子在歷史上一直是以一個「自在的階級」（Class-initself）而存在。知識階級本身在歷史上一直未能建立自己的獨立自主性，因此必須依附政治上的權力中心，或經濟上的財富中心，而扮演弄臣或幫閒清客的角色。這是中國歷史上許多知識分子出賣人格、背叛眞理的現實根源。

在現代多元社會裏，新時代的中國知識分子，如欲從歷史的悲劇命運中掙扎出來，那麼，他們必須從過去之作爲自在的階級，走向自爲的階級（Class-for-itself），勇於建立知識階層的獨立性與自主性，建立知識階層自我延續其生命的內在邏輯，不受非知識力量（尤其是政治權威）的干擾。余英時教授近日著書探討「士」與中國文化，曾指出士作爲一個社會階層是：「中國文化傳統中的一個相對的『未定項』。所謂『未定項』即承認『士』有社會屬性但並非爲社會屬性的所完全決定而絕對不能超越者。所以『士』可以是『官僚』，然而他的功能有時則不能盡限於『官僚』。……相對的『未定項』也就是相對的『自由』。

從現代的觀點言，這點『自由』似乎微不足道，然而從歷史上觀察，中國文化之所以能一再地超越自我的限制則正是憑藉著此一『未定項』❷。」我們可以同意，作爲中國社會結構中的一部分的知識階層，的確具有「未定項」的特質。但是，這種相對的「未定項」的相對的「自由」，只有在中國知識階級從過去的「自在的階級」，轉化成爲「自爲的階級」之後，才能獲得實質的保障❷。

在上文的討論中，我以較多的篇幅論述中國歷史上知識分子的挫折及其原因，主要的用意在於突顯過度強調知識分子在中國歷史進程的影響，實有其值得商榷之處。傳統歷史教育中「一元論」的歷史解釋所潛藏的弱點，也可以經由這個個案的分析而爲之彰顯。

(二)「多元觀」的歷史解釋

我們所提出的「多元觀」應該如何具體落實在中國歷史教育工作之中呢？

我認爲，爲了使中國史教育更能對生於當代多元社會中的讀史者產生意義，中國史教育工作者應在傳統的注重「政治力」之外，再注意「經濟力」與「社會力」在歷史演進中的作用，以拓寬歷史的視野，茲各舉一例加以說明。

(1)「經濟力」在歷史進程中的作用：

春秋戰國時代（722～222 B. C.）的變局是中國史課程中特別受到重視的一個段落，但是教學者所強調的常常是政治上的變局，著重分析從周平王東遷以後，周王室權威的式微、封建制度的瓦解、新軍國的興

---

❷　余英時，〈略說中西知識分子的源流與異同〉，收入：氏著，《文化評論與中國情懷》（臺北：允晨文化公司，1988），頁 123～124。
❷　關於以上看法，我也曾在別的場合有所申論，參看：黃俊傑，〈李弘祺著《參與意識的挫折——論知識分子在近年中共教育變遷中的地位》讀後評論〉，收入：《中國論壇》，三一九期，〈海峽兩岸社會文化變遷研討會專刊〉（1989 年 1 月），頁 212～216。

起……等現象。這種講授重點固然十分正確，但是，經濟面的變化有時卻相對地受到忽視。舉例言之，《春秋》經在「宣公十五年」，有「初稅畝」的記載。這段記載雖只有三個字，但卻受到三傳作者的重視：

> 《左傳》：初稅畝，非禮也。穀出不過藉，以豐財也。
>
> 《公羊》：初稅畝。初者何？始也。稅畝者何？履畝而稅也。初稅畝何以書？譏。何譏爾？譏始履畝而稅也。何譏乎始履而稅？古者什一而藉。
>
> 《穀梁》：初稅畝。初者始也。古者十一藉而不稅。初稅畝，非正也，古者三百步爲里，名曰井田，井田者九百畝，公田居一。私田稼不善則非吏，公田稼不善則非民。初稅畝者，去公田而履畝十取一也。

　　這一段歷史事實之所以獲得《春秋》三傳作者的重視，當然是因爲這段史實在歷史上的確有其重要性。「初稅畝」，代表歷史上第一次按農民所耕作的土地面積大小來作爲課稅的依據。從此以後，土地的私有權逐漸獲得肯定，對於以後的社會階級的變動產生直接的影響。

　　諸如此類的經濟面的變遷，在中國史教育中應獲得進一步的強調。

　　(2) 「社會力」在歷史進程中的作用：

　　在「一元觀」的歷史教育中，「政治力」的主導作用常常被高度強調；在我們所說的「多元觀」的歷史教育中，「社會力」在歷史進程中的作用，以及「社會力」與「政治力」的互動，也獲得應有的重視。

　　要說明這一點，最好例證是漢武帝誅除關東大俠郭解這件史實。《史記‧游俠列傳》對郭解在社會上的努力有極爲傳神的描寫：

> 及徙豪富茂陵也，解家貧，不中訾，吏恐，不敢不徙。衛將軍爲

言：「郭解家貧不中徙。」上曰：「布衣權至使將軍爲言，此其
家不貧。」解家遂徙。諸公送者出千餘萬。軹人楊季主子爲縣
掾，舉徙解。解兄子斷楊掾頭。由此楊氏與郭氏爲仇。解入關，
關中豪賢知與不知，聞其聲，爭交驩解。解爲人短小，不飲酒，
出未嘗有騎。已又殺楊季主。楊季主家上書，人又殺之闕下。上
聞，乃下吏捕解。解亡，置其母家室夏陽，身至臨晉。臨晉籍少
公素不知解，解冒，因求出關。籍少公已出解，解轉入太原，所
過輒告主人家。吏逐之，跡至籍少公。少公自殺，口絕。久之，
乃得解。窮治所犯，爲解所殺，皆在赦前。軹有儒生侍使者坐，
客譽郭解，生曰：「郭解專以姦犯公法，何謂賢！」解客聞，殺
此生，斷其舌。吏以此責解，解實不知殺者。殺者亦竟絕，莫知
爲誰。吏奏解無罪。御史大夫公孫弘議曰：「解布衣爲任俠行
權，以睚眦殺人，解雖弗知，此罪甚於解殺之。當大逆無道。」
遂族郭解翁伯。

　　這一段史實是用來解釋「社會力」的興起，及其與「政治力」進行
角力，終於被「政治力」所壓制之最好的一個例證。我們在從事中國歷
史教學工作時，如能以這一類的史實爲例，引導學生注意「政治力」以
外的多元力量（如「社會力」）的發展，可能更能使現代的讀史者有所
領會。

　　綜合本節所言，我認爲，在經歷戰後經濟發展，社會日趨多元化的
臺灣，講授中國歷史，可以採取「多元觀」的歷史，對政治領域以外各
種社會、經濟、文化、思想領域內部的變遷史實，賦予同樣的注意，以
使中國歷史經驗對現代臺灣的讀史者產生更貼切的意義。

五、中國史教育的新展望（二）：國際觀

我們處於當前臺灣的時空的情境之中，從事中國歷史教育，可以採取的第二項教學原則是：「國際觀」。所謂「國際觀」是指將中國人的歷史經驗置於世界史的脈絡中，加以考量，並闡明其歷史意義。茲舉二例說明這個論點。

(1) 唐宋變革期的歷史意義：

中國史上，唐末宋初在政治、社會、經濟文化、思想各方面經歷了巨大的變動，早為史學界所共認，日本前輩學者內藤湖南(1866～1934)更提出一套學說，認為這段期間是「中國近世史」的開始，國際學界一般習稱為「內藤理論」(Naitō hypothesis)。儘管史學界對內藤的學說之細節仍有爭議，但是，史學界大多數同仁都能同意，西元第九、第十世紀的中國經歷重大變遷這項事實。這項史實具有何種歷史意義？這是我們今日從事中國史教育工作時，可以多加思考闡釋的課題。

我在所承乏的「中國通史」這門課上，曾以兩個禮拜講授「宋以後國史發展的大勢」這個課題，建議學生閱讀作業有二：

① 高明士，〈唐宋間歷史變革之時代性質的論戰〉，收入：氏著，《戰後日本的中國史研究》（臺北：東昇出版事業公司，1982）。

② 錢穆，《中國歷代政治得失》（臺北：三民書局），第三講：宋代。

並配合以下三件課外參考論著：

① 內藤虎次郎，《中國近世史》第一章，〈近世史の意義〉，收入：《內藤湖南全集》（東京：弘文堂，1947）。

② 宮崎市定，《東洋的近世》（京都：教育タイムス社，1950）。

③ James T. C. Liu and Peter J. Golas, *Changes in Sung China: Innovation or Renovation?* (D. C. Heath and Company, 1973, 虹橋書店有影印本)。

在講授這個單元時，特別著重闡釋這個課題，及其在史學界同仁間的爭辯與後續發展。在這個講授單元之後，我提出兩個問題供學生參考：

① 近人以爲唐宋之際是中國近代史的開始，其說當否？試申論之。

② 宋代以後國史演進的大勢何在？在這種歷史發展的過程中產生何種主要問題？這些問題能否解決？如能解決，應如何解決？如不能解決，何以不能解決？試一一申論之。

在經過上述的教學與作業研討之後，我在下一個單元「宋代社會經濟的演變：國史重心的南移」中，建議學生讀錢穆《國史大綱》第三十八、三十九、四十等三章，以及孟元老《東京夢華錄》的〈序〉，學生就比較能理解中唐以後中國歷史重心南移，在世界史上所可能具有的意義。

(2) 中國文化在現代世界的展望：

我所承乏的「中國通史」課程最後第二個講授單元是：「從傳統到現代：中國文化的回顧與發展」，這個課題至關重大，涉及中國傳統文化與現代世界如何協調，以及未來如何轉化等基本問題。這些問題如能置於世界史的脈絡中來思考，其意義將更能彰顯。

所以，我在講授這個單元時，就以 1935 年王新命等十位教授所撰〈中國本位的文化建設宣言〉，以及 1958 年牟宗三等四位教授所撰〈爲中國文化敬告世界人士宣言——我們對於中國學術研究及中國文化與世界文化前途之共同認識〉這兩種史料作爲閱讀作業，要求學生思考下列問題：

① 從這兩件宣言看來，二十世紀兩代中國學者對中國文化的展望有何異同？

② 或曰：中國近代現代史即為傳統與現代之衝突史；或曰：中國
近代現代史為中國對西方挑戰之回應史。二說何者為是？試舉
具體史實為例申論之。

這樣的教學安排，其用意就是在於從世界史的視野中來掌握這個問
題的意義，而調整近代以前傳統歷史教育中的「中國中心的歷史觀」。

我們在這一節提出中國史教育的「國際觀」這個論點，強調在世界
史的脈絡中掌握中國史發展的意義。但是，我想特別加以強調的是：所
謂將中國人的歷史經驗放入世界史的脈絡中來思考，是指「有機的」而
不是「機械的」放入。下面我接著闡釋這個論點。

自從西元 1658 年，耶穌會傳教士衛匡國 (Martinio Martini) 出
版了歐洲史學史上第一部的中國古代史以後，中國人的歷史經驗就對歐
洲人所寫作的世界史產生了衝激[26]。十八世紀歐洲人思想家的著作中常
提到中國，例如海德爾 (J. G. Herder) 的中國觀就對黑格爾等人頗有
影響[27]。到了二十世紀以降，中國史逐漸被納入世界史著作的篇幅之
中。但是值得注意的是，許多著作是以機械的方式，硬將中國的歷史事
實「納入」歐洲史之中，例如威爾斯 (H. G. Wells)，在 1920 年出版
的《世界通史》(Outline of History)，此書中譯本在 1950 年代的臺
灣史學界，頗為風行一時，但是這部著作中的中國歷史卻是機械式地被
塞入世界史之中。甚至湯恩比 (Arnold Toynbee) 的《歷史之研究》
(A Study of History)，雖然也涉及中國古代歷史的諸多史實，但是只
是為他的「挑戰—回應」的理論提供證據而已。大概到了1963年，麥克

---

[26] 參考：Edwin J. Van Kley, "Europe's 'Discovery' of China and the
Writing of World History", *American History Review*, 76: 2 (1971).
中譯本見：邢義田譯，〈中國對十七、十八世紀歐洲人寫作世界史的影
響〉，收入：邢義田譯著，《西洋古代史參考資料（一）》（臺北：聯經
出版事業公司，1987），頁 427～468。

[27] 參看：Bodo Wiethoff 著，李國祁譯，〈海德爾與歐洲對中國看法的轉
變〉，《思與言》，六卷四期（1968 年 11 月），頁 4～8。

尼爾的《西方的興起》(*The Rise of the West*) 問世以後，中國史才以「有機的」方式被納入世界史中來考慮。麥氏在 1967 年出版的《世界通史》(*A World History*)，更將中國文明與世界各古文明置於同一平面上析論；在 1982 年出版的《權力的追求》(*The Pursuit of Power*: *Technology, Armed Force and Society Since A. D. 1000*)，更從西元 1000〜1500 年的中國文明開始討論世界史的發展。

我在這裏所強調的將中國史「納入」世界史的有機脈絡中衡量這一項工作，首先必須將二十世紀初期以降，以自由成長作爲歐洲史主題的所謂「維多利亞史觀」。麥克尼爾曾提出以「文明擴散論」取代「維多利亞史觀」❷，他對他所提出的「世界史」也有進一步的發揮❷。在這種將人類各主要文明及其歷史經驗置於同一水平來衡量的基礎上，我們才能比較正確地考量各文明在世界史上的意義。

六、結 論

不論就其廣度、幅度或深度來看，戰後臺灣的變遷經驗在中華民族的歷史上都深具意義。傳統中國文化以「農本主義」爲其特徵，中國文化中之「單一主體論」以及「從屬原則」，皆與農業傳統互有關係。這種以「一元論」爲基調的傳統中國文化，在戰後臺灣經歷急驟的變遷。近四十年來，臺灣經歷了經濟的快速發展，使臺灣由農業社會轉變爲工業社會爲主流的社會。戰後臺灣快速的社會經濟變遷，導致兩項文化變局：（一）是傳統農本主義與重農心態之消逝，取而代之者則係工業文明中「漂泊的心靈」；（二）是文化基調由傳統的「一元論」及「從屬原

❷ 劉景輝教授對這個課題有所討論，參看：劉景輝，〈論歷史教育的時代意義——由《西方之興起》談起〉，收入：劉景輝譯，《歐洲史新論》（臺北：臺灣學生書局，1977），譯者序，頁 1〜26。

❷ 參考: William H. McNeill, *Mythistory and Other Essays* (Chicago and London: The University of Chicago Press, 1986), pp. 69〜106.

則」走向「多元論」及「並立原則」。整體而論，中國文化在戰後臺灣已從傳統的、重農的、集體取向的、以及充滿念舊情懷的文化型態，轉變而爲外向的、個人主義的、充滿前瞻性的文化。相應於戰後臺灣文化生活變遷之方式，以協調溝通爲主要的民主生活方式，乃是必然之趨勢。

現階段的中國歷史教育，如果要提昇其教學成效，使它對現代臺灣的讀史者產生心靈撞擊，使過去幾千年的歷史經驗與當代社會的現實之間進行具有啟發性的對話，我認爲，中國歷史教育的基本原則必須進行適度的調整，而「多元觀」與「國際觀」正是兩項重要的調整指標。經過這兩項調整，中國史教育必更能與臺灣經驗作有機的結合，而落實「通古今之變」的理想。

（本文曾在《大學人文教育教學研討會》宣讀，臺北，臺大文學院主辦，1992年6月17-18日）

參　考　書　目

中日文論著

《中華民國教育統計》（臺北：教育部，1990）。

牟宗三，《中國文化的省察》（臺北：聯經出版事業公司，1983）。

李弘祺譯，《中國的自由傳統》（臺北：聯經出版事業公司，1983）。

李弘祺，《宋代教育散論》（臺北：東昇出版事業公司，1980）。

本國祁著，〈海德爾與歐洲對中國看法的轉變〉，《思與言》，六卷四期（1968年11月）。

余英時，〈略說中西知識分子的源流與異同〉，收入：氏著，《文化評論與中國情懷》（臺北：允晨文化公司，1988）。

邢義田譯，〈中國對十七、十八世紀歐洲人寫作世界史的影響〉，收入：邢義田譯著，《西洋古代史參考資料（一）》（臺北：聯

經出版事業公司，1987)。

徐復觀，〈兩漢知識分子對專制政治的壓力感〉，收入：氏著，《周秦漢社會政治結構之研究》（臺北：臺灣學生書局，1975)。

徐復觀，〈在非常變局下中國知識分子的悲劇命運〉，收入：氏著，《中國思想史論集》（臺北：臺灣學生書局，1975)。

島田虔次，《中國における近代思維の挫折》（東京：筑摩書房，1949，1970)。

陳其南，《臺灣的傳統中國社會》（臺北：允晨文化實業有限公司，1987)。

陳紹馨，〈中國社會文化研究的實驗室——臺灣〉，收入：氏著，《臺灣的人口變遷與社會變遷》（臺北：聯經出版事業公司，1979)。

黃俊傑，〈李弘祺著《參與意識的挫折——論知識分子在近年中共教育變遷中的地位》讀後評論〉，收入：《中國論壇》，三一九期，〈海峽兩岸社會文化變遷研討會專刊〉（1989 年 1 月）。

彭懷眞，《臺灣企業業主的「關係」及其轉變——一個社會學的分析》（臺中：東海大學社會學研究所博士學位論文，1989)。

廖正宏、黃俊傑，《戰後臺灣農民價值取向的轉變》（臺北：聯經出版事業公司，1992)。

劉景輝，〈論歷史教育的時代意義——由《西方之興起》談起〉，收入：劉景輝譯，《歐洲史新論》（臺北：臺灣學生書局，1977)。

英文論著

Allito, Guy, *The Last Confucian: Liang Shu-ming and the Chinese Dilemma of Modernity* (Berkeley: University of

California Press, 1979).

de Bary, W. T. , *The Liberal Tradition in China* (New York and Hong Kong: The Chinese University Press and Columbia University Press, 1983).

Eisenstadt, Shmuel N. , "Sociological Theory and an Analysis of the Dynamics of Civilization and Revolution", *Daedalus,* (Fall, 1977): *Discoveries and Interpretation: Studies in Contemporary Scholarship,* vol. II.

Hsü, Francis L. K. , "Dominant Kin Relationships and Dominant Ideas", *American Anthropologist,* 68 (1966).

Lee, T. Hong-Chi, *Government Education and Examination in Sung China* (New York and Hong Kong: St. Martin's Press and The Chinese University Press, 1985).

McNeill, William H. , *Mythistory and Other Essays* (Chicago and London: The University of Chicago Press, 1986).

Taiwan Statistical Data Book (1990, 簡稱 *TSDB*). Council for Economic Planning and Development, R. O. C. .

Van Kley, Edwin J. , "Europe's 'Discovery' of China and the Writing of World History", *American History Review,* 76: 2 (1971).

Wilhelm, Hellmut, "Scholar's Frustration: Notes on a Type of 'Fu'" in John K. Fairbank ed. , *Chinese Thought and Institutions* (Chicago: University of Chicago Press, 1953).

Yang, Kuo-shu, "Chinese Personality and Its Change" in M. H. Bond ed. , *The Psychology of Chinese People* (Oxford: Oxford University Press).

《思　想　篇》

七、戰後臺灣關於儒家思想的研究*

目　次

一　前言：戰後臺灣人文研究的歷史背景

這篇論文論述的主題是：戰後四十多年來，臺灣學術界關於儒家思想研究的概況、趨勢及其問題意識，並在回顧的基礎上展望未來研究的新課題。戰後臺灣的儒學研究，是戰後臺灣發展經驗的一部分，因此，這個問題也就必須放在戰後臺灣的歷史背景中來考慮。

第一個值得我們注意的背景是：最近四十多年來，臺灣在經濟快速發展下，教育及學術研究隨之日趨蓬勃。在臺灣 6 歲以上總人口中，不識字人口所佔比例從 1952 年的 42.1％到 1989 年降爲 7.1％，而接受中學以上教育的人口佔總人口比例也從 1952 年的 8.8％上昇到 1989

＊　本文初稿承勞思光、韋政通、李明輝等教授提示高見，惠我良多，謹申謝意。

年的 44.9%❶。 戰後臺灣居民教育水準的提昇， 是學校數量擴增的結果。在 1950～1951 學年度，臺灣每 1000 平方公里平均只有 41.8 所學校，但到 1986～1987 學年度，則增加爲 179.51 所學校❷。在戰後臺灣教育的發展之中， 最值得注意的是高等教育的擴增， 統計資料顯示： 民國 39 年至 72 年（1950～1983）之間， 大學院校數增加了 7 倍，學生數增加 30.4 倍。各大學研究所數目增加 83 倍，研究生數目增加 1698.4 倍。 研究所教育在整個高等教育結構所佔比例， 由民國 39（1950）學年度的萬分之 9 增加到 71（1982）學年度的百分之 2.5 ❸。 高等教育的發展， 意味著有相當數目的戰後新生代接受完整的教育，奠定從事學術研究的基礎。近年來的統計很能反應這種發展趨勢： 1982 學年度臺灣各大學設有博士班的研究所共有 75 所， 博士課程學生只有 975 人； 碩士班的研究所有 248 所，學生共 7,517 人； 但到了 1986 學年度，前者增爲 118 所，學生 2,143 人，後者則增爲 300 所，在學學生共有 11,294 人❹。

在臺灣高等教育逐漸擴張的同時，從美國、日本及歐洲各國學成回國的留學生數目也急速增加： 從 1950 年的 6 人，增加爲 1971 年 362 人，1981 年的 937 人， 到 1986 年增加爲 1,583 人。這些與日俱增的歸國留學生，大多分佈在各研究機構及大學，從事研究及教學工作。在研究人口激增的背景之下， 近年來國際學術交流的日趨頻繁，以及自我反省的深度拓展， 促使研究方向轉變；國內研究機構員額的擴充（尤

---

❶ *Taiwan Statistical Data Book* (Taipei: Council for Economic Planning and Development, Executive Yüan, 1988), p. 6.
❷ 《中華民國教育統計》（全版本）（臺北: 教育部，1987），頁 VII。
❸ 張春興，〈民國三十九年以來學校教育的發展與檢討〉，收入：《臺灣地區社會變遷與文化發展》（臺北: 聯經出版事業公司，1985），頁 391～420。
❹ 《中華民國教育統計提要》（民國七十六年版）（臺北: 教育部統計處，1987），頁 18，表 5-4。

其是民國 70（1981）年以後中央研究院所推動的「五年計畫」），以及行政院國家科學委員會及其他基金會在研究經費上的支援，提昇了研究計畫的數量與品質。以上這項背景，雖與儒學研究沒有直接關係，但是卻是戰後臺灣人文研究的共同背景。

第二個背景則是：戰後臺灣的人文學術研究，深受民國以來中國人文社會科學研究的兩個趨勢的影響：（一）是「橫面的移植」多於「縱面的繼承」，多數研究停留在以中國經驗與資料，來驗證西方學說的階段。以社會學為例，中國社會學家多擅長介紹歐美社會學新說，拙於將此類新說落實到中國社會文化背景之中。社會學家所研究的大部分是歐美學界所關切的問題，因而不能就中國社會的特質建立自己的理論體系。這種現象在人文研究上也屢見不鮮。就哲學史研究而言，民國以來學界前輩援引歐美實驗主義或新實在論的學說，闡釋中國哲學，他們的學說雖不無新意，但因與中國哲學不相契，而為識者所不取。就史學研究而言，近代史學工作者也有不少以蒐羅史料、考覈眞僞為史學之全部內容，大力引介歐美史學界新說，攻擊中國傳統史學則不遺餘力。以上所舉民國以來哲學史學研究方向或有不同，但是所呈現勇於趨新，而怯於承舊的風潮，卻十分一致；（二）是實證主義學風的盛行。實證主義重視具體、不談抽象，強調經驗證據，少談價值系統，在這種學風影響之下，近數十年來，人文及社會科學工作者在析論人文現象時，多就具體而有數據可按的途徑契入。這種過度的實證主義學風最顯著的缺陷，就在於他們無力掌握屬於文化系統或社會系統中價值層次的現象及問題。總而言之，近七十多年來的中國人文學術研究在新舊衝突、中西激盪的歷史背景下，學者勇於對新知作「橫的移植」，怯於對舊學作「縱的繼承」；而在研究方向及題材上，也傾向重視實證研究，而忽視了價值研究，戰後臺灣的人文學術深受民國初年以來這兩項人文學術研究的趨勢的影響。近四十年來，臺灣與美國學術界的交流，對這種發展趨勢

也有加強造勢的效果。如美國的洛氏基金會(Rockfeller Foundation)、哈佛燕京學社（Harvard-Yenching Institute）、福特基金會（Ford Foundation）、亞洲協會(The Asia Foundation)及美國在華教育基金會(Fulbright-Hays Foundation)等單位，對臺灣的大專院校及研究機構都給予可觀的資助。 在人文社會科學方面， 美國學術團體聯合會(American Council of Learned Societies)及美國社會科學研究協會(Social Sciences Research Council)與中央研究院合作，尤具有舉足輕重的影響。在三十多年來，中美兩國之間學術密切交流的客觀背景之下，臺灣人文學術受美國影響乃必然的趨勢❺。這種趨勢對近四十年來學界勇於援引外國學說及特重實證研究方法的潮流，都有推波助瀾之效。

以上所說的這兩項歷史背景，前者是戰後臺灣人文學術發展的外緣基礎，教育的發達創造了可觀的研究人力，也使研究成果相對增加；後者則主導了戰後臺灣人文學術研究的基本方向，其影響直到今日仍持續產生作用。尤其是傾向「橫面的移植」與實證主義的學風，再加上二十世紀以來的反傳統思想對中國思想史研究整體而言，頗有負面影響，使儒家思想傳統中博厚高明的生命哲學，較少受到應有的重視。這種影響仍相當有力地支配著近四十年來的臺灣人文研究。

二、戰後臺灣儒學研究的共同特徵

在討論戰後臺灣學術界，關於儒家思想研究的幾個流派及其問題意識之前，我想先說明戰後臺灣的儒學研究的兩個共同性。這兩個共同性通貫許多不同學術背景或研究方法的學者，而成為他們的共同特徵。

---

❺ 參考：張朋園，〈從臺灣看中美近三十年之學術交流〉，《漢學研究》，第二卷第一期（1984 年 6 月），頁 28～38。

（一）、對中國文化的認同

第一，戰後臺灣的儒學研究者對中國文化都具有不同程度的認同感，在「中國文化往何處去？」的共同關懷之下，儒學研究對他們而言不僅是「事實的描述」，同時也是一種「價值的認同」。換言之，在許多戰後臺灣儒學研究者的心目中，儒家思想不是一種對象性的客觀存在，而是一種研究者賴以安身立命，而且可以修己治人的價值系統。其實，在對中國文化的認同感之下從事中國學術研究，幾乎是絕大多數華人學者的共同特徵。1949 年中國大陸變局之後，許多優秀的中國前輩學者浪跡北美，「三經塵劫身猶在，重渡滄溟鬢已皤」（蕭公權師詩），他們在艱苦的環境裏弘揚中國學問，他們的心情是：「故國艱難千里夢，長宵辛苦一燈明」（蕭公權師〈兀坐〉詩），但是他們寄望有朝一日，陽回禹域，「行過幽崖舒望眼，寒塘雪霽綻梅花」（蕭公權師1977年詩）。六十年代以後文化大革命期間，中國大陸翻騰混亂，幾成人間地獄，使寄寓海外而心懷中國文化的中國學者為之戚然痛心，遙望故土，他們深感：「批孔批朱那可宗，乘桴應喜道來東」（楊聯陞先生1982年詩）；他們希望經由他們在中國學問上的努力，「變盡猖狂一世風」（余英時 1982 年詩）。他們深厚的中國學術素養，在刻骨銘心的中國文化情懷的激盪之下，轉化為一部部綿密思精的學術性論著。臺灣的儒學研究者與海外的華人學者，在對中國文化的認同上有其相近之處。

最足以說明這種文化認同的例子是牟宗三先生。牟宗三自述 1949年大陸變局之後，決定桴海臺灣的心情說：「試看國在那裏？家在那裏？吾所依據者華族之文化生命，孔孟之文化理想耳。幸而尚有臺灣一生存空間。來臺後，友人徐復觀先生倡辦《民主評論》。吾仍本吾辦《歷史與文化》之精神，多有撰述。此已屆徹底反省之時。其結果為《歷史哲學》之寫成。同時唐君毅先生、徐復觀先生皆有空前之闡發。就吾

個人言，從成都到共黨渡江，這五六年間，是我的「情感」（客觀的悲情）時期。（純哲學思辨則是《認識心之批判》之寫成）。來臺後，則根據客觀悲情之所感而轉為『具體的解悟』，疏導華族文化生命之本性、發展、缺點、以及今日『所當是』之形態，以決定民族生命之途徑，簡言之，由情感轉為理解❻。」在這種文化認同的精神狀態下，他們的儒學研究中「事實的探討」與「價值的關懷」常常是合而為一的。牟宗三說：「這邪惡的時代，實須要有『大的情感』與『大的理解』。『大的情感』恢弘開拓吾人之生命，展露價值之源與生命之源。『大的理解』則疏導問題之何所是與其解答之道路。由此而來者，則將為『大的行動』❼。」牟先生努力將「大的情感」與「大的理解」融合貫通，這一段話最具有代表性。

（二）、對中國大陸變局的關懷

第二，戰後臺灣的儒學研究者多對中國大陸的現實具有強烈的關懷，他們研究儒學，不僅把儒學視為解釋世界的系統，更把儒學視為改變世界的方案。這種態度通貫各種不同研究途徑的學者，錢穆先生與徐復觀先生最足以作為代表。錢穆在 1977 年為他 1951 年出版的《中國思想史》撰寫新版「例言」時就這樣表詮他研究中國思想史的用心❽：

> 無思想之民族，決不能獨立自存於世界之上。思想必有淵源，有生命。無淵源無生命之思想，乃等於小兒學語，不得稱之為思想。今天中國之思想界，正不幸像犯了一小兒學語之病。本書旨在指示出中國思想之深遠的淵源，掘發出中國思想之真實的生

---

❻ 牟宗三，《五十自述》（臺北：鵝湖出版社，1989），頁 128～129。
❼ 牟宗三，《五十自述》，頁 129。
❽ 錢穆，《中國思想史》（臺北：臺灣學生書局，1983），頁 3。

命。學者由此窺入，明體可以達用，博古可以通今。庶乎使中國
民族之將來，仍可自有思想，自覓出路。幸讀此書者，切勿以知
道一些舊公案，拾得一些舊話頭，卽爲了事。

錢先生這種本乎現實關懷而從事中國思想史研究的精神，數十年如一
日，早在1937年在北平撰寫《中國近三百年學術史》卽已流露無遺❾。

　　在學術意見上持論多與錢穆相左的徐復觀，在爲關懷現實而研究中
國思想史這一態度上，與錢先生幾毫無二致。徐先生於 1962 年他的《
中國人性論史‧先秦篇》的〈序〉中就說❿：

　　沒有一部像樣的中國哲學思想史，便不可能解答當前文化上的許
　　多迫切問題；有如中西文化異同；中國文化對現時中國乃至對現
　　時世界，究竟有何意義？在世界文化中，究應居於何種地位？等
　　問題。因爲要解答上述的問題，首先要解答中國文化「是什麼」
　　的問題，而中國文化是什麼，不是枝枝節節地所能解答得了的。

---

❾　錢穆，《中國近三百年學術史》（臺北：臺灣商務印書館，1972 年臺五
　　版），上冊，〈自序〉云：「斯編初講，正值九一八事變驟起，五載以
　　來，身處故都，不齒邊塞，大難目擊，別有會心。司馬氏表六國事，曰：
　　『近己則俗變相類』，是書所論，可謂近已矣。豈敢進退前人，自適己
　　意，亦將以明天人之際，通古今之變，求以合之當世，備一家之言。雖不
　　能至，心嚮往之。」
❿　徐復觀，《中國人性論史‧先秦篇》（臺北：臺灣商務印書館，1969），
　　頁1。徐先生對當代現實的關懷，不僅反映在他的思想史論著中，也表現
　　在他晚年的考證著作《周官成立之時代及其思想性格》（臺北，1980）這
　　部書中。余英時近日指出：「徐先生的『時代經驗』是現代極權主義。這
　　一切身的經驗使他把《周禮》的政治社會設計看成了極權主義的雛型。他
　　基本上斷定《周禮》是一部法家的著作，儒學在此書中只有『緣飾』的作
　　用。『讀法——以吏爲師』一節便清楚地表明了這一觀點。在論『賦役』
　　和『刑罰』兩節中，他簡直在《周禮》和現代極權主義之間劃下了等
　　號。」（見：余英時，〈《周禮》考證和《周禮》的現代啟示〉，《新史
　　學》，第一卷第三期（1990年9月），頁19。）有興趣的讀者，可參閱余
　　文。

在歷史文化的豐富遺產中，先集中力量，作若干有系統的專題研
究；由各專題的解決，以導向總問題的解決，會更近於實際。

徐先生這種爲現實而學術的態度，到了 1979 年《兩漢思想史‧卷三》
出版時，提出了更清楚的表白，他說❶：

> 我更深深體悟到，在二十餘年的工作中，證明了克羅齊 (Croce,
> 1866~1952)「只有現代史」的說法。沒有五十年代臺灣反中國
> 文化的壓力，沒有六十年代大陸反孔反儒的壓力，我可能便找不
> 到了解古人思想的鑰匙，甚至我不會作這種艱辛地嘗試。江青輩
> 以《鹽鐵論》爲儒法鬥爭的樣版，郭沫若馮友蘭也加入在裏面，
> 由厚誣賢良文學以厚誣孔子、儒家，我便在他們的聲勢宣赫中，
> 寫了〈鹽鐵論中的政治社會文化問題〉，徹底解答了此一公案。
> 這是最突出的例子。

在上文的自述中，徐先生以他自己的實例，具體地說明了當代中
國學術研究中「若驚道術多遷變，請向興亡事裏尋」（馮友蘭 1982 年
詩）的實際狀況。徐先生這一輩的儒學研究工作者，經歷 1949 年的桑
海巨變，痛心疾首，但是他們「滿局棋輸氣未降」（徐復觀先生詩），
他們面對時代變局的滔天巨浪，「國族無窮願無極，江山遼闊立多時」
（徐復觀先生改梁任公先生詩），他們希望從儒學研究中，爲苦難的中
國找尋出路。

近年來，在年輕一輩的儒學研究者之中，這種對現實的關懷仍是儒
學研究的重要動力。但是，值得特別指出的是，近年來青年儒學研究者

---

❶ 徐復觀，《兩漢思想史‧卷三》（臺北：臺灣學生書局，1979），頁 3～
4。

所關懷的「現實」，已從老一輩心目中的中國大陸轉爲臺灣社會，他們對戰後四十多年來的臺灣儒家學者未能立足臺灣表示不滿，最具代表性的是楊儒賓的看法，他說⑫：

> 臺灣當代儒學如和四十餘年來（姑且從臺灣光復算起），先後在這塊島嶼上留下痕跡的思潮相比，就帶動政治、社會的績效而言，並沒有顯著的成績；論與其他的學術部門產生的互動關係而言，也沒有提供更多新的思索方案。……和臺灣社會隱藏的儒家資源相比之下，當代儒家學者並沒有發揮足夠的力量加以撞擊，讓它產生更有意義的成果。……當代儒家學者在處理人性與社會實踐的關係時，他們所提出的哲學命題，與他們所欲達成的目標，以及與原始儒家基本傾向之關係，可能需要再加以檢討。

楊儒賓的話很能代表相當多數臺灣年輕一代儒學研究者的意見，他們希望儒家思想本於擁抱人民與土地的一貫傳統，與當前臺灣現實社會密切結合。換句話說，他們希望將上一代儒學研究者在從事研究工作時所呈現的明顯的「中國大陸主體性」，轉化爲「臺灣主體性」，立足臺灣，才能放眼大陸，爲儒學開出新境界。

---

⑫ 楊儒賓，〈人性、歷史契機與社會實踐——從有限的人性論看牟宗三的社會哲學〉，《臺灣社會研究季刊》，第一卷第四期（1988 冬季號），頁140～141。蔣年豐近日所提出的所謂「海洋文化的儒學」這個觀點，與楊儒賓一樣，代表近年來臺灣青年儒學工作者的心聲，蔣先生說：「順著《河殤》的觀點來看，四十年來臺灣儒學只是內陸文化的延續，它並不是一個新的生命。《河殤》只想到在中國接受海洋文化時必須拋棄內陸文化以及它的結晶——儒家思想，卻沒想到儒學不但有『內陸文化的儒學』，還可有『海洋文化的儒學』。內陸文化的儒學是過去了，但海洋文化的儒學卻有待開發。臺灣與大陸目前所需要的便是具有新生命姿態的海洋文化的儒學。」見：蔣年豐，〈海洋文化的儒學如何可能〉，《中國文化月刊》（臺中：東海大學，1990 年 2 月），頁 50。

　　我們在這一節所指出的，戰後臺灣儒學研究者對中國文化的認同，與對大陸現時的關懷，其實是儒家學者一貫的襟抱。近年來年輕一輩儒學研究者，雖有強烈的本土情懷，但是就他們要求擁抱土地與人民這一點而言，他們所展現的正是儒門一貫的風範。

三、戰後臺灣儒學研究的幾個主流及
其問題意識

　　戰後臺灣的儒學研究，取徑不一，流派甚多，從不同角度觀察，可以獲得不同的印象。例如沈清松就從哲學觀點將戰後臺灣的中國哲學研究分爲三個主流：（1）兼綜的融合導向；（2）當代新儒家的融合導向；（3）中古士林哲學的融合導向⑬。但是，我在這裏想從研究觀點的立場，討論戰後臺灣的儒家思想研究的三個流派及其問題意識：

（一）歷史學的儒學研究

　　第一個流派比較強調在文化傳統或歷史背景中，探索儒家思想的內涵及其發展。這種研究立場，在縱剖面上強調儒家思想的持續性與發展性；在橫切面上重視儒家思想與當時時代精神或文化氛圍的有機互動關係。採取這種研究途徑的學者可以錢穆先生（1895～1990）和徐復觀先生（1903～1982）爲代表，蕭公權師（1897～1981）⑭、陳榮捷（1901～　）、余英時、劉廣京及張灝等先生雖長居海外但著作均在臺灣出版，研究取徑也與這個流派相近。爲求討論精簡，我們僅以久居臺灣的錢、

---

⑬　沈清松，〈哲學在臺灣之發展（1949～1985）〉，收入：《中國論壇》（臺北：中國論壇社），第二十一卷第一期（民國74年10月），頁10～12。

⑭　參考：黃俊傑，〈蕭公權與中國近代人文學術〉，收入：氏著，《儒學傳統與文化創新》（臺北：東大圖書公司，1983），頁109～148。

徐二先生作爲代表。

　　錢穆先生是二十世紀中國史學的巨擘，著述宏富，卓然自成一家。
錢先生治史一向強調歷史研究與人生現實的關係，從他早年的《國史大
綱》（1940 年元月初版），來臺灣後的《中國歷史精神》（1951 年初
版，1976 年修定版）、《史學導言》（1970 年初版）以及《中國史學
名著》（1973 年初版）等書，都一再重申這個立場，《國史大綱》一
書在抗戰期間透過對中國歷史的重新解釋，而提供中國人的國家民族的
認同意識⑮，就是上述研究立場的有力說明。錢先生研究思想史或學術
史，也一貫強調與社會背景相配合，他說研究中國學術史「首須注重其
心性修養與人羣實踐，換言之，須從學者本身之實際人生來瞭解其學
術。若漫失了學者其人，卽無法深入瞭悟到其人之學⑯。」

　　在錢先生研究儒家思想的許多著作中，最具代表性意義的是 1971
年出版的《朱子新學案》（共五大册）這部鉅著。錢先生在 1964 年夏
季從香港新亞書院退休後，專力朱子學研究，至 1969 年 11 月完成《
朱子新學案》，余英時先生 1984 年〈壽錢賓四師九十〉詩云：「陸異
朱同歸後案，墨兼儒緩是初源」，錢先生晚年心力可謂盡萃於此書。錢
先生以五鉅册二千餘頁的篇幅，分論朱子思想與學術，就朱子原著敍述
朱子，而於《文集》、《語類》稱引最詳。錢先生研治朱子學的方法論
立場在他的《朱子學提綱》的結語中，言之最爲鞭闢入裏⑰：

　　　　治一家之學，必當於其大傳統處求，又必當於其大背景中求。本
　　　書采錄朱子所言，止於組織條理，讀者自可因文見義，不煩多所

---

⑮　參考：胡昌智，《歷史知識與社會變遷》（臺北：聯經出版公司，1988），
　　頁 133～144 及 234～252；胡昌智，〈怎麼看《國史大綱》？〉，《歷史
　　月刊》，第三十三期（1990 年 10 月），頁 112～115。
⑯　錢穆，《中國歷史研究法》（臺北：三民書局，1969），頁 72。
⑰　錢穆，《朱子新學案》（臺北：三民書局，1971），第一册，頁 234～
　　235。

闡申，此亦竊師朱子教人解經注書之遺意。惟作者私人仰止讚歎
之情，則亦時有不能止於默者。嚶鳴之求，理宜有此，讀者當不
以煖煖姝姝於一先生之言而加以非薄。其他苟有所發揮，則胥於
大傳統處，大背景中，稍作指點，使讀者於傳統中見朱子之創
闢，於背景中見朱子之孤往。知人論世，自古所貴。治朱子學，
則必求明朱子其人及其時代。

錢先生在這裏強調「知人論世」，在「大傳統」、「大背景」中治朱子
學，也就是將朱子思想視爲整個中國文化傳統的一個部分來研究。他也
指出，朱子爲學精神重在會通和合，尋求古人之共同處，不在獨抒己
見，正是中國學術之一貫傳統⑱。

錢先生所持這種將儒家思想置於歷史脈絡中研究的方法論立場，使
他筆下的儒家思想不是象牙塔裏的概念遊戲，而是面對現實人生憂患、
充滿生機的思想體系。就這種觀點立場而言，對中國歷史上的專制問題
持論與錢先生相左⑲的徐復觀先生也取徑相似。

徐復觀先生強調研究思想史，「只有在發展的觀點中，才能把握到
一個思想得以形成的線索。只有在比較的觀點中，才能把握到一種思想
得以存在的特性。而發展比較兩觀點的運用，都有賴於分析與綜合的工
力⑳。」所謂「發展的」與「比較的」觀點，就是將儒家思想放在歷史
的整體性脈絡中來考察，而不是將思想抽離於其整體結構之外，作爲孤
立的部分來處理。徐先生曾這樣說明儒家思想的歷史性格㉑：

---

⑱ 錢穆，〈略論朱子學之主要精神〉，《史學評論》，第五期（1983），頁
1～8。
⑲ 徐復觀，〈良知的迷惘——錢穆先生的史學〉，收入：氏著，《儒家政治
思想與民主自由人權》（臺北：八十年代出版社，1979），頁171～182。
⑳ 徐復觀，《兩漢思想史・卷二》（臺北：臺灣學生書局，1976），頁2。
㉑ 徐復觀，《儒家政治思想與民主自由人權》，頁 39～40。

儒家思想，乃從人類現實生活的正面來對人類負責的思想。他不能逃避向自然，他不能逃避向虛無空寂也不能逃避向觀念的遊戲，更無租界外國可逃。而只能硬挺挺的站在人類的現實生活中以擔當人類現實生存發展的命運。在此種長期專制政治下，其勢須發生某程度的適應性，或因受現實政治趨向的壓力而漸被歪曲；歪曲旣久，遂有時忘記其本來面目，如忘記其「天下爲公」；「民貴君輕」等類之本來面目，這可以說是歷史中的無可奈何之事。這只能說是專制政治壓歪，並阻過了儒家思想的正常發展，如何能倒過來說儒家思想是專制的束縛。但儒家思想，在長期的適應、歪曲中，仍保持其修正緩和專制之毒害，不斷給予社會人生以正常的方向與信心，因而使中華民族，度過了許多黑暗時代，這乃由於先秦儒家，立基於道德理性的人性所建立起來的道德精神的偉大力量。研究思想史的人，應就具體的材料，透入於儒家思想的內部，以把握其本來面目；更進而瞭解它的本來面目的目的精神，在具體現時所受的現實條件的限制及影響；尤其是在專制政治之下，所受到的影響歪曲，及其在此種影響歪曲下所作的向上的掙扎，與向下的墮落情形，這才能合於歷史的真實。

徐先生研究儒家思想時展現深邃的歷史眼光，關於這一點，最近陳昭瑛有深刻的觀察，她說：「先秦儒家的歷史學由復觀先生繼承，並加以發揚。他的卷帙浩繁的《兩漢思想史》（包括作爲卷一的《周秦漢政治社會結構之研究》）、《中國人性論史先秦篇》、《中國藝術精神》、《中國文學論集》、《中國思想史論集》以及反省當代的《雜文》這些著作，除了表明他所要成就的是歷史學，還表明他把歷史學也當作方法論來運用，不論是對古代思想、古代藝術、古代文學，或是對當代的研

究，他都強調他所採取的是發展的歷史的動態的觀點。這種觀點就是：發展的整體性，這種整體性是指一個實體的全部發展過程，一個實體在各別階段的意義必須放在其全部發展過程中，才能確定。復觀先生常提到靜態的 橫切面地來看一個研究對象， 是『片斷地』，而不是『全面地』。因為要認識一個研究對象，必須把它放在它自身形成的歷史，以及與它相關的歷史演變中來看，才能看得清楚；而不能把它孤立來看，不能把它當作無歷史性的東西來看㉒。」

總而言之，從研究觀點而言，我們可以說：錢穆與徐復觀的學問雖然在問題意識上完全不同，但是他們都採取一種整體性的方法（holistic approach）。他們把思想或觀念作為「整體」文化傳統或歷史結構的組成「部分」來處理，認為「部分」的「意義」（如錢穆先生常強調者）或「地位」（徐復觀先生所重視者），必須在「整體」脈絡中才能被正確掌握。而且，這種研究方法也特別注重儒家思想發展的持續性（continuity）， 在發展的脈絡中釐定儒者在思想史上的地位。 他們都採取「發展的」觀點來談問題，他們也很注意將思想現象放在歷史脈絡中加以考察。

從最近四十年來，臺灣所出版的研究儒家思想的論著看來，這個研究途徑所開啟的問題意識不一而足，舉其犖犖大者至少有以下幾個比較明顯的線索：

1. 漢代儒家思想如何在大一統專制政治確立，以及平民氏姓完成的政治社會變遷之中發展？

徐復觀先生從 1970 年代以後的研究工作都環繞著這個基本問題加以探索。徐先生論述周秦漢政治社會結構，以及對《韓詩外傳》、《新序》、《說苑》、《史記》所做的研究，匯集成《兩漢思想史》三大卷，

㉒ 陳昭瑛，〈一個時代的開拓──激進的儒家徐復觀先生〉，《歷史月刊》第十五期（1989 年 4 月），頁 20~26，引文見頁 25。

可以視爲從各種角度，對這個大問題所提出來的答案。

　2. 朱子如何集宋學與理學之大成？朱子如何集漢唐儒學之大成？

　　　朱子的學術與思想之細部內容如何？

　錢穆先生晚年鉅著《朱子新學案》五大卷，雖因「學案求詳，重在記敍」❷，抄錄朱子原著甚多，但論述之際仍透露出錢先生研治朱子學所關懷之課題。《新學案》五大卷的論述大致均環繞上述之問題意識而展開，這些問題多半與思想的持續性（continuity）問題有關。錢先生對純哲學的分析，興趣較淡。我們要取《朱子新學案》與牟宗三先生的《心體與性體》比而觀之，對於錢先生這項研究取向的特質，就可以有會於心。

　3. 儒家知識分子、經世思想及其社會經濟現實狀況如何互動？經

　　　世思想內容如何？經世思想與經書義理的內容關係又如何？

　經世思想是中國思想史中之一重要主流，早在先秦時代，「經世」一詞便以具體的思想觀念出現：《莊子・齊物論》有「春秋經世，先王之志，聖人議而不辯」之語；〈外物〉篇又云：「飾小說以干縣令，其於大道亦遠矣！是以未嘗聞任氏之風俗，其不可與經於世亦遠矣！」在先秦諸子中，經世尤爲儒家一貫的抱負，孔子栖栖遑遑、席不暇暖，以平治天下爲急務；孟子後車數十乘、從者數百人，以傳食於諸侯；荀子勸學隆禮尊君，在在皆發自強烈的經世動機，思以其學易天下、濟百姓。漢代大一統帝國建立之後，儒者獲得用世之機會，經世思想遂獲得充分之發展。漢儒所追求的「通經致用」，宋儒教學以「經義」與「治事」並重，清儒所提倡的「經世致用」，都是這種思想在不同時代的呈現。十九世紀以降，由於西方勢力入侵，中國危機日甚一日，故經世思想與中國現代化問題結合，誠如劉廣京先生所指出❷，近世中國經世思

---

❷　《朱子新學案》，第一冊，頁 235。

❷　見❷。

想特別注重農、工、商的利益，而且注意如何促進經濟發展問題。

　　但是經世思想與知識分子之作爲一個學術課題，而受到臺灣學術界的重視，是開始於 1980 年。余英時先生在 1980 年 8 月，在臺北出版《中國知識階層史論——古代篇》一書，特別扣緊思想史與社會史交光互影之處，析論中國歷史上知識分子的主觀思想與客觀功能。 1980 年 8 月中央研究院所召開的國際漢學會議，也有一個小組討論會以中國歷史上的知識分子爲題，邀請學者提出論文，加以研究❷。此後經世思想成爲臺灣的中國思想史學界的重要課題之一， 1983 年 8 月中央研究院近代史研究所主辦「近世中國經世思想討論會」，討論十八世紀以降中國經世思想之各方面的問題。 1986 年 3 月 12 日至 13 日， 國立清華大學也召開「中國思想史上的經世傳統」研討會，提出論文十餘篇。這項研究課題的方向特重經世思想與現實環境之間的深刻關係。劉廣京先生嘗指出： 「儒家思想素重經世。儒家經世思想包括哲學和學術思想，同時包括社會思想、禮俗思想、教育思想、行政思想、政治思想等——和現實都有關係。思想可以反應現實又可以影響現實。但是思想支配現實的程度畢竟有大有小。偏重理想的思想有時只能懸爲一個鵠的，許久之後才能實現。有些近乎幻想的思想，則可能永遠不會實現。可是同時又有些思想在社會中牢固地存在，很難改變。我們分析不同的思想與現實間的關係，對歷史就可以更深一層的認識❷ 。」這種研究方向比較容易吸引史學家的興趣。

　　這個研究課題的發展與國際漢學界的動向互有關係。1986年 1 月，哥倫比亞大學教授 Robert Hymes 與紐約市立大學教授 Conrad Schi-

---

❷　論文內容見： 《中央研究院國際漢學會議論文集》 （臺北： 中央研究院，1981）， 〈歷史考古組〉，中册。
❷　劉廣京爲 《近世中國近世思想研究會論文集》 （臺北： 中央研究院近代史研究所，1984） 所寫的序，頁 2。

rokauer 召集「宋代經世思想與行動研討會」(Workshop on Sung Dynasty Statecraft in Thought and Action)，探討宋代經世思想與現實環境之關係。在日本方面，東京大學的山井湧與溝口雄三均極爲注意思想史發展之社會經濟背景，此與戰後日本史學界關於中國社會經濟史（尤其是明清江南農村社會）研究之飛躍發展有深刻的關係。所以，山井湧先生在其《明清思想の研究》（東京：東京大學出版會，1980）書中就強調，當今宋明思想研究之第一要務乃在於探究宋明思想之社會經濟根源，並在社會史與思想史之間建立溝通之橋樑。美日兩國的研究動向，對臺灣學界也有某種刺激作用。

（二）哲學的儒學研究

戰後臺灣研究儒家思想的第二個流派，是採取唐君毅(1908～1978)先生所謂「卽哲學史以論哲學」的立場，從各種途徑入手重建儒家哲學，其中貢獻最多影響最大的有採取形上學進路的方東美先生（1899～1977），採取唯心論進路的唐君毅先生，以及援康德哲學入儒家哲學的牟宗三先生（1909～）等，久居香港但著作流行於臺灣的勞思光先生及劉述先先生取徑亦相近。方、唐、牟三位大師在臺灣哲學界門生甚眾，追隨景從者亦多，發揮師門哲思之著作汗牛充棟，本文不及一一備舉，僅以三先生著作爲例試作綜括說明。

什麼是「卽哲學史以論哲學」的研究方法呢？唐君毅先生有一段夫子自道之言[27]：

> 所謂卽哲學史以論哲學者，卽就哲學義理之表現于哲人之言之歷
> 史秩序，以見永恆的哲學義理之不同型態，而合以論述此哲學義

---

[27]　唐君毅，《中國哲學原論·原教篇》（香港：新亞研究所，1975），頁7。

理之流行之謂。既曰流行，則先後必有所異，亦必相續無間，以
成其流，而其流亦當有其共同之所向。

又說❷：

> 依吾平日之見，嘗以爲凡哲人之所見之異者，皆由哲學義理之世
> 界，原有千門萬戶，可容人各自出入；然既出入其間，周旋進
> 退，還當相遇；則千門萬戶，亦應由其通。故今本歷史秩序，以
> 論此宋明儒學中哲學義理之流行，亦當觀其義理流行之方向，如
> 何分開而齊出，又如何聚合而相交會；不先存增益減損之見，以
> 于同觀異，于異見同，方得其通。然後得于此哲學義理之流行，
> 見古今慧命之相續。固此觀同異之事，宜當循諸儒思想之先後衍
> 生，而次第形成之序，由原至流，再窮流竟委，以觀之。

唐先生自述他論述中國哲學的方式雖然強調「歷史秩序」，但是他的目
的是在顯揚「哲學義理之流行」與「古今慧命之相續」，亦可說是在時
空的「歷史秩序」中，重探超時空的「哲學慧命」。在這種研究進路之
下，哲學史的研究乃成爲建立哲學體系之手段，而使這種研究途徑與探
取第一種研究途徑諸先生，出現了基本的不同。唐先生這種「即哲學史
以論哲學」的方法，在廣泛的意義下均通貫於方東美先生與牟宗三先生
的著作之中。

　　方東美先生著述宏富，多以英語爲之，在國立臺灣大學執教垂三十
年，並曾在美國密西根州立大學 (Michigan State University) 及紐約
州立大學 (State University of New York, Buffalo) 任客座教授。

---

❷　同上書，頁 8。

方先生闡發中國哲學最具體系的著作，是以英文所撰寫的《中國哲學之精神及其發展》(*Chinese Philosophy: Its Spirit and Its Development*) 一書。方先生曾將這部書的基本內容，兩度在臺大(1966～1970; 1970～1973) 開設系列課程講授， 1973 年從臺大退休後才撰寫成書。這部書文字優美，思路細密，卓然自成一家之言，很能代表戰後臺灣儒學研究的高峰。

方東美先生首先指出，中國形上學表現為一種「既超越又內在」、「即內在即超越」之獨特型態 (transcendent immanent metaphysics)，與流行於西方哲學傳統中「超自然或超絕形上學」(praeternatural metaphysics) 迥然不同。他認為，《尚書‧洪範》與《易傳》是探討儒家思想的基本史料，尤其是《易傳》更為方先生所重視。方先生指出，原始儒家建立一套人性崇高論，保證人性之內在價值與尊嚴。他將北宋以降的新儒家哲學，區分為三派：唯實主義、唯心主義與自然主義。三派理路雖殊，然其大要仍以歸趣孔、孟、荀之古典傳承為主旨。三派旨趣雖殊，然其立論亦自有共同點，如下所述[29]：

1. 於宇宙萬物感應天理──秉天持理，稽贊萬物，觀察人性，體常盡變，浹化宇宙，感應自然。

2. 思想結構旁雜不純──宋以後儒者承先秦兩漢魏晉六朝隋唐中國文化各方面，因之在思想結構上頗難全盤擺脫舊說，獨創新義，時或不免援道證佛，變亂孔孟儒家宗旨。

3. 精神物質合一，人為宇宙樞紐──大宇長宙中，物質精神兩相結合，一體融貫，人處其中，悠然為之樞紐，妙能浹洽自然，參贊化育。

---

[29] Thome H. Fang, *Chinese Philosophy: Its Spirit and Its Development* (Taipei: Linking Publishing Co. Ltd., 1981). 中譯本參考：方東美著，孫智燊譯，《中國哲學之精神及發展》（上冊）（臺北：成均出版社，1984），引文見頁 3 及頁 14。

  4. 秉持人性至善理想，發揮哲學人性論——人類對越在天，升中

   進德，化性起偽，企圖止於至善。

方先生其餘著作，如《方東美先生演講集》（臺北：黎明文化事業公
司，1978）及 *The Chinese View of Life* (Hongkong: Union Press,
1975) 等書，闡述中國哲學的「廣大和諧之道」(Comprehensive har-
mony)，均與其《中國哲學精神及其發展》一書之要旨相近。

  唐君毅先生（1908～1978）早歲治西洋哲學，撰有《哲學概論》二
巨冊，學界咸認爲是在以中文所撰寫的哲學導論書籍中，思路最細密，
論述最精當之著作。唐先生對於中國哲學論述極豐，一如其他當代新儒
家，皆在重構中國哲學史的工作中從事哲學思想，一方面有以我註哲學
史之意，另一方面亦有以哲學史註我之意，其間有一種詮釋上的循環，
唐氏重建中國哲學之作，總集爲《中國哲學原論》，取中庸「天命之謂
性，率性之謂道，修道之謂教」之旨，區分爲《導論篇》（一冊）❸⓿、
《原性篇》（一冊）❸❶、《原道篇》（三冊）❸❷、《原教篇》（二冊）❸❸。
《原道篇》所述者爲形上學之發展，偏重人之究極實現與人文世界所依
據之道，《原性篇》所述者爲人性論之發展；《原教篇》所論則爲宋明
理學之發展。以上皆是「卽哲學史以論哲學」之作，取唯心論之路數，
重建中國之主體哲學。

  牟宗三先生（1909～）在 1949 年以後，桴海來臺，這是牟先生生
命史上之重要轉捩點，誠如他在回憶錄《五十自述》所說：「吾之生命
依據不在現實。現實一無所有矣。試看國在那裏？家在那裏？吾所依據
者華族之文化生命，孔孟之文化理想耳❸❹。」漂泊香江，以及講學臺灣

❸⓿ 唐君毅，《中國哲學原論——導論篇》（香港：東方人文學會，1966）。
❸❶ 唐君毅，《中國哲學原論——原性篇》（香港：新亞書院研究所，1968）。
❸❷ 唐君毅，《中國哲學原論——原道篇》（香港：新亞書院研究所，1974）。
❸❸ 唐君毅，《中國哲學原論——原教篇》（香港：新亞書院研究所，1975）。
❸❹ 牟宗三，《五十自述》（臺北：鵝湖出版社，1988），頁 28。

以後的牟宗三先生，誠如沈清松所指出的，其著作可分為三類：第一類為重構中國哲學史之著作；第二類為針對康德哲學，予以譯述、延伸，並融合中國哲學之著作；第三類乃針對文化與時代而抒發感憤，解析癥結，追溯源流，提供理據之作[35]。牟先生論述儒家思想最成體系，卓然自成一家之言的鉅著是《心體與性體》三大冊[36]，以及《從陸象山到劉蕺山》[37]，早年在講學香港時代並有演講稿《中國哲學的特質》[38] 以及在臺大哲學系講學之紀錄《中國哲學十九講》[39] 二書並行於世。如專就牟先生對儒家哲學之研究而言，《心體與性體》所建立的解釋系統，對於最近二十年來的臺灣儒學界，影響深遠，最具有原創性的是牟先生對於宋明理學之發展所提出的三系說[40]：

1. 五峰蕺山系：此承由濂溪、橫渠、而至明道之原教模型（一本義）而開出。此系客觀地講性體，以中庸易傳為主，主觀地講心體，以論孟為主。特提出「以心著性」義以明心性所以為一之實以及一本圓教所以為圓之實，于工夫則重「逆覺體證」。

2. 象山陽明系：此系不順「由中庸易傳回歸于論孟」之路走，而是以論孟攝易庸而以論孟為主者。此系只是一心之朗現，一心之申展，一心之遍潤；於工夫，亦是以「逆覺體證」為主者。

3. 伊川朱子系：此系是以中庸易傳與大學合，而以大學為主。于中庸易傳所講之道體性體只收縮提練而為一本體論的存有，卽「只存有而不活動」之理，于孔子之仁亦只視為理，于孟子之本心則轉為實然的心氣之心，因此，于工夫特重後天之涵養（

---

[35] 沈清松，〈哲學在臺灣之發展，（1949～1985）〉，收入：《中國論壇》，第二四一期，1985，頁 15。

[36] 牟宗三，《心體與性體》全三冊（臺北：正中書局，1968）。

[37] 牟宗三，《從陸象山到劉蕺山》（臺北：學生書局，1979）。

[38] 臺北：臺灣學生書局，1963，1976。

[39] 臺北：臺灣學生書局，1983。

[40] 牟宗三，《心體與性體》第一冊，頁 49。

「涵養須用敬」）以及格物致知之認知的橫攝（「進學則在致
知」），總之是「心靜理明」，工夫的落實處全在格物致知，
此大體是「順取之路」。

綜合牟先生的論述，他認爲從北宋自伊川開始轉向，不與濂溪、橫渠、
明道爲一組，朱子嚴格遵守之，此爲伊川朱子系。伊川是《禮記》所謂
「別子」，朱子是繼別子爲宗者。五峰蕺山是明道之嫡系。濂溪、橫
渠、明道爲一組，是直就《論》、《孟》、《中庸》、《易傳》通而一
之，從客觀面入手以成其爲調適上遂之「心」者；象山陽明是直以《
論》、《孟》攝《易》、《庸》，是從主觀面入手以成其爲調適上遂之
「新」者。此是宋明儒之大宗，亦是先秦儒家之正宗也。蓋皆以《論》、
《孟》、《中庸》、《易傳》爲主導者也❹。牟先生曾經任教於國立臺
灣師範大學、國立臺灣大學、私立東海大學，桃李滿天下。他對儒家思
想的解釋，對臺灣地區的儒學研究工作者影響甚大，《鵝湖》雜誌社諸
君子對牟先生之論旨，繼承發揮極多。《心體與性體》三大册論述之範
圍主要是宋儒的周濂溪、程明道、程伊川、胡五峰以及朱子等六人，
1979 年牟先生又出版《從陸象山到劉蕺山》❷一書，作爲《心體與性
體》之第四册，這部著作中論述王陽明的致良知之教；論象山與朱子之
爭辯以及劉蕺山的愼獨之學等等。

談到牟先生對於儒家思想的抉發幽微之功，1985 年所出版的《圓
善論》❸一書，特別值得一提。《圓善論》一書的第一章〈基本的義
理〉是牟先生疏解《孟子·告子上》的作品。牟先生將《孟子·告子
上》二十章的內容譯爲白話文，並加以疏解，隨處與康德之人性論互作
比較，勝義紛披。牟先生指出孟子思想中的「思」是實踐理性之思而非

❹　《心體與性體》第一册，頁 54。
❷　同❸。
❸　牟宗三，《圓善論》（臺北：學生書局，1985）。

思辯理性之思。孟子思想中的「心」具有自我立法性，是一種既主觀而又客觀的「心即理」之心，這些論點皆極具創見。《圓善論》指出：「依孟子，說自律（立法性）即從『心』說，意志即是心之本質的作用。心之自律即是心之自由。心始有活動義，心之明覺活動（無動之動）即自證其實際上是自由的，這實際上是自由的即是客觀上是自由的（這客觀以理定）。心之明覺活動亦含有『智的直覺』在內，故能自證其為自由。康德所說的『良心』之作用俱含在此明覺之活動中（知是知非之獨知），但不只是主觀感受（感受亦並非是感觸性的感受），且亦是道德之客觀基礎。這即是把康德所說的『良心』提上來而與理性融於一。此一既主觀而又客觀的『心即理』之心即是吾人之性❹。」這種說法皆發前人之所未發，可以視為牟先生晚年對孟子學之重要貢獻。

牟宗三晚年另外兩部著作是《智的直覺與中國哲學》（臺北：臺灣商務印書館，1971）及《現象與物自身》（臺北：臺灣學生書局，1975）。這第一部書中，牟先生以康德的「智的直覺」貫通中國的儒釋道三家，指出儒釋道之義理必須通過「智的直覺」始能說明。第二部書論德行的優先性，肯定中國哲學傳統中的「人雖有限而可無限」及「人可有智的直覺」二義，可視為牟先生融合康德與儒學的重要貢獻。

從中國儒學史的立場來看，我們在這篇論文中所提到的唐君毅、牟宗三、徐復觀、方東美等前輩，是中國儒學史上第一代與西方學問有所接觸的儒學研究工作者。相對於二十世紀以前中國儒者是在「中國之中國」（梁任公語）的脈絡中做中國學問，這些前輩是在「世界之中國」的脈絡中，努力弘揚中國學問的現代意義。而就他們對臺灣的土地與人民的態度而言，徐復觀先生是其中最為突出，對臺灣這塊土地表現最深

---

❹　同上書，頁 31。我最近疏解《孟子・告子上》就頗受牟先生《圓善論》的啟發，另詳：黃俊傑，《孟學思想史論》（卷一）（臺北：東大圖書公司，1991），〈集釋篇〉第一篇。

刻的認同與感情的儒學研究者。

以上方東美、唐君毅、牟宗三先生詮釋儒家思想所採取的路徑，是唐君毅先生所謂的「即哲學史以論哲學」之途徑，他們的諸多著作雖然各採取美學、唯心論、或者道德形上學的進路，儘管取徑不同，但他們面對當代中國的政治及文化危機，以強烈的文化意識透過重新詮釋儒學，來復興民族之機運的用心，則是毫無二致的，誠如方東美先生在英文版的《中國哲學史》脫稿所賦之詩云：「艱難存懿跡，激濁爲揚清」，很能夠表詮他們這種面對近代中國的狂風暴雨，潛心重建儒家哲學之用心。

以上三位先生研究儒家哲學，儘管是受到中國變局的刺激，但他們心神之所關注者，則是中國大陸之變局多於臺灣社會之現實。這種學術主體性之安頓，隨著近年來臺灣諸般變局之出現，如戒嚴令的廢除、民間社會力的解放，以及臺灣主體性之日益覺醒並要求其自身之客觀化等新局面的來臨，已經普遍引起臺灣年輕一輩儒學研究工作者之反省。年輕學者在吸收三位先生學術業績之餘，逐漸要求儒學精神進一步在臺灣社會的實踐。舉例言之，清華大學的楊儒賓最近在一篇〈人性、歷史契機與社會實踐──從有限的人性論看牟宗三的無限心與有限社會哲學〉❹的論文中，意圖經由檢討牟宗三教授之哲學體系中無限心與有限心的關係，重新賦予有限心存有論的地位，以作爲儒家社會實踐的可能依據。東海大學哲學系的蔣年豐在〈法政主體與現代社會 ── 當前儒家應該思考的問題〉❹ 這篇文章中，也主張應該在東西道德哲學相互融通的過程中，將法政主體凸顯出來。他爲牟宗三先生所詮釋的康德哲學加上一個新的層面 ── 法政主體的挺立，並且認爲面對諸如「權利─義務」的觀念在傳統中國難以生根的事實，儒家應該在適當的歷史時刻

❹ 刊於《臺灣社會研究季刊》第一卷第四期，1988 年多季號。
❹ 刊於《中國文化月刊》第一一一期，1989。

下，因應政治情勢開發出法政主體，作為人民享受民主政治與公道社會生活的基石。

牟宗三先生多年來所提倡的「一心開二門」的所謂「民主開出論」，近來也受到年輕一輩的文化工作者的批判，如陳忠信在〈新儒家「民主開出論」的檢討 —— 認識論層次的批判〉❹一文中指出，牟先生之理論，基本上是建立在黑格爾式之「精神的內在有機發展」這一唯心主義本質論之總體性觀點之上。陳忠信根據法國結構馬克思主義者阿圖色 (L. Althusser) 從結構性的歷史總體性觀點，對黑格爾式之表現性的歷史總體性觀點所作的批評，來檢討表現性的歷史總體性觀點是否能說明歷史構造和社會構造的複雜性；並說明牟宗三「開出論」義理體系並不是建立在堅實之基礎上，而是建立在一種形上學的態度之上。陳忠信認為，新儒家（特別是牟宗三）欲圖透過思想的開闢與疏導，以解決外王問題的進路，面臨一弔詭而難以舒解的困境，而無法為儒家之政治理想在社會上創造新的與具體的展現方式。

年輕一輩學者的批評取徑有所不同，他們的說法也未必人人皆能印可❹，但是顯示年輕一輩的儒學工作者，要求儒學落實到社會實踐之上，尤其落實於臺灣土地與人民之上的態度則是相當一致的，這是正在發展中的研究思潮的新動向。

雖然近年來研究的新動向正在胎動之中，但是，這些前輩學人在過去四十年來，在教學與研究上所努力的業績仍是「不廢江河萬古流」的。就其大體而言，誠如沈清松所指出，如專就研究成果觀之，過去四

---

❹ 刊於《臺灣社會研究季刊》第一卷第四期（1988 年冬季號），頁 101～102。

❹ 路況，〈實踐藝術的論述策略 —— 評陳忠信「新儒家『民主開出論』的檢討」〉，收入：《中國論壇》（臺北：中國論壇社），第三四〇期，1989年11月，頁50～57。並參看前引蔣年豐，〈海洋文化的儒學如何可能〉一文的頁 58，對陳忠信的論點有所保留。

十年來臺灣的中國哲學的研究成果較爲豐碩，而中西哲學的融合工作憑藉個人的創造者多⑲。但是，在他們的提倡之下，儒家哲學研究對青年學者產生甚大吸引力，僅就研究論著的數量來看，我曾就1975年至1984年之間行政院國家科學委員會，所獎助的中國哲學論文略加統計，結果發現，在中國哲學的研究中，獲國科會獎助的各個時代哲學研究論文的數量分佈如下表所示：

表1： 獲國科會獎助中國哲學論文統計表(以時代分)，1975～1984

時代	先秦哲學	漢代哲學	魏晉哲學	隋唐五代哲學	宋元哲學	明代哲學	清代哲學	現代哲學	其他	總計
篇數	52	14	3	1	19	4	12	2	3	110
％	47.3	12.7	2.7	0.9	17.3	3.6	10.9	1.8	2.7	100

資料來源： 筆者根據國科會提供資料統計

從上表所見，研究中國哲學的獲獎論文，以研究先秦哲學佔 47.3％ 爲最多， 其次是研究宋元哲學的論文，佔 17.3％。 形成這種現象的主要原因，自然是因爲「先秦」與「宋元」是中國思想與哲學發展的黃金時代。先秦時代是中國哲學的形成時期，承「哲學的突破」(Philosophic breakthrough） 之後， 諸子蠭起， 百家爭鳴， 奠定此後中國哲學的基本規模。宋代則代表另一個新時代的來臨， 隨著大宋帝國的統一， 儒家兼綜佛道而再興， 大儒輩出， 建立博大精深的思想體系。 所以， 近年來國際漢學界有人稱宋代的新儒學復興是中國史上 「 第二次的突破」 (The second breakthrough)⑳， 而明代則有陽明學的發展， 所以宋明

---

⑲ 沈清松，前引〈哲學在臺灣之發展（1949～1985）〉， 頁 10～12。

⑳ 狄培理（Wm. T. de Bary）著，黃俊傑譯，〈新儒家教育與儒家洗禮後的東亞〉，刊於：《史學評論》第九期（1985年9月），頁33～41。

哲學研究之受到重視實有其理由。在中國哲學研究中，以研究先秦儒家哲學（佔 22.7%）爲最多，以南宋諸儒爲對象的研究論文佔 10.0%而居第二位。可見先秦儒家及宋代儒家哲學仍是臺灣的中國哲學研究工作者的主要興趣所在。

　　以上這種集中在先秦與宋明兩大時代的研究趨勢，也與各大學中國哲學的博士論文走向大致相符合。這些統計數字固然並未觸及儒學研究的實質內容，但可以反映青年學人研究的大趨勢，也在某種程度內說明了諸前輩的辛苦耕耘，在青壯一輩研究工作中所開展的成果。

　　青壯一輩學者對牟宗三先生所開拓的儒學研究方向，雖然有所批判，然亦有繼志述事發揚光大者，李明輝近著《儒家與康德》一書，即可視爲代表著作。李明輝開宗明義指出，他之所以在西方如此多哲學家當中，特別挑出德國哲學家康德與儒家相比較，決不是出於一時的興會，亦非出於個人的偏好，而是因爲儒家與康德的比較研究對雙方均啟示良多，而且儒學與康德哲學底相切點並不在於知識論或存有論，而在於倫理學或道德底形上學。他認爲，「康德建立道德底形上學，並非要提出一套獨特的倫理學系統，以與其他的倫理學系統相競爭，而是要說明道德底本質。道德底本質不是任何哲學家所能規定的，而是已經隱含在一般人底道德意識中。但一般人並不能以反省的方式說明其實際秉持的道德法則；借美國哲學家波藍尼（Michael Polanyi）底用語來說，一般人對道德法則的意識只是一種『隱默之知』（tacit knowing）。康德將這種存在於一般人底意識中的道德法則稱爲『純粹實踐理性底事實』（簡稱『理性底事實』）。道德底形上學旨在藉哲學性反省抉發『理性底事實』之內涵，以確定道德底本質❺❶。」他又指出，「同樣的，儒家講仁義道德，總不離人倫日用之間，決不抽象地、懸空地說。借用

---

❺❶　李明輝，《儒家與康德》（臺北：聯經出版公司，1990），頁 2～3。

王船山底話來說，儒者必須『即事以窮理』。儒家底聖人制禮作樂，亦本乎人心。聖人不過是『先得我心之所同然』。一般人底道德意識正如孟子所說的『行之而不著焉，習矣而不察焉，終身由之而不知其道』。聖賢不過是能自覺到此『道』之本乎人心而貞定之，且將之落實於生活世界中。這種特色表現在思想方式上，即是偏重具體性解悟。孔、孟在與弟子或時人對談時，多隨事指點之，此即具體性解悟之表現。⋯⋯在具體性解悟中所顯的事理即宋明儒所謂的『實事實理』，亦即康德所謂的『理性底事實』❷。」李明輝從以上的基本立場出發，論述康德與孟子的自律倫理，孟子的四端之心與康德的道德情感，以及儒家的義利之辨等問題。《儒家與康德》這部書，可以視為近年來青壯學者對牟宗三先生研究進路的繼承與發展。

至於這一條研究進路，未來的發展是否真如李澤厚所說：「牟走完了這個現代新儒學的圓圈全程。看來，恐怕難得再有後來者能在這塊基地上開拓出多少真正哲學的新東西來了。這個圓圈是無可懷疑地終結了。而且，現代新儒家雖以哲學為其課題，但其背景與近現代中國各派哲學一樣，都有著對中國民族往何處去，傳統如何能聯接現代化，如何對待西方傳來的民主、自由、科學等基本價值等巨大社會文化問題的深切關懷。有意思的是，與中國馬克思列寧主義的革命哲學一樣，現代新儒家特徵也是強調道德主義，只是它是通過傳統哲學（宋明理學）來強調和論證罷了。但是，這種儒家傳統的道德主義與現代西方的科學、民主以及個體主義究竟有何關連，它應如何對待它們，現代新儒家未能作出深刻的交代。這種道德至上的倫理主義如不改弦更張，只在原地踏步，看來是已到窮途了❸。」則是一個開放性的問題。這個問題未來的走向，取決於我們這一代工作者的努力。

---

❷　同上書，頁3～4。

❸　李澤厚，《中國現代思想史論》（臺北：未著出版時地），頁366～367。

（三）社會科學的儒學研究

戰後臺灣關於儒家思想研究的第三個流派，我們可以稱爲社會科學的儒家思想研究。

這個流派所採取的，大致是以社會科學問卷及計量的方法，企圖研究儒家思想與現代東亞地區的現代化發展的關係，特別是與臺灣地區現代化發展的關係。這個研究流派所關心的是儒家思想與東亞現代化的問題。這個研究課題的出現，是有幾種外在學術背景作爲助緣的。誠如余英時在他的《中國近世宗教倫理與商人精神》❸所指出，他之所以關心宗教倫理與商人階級的精神，是基於兩個外緣：第一是五〇年代以來，中國大陸史學界關於「資本主義萌芽」的熱烈討論；第二是近年來西方社會學家企圖用韋伯（Max Weber）關於「新教倫理」的說法，解釋東亞經濟現代化的突出現象的刺激。當然，二次大戰以來所謂的亞洲四條龍：南韓、臺灣、香港、新加坡的發展，吸引了許多人文及社會科學工作者之重視，而提出所謂「後儒家假說」（Post-Confucian hypothesis），認爲受到儒家思想洗禮以後的東亞社會的工作倫理，與東亞的經濟發展有密切的關係。許多學者以儒家倫理或思想來解釋東亞國家快速的經濟發展，實在是在韋伯有關西方資本主義何以形成之理論的影響下，所提出的一種類比的看法。儒家倫理（Confucian ethic）或思想，旣是東亞國家的共同文化特徵，它很可能就是這些國家快速經濟發展的重要因素。也就是說，基督教倫理可能是西方國家經濟發展的文化動力，儒家倫理則可能是東方國家經濟發展的文化動力。

許多社會科學家認爲，儒家思想傳統中至少有四個要素，對東亞社會中的企業組織及其他機構具有重要的正面影響，從而有利於這些國家

---

❸　余英時，《中國近世宗教倫理與商人精神》（臺北：　聯經出版公司，1987）。

的經濟發展：（1）家庭中特殊的社會化（socialization）方式，足以增進鎮靜節制、重視教育、學習技能，及對工作、家庭、責任的認眞態度；（2）具有幫助所認同之團體的傾向；（3）具有階層感（sense of hierarchy），而且認爲階層是自然的、對的；（4）認爲人際關係具有互補性（complementarity）。韋伯在《中國的宗教：儒家與道家》（*The Religion of China: Confucianism and Taoism*）一書中，所說的不利於資本主義在中國發展的因素，如家族主義、尊重政府權力等等，現在都成爲正面的因素。最近社會學家柏革（Peter Berger）則更進一步認爲，世俗化的儒家思想易於形成一種良好的工作倫理，進而產生增進生產力的功能。同時，儒家重視和諧與團結的規範，是促進東亞社會快速經濟發展的重要因素[55]。這個研究流派源自於國際學術界對韋伯學術論點的再反省與再批判，但近年來卻蓬勃發展，而成爲臺灣學術界儒家思想研究的新動向。從已發表的著作來看，這個研究取向具有代表性的學者，包括史學家余英時、心理學家楊國樞與黃光國。

這個學派的研究途徑，所關心的具體而個別的問題甚多，但是我們如果稍爲加以歸納就可以發現，他們的問題意識的最原始形態就是在於：探索戰後的東亞華人社會之所以能夠成功地發展資本主義經濟，所憑藉的是何種精神傳統？環繞著這個大的問題意識，從歷史學的觀點來看，如余英時所說，牽涉到以下問題[56]：

1. 西方資本主義在東亞移植的成功，除了一般經濟的和制度背景之外，還有沒有文化上的因素？

2. 如果有的話，那麼這個文化因素是不是可歸結到儒家倫理？

---

[55] 楊國樞、鄭伯壎，〈傳統價值觀、個人現代性及組織行爲：後儒家假說的一項微觀驗證〉，收入：《中央研究院民族學研究所季刊》，第六四期，1987，頁2。

[56] 余英時，《中國近世宗教倫理與商人精神》，頁172。

3. 如果這一答案是肯定的，那麼究竟儒家倫理中的那些具體的成分與現代的經濟發展有彼此配合、互相誘發的功用？

4. 所謂「儒家倫理」又是不是純粹地來自儒家？佛教與道教在所謂「儒家倫理」的形成過程中有沒有發生過作用？其作用又屬何種性質？

5. 中國人內心的兩個世界，所謂「聖」、「凡」的世界，在他們內心中是否有緊張性及焦慮？這種緊張或焦慮如何表現？

余英時《中國近世宗教倫理與商人精神》這本書，就是環繞著以上這些課題，從歷史觀點來追溯明清時代（十六世紀）商人階層躍動的時代，作爲個案來加以研究，運用許多最新發現的史料，特別是 1985 年才出版的《明清徽商資料選編》❺❼。這部書便是充分利用這批新材料，全面地分析以上所列舉的基本課題。

但是，對於這個問題的討論，成果最爲豐碩的仍舊是要屬社會科學家。1986 年臺北的自由基金會召開「儒家思想與現代化研討會」，就邀請了許多社會科學家環繞著「儒家思想與現代化問題」貢獻論文❺❽。

在臺灣社會科學界中，關於儒家思想的研究，最值得一提的是黃光國和楊國樞的研究成果。黃光國先生的《儒家思想與東亞現代化》❺❾這部書企圖解決所謂「儒家思想的世紀之謎」；黃光國以爲要解開這個「世紀之謎」，必須落實到個人行爲層次之上，分析儒家思想對於個人社會行動的可能影響。黃光國以社會心理學的角度，來探討儒家思想和東亞國家現代化之間的關係。這部書第一部分討論東亞經濟奇蹟之謎和著名的韋伯學說；第二部分旨在探討儒家思想的內在結構；第三部分說明

---

❺❼　張海鵬、王廷元主編，黃山書社刊行，1985 年 8 月出版。

❺❽　Joseph P. L. Jiang ed., *Confucianism and Modernization: A Symposium* (Taipei: Freedom Council, 1987).

❺❾　黃光國，《儒家思想與東亞現代化》（臺北: 巨流圖書公司，1988）。

儒家思想和東亞國家現代化之間的關係。這部書主要目的，在探討儒家
思想和東亞現代化之間的關係，並介紹韋伯學說的要旨。黃光國分析儒
家思想的結構，最後提出他的一套理論，說明儒家思想和東亞現代化之
間的關係。他認爲：「儒家思想和東亞現代化」不僅涉及哲學方面的思
辯，而且也關於社會及行爲科學方面的事實。要瞭解儒家思想和東亞現
代化之間的關係，不僅要從哲學分析上建構理論，而且要用社會及行爲
科學的研究方法，搜集實證資料，來支持這種理論。在這部書的第十一
章中，黃光國就以自己及其他有關學者的實證資料作爲論證的依據。

黃光國認爲儒家諸子思想中的「心」基本上是一種「雙層次的存在」
(bi-level existence)，它包含有超層次的「仁心」，也包含有自然層次
的「識心」。「識心」其實就是一般心理學者所謂的「認知心」；儒家
思想的最大特色，不在於「識心」，而在於「仁心」。這本書以大量的
篇幅，來建構黃先生所理解的儒家思想之內在結構，如心的模型、儒家
思想中的道以及「仁、義、理」理論體系的發展等。他以這個模式企圖
「解開」儒家思想之謎。在這部書的第十一章裏，他就引用心理學家所
作的關於子女教育、孝道等調查數據，來說明儒家思想作爲一種轉化力
量，是東亞國家現代化的主要關鍵因素之一❻。這部書很能够代表這個
研究學派的一個最新成果，但是這部書關於傳統儒家思想的論述，值得
商榷之處甚多，例如黃光國說：「儒家思想本身是一種維持專制統治的
意識形態」❻；說儒家思想是「重私而不廢公」❻；又說儒家重視家庭
倫理超過社會倫理，是儒家倫理的最大缺點❻；諸如此類的論斷，由於
過於簡略，也忽略了儒家思想的複雜性，必然引起各種仁智之見。整體
而言，在黃光國筆下的儒家思想中的人，基本上是心理機制下的人，或

❻　同上書，頁 305。
❻　同上書，頁 175。
❻　同上書，頁 176。
❻　同上書，頁 283。

者是社會控制下的人，他基本上是在社會情境的脈絡中，來解釋儒家思想中的個人。黃光國對於儒家思想中的人的超越性與主體性頗多忽略。這種研究方法的局限，常常使許多社會科學家在研究儒家思想時，未能更深一層地觸及存有與活動，或自由與必然之間的關係。雖然如此，但是黃光國這部書的出版無疑地是在 1988 年內，這一研究流派的重要著作。

這個研究流派的開創者，是臺大心理系教授楊國樞先生。楊國樞先生早在 1972 年，就與中央研究院民族學研究所的李亦園先生，提倡中國人的性格科際綜合性的討論❻，邀約社會學、心理學、精神醫學、哲學、歷史學各個領域的學者，從各個學科的角度來分析中國人的性格，這部書對二十年來臺灣學界的中國民族性研究影響甚大。楊國樞先生近年來的研究工作，比較集中於傳統中國文化的價值觀，特別是儒家的價值觀與個人現代性及組織行為、社會取向、成就動機等問題。楊國樞研究這些問題的方法，是編製傳統價值觀量表，用以測量家族主義、謙讓守份、面子關係、團結和諧及克難刻苦等五組儒家傳統價值觀念。對於其他變項的測量，則採用有關文獻中的現成測量工具。他的研究發現：儒家傳統價值觀念與良好組織行為，有直接而明顯的關係，而且還可經由其與個人傳統性、個人現代性、成就動機及組織行為的關係，影響個人傳統性、個人現代性及成就動機三類變項與組織行為的關係。但是他也同時指出，除了儒家價值觀念的影響外，個人傳統性、個人現代性及成就動機三類變項尚含有其他成分，這些成分也與組織行為有所關聯。綜合而言，楊先生的研究提供了支持後儒家假說的初步證據❻。

在傳統儒家價值觀之中，孝道觀念極為重要。以往有關孝道的研

❻　李亦園、楊國樞編，《中國人的性格——科際綜合性的討論》（臺北：中央研究院民族學研究所，1972）。

❻　楊國樞、鄭伯壎，〈傳統價值觀、個人現代化及組織行為：後儒家假說的一項微觀驗證〉，《中央研究院民族學研究所集刊》，第六十四期，1989。

究，除了極少數採認知取向的做法外，大多數都採心理計量學的做法。楊先生指出，心理計量學在孝道研究上面臨許多困境。爲避免再陷入同樣的困境，他的研究將個體完整的孝道行動表現，區分成行動者、規範原則、互動對象、肇始原因、互動方向及目的結果六個組成向度，並據以建構出一套孝道認知結構的分類架構，作爲衡鑑個體孝道認知結構的標準。他針對 212 位不同教育及年齡層的受訪者，以五個自編的孝道兩難的故事作爲衡鑑工具，採用個別訪問的程序收集資料並加以分析後，發現隨著教育與年齡層的遞增，個體的孝道認知結構呈現由他律性的規範原則、原級性的互動對象、非自我取向的肇始原因、單向性的互動方向及物質性的目的結果，朝向自律性的規範原則、次級性的互動對象、自我取向的肇始原因、雙向性的互動方向及精神性的目的結果發展❻❻。楊先生研究孝道問題，施測國中生、高中生、大學生及社會成人，總數約在一萬人以上，獲得以下的主要結果：（1）孝知、孝意及孝行三個孝道層次上皆各有四個孝道成分，即「尊親懇親」、「抑己順親」、「奉養祭念」、及「護親榮親」。孝感層次上有兩個主要成分，即正向感情（再分爲親愛及敬佩）與負向感情（再分爲疏淡與懼怕）。（2）依據以上結果，選擇適當題目，編成分別以父親與母親爲對象的孝知量表、孝感量表、孝意量表及孝行量表（共八套）。以此量表測量國中以上學生及社會成人之各孝道層次上的孝道成分，皆具有良好的內部一致性信度與重測信度。（3）在同一孝道層次上，尊親懇親、抑己順親、奉養祭念及護親榮親四成分間皆成中等程度的正相關；就同一孝道成分而言，孝知與孝意之間的正相關較大，而二者與孝行之間的正相關較小。（4）在孝感層次上，正向感情與負向感情成低度的負相關。正向感情與孝知、孝意、孝行三層次的各個孝道成分皆成顯著的正相關，負向感情

---

❻❻ 葉光輝、楊國樞，〈孝道的認知結構與發展：概念與衡鑑〉，《中央研究院民族學研究所集刊》，第六十五期，1989。

與後者則皆成很低的負相關❻❼。楊先生和他的工作同仁，將研究焦點集中在「孝道」概念，並以計量方法進行實證研究。他們選擇「孝道」作為問題的切入點，是十分睿智的，因為孝道是中國儒學價值體系的根本核心之一，從孝道概念的發展，可以部分地看到儒學未來的走向。他們的研究尚在發展中，其研究方法的得失一時尚不易斷言。

　　以上介紹運用社會科學方法與測量工具研究儒家思想的學者，所做的最新的研究成果。這個研究進路，目前仍在繼續發展之中，將來進一步的研究成果當可預期。

四、未來研究的新展望

　　綜合本文以上各節的論述，我們可以發現：戰後臺灣人文學術界關於儒家思想研究的三大主流，不論其研究取向或方法有何差異，其所探討之問題皆屬「第一序」（First order）的問題，如經世思想的實際內容如何；儒家道德形上學如何與康德哲學結合；儒家價值體系如何在戰後臺灣發展等問題，這類問題皆是具體的實證研究問題。當前的研究文獻較少涉及屬於「第二序」（Second order）之問題，如中國思想家之思維方式有何特徵等問題。從研究方法論之立場言之，戰後四十年來臺港地區關於中國思想史的研究，成果固然頗為可觀，但尚未見以「後設語言」（meta-language）對思想背後之思維模式或理論基礎進行論述之作品。

　　所謂「第二序」的研究課題，誠如牟宗三先生所說❻❽，是指對有關

---

❻❼　楊國樞、葉光輝、黃囇莉，〈孝道的社會態度與行為：理論與測量〉，《中央研究院民族學研究所集刊》，第六十五期，1989。

❻❽　參考：牟宗三，《中國哲學十九講 —— 中國哲學之簡述及其所涵蘊之問題》（臺北：臺灣學生書局，1983），頁1～2。

儒家思想的基本知識重新加以反省，探討其內在問題，並加以批導。戰後四十多年來臺灣學術界的儒學研究，屬於「第二序」層次的研究成果尚不多見，因此，展望未來尚有許多嶄新研究課題，值得我們加以開發探索。由於本文篇幅的限制，我僅試舉兩個有待拓展的研究領域，並就管見所及，略加探索:

（一）中國詮釋學的開發

第一個領域是，儒家經典註疏史的研究與中國詮釋學的建立。

近年來關於西元前第一個千紀所發生的所謂「哲學的突破」的研究文獻，都一致同意: 中國文化的「哲學突破」表現最爲溫和，中國傳統的宇宙秩序、人類社會與物質世界的安排，都包含在經典之中⑲。中國經典的權威綿延數千年，歷代思想家多在經典的思想體系之下，思考經典裏所蘊涵的問題，因此，在中國儒學史上，就形成了一個獨特而源遠流長的註疏傳統。

中國思想上的這個註疏傳統，可以從兩個角度加以觀察。首先，就註疏的對象來看，我們可以看到兩個明顯的發展階段。第一個階段是以《五經》爲中心的時期。《五經》包括《詩》、《書》、《易》、《禮》、《春秋》等五部經典，自秦漢代以後，儒者畢生治學多以《五經》爲中心而展開，他們所注解詮釋的典籍也以《五經》爲主; 第二個階段是以《四書》爲中心的時期，《四書》就是《論語》、《孟子》、《大學》、《中庸》等四部經典。這兩個階段的轉變關鍵大約是在西元第十世紀左右，也就是從北宋（西元 960～1126）開始，由於新儒學大師如二程子等的提倡，《四書》地位逐漸上昇，到了朱子出而集結《四書》，並

---

⑲　參考: 余英時，《中國知識階層史論》〈古代篇〉，（臺北: 聯經出版公司，1980），頁 32～33; Benjamin I. Schwartz, "Trenscendence in Ancient China", *Daedalus*, 104: 2 (Spring, 1975), pp. 57～68.

爲之作集註，則《四書》之經典地位已告完全確立❼。其次，我們再從
註疏的內容來看，註疏傳統的發展出現三個主要的時期：第一個時期是
漢唐時期，大約起自漢武帝（在位於西元前 140～87）置五經博士，而
終於唐代初年《五經正義》的寫定。在這個時期裏，學者對先秦經典的
詮釋，特別側重在語言文字的訓釋，換句話說，也就是以文獻資料的整
理及古制的重建爲其特色；第二個時期是宋明時期，大約起自中唐，中
間經過宋元時代的發展，而以明代初年《四書五經大全》的編纂爲其終
止之期。從某一個角度而言，第二個時期註疏之學的發展，可以視爲對
第一個時期所累積的繁瑣的義疏訓詁的再批判與再出發。這個時期的學
者心神所關注的焦點，從過去的文字訓詁制度的問題，轉到經書內在理
念的探討。 從第一期到第二期的轉變過程， 韓愈（退之， 西元 768～
824）可以視爲一個重要的分水嶺的歷史人物； 第三個時期是清代， 它
所涵蓋的時間大約從明朝末年起至五四時代爲止。清代註疏之學以「實
事求是」的精神爲基礎，企圖上復古學的眞面目，其具體的研究途徑是
從經典的考證訓詁入手❼。

　　不論註疏的對象有何不同，註疏的內容有何變遷，中國註疏傳統的
綿延不斷，確是一個值得注意的現象。這一個悠久的註疏傳統，蘊藏著
豐沛的學術資源，有待我們發掘，其中最具有潛力的方向之一，就是我
們可以憑藉這個源遠流長的註疏傳統，建構一個具有中國文化特色的詮
釋學（Hermeneutics）。

　　具體地說，經由註疏傳統所建構的中國詮釋學，至少包括以下三個
可能的面向：

　　1. 詮釋者的歷史性。這是指詮釋者及其思想都受到特定的歷史條

---

❼　參考：黃俊傑，《儒學傳統與文化創新》（臺北：東大圖書公司，1982），
　　頁 46。
❼　參考：加賀榮治，《中國古典解釋史：魏晉篇》（東京：勁草書房，
　　1964），頁 1～49。

件的制約而言。

2. 問題意識的自主性。這是指經典中的問題意識具獨特有生命而言。

3. 詮釋的循環性。這是指經典內部之間有其意義上的循環而言。

這三個面向，固然與當代西方學術界的詮釋學互通，但也具有中國文化的特性。其中第一個面向所謂「詮釋者的歷史性」，更因為中國的專制王朝的政治傳統的悠久，更具有鮮明的中國特點。中國歷代的經典詮釋者，如趙岐（西元 ？～210）、朱子（西元 1130～1200）或焦循（里堂，西元 1763～1820）之於《孟子》，如何晏（？～西元249）之於《論語》，如楊倞之於《荀子》，都是在一個不同於經典成書時代的另一時空條件之下，重新詮釋經典。這些經典的詮釋者，實際上是在他們所處的時代背景、思想氛圍以及他們自己的經驗之中，來解釋經典的意義。這種時代背景、思想氛圍以及個人經驗，也是特定時空的產物，構成詮釋者的「歷史性」（historicality）。在二十世紀以前，詮釋經典的儒者，都是生活在大一統帝國一元化的政治格局之下的人物，而且有些人還是帝國的官員。這種時代背景的差距，使經典註釋者的「自我」分化而為二，並處於緊張的狀態之中：

（A） 經典詮釋者之作為經書價值的傳承者

（B） 經典詮釋者之作為大一統帝國的臣民

歷代的經典註釋者並不只是將經典視為一個「對象性」的存在，他們也常常將經典視為可以興、可以發、可以羣、可以怨、能認知、能觀悟、能踐履，而與經典閱讀者的「主體性」具有互動的關係。他們在註釋經典的事業中，安頓他們的生命（所謂「安身立命」）。換句話說，他們不只是經典的「觀察者」，更是經典中的價值的「參與者」與「實踐者」。但是，儒家經典中政治的主體在民，而帝制中國的政治之主體卻在君，因而形成一種「雙重主體性」的矛盾。這種詮釋者的「自我」的

分裂及其矛盾，具有鮮明的中國特色。

　　第二個面向所謂「問題意識的自主性」，是指歷代經典詮釋者所面對、所思考的問題意識，常是內在於經典之中的，隨著經典而展開；但是，一旦這些問題意識被從經典中提煉出來之後，它們就取得了自主性，而吸引歷代儒者或引申、或辯論、或攻伐，不一而足。就經典之作為歷代解釋者問題意識的源頭這個現象而言，經典實在是一種所謂"locus classicus"。但是，從中國思想史的經驗看來，經典中的問題意識的發展，必須經由詮釋者的詮釋工作，才能持續發展，才能取得綿延不斷的自主性的生命。因此，問題意識的自主性，與經典詮釋者的「歷史性」是互有關係的。經典中的問題意識，雖然在發展上呈現出一種自主性的生命，但是，這種自主性是指其可以不受外在社會政治經濟現實之直接干擾而說的。如果就問題意識之有待於詮釋者的詮釋，而獲得持續發展這一點來說，問題意識仍不免受到詮釋者思想系統的滲透，它也反過來對詮釋者的思想系統的形成與內涵，造成某種影響，雙方的互動構成某種形式的「互為主體性」的關係。

　　第三個面向所謂「詮釋的循環性」是指，經典的文句中所呈現的概念並不是孤立的存在，這些概念的確切意義必須在整篇文章，乃至整部經典的思想脈絡之中，才能加以掌握。反過來說，經典中的文章乃至全書的義蘊，也必須通過文句，逐步去理解。因此「句」──「文」──「書」乃形成一種永無中斷的循環關係。而這種意義下所謂的「詮釋的循環性」，則又與經典詮釋者互動，使經典詮釋者的「主體性」與經典交融無間，從而使經典不再是一種純粹「對象性」存在，經典與詮釋者在問題意識上有往有返，形成一種對話的關係，內外交輝，主客一體，使古今不斷為兩橛，而千年如相與謦欬於一堂之上。

　　以上這些中國詮釋學的面向，都有待我們深入中國經典註疏史，發潛德之幽光，取之而與歐美當代的詮釋學理論切磋攻錯。我最近曾以孟

子學爲例，對上述論點有所探討⑫，所以本文僅略識其大體，不再細論。

（二）中國思維方式的研究——身體隱喩思維

在未來展望中，第二個可以開發的領域是: 中國思維方式的研究。

「思維方式」的研究長久以來是哲學上的重要課題，自本世紀初，Lucien Levi-Bruhl（1857～1939）的《原始思維》一書發表以來，更吸引了人類學家、社會學家投入此一領域之研究。近年來，隨著計算機科學以及人工智慧（Artificial intelligence）研究的發展，「思維方式」研究更取得了嶄新的意義。但是過去的中國思想史研究中，思維方式之研究卻一直是乏人問津的原野荒地。傳統漢學研究側重在歷史事件的重建與疏證，或是對歷史現象的因果解釋，也就是本文所謂的「第一序」之研究。至於「第二序」的思維方式，也就是歷史上的思想家，怎樣去認識他們自己及其所處的世界；以何種方式去思考問題，建立其世界觀；這種世界觀及外在的自然環境、社會環境又如何交互滲透、影響等問題，則一向爲傳統漢學研究工作者所忽視，值得我們加以注意。

「思維方式」這個領域的研究，對未來的中國思想史研究之所以特具重要性，乃是因爲這個問題直接觸及中國文化傳統中所謂「默會之知」（Tacit Knowing，用美國當代哲學家 Michael Polanyi 所著 *The Tacit Dimension* 書中所提出之名詞）。這個問題的深入剖析，不僅可以加強我們對中國文化及思想傳統中的「深層結構」的瞭解；而且，我們的研究成果也可以對日本學人中村元（著有《東洋人の思惟方法》

---

⑫　參考: Chun-chieh Huang, "The Mencius and Historical Hermeneutics", *Tsing Hua Journal of Chinese Studies*, New Series Vol. 19, No. 2 (Dec., 1989), pp. 45～65; 黃俊傑，〈孟子學的幾個方法論問題〉，「國史研究的回顧與展望」國際研討會論文，臺大歷史系主辦，臺北，1989 年 7 月。

一書，是此一領域之重要著作）及美國哲學家 Chad Hansen 等人的研究成果，進行深刻批判，以提出嶄新學說。

　　這個研究領域中，所涉及的個別分支領域甚多，截至目前亦有若干初步研究成果。關於中國思維方式，較早期而全面性的論著，當推日本學者中村元在 1948～1949 年間發表的《東方民族的思維方法》❼❸。簡而言之，中村元的研究方法有二：第一，是經由語言的表現方式，尤其是語法結構，藉以說明其中所反映出來的思維方式。第二，以印度為中心，先從語言的反映探討印度人的思維方式，再藉由印度佛教傳播到中國和日本的過程中，由中日兩民族在接受外來文化的方式中，反映出其思維方式。後者緣於中村元對印度佛學有較深的造詣，取之作為研究進路，在方法上亦頗為可取。前者則是思維研究上的一大課題，或謂語言決定思維，因為語言是思維的唯一工具。這種觀點近來頗為流行，中村元大致是採取這個觀點。但近來亦有學者認為思維決定了語言。其實不論是主張語言決定思維，或是相反地主張思維決定語言，兩方面的共同意見則是語言與思維有密不可分的關係，因而從語言入手，可以反映出一定程度的思維方式則是一致的結論。

　　近年來大陸學者對中國思維方式的研究方興未艾。如劉長林〈文化基因與中國思維的女性偏向〉一文❼❹，認為中國傳統文化作為一個整體，有明顯的陰性偏向。論述頗有新意，但較為粗疏。李志林〈論中國傳統思維的兩重性〉❼❺，以為在邏輯思維方面，重視辯證邏輯，而忽視形式邏輯。在哲學思維方面，整體關聯、體用不二、矛盾和諧三項是正面的辯證思維；而其負面則是籠統的整體直觀妨礙了思維的精確化，神

---

❼❸　中村元，《東洋人の思惟方法》（東京：春秋社，1962），共四卷。

❼❹　劉長林，〈文化基因與中國思維的女性偏向〉，《中國文化月刊》，一二二期，頁 111～124。劉長林近日有《中國系統思維》（北京：中國社會科學出版社，1990）出版。

❼❺　李志林，〈論中國傳統思維的兩重性──對中國傳統文化反思的一個重要側面〉，《中國文化月刊》，一二二期，頁 65～78。

秘的直覺代替了思維的理性化，經學思維遏制了思維的個性化。羊滌生的〈略論中國古代辯證思維的特點及其對世界的貢獻〉，這篇論文⑯從 1. 過猶不及與和而不同；2. 物極必反與以柔克剛；3. 陰陽互補與動態平衡等方面，分析中國古代辯證思維的特色。王葆玹〈魏晉言意之辨的發展與意象思維方式的形成〉⑰分析言、意、象之間的問題。從微言盡意論對唯象思維方式的衝擊，到妙象盡意說爲意象思維方式的形成提供了營養。在言意之辨盛行時，言象只是達意的工具；而在言意兼忘的命題流行後，人們追求的最高思想境界與修養境界變得更爲神秘，意便下降爲與言、象層次相同的東西了。此外，羊滌生對「中國傳統思維爲原始思維說」曾著文批判⑱，鄧啟耀曾研究中國神話的邏輯結構⑲，張立文曾分析孔子思想中的概念範疇⑳。除了以上大陸學者之外，日本學人田丸德善㉑、吉岡義豐㉒、佐滕成順㉓，及臺灣的陳榮灼㉔，分別對

---

⑯ 羊滌生，〈略論中國古代辯證思維的特點及其對世界的貢獻〉，《中國文化月刊》，一二三期，頁 27～47。

⑰ 王葆玹，〈魏晉言意之辨的發展與意象思維方式的形成〉，《中國文化月刊》，一一〇期，頁 63～73。

⑱ 羊滌生，〈中國傳統思維方式與科學 —— 兼評中國傳統思維爲原始思維說〉，《中國文化月刊》，一二〇期，頁 4～20。

⑲ 鄭啟耀，〈中國神話的邏輯結構〉，《民間文學論壇》，三期（1989），頁42～48及35。

⑳ 張立文，〈論孔子思想邏輯結構中概念範疇的解釋〉，《中國文化月刊》，一一八期（臺中：東海大學），頁 30～51。

㉑ 田丸德善，〈儒教的思惟形態の特質〉，收入：芳光運監修，峰島旭雄編集，《東西思惟形態の比較研究》（東京：東京書籍株式會社，1977），頁 211～242。

㉒ 吉岡義豐，〈道教思惟形態の特質〉，收入：芳光運監修，峰島旭雄編集，《東西思惟形態の比較研究》（東京：東京書籍株式會社，1977），頁 243～262。

㉓ 佐滕成順，〈思惟形態の成層性〉，收入：梶芳光運監修，峰島旭雄編集，《東西思惟形態の比較研究》（東京：東京書籍株式會社，1977），頁 263～277。

㉔ 陳榮灼，〈作爲類比推理的《墨辯》〉，《鵝湖學誌》，第二期（臺北：1988）。

儒家、佛家及墨家的思維方式有所探討。

在中國「思維方式」研究的諸多領域中，我認爲特別值得開拓的是「身體隱喻思維」這個領域。所謂「身體隱喻思維」是指通過身體及其器官作爲隱喻（metaphor），而對世界進行思考的一種思維方式。這種屬於「身體隱喻」（body metaphor）性質的材料，在儒家對人的修養境界的描述，以及工夫論及政治論中，表現得最爲深切著明。以下再加以申論：

1. 儒家對修養境界的描述：

中國古代思想家的修養工夫多集中在所謂「治氣養心」之術，儒家諸子更是如此。但純粹從思維方式來看，儒家常常從「身體思維」出發來描述人的修養境界。孔子曰：「君子有三戒，少之時，血氣未定，戒之在色；及其壯也，血氣方剛，戒之在鬪；及其老也，血氣旣衰，戒之在得。」（《論語・季氏篇》），孟子以爲「人之有四端，猶其有四體也。」（《孟子・公孫丑上》），皆從人的身體出發，說明人之修養工夫。孟子又說：

> 口之於味也，有同耆焉；耳之於聲也，有同聽焉；目之於色也，有同美焉。至於心，獨無所同然乎？心之所同然者何也？謂理也，義也。聖人先得我心之所同然耳。故理義之悅我心，猶芻豢之悅我口。（《孟子・告子上・7》）

孟子這一段話，從人的器官（口、耳、目）的感性經驗，申論人的價值自覺的普遍必然性，最能說明儒家的「身體隱喻思維」方式。孟子的「養氣」說也展現某種「身體隱喻思維方式」。孟子的養氣之說，通貫倫理與工夫論的範疇。在孟子以前，所謂「氣，體之充也」，多只具有自

然意義，而孟子卻賦自然意義的氣以強烈的人文意義，使他的「浩然之氣」同時屬於存有意義的自然世界與創生意義的文化世界，而同時兼具存有論與倫理學的內涵。而就「浩然之氣」之所以產生的程序而言，孟子「氣」的思想中倫理學先於存有論，因此而產生「養氣」的工夫論問題，也因此經由「集義」的養氣的工夫成爲絕對必要。生理意義的「氣」，經由「集義」工夫的轉化，成爲至大至剛的「浩然之氣」。工夫所至，「君子所性，仁義禮智根於心。其生色也，睟然見於面，盎於背，施於四體，四體不言而喻。」（《孟子・盡心上》）這也就是孟子所謂的「形色，天性也；惟聖人，然後可以踐形。」（《孟子・盡心上》）細繹孟子的「踐形」理論，可以發現，它是建立在身心一如的基本前提之上的。人的軀體容貌雖是自然所生，但只要人充實他的道德生命，他的自然生命就會受到道德生命的轉化，而使「有限」的自然生命，取得了「無限」而永恒的道德意義。

　　這種以身體四肢作爲譬喻，討論人的修養工夫的思維方式，也見之於先秦儒學的殿軍荀子。《荀子・君道》：「故天子不視而見，不聽而聰，不慮而知，不動而功，塊然獨坐而天下從之如一體如四肢之從心，夫是之謂大形。」到了漢初的馬王堆帛書《五行篇》也一再展現這種「身體隱喻思維」方式。例如，《五行篇》作者在論述「心」的優先性時說：

　　　　〔經22〕耳目鼻口手足六者，心之役也。心曰唯，莫敢不〔唯，心曰諾，莫〕敢不〔諾。心〕曰進，莫敢不進。心曰淺，莫敢不淺。

　　　　〔說〕「耳目鼻口手足六者，心之役也」。耳目也者，說（悅）聲色者也；鼻口者，說（悅）犨（臭）味者也；手足者，說（悅）徹（佚）餘（愉）者也。〔心〕也者，說（悅）仁義者也；

之（此）數膛（體）者皆有說（悅）也；而六者爲心役，何〔
也〕？曰：心貴也。有天下之美聲色目（置）此，不義，則不聽
弗視也。有天下之美犨（臭）味〔置此〕，不義，則弗求弗食
也。居而不間尊長者，不義，則弗爲之矣。何〔也〕？曰：幾不
〔勝口，小〕，不勝大，賤不勝貴也才（哉）！故曰心之役也。
耳目鼻口手足六者，人口口，膛（體）之小者也。心，人口口，
人膛（體）之大者也，故曰君也」。

諸如此類論點，都從人的身體出發，描述人的修養境界，值得進一步探
討。

2. 「身體隱喩思維」在儒家倫理學中的展現：

　　古代儒家常常將人的身體當作一個「感性共同體」（sensorium
commune，借用 M. Merleau-Ponty 名詞），並從這個觀點出發，思
考與人的倫理生活相關的諸多課題。舉例言之，孟子曰：

> 口之於味也，目之於色也，耳之於聲也，鼻之於臭也，四肢之於
> 安佚也，性也，有命焉，君子不謂性也。仁之於父子也，義之於
> 君臣也，禮之於賓主也，智之於賢者也，聖人之於天道也，命
> 也，有性焉，君子不謂命也。（《孟子・盡心下》）

孟子從口、目、耳、鼻等身體器官出發，思考父子、君臣等倫理生活相
關的問題。前引《荀子・不苟篇》也舖陳類似論點。諸如此類論點，在
儒家其他典籍中也一再出現，值得細加探討。

3. 「身體隱喩思維」在儒家政治論中的展現：

古代儒家的政治論中，亦大量展現「身體隱喻思維」方式，很值得分析。從孟子的「君之視臣如手足，則臣之視君如腹心」（《孟子・離婁下・3》），到荀子論君臣關係，更以目耳等身體器官爲喻說：「牆之外，目不見也；里之前，耳不聞也，而人主之守司，遠者天下，近者境內，不可不略知也。天下之變、境內之事，有弛易齟齬差者矣。而人主無由知之，則是拘脅蔽塞之端也，耳目之明如是其狹也，人主之守司如是其廣也，其中不可以不知也，如是其危也。然則人主將何以知之？曰：便嬖左右者，人主之所以窺遠收眾之門戶牖嚮也，不可不早具也。故人主必將有便嬖左右足信者，然後可；其知惠足使規物，其端誠足使定物，然後可，夫是之謂國具。」（《荀子・君道篇》）

諸如此類以「身體隱喻思維」所進行的政治論述，充斥於古代儒家的典籍，到漢代董仲舒的《春秋繁露》中，這類思維方式更是屢見不鮮，值得加以研究。

綜合以上的討論，我們在過去四十年來儒學研究的基礎之上，可以再對儒家思想傳統進行「第二序」的研究，其中尤其以中國詮釋學的研究，與中國儒家「身體隱喻思維」方式的研究，較具有發展的潛力。「路漫漫其脩遠兮，吾將上下而求索」（《楚辭・離騷》），未來的研究成果，則有待於我們努力以赴，才能開創新局。

引 用 書 目

（一）中文著作

《中華民國教育統計》（全版本）（臺北：教育部，1987）。

《中華民國教育統計提要》（民國七十六年版）（臺北：教育部統計處，1987）。

錢　穆，《中國思想史》（臺北：臺灣學生書局，1983）。

──，《中國近三百年學術史》（臺北；臺灣商務印書館，1972年臺五版）。

──，《中國歷史研究法》（臺北：三民書局，1969）。

──，《朱子新學案》（臺北：三民書局，1971）。

──，〈略論朱子學之主要精神〉，《史學評論》，第五期（1983）。

徐復觀，《中國人性論史・先秦篇》（臺北：臺灣商務印書館，1969）。

──，《兩漢思想史》（臺北：臺灣學生書局，1979）。

──，〈良知的迷惘──錢穆先生的史學〉，收入：氏著，《儒家政治思想與民主自由人權》（臺北：八十年代出版社，1979）。

──，《周官成立之時代及其思想性格》（臺北，1980）。

張春興，〈民國三十九年以來學校教育的發展與檢討〉，收入：《臺灣地區社會變遷與文化發展》（臺北：聯經出版事業公司，1985）。

張朋園，〈從臺灣看中美近三十年之學術交流〉，《漢學研究》，第二卷第一期（1984 年 6 月）。

牟宗三，《心體與性體》全三冊（臺北：正中書局，1968）。

──，《從陸象山到劉蕺山》（臺北：學生書局，1979）。

──，《圓善論》（臺北：學生書局，1985）。

──，《五十自述》（臺北：鵝湖出版社，1989）。

──，《中國哲學十九講──中國哲學之簡述及其所涵蘊之問題》（臺北：臺灣學生書局，1983）。

──，《智的直覺與中國哲學》（臺北：臺灣商務印書館，1971）。

──，《現象與物自身》（臺北：臺灣學生書局，1975）。

余英時，《中國近世宗教倫理與商人精神》（臺北：聯經出版公司，1987）。

──，《中國知識階層史論》〈古代篇〉，（臺北：聯經出版公司，1980）。

—— ，〈《周禮》考證和《周禮》的現代啟示〉，《新史學》，第一
卷第三期（1990 年 9 月）。

陳榮灼，〈作為類比推理的《墨辯》〉，《鵝湖雜誌》，第二期（臺
北：1988）。

楊儒賓，〈人性、歷史契機與社會實踐——從有限的人性論看牟宗三的
社會哲學〉，《臺灣社會研究季刊》，第一卷第四期（1988冬
季號）。

沈清松，〈哲學在臺灣之發展（1949～1985）〉，收入：《中國論壇》
（臺北：中國論壇社），第二十一卷第一期（1985年10月）。

黃俊傑，〈蕭公權與中國近代人文學術〉，收入：氏著，《儒學傳統與
文化創新》（臺北：東大圖書公司，1983）。

—— ，〈孟子學的幾個方法論問題〉，「國史研究的回顧與展望」國
際研討會論文，臺大歷史系主辦，臺北，1989 年 7 月。

—— ，《儒學傳統與文化創新》（臺北：東大圖書公司，1982）。

—— ，〈孟子的生命觀〉，《清華學報》，新十九卷二期，1989 年
12 月。

—— ，〈孟子後學對身心關係的看法〉，《清華學報》，新二十卷一
期，1990 年 6 月。

蔣年豐，〈海洋文化的儒學如何可能〉，《中國文化月刊》（臺中：東
海大學，1990 年 2 月）。

胡昌智，《歷史知識與社會變遷》（臺北：聯經出版公司，1988）。

—— ，〈怎麼看《國史大綱》？〉，《歷史月刊》，第三十三期（
1990 年 10 月），頁 112～115。

陳昭瑛，〈一個時代的開拓——激進的儒家徐復觀先生〉，《歷史月刊》，
第十五期（1989 年 4 月）。

劉廣京，《近世中國近世思想研究會論文集》（臺北：中央研究院近代

史研究所，1984）〈序〉。

唐君毅，《中國哲學原論・導論篇》（香港：東方人文學會，1966）。

—— ，《中國哲學原論・原教篇》（香港：新亞書院研究所，1975）。

—— ，《中國哲學原論・原性篇》（香港：新亞書院研究所，1968）。

—— ，《中國哲學原論・原道篇》（香港：新亞書院研究所，1974）。

方東美著，孫智燊譯，《中國哲學之精神及發展》（上冊）（臺北：成均出版社，1984）。

路　況，〈實踐藝術的論述策略——評陳忠信〈新儒家『民主開出論』的檢討〉，收入：《中國論壇》（臺北：中國論壇社），第三四〇期，1989年11月。

狄培理（Wm. T. de Bary）著，黃俊傑譯，〈新儒家教育與儒家洗禮後的東亞〉，刊於：《史學評論》，第九期（1985 年 9 月）。

李明輝，《儒家與康德》（臺北：聯經出版公司，1990）。

李澤厚，《中國現代思想史論》（臺北：未著出版時地）。

楊國樞、鄭伯壎，〈傳統價值觀、個人現代性及組織行為：後儒家假說的一項微觀驗證〉，收入：《中央研究院民族學研究所集刊》，第六十四期，1987，頁 2。

黃光國，《儒家思想與東亞現代化》（臺北：巨流圖書公司，1988）。

李亦園、楊國樞編，《中國人的性格——科際綜合性的討論》（臺北：中央研究院民族學研究所，1972）。

葉光輝、楊國樞，〈孝道的認知結構與發展：概念與衡鑑〉，《中央研究院民族學研究所集刊》，第六十五期，1989。

楊國樞、葉光輝、黃曬莉，〈孝道的社會態度與行為：理論與測量〉，《中央研究院民族學研究所集刊》，第六十五期，1989。

劉長林，〈文化基因與中國思維的女性偏向〉，《中國文化月刊》，一二二期。

李志林，〈論中國傳統思維的兩重性——對中國傳統文化反思的一個重
　　　要側面〉，《中國文化月刊》，一二二期。

羊滌生，〈略論中國古代辯證思維的特點及其對世界的貢獻〉，《中國
　　　文化月刊》，一二三期。

——　，〈中國傳統思維方式與科學——兼評中國傳統思維爲原始思維
　　　說〉，《中國文化月刊》，一二〇期。

王葆玹，〈魏晉言意之辨的發展與意象思維方式的形成〉，《中國文化
　　　月刊》，一一〇期。

鄭啟耀，〈中國神話的邏輯結構〉，《民間文學論壇》，三期(1989)。

張立文，〈論孔子思想邏輯結構中概念範疇的解釋〉，《中國文化月
　　　刊》，一一八期（臺中：東海大學）。

（二）日文著作

加賀榮治，《中國古典解釋史：魏晉篇》（東京：勁草書房，1964）。

中村元，《東洋人の思惟方法》（東京：春秋社，1962），共四卷。

田丸德善，〈儒教的思惟形態の特質〉，收入：梶芳光運監修，峰島旭
　　　雄編集，《東西思惟形態の比較研究》（東京：東京書籍株式
　　　會社，1977）。

吉岡義豐，〈道教思惟形態の特質〉，收入：梶芳光運監修，峰島旭雄
　　　編集，《東西思惟形態の比較研究》（東京：東京書籍株式會
　　　社，1977）。

佐滕成順，〈思惟形態の成層性〉，收入：梶芳光運監修，峰島旭雄編
　　　集，《東西思惟形態の比較研究》（東京：東京書籍株式會
　　　社，1977）。

（三）英文著作

Fang, Thomé H., *Chinese Philosophy*: *Its Spirit and Its Development* (Taipei: Linking Publishing Co. Ltd. 1981).

Huang, Chun-chieh, "The Mencius and Historical Hermeneutics", *Tsing Hua Journal of Chinese Studies*, New Series Vol. 19, No. 2 (Dec., 1989).

Jiang, Joseph P. L. ed., *Confucianism and Modernization*: *A Symposium* (Taipei: Freedom Council, 1987).

Schwartz, Benjamin I., "Trenscendence in Ancient China", *Daedalus*, 104: 2 (Spring, 1975).

Taiwan Statistical Data Book (Taipei: Council for Economic Planning and Development, Executive Yüan, 1988).

附　　錄

戰後臺灣中國思想史研究年表
(1945-1991)

民國	西元	中國思想史研究	中國人文學術研究相關發展	其他
34	1945		臺灣光復國民政府接收「臺北帝國大學」改組後更名爲國立臺灣大學	
37	1948		中央研究院歷史語言研究所遷臺	
38	1949		國立臺灣大學文學院增設考古人類學系 國立臺灣大學文學院設置文科研究所	
39	1950		7月15日《大陸雜誌》創刊	
40	1951	錢穆《中國文化史導論》（臺北：正中書局）出版		
41	1952	錢穆《文化學大義》（臺北：正中書局）出版		
42	1953	唐君毅《中國文化之精神價值》（臺北：正中書局）出版		
43	1954	牟宗三《王陽明致良知教》（臺北：中央文物供應社）出版	國立政治大學在臺復校	

44	1955	牟宗三《歷史哲學》（高雄： 強生出版社）出版	中央研究院近代史研究所籌備處成立 中央研究院民族學研究所籌備處成立	
45	1956	Thomé H. Fang（方東美）*The Chinese View of Life*（Hongkong: The Union Press）出版	國立臺灣大學文科研究所改爲中國文學、歷史學、哲學、考古人類學四研究所	
47	1958		張君勱、唐君毅、牟宗三、 徐復觀等人發表〈爲中國文化告世界人士宣言〉刊登於1958年臺灣出版的〈民主評論〉、〈中華文化復興月刊〉兩刊物	
50	1961	牟宗三 《 政道與治道》（臺北: 廣文書局）出版		
52	1963	牟宗三《中國哲學的特質》（臺北: 學生書局）出版 牟宗三 《 才性與玄理》（香港: 人生出版社）出版	《思與言》雜誌創刊	
54	1965	錢穆《 論語新解 》（臺北: 商務）再版	中央研究院民族學研究所成立 中央研究院近代史研究所成立	
55	1966	徐復觀《中國藝術精神》（臺北: 學生書局）出版 何啟民《竹林七賢研究》（臺北: 中國學術著作獎助委員會）出版 唐君毅《中國哲學原論—導論篇 》（香港: 東方人文學會）出版		

56	1967	何啟民《魏晉思想與談風》（臺北：中國學術著作獎助委員會）出版	中國文化學院歷史研究所博士班成立 國立臺灣大學文學院中國文學研究所及歷史學研究所增設博士班	
57	1968	牟宗三《心體與性體》第一、二冊（臺北：正中書局）出版 方東美《哲學三慧》（臺北：新中國出版社）出版 唐君毅《中國哲學原論—原性篇》（香港新亞書院研究所）出版 Thome H. Fang, *Chinese Philosophy: Its Spirit and Its Development* (Taipei: Linking Publishing Co., Ltd.) 出版		
58	1969	徐復觀《中國人性論史—先秦篇》（臺北：商務印書館）出版 牟宗三《心體與性體》第三冊（臺北：正中書局）出版 王爾敏《晚清政治思想史論》（臺北：學生書局）出版		
60	1971	錢穆《朱子新學案》五冊（臺北：三民書局）出版 錢穆《莊老通辨》（臺北：三民書局）出版 牟宗三《智的直覺與中國哲學》（臺北：商務印書館）出版	《食貨月刊》臺北復刊	
61	1972		李亦園、楊國樞編《中國人的性格：科際綜合性的討論》（臺北：中央研究院民族學研究所專刊乙種第四號）出版	

63	1974	錢穆《孔子與論語》（臺北：聯經出版事業公司）出版 方東美《中國人生哲學概要》（臺北：先知出版社）出版 唐君毅《中國哲學原論—原道篇卷三》（香港：新亞書院研究所）出版	中央研究院決議設置三民主義研究所 3月1日《哲學與文化》革新號第一期出版	
64	1975	牟宗三《現象與物自身》（臺北：學生書局）出版 徐復觀《周秦漢政治社會結構之研究》（臺北：學生書局）出版（卽《兩漢思想史》，卷一） 徐復觀《中國思想史論集》（臺北：學生書局）出版 唐君毅《中華人文與當今世界》（臺北：學生書局）出版 唐君毅《中國哲學原論—原教篇》（香港：新亞研究所）出版 羅光《中國哲學思想史》（臺北：先知出版社）出版	8月15日《鵝湖》創刊	
65	1976	徐復觀《兩漢思想史》卷二（臺北：學生書局）出版 錢穆《中國歷史精神》（臺北：東大圖書公司）出版 錢穆《靈魂與心》（臺北：聯經出版事業公司）出版 唐君毅《中國哲學原論—原道篇卷一卷二》（香港：新亞研究所修訂再版）出版 黃彰健《經學理學文存》（臺北：臺灣商務）出版 余英時《歷史與思想》（臺北：聯經出		

		版事業公司）出版 錢穆《中國學術思想史論叢》第一册（臺北：東大圖書公司）出版	
66	1977	錢穆《中國學術思想史論叢》第二、三册（臺北：東大圖書公司）出版 王爾敏《中國近代思想史論》（臺北：華世出版社）出版 羅光《中國哲學的展望》（臺北：學生書局）出版	國立臺灣師範大學歷史研究所博士班成立
67	1978	錢穆《中國學術思想史論叢》第四、五册（臺北：東大圖書公司）出版 方東美《方東美先生演講集》（臺北：黎明文化事業公司）出版 Thomé H. Fang, *Creativity in Man and Nature* (Taipei: Linking Publishing Co., Ltd.)出版 羅光《中國哲學思想史——兩漢南北朝》（臺北：學生書局）出版	
68	1979	方東美《生生之德》（臺北：黎明文化事業公司）出版 牟宗三《從陸象山到劉蕺山》（臺北：學生書局）出版 錢穆《從中國歷史來看中國民族性及中國文化》（臺北：聯經出版事業公司）出版 張君勱《新儒家思想史》（臺北：張君勱先生獎學金基金會）出版 錢穆《中國學術思想史論叢》第七册（臺	《史學評論》創刊，余英時發表〈中國史學的現階段：反省與展望〉，作爲《史學評論》「創刊號」的發刊詞

		北：東大圖書公司）出版 徐復觀《儒家政治思想與民主自由人權》（臺北：八十年代出版社）出版 徐復觀《兩漢思想史》卷三（臺北：學生書局）出版 羅光《新儒家論叢》（臺北：學生書局）再版	
69	1980	余英時《中國知識階層史論（古代篇）》（臺北：聯經出版事業公司）出版 錢穆《中國學術思想史論叢》第八冊（臺北：東大圖書公司）出版 徐復觀《學術與政治之間》（臺北：學生書局）出版 方東美著、馮滬祥譯《中國人的人生觀》（臺北：幼獅文化公司）出版 羅光《中國哲學思想史—魏晉隋唐佛學篇》（臺北：學生書局）出版 羅光《中國哲學思想史—宋代篇》（臺北：學生書局）出版	中央研究院舉行第一屆國際漢學會議	
70	1981	錢穆《雙溪獨語》（臺北：學生書局）出版 勞思光《中國哲學史》共四冊（臺北：三民書局）出版 韋政通《中國哲學辭典》（臺北：大林出版社）出版 王叔岷《史記斠證》共十冊（南港：中央研究院歷史語言研究所）	中央研究院三民主義研究所正式成立 中國古典文學研究會主辦「第三屆全國古典文學會議」	

		王煜 《明清思想論集》（臺北：聯經出版事業公司）出版 劉岱等主編《中國文化新論》共十一册（臺北：聯經出版事業公司）出版 羅光《中國哲學思想史—元明篇》（臺北：學生書局）出版	中央研究院歷史語言研究所與經濟學研究所聯合舉辦中國社會經濟史暑期研討會 中央研究院三民主義研究所召開「第一屆歷史與中國社會變遷（中國社會史）研討會」	
71	1982	余英時 《史學與傳統》（臺北：時報文化出版事業股份有限公司）出版 劉述先《朱子哲學思想的發展》（臺北：學生書局）出版 薩孟武《儒家政論衍義》（臺北：東大圖書公司）出版 黃俊傑《儒學傳統與文化創新》（臺北：東大圖書公司）出版 蔡仁厚《新儒家的精神方向》（臺北：學生書局）出版 陳榮捷《朱學論集》、《朱子門人》（臺北：學生書局）出版 楊希閔《宋陸文安公九淵年譜》（臺北：商務印書館）出版	中央研究院歷史語言研究所舉辦「中國社會經濟史暑期研討會」 中央研究院民族學研究所舉辦國際性「中國家族及其儀式行為」研討會 中央研究院近代史研究所舉辦「辛亥革命研討會」 聯合報文化基金會國學文獻館舉行「中國族譜學術研討會」	
72	1983	錢穆《中國思想史》（臺北：學生書局）出版 錢穆《宋代理學三書隨劄》（臺北：東大圖書公司）出版 方東美《新儒家哲學十八講》（臺北：黎明文化事業公司）出版 馮炳奎等著《宋明理學研究論集》（臺北：黎明文化事業公司）出版 李弘祺譯，狄百瑞著《中國的自由傳統》（臺北：聯經出版事業公司）出版	中央研究院等合辦「中日韓文化關係研討會」 中央研究院三民主義研究所、歷史語言研究所、近代史研究所聯合舉辦「中國思想史暑期研討會」 國史館、中央研究院近代史研究所、故宮博物院及輔仁大學合辦「中西文化交流國際學術會議」	

		蔡仁厚《宋明理學南宋篇（增訂版）》（臺北：學生書局）出版	中央研究院近代史研究所舉行「民初歷史研討會」
		牟宗三《中國哲學十九講——中國哲學之簡述及其所蘊涵之問題》（臺北：學生書局）出版	
		陳榮捷《王陽明傳習錄詳註集評》（臺北：學生書局）出版	
		韋政通主編《中國哲學辭典大全》（臺北：水牛圖書公司）出版	中央研究院近代史研究所主辦召開「近世中國經世思想研討會」
		林繼平《陸象山研究》（臺北：商務印書館）出版	《漢學研究》創刊
		《史學評論》第五期《朱子思想研究專號》（臺北：華世出版社）出版	
		林毓生《思想與人物》（臺北：聯經出版事業公司）出版	
		鐘彩鈞《王陽明思想之進展》（臺北：文史哲出版社）出版	
		羅光《儒家哲學的體系》（臺北：學生書局）出版	
73	1984	余英時《從價值系統看中國文化的現代意義—中國文化與現代生活總論》（臺北：時報文化出版事業有限公司）出版	國立清華大學設立人文社會學院
		方東美《中國哲學之精神及其發展》上冊（臺北：成均出版社）出版	
		歐陽煦《王學要略》（臺北：大中國圖書公司）出版	中央研究院三民主義研究所主辦「中國海洋發展史研討會」
		林繼平《明學探微》（臺北：商務出版社）出版	中國歷史學會等單位舉辦「中華民國歷史與文化學術研討會」
		余英時《中國近代思想史上的胡適》（臺北：聯經出版事業公司）出版	12月16日～18日，清華大學與中央圖書館漢學資料中心共同主辦「中國思想史國際研討會」

		錢穆《現代中國學術論衡》（臺北：東大圖書公司）出版 陳榮捷《王陽明與禪》（臺北：學生書局）出版 錢穆《中國學術通義》（臺北：學生書局）出版	中央研究院近代史研究所舉辦「抗戰前十年國家建設史研討會」 中央研究院民族學研究所舉辦「臺灣地區社會與文化變遷研討會」 中華民國哲學會舉行「七十三年全國哲學會議」 中華民國哲學會及東海大學聯合舉辦「第一屆世界中國哲學會議」 中華文化復興運動推行委員會舉辦「生命禮俗研討會」 國立政治大學文理學院與中文研究所及中文系主辦「晚清小說專題研討會」 中國古典文學研究會舉行「第六屆中國古典文學會議」 中央研究院歷史語言研究所及經濟學研究所聯合主辦「第三屆中國社會經濟史研討會」 國立中山大學中文系等單位合辦「第八屆全國比較文學會議」 中央研究院三民主義研究所舉行第二次「中國思想史暑期研討會」
74	1985	《清華學報》新十七卷《中國思想史研究專號》（臺灣：清華學報社）出版 牟宗三《圓善論》（臺北：學生書局）出版	中國論壇社出版《海峽兩岸學術研究的發展》創刊十週年專輯 東海大學歷史研究所召開「第一屆臺灣開發史研討會」 清華大學成立歷史學研究所 國立中央圖書館漢學資料及服務中心主辦「方志學國際研討會」 輔仁大學主辦「中國倫理教育哲學基礎國際學術研討會」 中興大學歷史系舉行「中西史學史研討會」 中國古典文學會及師範大學主辦「中國古典文學第一屆國際會議」 國立臺灣大學人類學系舉行「中華民國臺灣地區人類學研究的回顧與展望」

			國際研討會 中華民國韓國研究學會主辦「中韓文化關係學術研討會」 中央研究院近代史研究所舉行「抗戰建國史研討會」（1937～1945） 中華民國哲學會舉行本年年會 輔仁大學舉行「近現代中日關係國際學術研討會」 國立臺灣大學外國語文學系舉行「文學批評研討會」 國立臺灣大學文學院哲學研究所增設博士班	
75	1986	張君勱《新儒家思想史》（臺北：弘文館出版社）出版 勞思光《儒學精神與世界文化路向》（臺北：時報文化出版事業公司）出版 韋政通《董仲舒》（臺北：東大圖書公司）出版	行政院文化建設委員會主辦「第二屆中國民族音樂學會議」 中國歷史學會等單位舉辦「辛亥革命與南洋華人研討會」 國際關係研究中心舉行「第十三屆中、日中國大陸問題研討會」 國際關係研究中心等單位舉辦「香港問題國際研討會」 中央研究院歷史語言研究所等單位共同主辦「第四屆中國社會經濟史研討會」 聯合報文化基金會國學文獻館舉行「第三屆亞洲族譜學術研討會」 國立中央圖書館、中國文化大學敦煌學會合辦「敦煌學國際研討會」 中國古典文學研究會與高雄師範學院聯合舉辦「第七屆中國古典文學會議」 東海大學舉辦「第十屆全國比較文學會議」 中華民國比較文學學會舉行「第五屆國際比較文學會議」 臺北自由基金會召開「儒家思想與現代化」國際研討會 中央研究院近代史研究所舉辦「近代中國區域史研討會」	

			《近代中國區域史研討會論文集》（臺北：中央研究院近代史研究所）出版 國立清華大學歷史研究所召開「中國思想史上的經世傳統研討會」 中華民國韓國研究學會舉行「中韓文化關係研討會」 中央研究院三民主義研究所主辦「中國海洋發展史研討會」 國立政治大學等單位舉行「紀念司馬光與王安石學術研討會」 聯合報文化基金會國學文獻館等單位聯合舉辦「中國域外漢籍國際學術會議」	
76	1987	余英時《中國思想傳統的現代詮釋》（臺北：聯經出版事業公司）出版 余英時《中國近世宗教倫理與商人精神》（臺北：聯經出版事業公司）出版 錢穆《孔子傳》（臺北：東大圖書公司）出版	中國社會學社舉辦「儒家思想與中國社會研討會」 國立中央圖書館漢學研究及服務中心舉辦「明代戲曲小說國際研討會」 中國民主社會黨中央總部主辦「張君勱先生百齡冥誕學術研討會」 淡江大學歷史系主辦「第一屆中國近代政治與宗教關係國際學術研討會」 中央研究院近代史研究所舉辦「清季自強運動研討會」 國立中興大學歷史系主辦第二屆「中西史學史國際研討會」 國立清華大學中國語文學系主辦第一屆「中國文學批評研討會」 淡江大學和中國古典文學會合辦第八屆「中國古典文學會議」 中國古典文學研究會、師範大學主辦「中國文學批評研討會」 國立臺灣大學哲學系舉行「國際中國哲學研討會」 中國歷史學會等單位聯合主辦「孫中山先生與近代中國學術研討會」	

				中華民國孔孟學會舉行「國際孔學會議」「國際方東美哲學研討會」於政治大學公企中心舉行 中央研究院及臺灣大學合辦「臺灣地區社會變遷基本調查研討會」 中央研究院近代史研究所主辦「清季自強運動研討會」 國立臺灣大學舉辦「一個新興的工業化社會——中華民國臺灣」國際學術研討會 淡江大學中文系主辦「中國社會與文化學術研討會」 淡江大學主辦「第五屆國際比較文學會議」 中華民國韓國研究學會舉行「第三屆中韓文化關係學術研討會」 「東方宗教討論會第二次年會」召開 鵝湖月刊社主辦「第六屆鵝湖論文研討會」
		傅佩榮《儒道天論發微》（臺北：學生書局）出版		
77	1988	陳榮捷《朱子新探索》（臺北：學生書局）出版 黃光國《儒家思想與東亞現代化》（臺北：巨流圖書公司）出版 汪榮祖《康章合論》（臺北：聯經出版事業公司）出版 許倬雲《中國古代文化的特質》（臺北：聯經出版事業公司）出版 張永儁《二程學管見》（臺北：東大圖書公司）出版 牟宗三《五十自述》（臺北：鵝湖出版社）出版 唐君毅《中華人文與		成功大學中文系主辦「全國第一次宋詩研討會」 清華大學中國語文學系和新地文學基金會合辦第一屆「當代中國文學國際學術會議」 中央研究院經濟研究所主辦「臺灣社會現象學術研討會」 施合鄭民俗基金會和淡江大學中文系聯合主辦「臺灣歌仔學術論文研討會」

當今世界補編》（臺北：學生書局）出版	中華民國韓國研究學會主辦「第四屆中韓文化關係學術研討會」 《臺灣社會研究季刊》創刊 中央研究院近代史研究所劃分爲一般近代史組、政治外交史組、社會經濟史組、文化思想史組四組 《清季自強運動研討會論文集》（臺北：中央研究院近代史研究所）出版 東方宗教討論會舉行第三屆年會 中央研究院近代史研究所舉行「近代中國初期歷史研討會」 國立臺灣大學歷史研究所舉行「臺灣歷史研討會」 臺灣史蹟研究中心等單位舉辦「臺灣史研究暨史料發掘研討會」 思與言雜誌社及臺灣省文獻委員會主辦「臺灣史研討會」 國立清華大學社會人類學研究所舉行「臺灣新興社會運動研討會」 國立臺灣大學哲學系舉辦「中國哲學之人性論研討會」 國立清華大學等單位舉辦「第十二屆全國比較文學會議」 行政院文建會等單位舉辦「第三屆中國民族音樂學會議」 臺灣大學中國文學研究所主辦「第一屆國際唐代學術會議」 東海大學歷史研究所主辦「第二屆臺灣開發史研討會」 淡江大學中文研究所主辦「第二屆中國社會與文化學術研討會」 中央研究院民族學研究所舉辦「中國人與中國社會研討會」 中華民國哲學會舉行「紀念唐君毅、梁漱溟先生學術研討會」	

| 78 | 1989 | 杜維明《儒學第三期發展的前景問題──大陸講學、問題和討論》（臺北：聯經出版事業公司）出版 林毓生《政治秩序與多元社會》（臺北：聯經出版事業公司）出版 張灝《幽暗意識與民主傳統》（臺北：聯經出版事業公司）出版 | 中華經濟研究院主辦「儒家精神與東亞經濟發展」會議

淡江大學中文系等單位主辦「三十年代文學研討會」
淡江大學及東吳大學聯合主辦「大陸文學研討會」
中央研究院經濟研究所舉行「第二次中國近代經濟史會議」
國立臺灣大學中文研究所主辦「宋代文學與思想研討會」
師範大學人文中心主辦「陽明學學術研討會」
中華民國比較文學學會等單位聯合舉辦「第十三屆全國比較文學會議」
中國古典文學研究會主辦「五四文學與文化變遷學術研討會」
中央研究院近代史研究所舉辦「近代中國農村經濟史研討會」
國立臺灣大學歷史學系、歷史學研究所、藝術史研究所合辦「民國以來國史研究的回顧與展望研討會」
中國文化大學舉辦「國際東西哲學研討會」
清華大學中國語文學系、鵝湖雜誌社合辦「儒學研討會」
國立中正大學設中國文學研究所碩士班 | |

79	1990	牟宗三《中西哲學之會通十四講》（臺北：學生書局）出版	中央研究院中國文哲研究所籌備處成立 中央研究院中國文哲研究所舉辦《中國文哲研究的回顧與前瞻》研討會	
80	1991	黃俊傑《孟學思想史論》（卷一）（臺北：東大圖書公司）出版。	國立中正大學成立歷史研究所碩士班 國立中興大學成立歷史研究所碩士班	

　　（本文曾刊於鍾彩鈞主編，《中國文哲研究的回顧與展望論文集》，臺北：中央研究院中國文哲研究所，1992年5月）

八、徐復觀的思想史方法論及其實踐

目　次

一、前　言

　　徐復觀先生（1902～1982）在近四十多年來的港臺新儒家學者中，別樹一幟，極具特殊性。作爲當代新儒家的一員健將，徐復觀和唐君毅（1880～1978）、牟宗三（1909～）等人一樣地，面對二十世紀以降中國人所面臨的由「道德的迷失」、「存在的迷失」、「形上的迷失」所構成的「意義的危機」（the crisis of meaning）❶的思想困局，苦心孤詣努力重建具有中國特色（Chineseness）的道德價值系統，作爲現代中國人安身立命的憑藉。徐復觀與唐、牟二先生一樣，都受到熊十力（1885～

---

❶　參考: Hao Chang, "New Confucianism and the Intellectual Crisis of Contemporary China" in Charlotte Furth ed., *The Limits of Change: Essays on Conservative Alternatives in Republican China* (Cambridge, Mass.: Harvard University Press, 1976), pp. 276～304. 張灝, 《 幽暗意識與民主傳統 》（臺北：聯經出版公司，1989），頁 79～116。

1968）的生命境界的啟示❷，以全副的生命爲振興中國文化而獻身❸，他們以畢生心血將他們對時代的悲願化而爲一部部思路綿密的著作，成爲二十世紀中國心靈的見證。

但是，徐先生與其他同時代的新儒家卻又同中有異。徐先生與唐、牟二先生在批判科學實證論時，固然都採取張灝所謂的「反實證的思考模式」（anti-positivistic mode of thinking）❹，但是他們之間的對比卻也是十分顯明的——這可以說是歷史學（徐）與哲學（唐、牟）的對比。另外，在歷史研究領域裏，徐先生與錢穆先生（1895～1990）的對比也是強烈的——錢先生強調知識分子與歷代政權的和諧關係，而徐先生則側重兩者的緊張性。在二十世紀中國思想史上，徐復觀先生是如此地突出：他作爲一個農村的子弟，好像一隻土撥鼠，從中國農村的泥土裏探出頭來，以他鐳射似的眼光與睿智，掃描著中國文化的病根，從思想史角度爲這個時代留下了爲數可觀的著作。

這篇論文寫作的宗旨，就是在於扣緊徐先生的學問世界中的思想史方法論這個課題，分析他通過他的論著，如何將他所信持的方法論在具體研究過程中加以實踐。全文的分析分爲五節，除第一節導言之外，第二節勾勒徐先生的人格特質、他的時代觀以及他的學術研究；第三節析論徐先生的整體論研究方法（holistic approach）及其細部內涵與問題；第四節則分析徐先生思想史方法論的另一個側面——比較的觀點，以及這種觀點下所見的中國思想史的特殊風貌。第五節則就我個人的體

❷ 杜維明認爲熊十力的成就在於其「存有論的睿智」，參考：Wei-ming Tu, "Hsiung Shih-li's Quest for Authentic Existence" in Furth ed., *op. cit.*, pp. 242～275.

❸ 唐、牟、徐三先生及張君勱在 1958 年發表〈爲中國文化敬告世界人士宣言〉，《民主評論》，九卷一期（1958）。這份文獻可以視爲他們生命與學術的證言。

❹ Hao Chang, "New Confucianism and the Intellectual Crisis of Contemporary China", p. 288.

認，提出若干結論性的看法。

二、徐復觀的精神風貌及其學術

在討論徐先生的精神風貌及其學術之前，我們必須對1949年以後港臺的新儒家學者的共同特徵及其思想特質，進行一番鳥瞰。

我最近在另一篇論文中曾指出 ❺， 1949 年以後漂泊香江或定居臺灣的當代儒家，在他們的學術世界中呈現二項共同的特徵：第一是他們對中國文化都有強烈的認同感，在「中國文化往何處去？」的共同關懷之下，儒學研究對他們而言不僅是「事實的描述」，同時也是一種「價值的認同」。換言之，在許多戰後臺灣儒學研究者的心目中，儒家思想不是一種對象性的客觀存在，而是一種研究者賴以安身立命，而且可以修己治人的價值系統。第二，他們對中國大陸的現實具有強烈的關懷，他們研究儒學，不僅把儒學視爲解釋世界的系統，更把儒學視爲改變世界的方案。現代中國儒家與時代巨變相激相盪，「若驚道術多遷變，請向興亡事裏尋」（馮友蘭 1982 年詩），確是對實際狀況的描寫。徐先生這一輩的儒學研究工作者，經歷 1949 年的桑海巨變，痛心疾首，但是他們「滿局棋輸氣未降」（徐復觀先生 1977 年詩），他們面對時代變局的滔天巨浪，「國族無窮願無極，江山遼闊立多時」（徐復觀先生詩），他們希望從儒學研究中，爲苦難的中國找尋出路。這兩項精神特徵，幾乎通貫 1949 年以後港臺所有的儒家學者，而成爲他們最突出的風貌。

其次， 當代儒家也表現一些共同的思想傾向❻。 首先， 作爲二十

---

❺　黃俊傑，馬淵昌也譯，〈戰後の臺灣における儒學思想研究の概況について〉，《中國——社會と文化》（東京：東大中國學會，1991），頁276～297。

❻　關於當代新儒家，至目前爲止尚無較爲深入的通論性著作，至於對當代新儒家一般思想特質的討論，參考：鄭家棟，《現代新儒家概論》（南寧：廣西人民出版社，1990）上篇，頁 3 ～122。

世紀中國的一種文化思潮，港臺新儒家對民族文化所面臨的變局懷有一種深刻的危機意識。但是，相對於國粹派之從排外意識或種族立場出發，他們的態度更為積極，他們企圖從普遍意識來重尋生命的意義❼。其次，作為一種哲學體系，新儒家對於二十世紀中國的科學主義（scientism）都嚴加批判，他們努力於通過康德❽或黑格爾❾重新創造一個儒學的文藝復興，或通過中國思想史的再詮釋，奠定復興中國文化的基礎。

第三，作為一種方法論，港臺新儒家對於乾嘉以降的考證學都有不同程度的抗拒或批駁。他們所崇仰的是從孔子一直到宋明儒及以熊十力所表現的所謂「文化意識宇宙」❿，他們對於欠缺生命力而精神萎縮的清代學術——島田虔次稱之為 "sad civilization"⓫ —— 都深致不滿，痛加批判。以上我所說文化危機意識、反科學主義以及對「文化意識宇宙」的嚮往這三種思想傾向，在不同的程度之內，也在不同的面向上，呈現在包括徐復觀在內的港臺新儒家思想中。

從以上的背景出發，我們可以刻劃徐先生的精神風貌與學術研究的幾個特徵：

---

❼　張灝，《幽暗意識與民主傳統》，頁 80～81。
❽　關於當代儒家與康德哲學的關係，參看：李明輝，〈戰後臺灣經驗中的儒家思想——牟宗三思想中的儒家與康德〉，「第一屆臺灣經驗研討會」宣讀論文，國立中正大學歷史研究所主辦，1992 年 4 月 27 日至 28 日；蔣年豐，〈牟宗三與海德格的康德研究〉，「當代新儒學國際研討會」宣讀論文，鵝湖雜誌社主辦，1990 年 12 月。李明輝所撰《儒家與康德》（臺北：聯經出版公司，1990），更是繼承牟宗三先生的業績，企圖結合儒學與康德哲學的最新研究成果。
❾　關於當代研究儒家與黑格爾哲學的關係，參考：蔣年豐，〈戰後臺灣經驗與唐君毅牟宗三思想中的黑格爾〉，中央研究院中山人文社會科學研究所主辦，「光復後臺灣地區發展經驗研討會」宣讀論文，1990 年 6 月。
❿　牟宗三先生所創的名詞。見：牟宗三，〈熊十力先生的智慧方法〉《師大學術講演專集》第二輯（臺北：臺灣師範大學，1986），頁 7。
⓫　見：島田虔次，《新儒家哲學について——熊十力の哲學》（東京：同朋舍，1987），頁 137。

　　首先，任何人誦讀徐先生的著作，都會感受到徐先生的那顆躍動中的「感憤之心」，他所有的學術著作及文化評論或政治評論，都源自於二十世紀動盪中國的悲劇所催逼而出的「感憤之心」。徐復觀說 1949 年以後，他自己的心境⑫：

> 在悲劇時代所形成的一顆感憤之心，此時又逼著我不斷地思考文化上的問題，探討文化上的問題，越發感到「學術亡國」的傾向，比其他政治社會問題更為嚴重；……我以感憤之心寫政論性的文章，以感憤之心寫文化評論性的文章，依然是以感憤之心，迫使我作閉門讀書的工作。最奈何不得的就是自己這顆感憤之心。這顆感憤之心的火花，有時不知不覺的從教室書房中飄蕩出去，便又寫下不少的雜文；這裏所印出的，乃是其中的一部分。

在《中國思想史論集》的〈再版序〉中，徐先生也說⑬：

> 我的這些文章，都是在時代激流之中，以感憤的心情所寫出來的。對於古人的了解，也是在時代精神啟發之下，所一步一步地發掘出來的。所以我常常想到克羅齊 (B. Croce) 的「只有現代史」的意見，因此，在我的每一篇文章中，似乎都含有若干有血有肉的東西在裏面。而本集裏，對政治思想史的方法與態度的不斷提出，及對於迷離惝怳的文字魔術所作的追根究底地清理，這都可給下一代有志氣從事於學問的人以一點幫助。

這兩段自述文字，將徐先生最突出的精神風貌完全彰顯出來。

　　徐先生所謂「感憤」的「憤」字作何解呢？《方言》：「憤，盈也」，《說文》：「憤，懣也」，僅能說明「憤」的狀態。朱子註《論

---

⑫　徐復觀，《徐復觀文錄選粹》（臺北：臺灣學生書局，1980），頁 2。

⑬　徐復觀，《中國思想史論集》（臺北：臺灣學生書局，1975），〈再版序〉，頁 3。

語・述而》：「不憤不啟」云「憤者，心求通而未得之意也。」較能得
其深意。但何以「憤」？《論語・述而》有「發憤忘食」一句，清儒劉
逢祿（1776〜1829）撰《論語述何》云：「吳楚猾夏，亂賊接踵，所以
憤也」❹最能得孔子作《春秋》時所面對之歷史背景。徐先生的「感憤
之心」也是來自於他對時代巨變的深刻感受。他曾說他在1946年抗戰勝
利後的心情：「自民國三十年起，對時代暴風雨的預感，一直壓在我的
精神上，簡直吐不過氣來。為了想搶救危機，幾年來絞盡了我的心血。
從三十三年到三十五年，浮在表面上的黨政軍人物，我大體都看到了。
老實說，我沒有發現可以擔當時代艱苦的人才。甚至不曾發現對國家
社會，真正有誠意、有願心的人物」❺。在這樣的時代壓力之下，1946
年徐先生的哥哥去世，母親老病，他自己也逃離大陸❻，世局滄桑，白
雲蒼狗。徐先生的「感憤之心」另一個可能的精神來源則是太史公司馬
遷的啟示。徐先生的《兩漢思想史》（卷三）〈論史記〉這一篇論文，
充分展現他受司馬遷的啟示。徐先生懷抱著這種對時代變局的「感憤之
心」，從五十三歲開始進入東海大學中文系，正式展開他對中國思想史
的教學與研究工作。

在徐先生的諸多著作之中，最能體顯他以「感憤之心」從事研究
的，當推他所寫〈兩漢知識分子對專制政治的壓力感〉這篇論文。徐先
生在這篇論文中首先指出，兩漢與秦代最大的差別在於專制政治的建立
及其對知識分子所造成的壓力。他認為，「兩漢知識分子的人格形態，
及兩漢的文化思想的發展方向，與其基本性格，都是在這種壓力感之上
所推動、所形成的❼。」徐先生分析漢代知識分子所撰的賦，代表他們

---

❹　見：程樹德，《論語集解》（臺北：藝文印書館，1965）上冊，頁 416。
❺　徐復觀，《徐復觀文錄選粹》，頁 304〜305。
❻　同上書，頁 329。
❼　徐復觀，〈兩漢知識分子對專制政治的壓力感〉，收入：《周秦漢政治社
　　會結構之研究》（臺北：臺灣學生書局，1975），頁 281〜294，引文見
　　頁 282。

對自己命運的「怨」的宣洩。他也以東方朔的〈答客難〉、揚雄〈解嘲〉、班固〈答賓戲〉……等作品之作爲時代壓力感的反映的意義。徐先生曾總結地說：「對此種大一統的一人專制政治的徹底把握，應當是了解兩漢思想史的前提條件。甚至也是了解兩漢以後的思想史的前提條件[18]。」這篇論文基本上可以視爲徐先生個人在二十世紀動亂中國的時代壓力感的驅迫之下，以個人的時代經驗投射到中國思想史研究的一個典型範例。徐先生在青壯時代，就有機會接近當代中國權力的最高峯，參與密笏，所謂「傷心最是近高樓」，當徐先生步入五十之年，開始從事中國文化研究的時候，他早年的經驗遂使他對於漢代輾轉於專制政治之下的知識分子，有了感同身受的深刻體認。

　　第二，徐復觀的學問世界方面甚多，但就治學方法而言，他反對清代乾嘉考據學的態度是十分堅定的。徐復觀說[19]：

> 乾嘉學派所講的漢學，是講的兩漢學術中最沒有出息的一方面的東西。所以他們是完全沒有思想的學派。再加以他們爲了張大自己的門戶，便無條件地反對宋學，而實際則與今人相同，只是以此掩護自己生活中的瘡疤，預防由自己良心發現而來的不安的感覺。中國學問，自西周初葉，以迄清代初葉，雖然其中有注重求知識，因而開有研究自然科學之門的這一方面；但這一悠久的傳統文化，其中心乃在追求人之所以爲人的道理，包括人與人之間，如何可以諧和共處在裏面，並加以躬行實踐；這只要稍有常識的人，便可以承認的。但這一文化傳統，在乾嘉學派手上，完

---

[18]　同上書，頁 292。
[19]　徐復觀，〈中國歷史運命的挫折〉，收入：氏著，《中國思想史論集》（臺北：臺灣學生書局，1975），頁 261。

全被否定了，這還有什麼中國文化可言。但今日高踞學術壇站的人，依然是以能作乾嘉學派的餘孽而自豪自喜，這還有什麼學術可言呢?

徐先生認爲乾嘉考據之學固然有其實事求是的一面，但是它的流弊甚大，未能掌握思想內涵的動態發展，他在《中國人性論史·先秦篇》這部書中，對傅斯年（1896～1950）的研究方法的批判（另詳下節），也主要是根源於徐先生對乾嘉考據學的批判而來的。

包括徐復觀在內的港臺新儒家，在治學方法論上對於乾嘉考證學幾乎都抱持批判的態度。對徐復觀影響極大的熊十力在《讀經示要》中就說：「清儒之流毒最甚者，莫如排擊高深學術一事。夫學以窮玄爲極，而窮玄以反己自識眞源。盡其心，而見天地之心；盡其性，而得萬物之性。斯爲遊玄而不失其居⑳。」熊先生是從乾嘉諸子之不講生命中博厚高明的層次而立論。錢穆則從史學觀點，認爲乾嘉諸子學問只能瞭解史學的表相，他說：「乾嘉時代自稱其經學爲漢學，其實漢儒經學，用心在治平實事上，乾嘉經學用心在訓詁考據上，遠不相侔。所以論儒學，當以清代乾嘉以下爲最衰。因其既不講心性，又不講治平，而只在故紙堆中做考據工夫。又抱很深的門戶見解，貢獻少過了損傷。其時的史學，最多也只能考史、治史。道咸以下諸儒，因受章實齋影響，卻轉過頭來講經世實用，但仍走錯了路，來專講公羊春秋，仍在故紙堆中立門戶㉑。」這一類的學術意見，是港臺新儒家一致的共識，徐復觀在方法論上反乾嘉學術，也是這種共識的一種表現。

第三，作爲學者的徐復觀基本上是將中國思想史研究當作是解決現代中國問題的手段，也是未來中國文化發展希望之所寄。徐先生這樣表

---

⑳ 熊十力，《讀經示要》（臺北：廣文書局，1970），卷二，頁 115。
㉑ 錢穆，《中國史學名著》（臺北：三民書局，1973），頁 336～337。

達他的信念㉒：

> 沒有一部像樣的中國哲學思想史，便不可能解答當前文化上的許
> 多迫切問題；有如中西文化異同；中國文化對現時中國乃至對現
> 時世界，究竟有何意義？在世界文化中，究應居於何種地位？等
> 問題。因為要解答上述的問題，首先要解答中國文化「是什麼」
> 的問題。而中國文化是什麼，不是枝枝節節地所能解答得了的。
> ……在歷史文化豐富遺產中，先集中力量，作若干有系統的專題
> 研究；由專題的解決，以導向總問題的解決，會更近於實際。

徐先生認為，當代中國人最重要的使命就是「把中國文化從歷史的專制
政治的污泥中澄汰出來，使其以人性純白之姿，向大陸呼喚，向人類呼
喚，正是這一代的偉大使命㉓」。徐先生認為，中國思想史研究正是為
中國文化注入新生命的根本方法。所以，徐復觀在 1968 年 6 月 5 日在
〈寫給中央研究院王院長世杰先生的一封公開信〉中，就公開呼籲㉔：

> 中央研究院應成立中國思想史研究所，以蘇醒中國文化的靈魂，
> 使孔、孟、程、朱、陸、王，能與「北京人」、「上洞老人」，
> 同樣地在自己國家最高學術機構中，分佔一席之地。凡在這一方
> 面有研究成績的人，都應當加以羅致。

當徐先生提出這項建議時，他的態度是極其誠懇的，他的精神是嚴肅
的，他是基於他對乾嘉時代以降中國學術的反省而提出這項呼籲的。

㉒　徐復觀，《中國人性論史・先秦篇》（臺北：臺灣商務印書館，1969），
　　序，頁1。
㉓　徐復觀，《徐復觀文錄選粹》，頁 197。
㉔　徐復觀，《徐復觀文存》（臺北：臺灣學生書局，1991），頁 260。

　　總結這一節的論述，我們可以說徐復觀確是一個他自己所說的「任天而動」的人❷，他那活潑的生命在當代中國的時代悲劇中翻滾，作爲一個二十世紀中國人，徐復觀備受不能自已的「感憤之心」的煎熬，他來自中國的農村，他是一個「大地的兒子」❷，他不忍心看到中國的沉淪，乃奮起心志爲中國文化的新生而獻身。作爲一個學者，徐復觀不能同意乾嘉考據學只談訓詁考證，少談價值信仰的治學方法論，他反乾嘉之學的態度，與當代港臺新儒家學者互相呼應，聲氣相求。作爲一個思想史工作者，徐復觀希望透過思想史研究來照明當代中國的困境，也爲中國文化找尋一條出路。

三、整體論的研究方法及其實踐

　　現在，我們就進入徐先生的中國思想史世界裏，探索他研究思想史的方法論及其在徐先生論著中的落實。

　　徐復觀的思想史方法論最基本的面向有二：一是整體論的立場；二是比較的觀點。我們先分析他的整體論研究方法論。我所謂的「整體論」(holism) 是相對於「個體論」(individualism) 而言的，它基本上是從整體的脈絡來掌握個體或「部分」的意義。徐復觀的思想史研究論著，常常強調在具體而特殊的整體歷史背景中來思考思想史上的觀念的意義。徐先生一直努力於把思想或觀念加以「脈絡化」(contextualization)，處處展現他的整體論者的立場。最先提出徐復觀治學的整體論傾向的當代學者是陳昭瑛。她說❷：

---

❷　徐復觀，《徐復觀文錄選粹》，頁 314。
❷　這是陳昭瑛對徐復觀的形容。見：陳昭瑛，〈一個時代的開始──激進的儒家徐復觀先生〉，收入：《徐復觀文存》，附錄二，頁 362。
❷　同上註，頁 368 及 370。

他意識到一切人文活動作爲一個整體性，是以對人身的認識作爲核心，而任何一項特殊的人文活動作爲這個整體中的部分，必須放在這個整體中來看才能得到適當的定位和了解，而不能被孤立來看，必求找到該活動與其他活動之間的關係，才能解釋該活動的意義。因此整體與部分兩者間的互動，成爲復觀先生掌握古代各門學問的方法論原則。他常通過古代政經結構去看文藝與思想，或通過文藝與思想去看政經結構。他也常提到他的方法是比較的觀點，也是發展的觀點。所謂比較的觀點，卽是結構的整體性。……先秦儒家的歷史學由復觀先生繼承，並加發揚。他的卷帙浩繁的《兩漢思想史》（包括作爲卷一的《周秦漢政治社會結構之研究》）、《中國人性論史·先秦篇》、《中國藝術精神》、《中國文學論集》、《中國思想史論集》以及反省當代的《雜文》這些著作，除了表明他所要成就的是歷史學，還表明他把歷史學也當作方法論來運用，不論是對古代思想、古代藝術、古代文學，或是對當代的研究，他都強調他所採取的是發展的歷史的動態的觀點。這種觀點就是本節前面所說發展的整體性，這種整體性是指一個實體的全部發展過程，一個實體在個別階段的意義必須放在其全部發展過程中，才能確定。

這一段分析是對徐復觀的思想史方法論最妥善的解釋，可以視爲徐先生的知已之言。我們以下的討論就順著陳昭瑛所提出的這個思路，進一步區分徐先生的整體論方法學的兩個方面：

（一）發展的整體論

徐先生整體論方法學的第一個面向是「發展的整體論」。徐復觀治

思想史十分強調所謂「動地觀點」、「發展地觀點」，他說❷：

> 年來我所作的這類思想史的工作，所以容易從混亂中脫出，以清
> 理出比較清楚地條理，主要是得力於「動地觀點」、「發展地觀
> 點」的應用。以動地觀點代替靜地觀點，這是今後治思想史的人
> 所必須努力的方法。

但所謂「動地觀點代替靜地觀點」的具體涵義是什麼呢？爲了回答這個問題，我們必須從徐復觀與傅斯年的思想史方法論的差異說起。

徐復觀與傅斯年治思想史都極端重視方法❷，他們都是二十世紀中國史學界方法論意識高漲風潮下的學者，傅斯年更具有領導之地位。所以，我們稍稍放寬視野，看看二十世紀中國史學界的方法論背景。

當民國 16 年（1927 年）1 月 16 日，何炳松爲他的《歷史研究法》寫序時，曾以中國史籍浩繁而方法不發達爲憾❸，何氏當時深以國內史學界對史學研究理論與方法論之不受注意感到遺憾，他的《歷史研究法》也以介紹西洋史學方法爲目標❸，但是，何氏的書出版的隔年（民國 17 年，1928 年），中央研究院成立，人文學術研究開始邁向一個新的里程碑，歷史學研究也進入一個新的階段。中央研究院歷史研

---

❷ 徐復觀，《中國藝術精神》（臺北：學生書局，1966，1967），〈自敍〉，頁 7。

❷ 徐復觀認爲中國思想史研究之未能產生優秀的綜合性著作，「最主要的還是方法與態度的問題」，看：徐復觀，《中國思想史論集》，頁 1。傅斯年著，《性命古訓辨證》（臺北：國立臺灣大學，1951），特別標榜「以語言學的觀點解決思想史中的問題」，〈引語〉，頁 1。

❸ 何炳松，《歷史研究法》（臺北：臺北影印本，未著出版時地），頁 3。

❸ 同上書，頁 6。

究所創辦人傅斯年曾針對中央研究院的設立，說明其宗旨❸ :

> 中央研究院設置之意義，本爲發達近代科學，非爲提倡所謂固有
> 學術。故如以歷史語言之學承固有之遺訓，不欲新其工具。益其
> 觀念，以成與各自然科學同列之事業，卽不應於中央研究院中設
> 置歷史語言研究所，使之與天文、地質、物理、化學等同倫。今
> 者決意設置，正以自然科學看待歷史語言之學。

以「發展近代科學」爲目標所設置的中央研究院，與二十世紀初期瀰漫
於中國思想界的「科學主義」思潮有深刻關係 ❸， 在歷史學研究領域
裏，努力「新其工具，益其觀念」，激起了此後中國史學界對歷史學研
究方法及其理解的探討興趣，使史學方法論的相關論著如雨後春筍般地
刊行。

　　自從 1928 年中央研究院歷史語言研究所成立，傅斯年先生等人卽
引進德國的史料學派，以史料學爲史學研究的主要內容。德國近代史學
方法論的大師如班海穆 (E. Berheim, 1854~1937)、尼博兒 (Barthod
Geory Niebuhr, 1776~1831) 及蘭克 (Leopold Von Ranke, 1795~
1886) 以及法國史學家塞諾波 (Seignobos) 等人的學說， 對近六十年
來的中國史學界的史學方法論都發生主導性的作用，其中影響最爲深遠
的就是主張「以自然科學看待歷史語言之學」的傅斯年。傅先生在〈歷
史語言研究所工作之旨趣〉一文中，明確地指出：「近代的歷史只是史
料學，用自然科學供給我們的一切工具，整理一切可逢著的史料，所以

---

❸　轉引自: 董作賓，〈歷史語言研究所在學術上的貢獻——爲紀念創辦人終
　　身所長傅斯年先生而作〉，原載《大陸雜誌》，第二卷第一期，收入:《大
　　陸雜誌史學叢書》，第一輯第一册，頁 69~74，引文見頁 69。

❸　參看: Danial Kwok, *Scientism in Chinese Thought, 1900~1950*
　　(New Haven: Yale University Press, 1960).

近代史學所達到的範域，自地質學以至目下新聞紙，而史學外的達爾文論，正是歷史方法之大成。」本於這樣的觀點，傅先生對歷史學的性質提出兩條基本看法：(1)「史學便是史料學」；(2)「史學的方法以科學的比較為手段，去處理不同的記載。」㉞

傅斯年主張「以自然科學看待歷史語言之學」，提出「史學便是史料學」的看法，對於 1949 年以前的大陸史學界及 1949 年以後的臺灣史學界的史學研究造成深遠的影響㉟。但這種看法的提出，也非一蹴而幾。根據許冠三的研究，傅斯年對歷史學所提出的這種看法，大致肇端於 1919 年的「新潮社」時代，醞釀於 1924 年至 1926 年留學德國時

㉞ 傅斯年，《史學方法導論》，收入：《傅孟真先生全集（二）》（臺北：國立臺灣大學，1952），中編上，頁 3。

㉟ 1949 年以後，史料學派的研究方法論對臺灣地區的歷史研究造成深刻的影響。1970 年代以後，臺灣地區史學界除了在這條既有的學術傳統上發展之外，更對史學研究的量化方法、心理史學（psycho-history）以及社會科學與史學的結合，產生很高興趣，這三方面的論著紛紛刊布。但是除了對西方近代史學方法與方法論的引介發揮之外，近六十年來史學界在發揚傳統史學立場論述研究方法者亦頗不乏人，錢穆先生對於歷史研究中的「意義」的強調，即為著例。

關於近四十年來中國大陸史學界的史學方法論作品及其關懷的問題，參看歷年出版之《中國歷史學年鑒》（北京：人民出版社，每年出版乙冊）；逯耀東，《史學危機的呼聲》（臺北：聯經出版公司，1978）；陳木杉，〈談中國大陸對史學理論和史學方法論之研究〉，《共黨問題研究》（臺北：共黨問題研究雜誌社編輯委員會，1985 年 11 月），第一一卷第一一期，頁 53～61；梁友堯、謝寶耿，《中國史問題討論及其觀點》（山西人民出版社，1984），第一章：〈史學理論的若干問題〉，頁 1～55。日本的唐代史研究會所編，《中國歷史學界の新動向（新石器から現代まで）》（東京：刀水書房，1982）乙書分析中國大陸史學界對各斷代史之研究狀況，亦多涉及史學方法論及理論問題，可略窺 1949 年以後大陸史學界在史學方法論的一般動向。近年來大陸史學界不僅對歐美史學理論與方法論譯述不遺餘力，如 R. G. Collingwood, Karl Popper, H. W. Walsh, R. F. Atkinson, Raymond Aron, Theda Skocpol……等人著作均譯為中文，對臺港地區之史學方法論著作亦頗為注意。另詳：戎笙，〈臺港史學方法論述評〉，《史學理論》（1987年第一期），頁124～136。

期，而形成於 1927 年至 1930 年之間❸。傅先生對歷史學的看法，有
其本土學術淵源以及外國史學思潮爲其背景。前者是清代考據學者近三
百年的學術傳統，後者則是十九世紀德國的語言考證學派，前者則是後
者得以順利進入二十世紀中國史學界的契機。傅先生對歷史學的看法，
是以「實證主義」（positivism）爲其哲學基礎的。傅先生拒斥形上學，
將歷史解釋排除於歷史學研究的範圍之外，認爲歷史學的基本工作在於
對經驗事實的描述，而不是對歷史事實的意義之解釋，這些主張都是以
「實證主義」爲其哲學基礎。他在《史學方法導論》一書中認爲，中國
及歐洲史學演進過程可歸納爲以下三點❸：

（1）史的觀念之進步，在於由主觀的哲學及倫理價值變做客觀的史
料學。

（2）著史的事業之進步，在於由人文的手段，變做如生物學、地質
等一般的事業。

（3）史學的對象是史料，不是文詞，不是倫理，不是神學，並且不
是社會學。史學的工作是整理史料，不是作藝術的建設，不是
做疏通的事業，不是去扶持或推倒這個運動，或那個主義。

在以上這三點看法裏，傅先生將所謂「主觀的哲學及倫理價值論」與「
客觀的史料學」峻別開來，指出「史學的工作是整理史料，……不是做
疏通的事業」。在這種對歷史學的看法主導之下，傅先生指出中央研究
院歷史語言研究所的研究方向是：「本所同仁之治史學，不以空論爲學
問，亦不以『史觀』爲急圖，乃純就史料以探史實也。史料有之，則可

---

❸　參考：許冠三，《新史學九十年，一九〇〇──》（上冊）（香港：中文
　　大學出版社，1987），頁 216。

❸　傅斯年，〈《史料與史學》發刊詞〉，收入：《傅孟眞先生全集(四)》，
　　頁 276。

因鈎稽有此知識，史料所無，則不敢臆測，亦不敢比附成式❸。」

　　在上述的「實證主義的」（positivistic）方法論基礎之上，傅斯年研究思想史企圖「以語言學的觀點解釋一個思想史的問題」，因爲「哲學乃語言之副產品」❸。他的《性命古訓辨證》就是繼承清儒阮元之後，以語言學的方法研究思想史的問題的典範之作。

　　但是，傅斯年的研究方法論卻引起徐復觀強烈的批判。徐先生所著《中國人性論史・先秦篇》第一章，就特別就傅先生《性命古訓辨證》一書中的研究方法加以批判，指出語言訓詁方法不能掌握思想發展的動態歷程。徐復觀說❹：

> 幾十年來，中國有些治思想史的人，主張採用「以語言學的觀點，解釋一個思想史的問題的方法」。其根據係來自西方少數人以爲「哲學乃語言之副產品」的一偏之論，以與我國乾嘉學派末流相結托。關於哲學與語言的關係，亦即是思想與語言的關係，乃是互相制約、互相影響的關係，這裏不進一步去涉入到此一問題。我現在所要指出的是，採用這種方法的人，常常是把思想史中的重要詞彙，順著訓詁的途徑，找出它的原形原音，以得出它的原始意義；再由這種原始意義去解釋歷史中某一思想的內容。傅斯年的《性命古訓辨證》，因爲他當時在學術界中所佔的權力性的地位，正可以作爲這一派的典範著作。但夷考其實，這不僅忽略了由原義到某一思想成立時，其內容已有時間的發展演變；更忽略了同一個名詞，在同一個時代，也常由不同的思想而賦與

❸　傅斯年，〈《史料與史學》發刊詞〉，收入：《傅孟眞先生全集（四）》，頁276。

❸　傅斯年，《性命古訓辨證》，〈引語〉，頁2，

❹　徐復觀，《中國人性論史・先秦篇》，頁1～2。

以不同的內容。尤其重要的，此一方法忽略了語言學本身的一項
重大事實，卽是語言的本身，也並不能表示它當時所應包含的全
部意義，乃至重要意義。

又說❹：

> 傅氏考證之疏，乃來自「以語言學的觀點解決思想史中之問題」
> 的方法之謬。此一方法仍爲今日許多治漢學的人所信奉，由這種
> 方法推演出來的結論，我看到許多和傅氏相同的奇怪的結論。治
> 思想史，當然要從語言訓詁開始；同時卽使僅就語言訓詁的本身
> 來說，也應從上下相關聯的文句，與其形聲，互相參證，始能確
> 定其意義，而不能僅靠孤立地形與聲，以致流於胡猜亂測。何況
> 更要「就其字義，疏爲理論」，以張漢學家的哲學立場，那便離
> 題更遠了。並且由字原的探索，可能發現某種觀念演變之跡，但
> 這只是可以用到的方法之一。而清人與傅氏，正缺少演變的觀
> 念。

徐復觀在這裏所強調的「演變的觀念」，所表現的就是我所說的「發展
的整體論」的方法學立場。徐先生認爲思想史上的觀念或字義，必須放
在歷史發展的整體脈絡中才能掌握，而不能將字義或觀念從思想家的思
想系統或時代的思想氛圍中抽離出來，單獨加以統計分析，還原其本
義。徐復觀深刻地認識到考據學的局限性，他說：「治思想史的工作，
當然要根據有關的文獻；凡是關涉到文獻而需要訓詁考據的，當然要通
過訓詁考據；但並非每一思想史的文獻都需要作訓詁考據的工作。並且

---

❹　同上書，頁 11。

這種工作，對治思想史而言，也只起碼地初步工作。因為僅有這步工作，並不能作出思想史。進一步的工作，便非清人『考據』一詞所能概括[42]。」所以，徐復觀與傅斯年在方法論上的對比，不僅是思想史與考據學的對比，也是脈絡論（contextualism）與原子論（atomism）的對比。

由於徐復觀堅持從「發展的整體性」的方法學立場研究思想史，所以他在《中國人性論史‧先秦篇》中，將儒家安排在道家前面，並一直敍述到《大學》為止，因為他認為儒家思想，是由對歷史文化採取肯定的態度所發展下來的；而道家則是採取否定的態度所發展下來的。他認為先把由肯定態度所發展下來的思想，順其發展的歷程，加以敍述，這對於歷史文化發展的線索，比較容易看得清楚[43]。也同樣從「發展的整體性」的立場出發，徐復觀指出：「兩漢思想，對先秦思想而言，實係一種大的演變。演變的根源，應當求之於政治、社會。尤以大一統的一人專制政治的確立，及平民氏姓的完成，為我國爾後歷史演變的重大關鍵；亦為把握我國兩千年歷史問題的重大關鍵[44]。」他為了撰寫《兩漢思想史》先探討周秦漢的社會政治結構的演變，尤其側重封建制度的瓦解與漢代專制政治的建立，實在是以他的方法論作為基礎的。用他自己的話來說，「只有在發展的觀點中，才能把握到一個思想得以形成的線索」[45]。我們細讀他的《兩漢思想史》三大卷，可以發現這三部書就是他的「發展的整體論」研究方法的具體實踐。

（二）結構的整體論

[42] 徐復觀，《中國思想史論集》，頁 90。
[43] 徐復觀，《中國人性論史‧先秦篇》，頁 3～4。
[44] 徐復觀，《周秦漢政治社會結構之研究》（臺北：臺灣學生書局，1975），〈自序〉，頁 1。
[45] 徐復觀，《兩漢思想史》（卷二）（臺北：臺灣學生書局，1976），〈自序〉，頁 2。

　　徐復觀的思想史方法論中「整體論」的另一個構成面向是「結構的整體論」。所謂「結構的整體論」，在徐復觀方法論中包括兩項命題：

　　(1) 思想體系的「部分」與「全體」共同構成「結構的整體」；

　　(2) 思想體系與時代現實共同構成「結構的整體」。

我們依序分析這兩項命題及其落實。

1. 「部分」與「全體」

　　徐復觀先生在方法論上反乾嘉學術，這一點我們已經在本文第二節加以剖析。但是，反乾嘉考據學的方法論根據何在？這個問題就涉及徐復觀對思想系統中的「部分」與「全體」關係的看法了。徐先生基本上認爲只通過考據訓詁，不能完全掌握古人思想，而必須通過「部分」與「全體」之間的詮釋的循環，才能進入古人的思想世界。徐先生對這個問題有精審解釋，我們不避冗長特加引用❹⑥：

> 　　我們所讀的古人的書，積字成句，應由各字以通一句之義；積句成章，應由各句以通一章之義；積章成書，應由各章以通一書之義。這是由局部以積累到全體的工作。在這步工作中，用得上清人的所謂訓詁之學。但我們應知道，不通過局部，固然不能了解全體；但這種了解，只是起碼的了解。要作進一步的了解，更須反轉來，由全體來確定局部的意義；卽是由一句而確定一字之義，由一章而確定一句之義，由一書而確定一章之義；由一家的思想而確定一書之義。這是由全體以衡定局部的工作。卽是趙岐所謂「深求其意以解其文」（〈孟子題辭〉）的工作；此係工作的第二步。此便非清人訓詁考據之學所能概括得了的工作。這兩

---

❹⑥　徐復觀，《中國思想史論集》，頁 113～114 及頁 116。

步工作轉移的最大關鍵，是要由第一步的工作中歸納出若干可靠的概念，亦即趙岐之所謂「意」。這便要有一種抽象的能力。但清人沒有自覺到這種能力，於是他們的歸納工作，只能得出文字本身的若干綜合性的結論，而不能建立概念。因此便限制了他們由第一步走向第二步的發展。所以清人的訓詁考據之學，都只限於以實物（廣義的）爲對象的活動；字形、字音、版本上文字的異同、記載上事實的異同，這都是用眼睛可以看見的實物；清人所謂由羣經以通一經，也只是羣經間實物的參互比較；清人訓詁考據學的活動，沒有超出這種範圍。不僅他們不能超出，假定超出了，他們便會自覺到這已經不是訓詁考據之學。由此種實物範圍以內的活動所得的材料，對於一部書，一個人的思想來說，好似把做房子的磚瓦等材料，搬運到了現場。但這些材料還缺乏以一個圖案爲導引的安排，因此便不易確定這些材料的相互關係，因而不能確定每一材料的價值。因爲各個材料的價值，是要在相互關係中予以確定的。所以僅有這步工作，並不能得出古人的思想。以實物活動爲基礎，以建立概念爲橋樑；由此向前再進一步，乃是以「意」爲對象的活動；用現在的術語說，乃是以概念爲對象的思維活動。概念只能用各人的思想去接觸，而不能用眼睛看見。

徐先生以上這一段話見解很深刻，非有長期的研究經驗者不能言。他在這裏所析論的治思想史的方法，可以歸納爲以下兩項論點：

(1) 任何思想系統都是由「部分」與「全體」所構成的結構性的、整體性的意義之網。表述思想性概念的古籍的句、章與全書之間，構成一種永無終止的意義循環關係。

(2) 正因爲思想系統是一個意義之網，所以思想史研究者和他的研

究對象之間存在一種對話的、互滲的，乃至互為主體性的關
係。

　　為了具體闡釋第一項論點，我們可以舉徐復觀在《中國人性論史‧
先秦篇》第四章中，對於《論語》中兩個「性」字的解析作為範例。徐
先生開宗明義說：「這兩句話的意思，應從全部《論語》有關的內容來
加以確定，而不應把它作孤立地解釋」❹。本於這種從「全體」看「部
分」的立場，徐先生從《孟子‧告子》及朱子的《論語集註》的解釋，
推論《論語‧陽貨》中的「性相近也」的「相近」是指「人心之所同
然」，是指氣質之性的相近。徐先生這項論斷，具體地展示他從「全
體」解析「部分」的涵義的方法論取向。

　　關於第二項命題，徐先生在他的論著中屢次強調研究思想史應善於
運用「追體驗」的工夫，以期與古人的心靈世界遙契。他說：「治思想
史的人，先由文字實物的具體，以走向思想的抽象，再由思想的抽象以
走向人生、時代的具體。經過此種種層層研究，然後其人其書，將重新
活躍於我們的心目之上，活躍於我們時代之中。我們不僅是在讀古人的
書，而是在與古人對語。孟子所謂『以意逆志』，莊生所謂得魚忘筌，
得兔忘蹄，得意忘言，此乃真是九原可作，而治思想史之能事畢矣❹。」
在徐先生看來，古代思想家的思想體系對於研究工作者而言，並不是一
種對象性的存在。相反地，兩者間是一種互為主體性的關係。研究者愈
深入於自己的主體性，愈能進入他所研究的古人的思想世界；而愈深入
於古人的主體性的研究者，也愈能拓深自己的主體世界。在徐先生所著
《中國藝術精神》一書中最精彩的第二章〈中國藝術主體之呈現──莊

---

❹　徐復觀，《中國人性論史‧先秦篇》，頁 77。
❹　徐復觀，《中國思想史論集》，頁 116。

子的再發現〉的論述中，讀者時時可感覺到徐先生的「追體驗」方法的
運用的成功，使他可以直探莊子的藝術精神的世界。

2. 思想與現實

我們接著討論「結構的整體性」的另一個面向：徐先生認爲人的思
想與現實之間，也經由不斷地互動而形成一個結構的整體。徐先生一再
強調思想與現實的不可分割性，以下這一段話最具有代表性[49]：

> 一個人的思想的形成，常決定於四大因素。一爲其本人的氣質。
> 二爲其學問的傳承與其功夫的深淺。三爲其時代的背景。四爲其
> 生平的遭遇。此四大因素對各思想家的影響力，有或多或少的不
> 同；而四大因素之中，又互相影響，不可作孤立地單純地斷定。
> 氣質可以影響一個人治學的方向；而學問亦可變化一個人對氣質
> 控御的效能，這是可以得到一般地承認的。處於同一時代，受到
> 同一遭遇，因氣質與學問功力的不同，各人的感受、認取、心
> 境，亦因之而各異。反之，時代及遭遇，對於人的氣質的薰陶，
> 與學問的取向，同樣可以發生很大的影響，這也應當可以得到一
> 般地承認。

在徐先生看來，思想或觀念絕對不是象牙塔裏的概念遊戲，而是思想家
面對現實問題苦思冥索所得的思想成果，因此，思想史研究必須處處顧
及思想家所生存的具體的社會政治經濟環境。

通讀徐復觀的著作，我們發現他確已具體地實踐了他的研究方法
論。舉例言之，徐先生研究賈誼先論其時代背景，分析賈誼政治思想也

---

[49] 徐復觀，《兩漢思想史》（卷二），頁 563。

特別扣緊現實政治問題。 他研究董仲舒， 特別將董仲舒思想置於大一
統專制政治業已成熟的歷史背景中加以衡量。 此外， 他研究揚雄、 王
充、 劉向以及《鹽鐵論》中的賢良文學等，莫不從現實與思想的互動入
手⑩。 由於這種「結構的整體論」取向，所以徐先生的諸多著作中， 特
別重視思想的社會性與現實性的一面，對於思想的超越性，他固然並非
完全不顧，但相對而言較爲忽視。

　　正是在主張思想與現實的不可分割性這一點上， 徐先生與唐君毅先
生及牟宗三先生出現了重大的差異。在徐先生眼中， 人類的歷史是人的
思想或觀念與現實戰鬥的血淚紀錄； 而在唐、 牟的著作中， 歷史基本
上是永恒的天道在人間的展現。如果說徐先生將人視爲在歷史洪流中艱
苦卓絕的戰鬥主體， 那麼唐、 牟可以說是將人視爲超越的存在。 雖然
同被歸屬爲新儒家，但徐復觀與唐、 牟在這一點上的差異十分巨大而深
刻。陳昭瑛曾形容徐先生是「激進的儒家」， 並解釋徐與唐、 牟的差異
說⑪：

> 他〔徐復觀〕思想中的現實主義、 民粹主義是從他個人的現實生
> 活，從先秦儒家而來，而不是從宋明理學而來。相對於激進的儒
> 家 (radical Confucianist)， 卽以人、人民爲根本去掌握事物
> 的儒家， 熊十力、 牟宗三、 唐君毅諸先生可稱之爲超越的儒家
> (transcendental Confucianist)，因爲他們是從超越的、先驗的
> 方面去掌握事物。但是如果我們把孔孟荀當作儒家的原始典範，
> 把《論語》、《孟子》、《荀子》當作原始儒家的最重要經典，
> 那麼激進的儒家是儒家的正宗，超越的儒家則是支流。

---

⑩　參看《兩漢思想史》，卷二及卷三各章。
⑪　陳昭瑛，前引文，收入:《徐復觀文存》，引文見頁 366。

這一段對比， 雖然不免因過於二分而稍嫌僵硬， 但是卻很能道出徐與唐、牟的基本差異之所在。唐先生曾自稱他的研究方法是「卽哲學史以論哲學」， 「所謂卽哲學史以論哲學者，卽就哲學義理之表現於哲人之言之歷史秩序，以見永恒的哲學義理之不同形態，而合以論述此哲學義理之流行之謂。 既曰流行， 則先後必有所異， 亦必相續無間， 以成其流，而其流亦當有其共同之所向」❷。相對於唐先生，我們可以說徐先生特別注重從社會政治史脈絡析論思想的發展，兩者取徑不同，成果自異。

由於徐復觀將思想與現實看成「 結構的整體」， 所以他對於具有強烈現實性的思想， 都能提出發人深省的創見。 例如他曾研究周初的「敬」的觀念之形成， 提出「憂患意識」的名詞，他說❸：

> 周人革掉了殷人的命（政權），成爲新地勝利者；但通過周初文獻所看出的，並不像一般民族戰勝後的趾高氣揚的氣象，而是《易傳》所說的「憂患」意識。……憂患心理的形成，乃是從當事者對吉凶成敗的深思熟考而來的遠見；在這種遠見中，主要發現了吉凶成敗與當事者行爲的密切關係，及當事者在行爲上所應負的責任。憂患正是由這種責任感來的要以己力突破困難而未突破時的心理狀態。所以憂患意識，乃人類精神開始直接對事物發生責任感的表現，也卽是精神上開始有了人地自覺的表現。

在中國古代思想史的研究文獻中，徐先生以上這一項論斷是重要創見，

---

❷ 唐君毅，《中國哲學原論・原教篇》（香港: 新亞研究所，1975），頁 7。
❸ 徐復觀，《中國人性論史・先秦篇》，頁 20～21。

至今仍爲中外學人所引用❺❹。

四、比較觀點下的中國思想史研究

　　除了上節所分析的整體論的方法論傾向之外，徐復觀也同時強調「比較的觀點」的重要性，他說：「只有在比較的觀點中，才能把握到一種思想得以存在的特性。而發展比較兩觀點的運用，都有賴於分析與綜合的工力❺❺。」從這種「比較的觀點」出發，徐先生對於中國思想史的特殊性格賦予高度重視，他認爲對中國文化與中國思想的研究，必須從這種特殊性出發方能得其肯綮。

　　我們要問：徐先生所認知的中國文化與中國思想的特殊性格是什麼呢？

　　首先，徐先生注意到中國文化中「主客交融」的特質，他說：「中國文化與西方文化最不同的基調之一，乃在中國文化根源之地，無主客的對立，無個性與羣體的對立。『成己』與『成物』，在中國文化中認爲是一而非二❺❻。」他以《中國人性論史‧先秦篇》及《中國藝術精神》兩部書，分論中國儒家的道德主體與道家的藝術主體的內涵及其與客體世界的關係，勝義紛披，創見繽紛。

　　其次，徐先生注意到中國思想多來自具體的生活體驗，而非客觀的邏輯推理，他說❺❼：

　　　　中國的思想家，係出自內外生活的體驗，因而具體性多於抽象

---

❺❹　例如牟宗三在《中國哲學的特質》（臺北：臺灣學生書局，1963, 1976），頁 12～13，就引用徐復觀的「憂患意識」這個名詞，指出「中國哲學之重道德性是根源于憂患的意識」（頁 12）。

❺❺　徐復觀，《兩漢思想史》（卷二），〈自序〉，頁 2。

❺❻　徐復觀，《中國藝術精神》，頁 132。

❺❼　徐復觀，《中國思想史論集》，頁 2。

性。但生活體驗經過了反省與提練而將其說出時，也常會澄汰其
衝突矛盾的成分，而顯出一種合於邏輯的結構。這也可以說是「
事實真理」與「理論真理」的一致點、接合點。但這種結構，在
中國的思想家中，都是以潛伏的狀態而存在。因此，把中國思想
家的這種潛伏著的結構，如實的顯現出來，這便是今日研究思想
史者的任務；也是較之研究西方思想史更為困難的任務。

由於對中國思想的特殊性的重視，所以徐先生與 1949 年以前的馮友蘭
和胡適（1891～1962）在研究方法上有了根本的區別。

馮友蘭在抗戰以前寫舊版《中國哲學史》，深受新實在論（neo-
realism）的影響❺⑧。他在研究取向上走的是「以西攝中」的途徑，他開
宗明義地表示他的研究立場說❺⑨：

> 所謂中國哲學者，即中國之某種學問或某種學問之某部分之可以
> 西洋所謂哲學名之者也。所謂中國哲學家，即中國某種學者，可
> 以西洋所謂哲學家名之者也。

在這種立場之下，馮友蘭的舊版《中國哲學史》幾等同於西方所謂「哲
學」在中國之發展史。

胡適的中國哲學史研究則受到早期杜威（John Dewey, 1859～
1952）將哲學等同於邏輯❻⓪的影響，認為中國哲學史研究的中心問題就

---

❺⑧ 參考：勞思光，《新編中國哲學史》（臺北：三民書局，1981，1988），
頁 399～403。

❺⑨ 馮友蘭，《中國哲學史》（臺北影印本，未標示出版時地），第一章，頁
8。

❻⓪ 參考：Joseph Ratner ed., *Intelligence in the Modern World*: *John
Dewey's Philosophy* (New York: Random House, Inc., 1939), p.
270.

是「名學方法」（或邏輯方法）的研究⑥。

　　從徐先生的觀點看來，馮友蘭和胡適由於都沒有觸及中國哲學史或中國思想史的中國特性（Chineseness），所以他們的研究都是隔靴搔癢。1977 年 6 月，徐復觀應他早期的學生杜維明之邀，前往加州大學（柏克萊）出席「中國十八世紀學術討論會」，會後他曾賦詩云⑥：

> 滿局棋輸氣未降，偶攜微抱渡重洋；
> 物開眼底成新界，禮失天涯討舊章；
> 慷慨難忘先聖烈，低徊真嘆後賢盲；
> 人心頗信同今古，一笑聲中是道場。

詩中「滿局棋輸氣未降」一句，最能烘托出我在這篇論文第一節所刻畫的徐先生的「感憤之心」。「低徊真嘆後賢盲」一句之下，徐先生自註「特指梁任公、胡適、馮友蘭之輩」。1967 年 1 月 18 日，徐先生在給我的信中，曾對胡、馮的中國哲學史研究均有所針砭，徐先生說：

> 馮對中國哲學史的方向根本摸錯了。他要在中國文化中找出與西方所謂哲學相合的東西來寫成中國哲學史，殊不知西方哲學既非一途；而以思辨為主之正統，已被科學逼得走投無路。中國哲學非出於思辨，而出於由工夫所得之體驗。以西方哲學為標準來看中國哲學，則中國哲學非常幼稚，且皆與中國哲學之中心論題無關。但由十九世紀後期科學所加於西方哲學之窘境來看，則今日可以說中國有哲學而西方只是觀念的遊戲。馮在這種根本地方弄錯了，所以他所寫的只是無痛癢的廢話。簡言之，他尚未入中國

---

⑥　胡適，《中國古代哲學史》（臺北：臺灣商務印書館，1966），（一），頁 3。

⑥　徐復觀，〈瞎遊雜記〉，《華僑日報》（香港），1977 年 7 月 18 日至 20 日，詩刊於 7 月 20 日版。

哲學之門。他對孔老孟莊的陳述，表現他缺少起碼的理解力的原因，正在於此。大概馮對西方哲學所知不多，人極老實而天資不高，故其成就僅此。其中談「辯者」一章較好。

徐先生在這封信右上角又說：「馮較胡在態度上爲平實，且較正常，其所以能取胡而代之的原因在此。 胡天資高， 但態度不正常， 且不求進步，可惜。」（信件書影附後）。徐先生指出「中國哲學，非出於思辨而出於由工夫所得之體驗」， 他認爲這是中國哲學的「自成一格的」(sui generis) 的特殊性格， 不能像胡、馮二先生一樣地用西方某一哲學流派的方法加以解析。

幾乎所有的當代港臺新儒家都非常強調中國文化與中國思想的特殊性。他們的精神導師熊十力在《原儒》中就已特別標舉中國學問的特點： 一曰中學在本體論中之天人不二義；二曰中學在宇宙論中之心物不二義⑥，認爲這兩點是中國哲學從《易經》（熊先生常之爲「易海」）開出的哲學體系之特點。 1958 年牟宗三、徐復觀、張君勱、唐君毅四先生所發表的〈爲中國文化敬告世界人士宣言 —— 我們對中國學術研究及中國文化與世界文化前途之共同認識〉⑥，也特別強調中國文化之不同於西方文化的基本特徵，乃在於它是「立人極之學」，「道德的主體」是人之生命最根本的要義。即使在許多學術意見上與其他新儒家頗有出入的錢穆（賓四）⑥，也非常強調中國思想的特殊性。錢穆先生說⑥：

---

⑥ 熊十力，《原儒》（臺北: 明儒出版社影印，1971），下卷，〈原內聖第四〉，頁 191。

⑥ 刊於:《民主評論》，九卷一期， (1958)，頁 2～21。

⑥ 參考: 余英時，《猶記風吹水上鱗》（臺北: 三民書局，1991）。

⑥ 錢穆，《中國思想史》（臺北: 學生書局，1983），〈自序〉，頁 2 及頁 9。

中國思想，有與西方態度極相異處，乃在其不主向外覓理，而認
眞理即內在於人生界之本身，僅指其在人生界中之普遍者而言，
此可謂之向內覓理。……我們該從中國思想之本身立場來求認識
中國思想之內容，來求中國思想本身所自有之條理組織系統，進
展變化與其派別之分岐。此始成爲中國的思想史。

錢先生著述宏富，於中國思想的特殊性均再三拳拳致意。

　　但是值得我們注意的是，徐先生與錢先生雖然都強調中國思想的特
殊性，但他們同中之異卻也非常巨大。大致說來，錢先生基本上認爲中
國文化的根本精神在求同不在別異，他說：「中國學術有一特徵，亦可
謂是中國文化之特徵，即貴求與人同，不貴與人異。請從孔子說起。孔
子自言其爲學曰，述而不作，信而好古。人之爲學能於所學有信有好，
稱述我之所得於前人以爲學，不以自我創作求異前人爲學。故孔子曰，
甚矣，我衰也，久矣不復夢見周公。則孔子之學，所日夜追求夢寐以之
者，爲周公。孟子亦曰，乃吾所願，則學孔子。周公孔孟一線相承，遂
成中國之儒學[67]。」錢先生認爲自孔子以降，幾千年來中國思想家皆重
同不重異，重和諧而不重衝突，所以，他對當代朱子學研究方向頗不同
意，錢先生說：「今人治朱子學，每喜分別其與前人之相異處。……惟
朱子爲學精神重在會通和合，尋求古人之共同處，不在獨抒己見，表明
其個人之特異處。今果專向此方向探索，則不免有失朱子爲精神之主要
所在矣[68]。」整體而言，錢先生認爲中國思想傳統是一個和諧圓融的整
體，中國的歷史也表現而爲知識分子與歷代統治者的合作無間[69]。

　　相對於錢先生而言，徐復觀則非常重視在中國文化的進程中，思想

---

[67]　錢穆，〈略論朱子學之主要精神〉，《史學評論》，第五期（1983 年 1
　　月），頁 1。

[68]　同上註，頁 5。

[69]　錢先生的《國史大綱》全書發揮此義最多。

家與專制政權的抗衡與衝突。在徐復觀的學術世界裏，歷史是沿著理想
與現實的拉鋸戰所形成的「二律背反」而展開的，而儒家思想史更是這
種拉鋸戰中最前面的一道防線，所以，儒家學者所感受到的理想與現實
的緊張性也最大，徐先生這樣說明儒家思想的歷史性格[70]：

> 儒家思想，乃從人類現實生活的正面來對人類負責的思想。他
> 不能逃避向自然，他不能逃避向虛無空寂也不能逃避向觀念的遊
> 戲，更無租界外國可逃。而只能硬挺挺的站在人類的現實生活中
> 以擔當人類現實生存發展的命運。在此種長期專制政治下，其
> 勢須發生某程度的適應性，或因受現實政治趨向的壓力而漸被
> 歪曲；歪曲既久，遂有時忘記其本來面目，如忘記其「天下爲
> 公」；「民貴君輕」等類之本來面目，這可以說是歷史中的無可
> 奈何之事。這只能說是專制政治壓歪，並阻遏了儒家思想的正常
> 發展，如何能倒過來說儒家思想是專制的束縛。但儒家思想，在
> 長期的適應、歪曲中，仍保持其修正緩和專制之毒害，不斷給予
> 社會人生以正常的方向與信心，因而使中華民族，度過了許多黑
> 暗時代，這乃由於先秦儒家，立基於道德理性的人性所建立起來
> 的道德精神的偉大力量。研究思想史的人，應就具體的材料，透
> 入於儒家思想的內部，以把握其本來面目；更進而瞭解它的本來
> 面目的目的精神，在具體現時所受的現實條件的限制及影響；尤
> 其是在專制政治之下，所受到的影響歪曲，及其在此種影響歪曲
> 下所作的向上的掙扎，與向下的墮落情形，這才能合於歷史的眞
> 實。

在徐先生筆下，屈原的《離騷》被解釋爲中國政治史上第一篇「棄婦

---

[70] 徐復觀，《儒家政治思想與民主自由人權》，頁 39～40。

吟」，東方朔的〈答客難〉是漢代知識分子在一人專制體制的壓力感之下，所發出的呻吟語，其他如賈誼、揚雄、司馬遷……等人的著述，都是「感憤之心」所催逼而成的。

　　總結這一節的討論，我們看到了徐復觀所標榜的「比較的觀點」，使他特別重視中國思想的特殊性格，這一點是當代新儒家一貫的見解，但是徐復觀與錢穆雖然同樣強調中國思想的特殊性，兩者卻存有重大歧異，錢先生重和諧，徐先生重衝突，這與兩人的性格及經歷之不同，實有密切之關係。

五、結　　論

　　徐復觀是二十世紀中國一個真實的生命。作為一個現代中國人，徐復觀對當代中國的巨變懷有一顆不能自已的「感憤之心」，他從幼年時期作為「大地的兒子」到壯年以後潛心學問成為一個「激進的儒家」（用陳昭瑛語），都是本於他對時代的悲情。作為一個學者，徐復觀在方法論上的反乾嘉立場，最是旗幟鮮明，也與唐、牟等其他新儒家聲氣相求。作為一個中國思想史的專家，徐復觀努力於從思想史研究中找尋中國文化的出路。中國思想史研究對徐復觀的意義，不只是解釋世界的依據，而且更是改變這個憂患的世界的方案。根據這篇論文的分析，徐復觀先生的思想史研究方法論主要是由「整體論的方法」與「比較的觀點」所構成的。「整體論的方法」可再細分為 (1)「發展的整體論」，強調在「演進的」脈絡中掌握思想的意義；(2)「結構的整體論」，強調「部分」與「全體」之間，以及思想與現實之間構成一個結構的整體。「比較的觀點」則使徐復觀特別主張中國思想史研究應該注意其中國特性。徐先生雖與其他新儒家一樣地強調中國思想傳統的中國特性，但是他們仍有同中之異，例如徐復觀強調中國思想家（尤其是儒家）與

歷代專制政治恒處於戰鬥之關係，但錢穆則重視兩者之間的和諧關係。

在當代新儒家人物中，徐復觀的歷史學取向特別彰顯。在徐先生學術世界裏的「人」，不是那種不食人間煙火吟風弄月的高人逸士。相反地，徐先生筆下的「人」是活生生的、實際參與生產的具體的人；徐先生筆下的中國知識分子在中國專制傳統之下輾轉呻吟，潛心著述，爲苦難的人民伸張正義。徐先生的史學取向，使他看到了人民的血淚，使他的思想史研究不是象牙塔裏的「知識的遊戲」或熊十力常說的佛家語「戲論」。在苦難的中國人卽將邁入二十一世紀，而民主政治曙光微露的關鍵時刻，徐先生的典範和他的研究論著，實在具有深刻的啟示意義。

（本文曾在《徐復觀學術思想國際學術研討會》宣讀，東海大學，1992年6月25日至27日，臺中）

參 考 書 目

中日文書目

《中國歷史學年鑑》（北京：人民出版社，每年出版乙冊）。

《中國歷史學界の新動向（新石器から現代まて）》（東京：刀水書房，1982）。

《民主評論》，九卷一期（1958）。

牟宗三，《中國哲學的特質》（臺北：臺灣學生書局，1963, 1976）。

── ，〈熊十力先生的智慧方法〉，收入：《師大學術講演專集》第二輯（臺北：臺灣師範大學，1986）。

戎 笙，〈臺港史學方法論述評〉，收入：《史學理論》（1987 年第一期）。

李明輝，〈戰後臺灣經驗中的儒家思想 ── 牟宗三思想中的儒家與康德〉，「第一屆臺灣經驗研討會」宣讀論文，國立中正大學歷

史研究所主辦，1992 年 4 月 27 日至 28 日。

——，《儒家與康德》（臺北：聯經出版公司，1990）。

何炳松，《歷史研究法》（臺北：臺北影印本，未著出版時地）。

余英時，《猶記風吹水上鱗》（臺北：三民書局，1991）。

胡　適，《中國古代哲學史》（臺北：臺灣商務印書館，1966）。

島田虔次，《新儒家哲學について——熊十力の哲學》（東京：同朋
　　　舍，1987）。

唐君毅，《中國哲學原論・原教篇》（香港：新亞研究所，1975）。

唐君毅、牟宗三、徐復觀、張君勱，〈爲中國文化敬告世界人士宣言〉，
　　　《民主評論》，九卷一期（1958）。

徐復觀，《徐復觀文錄選粹》（臺北：臺灣學生書局，1980）。

——，《中國思想史論集》（臺北：臺灣學生書局，1975）。

——，《中國人性論史・先秦篇》（臺北：臺灣商務印書館，1969）。

——，《徐復觀文存》（臺北：臺灣學生書局，1991）。

——，《中國藝術精神》（臺北：書生書局，1966,1967）。

——，《周秦漢政治社會結構之研究》（臺北：臺灣學生書局，
　　　1975）。

——，《兩漢思想史》（卷二）、（卷三）（臺北：臺灣學生書局，
　　　1976）。

——，〈瞎遊雜記〉，《華僑日報》（香港），1977 年 7 月 18 日
　　　至 20 日。

——，《儒家政治思想與民主自由人權》（臺北：八十年代出版社，
　　　1980）。

張　灝，《幽暗意識與民主傳統》（臺北：聯經出版公司，1989）。

陳昭瑛，〈一個時代的開始——激進的儒家徐復觀先生〉，收入：《徐
　　　復觀文存》，附錄二。

陳木杉，〈談中國大陸對史學理論和史學方法論之研究〉，收入《共黨問題研究》（臺北：共黨問題研究雜誌社編輯委員會，1985年11月），第一一卷第一一期。

梁友堯、謝寶耿，《中國史問題討論及其觀點》（山西人民出版社，1984）。

許冠三，《新史學九十年，一九〇〇——》（香港：中文大學出版社，1987）。

黃俊傑，馬淵昌也譯〈戰後の臺灣における儒學思想研究の概況について〉，《中國——社會と文化》第五號（東京：東大中國學會，1991）。

程樹德，《論語集解》（臺北：藝文印書館，1965）。

傅斯年，《史學方法導論》，收入：《傅孟眞先生全集（二）》（臺北：國立臺灣大學，1952）。

—— ，〈《史料與史學》發刊詞〉，收入：《傅孟眞先生全集(四)》。

—— ，《性命古訓辨證》（臺北：國立臺灣大學，1951）。

逯耀東，《史學危機的呼聲》（臺北：聯經出版公司，1978）。

勞思光，《新編中國哲學史》（臺北：三民書局，1981,1988）。

馮友蘭，《中國哲學史》（臺北影印本，未標示出版時地）。

董作賓，〈歷史語言研究所在學術上的貢獻——爲紀念創辦人終身所長傅斯年先生而作〉，原載《大陸雜誌》，第二卷第一期，收入：《大陸雜誌史學叢書》，第一輯第一册。

熊十力，《讀經示要》（臺北：廣文書局，1970）。

—— ，《原儒》（臺北：明儒出版社影印，1971）。

鄭家棟，《現代新儒家概論》（南寧：廣西人民出版社，1990）。

蔣年豐，〈牟宗三與海德格的康德研究〉，「當代新儒學國際研討會」宣讀論文，鵝湖雜誌社主辦，1990 年 12 月。

──，〈戰後臺灣經驗與唐君毅、牟宗三思想中的黑格爾〉，中央研
　　究院中山人文社會科學研究所主辦，「光復後臺灣地區發展經
　　驗研討會」宣讀論文，1990 年 6 月。

錢　穆，《中國史學名著》（臺北：三民書局，1973）。

──，《中國思想史》（臺北：學生書局，1983）。

──，〈略論朱子學之主要精神〉，《史學評論》，第五期（1983年
　　1 月）。

──，《國史大綱》（臺北：臺灣商務印書館，1980年修訂七版）。

英文書目

Chang, Hao, "New Confucianism and the Intellectual Crisis of Contemporary China" in Charlotte Furth ed., *The Limits of Change: Essays on Conservative Alternatives in Republican China* (Cambridge, Mass.: Harvard University Press, 1976).

Kwok, Danial, *Scientism in Chinese Thought, 1900~1950* (New Haven: Yale University Press, 1960).

Ratner, Joseph, ed., *Intelligence in the Modern World: John Dewey's Philosophy* (New York: Random House, Inc., 1939).

Tu, Wei-ming, "Hsiung Shih-li's Quest for Authentic Existence" in Furth ed., *op. cit.*

東海大學

學 大

海 東

東海大學

的根之程根末地方不錯了，所以……

……的陳述，表統比較……

……困……成就傳心，其中談話……一毫無……

好，此祝

近祺

思與學敬念

學而思……

于衡

元廿八、

九、 儒家思想與戰後臺灣: 回顧與展望

目　次

一、問題的提出

　　進入 1980 年代後期的臺灣，　正經歷具有深刻歷史意義的急遽轉變: 隨著威權政治結構的解體，與經濟活動的蓬勃發展，臺灣內部長久積蘊而遭箝制的社會力量，獲得了迅速而全面的解放❶。與此同時，在思想層面上，大量西方思潮也不斷湧進並衝激著臺灣的思想海岸，諸如社會主義、世界體系、依賴理論與發展理論等等，儼然成爲解釋當前臺

---

❶　根據朱雲漢的調查統計，自 1983 年到 1987 年臺灣總共發生了 1516 件
　　自力救濟的羣眾運動案例，而單單 1987 年就出現了 676 個事件。參見:
　　朱雲漢，〈從總體社會結構的變遷看自力救濟性街頭運動的湧現〉，「自
　　力救濟與公權力行使研究論文發表會」宣讀論文，1988，臺北。

灣社會發展的主導理論❷。在這項歷史巨變中，最突兀而值得深思的一個現象是：自從戒嚴令在 1987 年 7 月廢除以來，社會運動風起雲湧，但卻沒有任何一次運動，是高舉儒家思想的大纛從事改革的。誠如一位青年學者所指出的「儒家的命運一直是一種充滿挫折的命運，在今天的臺灣，儒家受實踐運動所忽視的程度已達到挫敗的頂點❸。」在中國歷史上具有悠久的經世傳統的儒家思想，卻在臺灣社會重要的轉型時刻裏缺席了。我們只能從被扭曲在官方意識型態下的《中國文化基本教材》中，看到儒家思想的餘影；或者將儒家倫理視爲被議題化的客體，成爲學者探討東亞工業文明的變項之一❹。儒家思想不再作爲探究、反省以至批判社會的主體，而只是一項在學術的實驗室中待分疏、待評估以至待解決的課題。我們不禁要問：是臺灣社會拋棄了儒家思想？還是儒家思想已經退出了臺灣的歷史舞臺？

❷ 卽以1988年 2 月創刊而相當受到注目的《臺灣社會研究季刊》爲例：雖然在每輯季刊中各篇論述臺灣本土各種文化現象的論文，各有不同的研究取向，但大量援引西方理論思想，作爲分析架構或批判資源，卻十分類似。最近就有多位學者針對前幾期論文在理論運用問題上，進行反省思考，這無疑是極爲可喜的現象。請參閱該刊第二卷第一期（臺北：1989）。值得一提的是：與臺灣有些學者借用西方思想如依賴理論，來解析臺灣發展的取向剛好相反，已經有某些西方學者透過臺灣發展的經驗，來重新檢討依賴理論的有效性與適用性，例如：Richard E. Barrett 與 Martin King Whyte 卽曾撰文，指出臺灣發展的經驗，對依賴理論兩項主要的推論，提出了有力的挑戰：如果外國經濟滲入，會導致：(1) 經濟成長的減緩，甚至停滯；(2) 高度貧富不均的現象。而臺灣的案例正好反駁了依賴理論的這兩點看法。詳見：Richard E. Barrett & Martin King Whyte, "Dependency Theory and Taiwan: Analysis of a Deviant Case", *American Journal of Sociology* (1982, Chicago), Vol. 87, No. 5, pp. 1064~1089.

❸ 見：陳昭瑛爲其所譯馬庫色 (Herbert Marcuse) 著《美學的面向——藝術與革命》（臺北：南方叢書出版社，1987）所寫的譯序，頁 4 。

❹ 隨着工業東亞的興起，儒家倫理與工業文明之間的關係，常緣於韋伯 (Max Weber) 的理論，成爲炙手可熱的面議題。然而不論是肯定儒家傳統扮演着導引或調節的積極作用，例如 Tu Wei-ming（杜維明），

（轉下頁）

　　針對這一個深具挑戰性的問題，我在這篇論文裏將扣緊時間意識與空間意識，首先探討古代儒家人文主義傳統的內涵，尤其是儒家生命哲學與政治哲學的精義，進而追問: 到底儒家與近代以前的中國政治與社會結構有沒有關係? 如果有的話，那麼這種關係又是什麼性質的關係? 經過上述宏觀縱貫的分疏後，我們將把焦點置於具體的歷史經驗中，檢討戰後臺灣的發展歷程，追問這種歷程具有何種歷史意義? 最後，綜合前面的疏解，我試圖對戰後臺灣經驗對儒家所提出的挑戰，以及在二十一世紀的臺灣社會的發展前景中，可以而且應該扮演的角色，提出若干初步的看法。

二、先秦儒家人文主義的內涵

　　從比較文化史來看，中西文化的差別當然不止一端，但中國傳統特別著重於人間秩序的安頓，注意人與人之間關係的對應與開展，與西方以人神關係作爲其文化發展的中心議題，兩者間的確存在著根本性的歧異。長期以來居於中國歷史發展主流地位的儒家思想，富有積極的入世性格，與強烈的「人文化成」的色彩，也是人人共識之事實。

(接上頁)"Confucian Ethics and the Entrepreneurial Spirit in East Asia", *Confucian Ethics Today* (Singapore: Federal Publications, 1984), pp. 65~99; 島田虔次，〈從僵化中復甦〉，《當代》第三十四期（臺北: 1989），頁 31~37; 或者是強調兩者「不相干」(irrelevant)，例如: 楊君實，〈儒家倫理、韋伯命題與意識型態〉，收入: 杜念中、楊君實編，《儒家倫理與經濟發展》（臺北: 1989），頁227~261; 溝口雄三，〈儒教與資本主義掛鉤〉，《當代》第三十四期（臺北: 1989），頁 37~45; 這些正反兩面的探討，往往僅就傳統文化的某一切片或斷層，來與當代的某些新的文化現象進行共時性 (synchronic) 的比較，於是某些論證的觀點往往上溯先秦，或逕承宋明，旣未嘗考察這些觀點如何在「大傳統」與「小傳統」的相互滲透中落實，也不細究這些所謂具有儒家傳統的思想成分，是如何在時代環境中發展，而又如何隨着歷史發展的脈絡延續或轉化下來，透顯在具體行爲表現上。這種種研究方法論上的困境，似乎正反映了這些研究者的焦慮心態。

　　如果要概括性地勾勒古代儒家思想的內涵，大致可以從面對自我生命的完成，到面對人文世界，亦卽政治及社會秩序的建構，在兩者間所連續展開的「光譜」(spectrum) 中，爲儒家思想找到適當的定位。

　　首先，我想指出的是，作爲生命哲學的儒家思想，對個體的生命與尊嚴，給予絕對的肯定，並賦與積極的意涵。先秦孔孟都一貫地強調：自我生命的拓展與提昇，並不附麗於外在的價值，或是他人的肯定之上。換言之，自我生命的超拔本身就具有自主性的意義，無待外爍。

　　從孔子 (551～479 B. C.) 所賦予「仁」的意涵來看，儒家雖極重視「禮」具有維繫社會秩序的神聖意義與世俗性的教化功能，但在「仁」與「禮」之間「創造性的緊張」關係中❺，儒家無疑地特別重視「意志自主」與「價值內在」這兩項信念。孔子說：「我欲仁，斯仁至矣」(《論語・述而・29》)，這句話的精義就是針對人在意志上可以自作主宰，人本身是價值意識的創發者而說的。

　　先秦儒家建立在「意志自主」與「價值內在」之上的人文主義精神，表現在人間活動的許多方面上。舉例言之，在對待學問的態度上，孔子強調「爲己之學」，他感嘆「古之學者爲己，今之學者爲人」(《論語・憲問》)，乃是因爲他認爲學問的目的，在於自我生命的提昇，所以，「人不知而不慍」(《論語・學而》)。孔子所強調的這種「爲己之學」的理念，到了宋明儒者手裏發揚光大，成爲宋明書院教育的根本精神❻。再就爲人態度而言，先秦儒家都一致肯定每個人都有自我超越，成聖成賢的內在動力，孔子說：「人能弘道，非道弘人」(《論語・衛靈公》)，在爲人與道的關係加以定位中，肯定人的自我超越

---

❺　參見: Tu Wei-ming, "The Creative Tension Between Jen and Li", *Philosophy East and West*, XVIII: 1～2, 1986, pp. 29～39.

❻　關於儒家的「爲己之學」，近人頗有討論，參考: Wm. Theodore Bary, *The Liberal Tradition in China* (Hong Kong: The Chinese University of Hong Kong Press, 1983), Ch. 2, pp. 21～42.

的無限可能性。孟子（371?～289? B. C.）引顏淵曰：「舜何人也? 予何人也? 有爲者亦若是! 」（《孟子‧滕文公上》）， 荀子（fl. 298～238 B. C.）說：「塗之人皆可以爲禹」（《荀子‧性惡》），基本上都是在同樣的脈絡說的，肯定每個人只要立志，都可以掌握自己的生命狀態。

先秦儒家的爲學與爲人態度中，蘊涵著一種強烈的平等主義立場。孔孟在人性論上都同意，每個人天生的基本材性都是一樣，都擁有自我超越的內在富源與動力。那些桀紂或盜跖之流的人，都是由於未能「盡性」， 未能「盡心」、「知性」（《孟子‧盡心》）， 所以才趨於沉淪。這種人性論的平等主義立場，如果放置在政治脈絡裏，顯然和近三百年來人類所追求的平等主義是若合符節的。

再進一步說，先秦儒家一方面肯定人性的平等主義，另一方面卻也不斷提醒人類一項事實：既然每個人都可以自作主宰，自己抉擇生命的方向，每個人都是一個自由的個體，因此，每個人必須爲他自己的行爲承擔起最後的責任。「仁遠乎哉? 我欲仁， 斯仁至矣」（《論語‧述而》）， 孔子這句話雖然是著眼於鼓勵人們立志求仁、 行仁， 但是這句話也蘊涵著一種強烈的自由主義意涵：人的生命抉擇是一種徹底的自由， 這種抉擇不受任何外在社經政治結構的制約或干擾。 人之求仁得仁，是無所待的。如伯夷叔齊之恥食周粟，餓死首陽之山❼，本係自我生命的抉擇與實踐問題，周武王不能泥而阻之。孔孟所強調的個人在成德過程中的絕對自由與個人的生命抉擇，就其核心觀念而言，很能與近

---

❼ 見: 《史記》（臺北: 藝文印書館，據乾隆武英殿刊本影印），卷六十一，〈伯夷列傳〉，頁 851～853。關於伯夷事蹟的討論，參考: 井上源吾，〈儒家と伯夷盜跖說話〉，《支那學研究》，第十三號（1955），頁 13～23; 阮芝生，〈伯夷列傳析論〉，《大陸雜誌》，六十二卷三期（1981 年 3 月），頁 1～6; 阮芝生，〈伯夷列傳發微〉，《國立臺灣大學文史哲學報》，第三十四期（1985），頁 39～58。

代生活中的個人主義與自由主義的精神相呼應。

　先秦儒學中的平等主義、自由主義與個人主義等精神，是靠「心」的功能來作爲保證的。孔子雖主張「性相近，習相遠」，但對性之所以爲善的根據，較少觸及。到了孟子則明白地指出：人皆有「不忍人之心」，這種「心」是惻隱、羞惡、辭讓、是非等價值意識的根源。這種價值意識內在於「心」的事實（孟子說：「仁義禮智，非由外鑠我也，我固有之也。」〈告子上・6〉），是不因人而異的，他說：「君子所性，仁義禮智根於心」（《孟子・告子》），強調的正是「心」之作爲價值意識來源的普遍必然性。孟子的「心」在本質上與宇宙的「理」是同步同質的，「心」具有「思」的能力，所以不會爲「心」以外的存在所劫奪，這是孟子所分別的「大體」（「心」）與「小體」（「耳目口鼻」）的根本區別之所在。孟子說：「心之官則思，思則得之，不思則不得也。」（《孟子・告子上・15》）就是指「心」的自律性──「心」能「自我立法」（self-legislation），所以可以自作主宰，「心」的活動是自由而無待於「物」的❽。從孟子對於「心」的自主性的肯定，我們不難推知：孟子必然要強調「個人」的「志」的重要，他說：「夫志，氣之帥也……夫志至焉，氣次焉」（《孟子・公孫丑上・2》），孟子強調人之立志自作主宰，頂天立地，乃至「上下與天地同流」（《孟子・盡心上・13》）。從對「志」的重視來看，孟子與孔子之以「志」作爲「個人」修身的基礎，是一脈相承的❾。

---

❽　關於孟子的「心」的特質，參考：牟宗三，《圓善論》（臺北：臺灣學生書局，1985），頁 31；李明輝，〈孟子與康德的自律倫理學〉，《鵝湖》，一五五期，頁 12；D. C. Lau, "Theories of Human Nature in Mencius and Shyuntzy", *Bulletin of the School of Oriental and African Studies*, 15 (1953), pp. 541~565; 特別是 p. 551。並參考：黃俊傑，〈孟子知言養氣章集釋新詮〉，《國立臺灣大學歷史學系學報》，第十四期（1988 年 7 月），頁 85~150。

❾　參考：Herbert Fingarette, "The Problem of the Self in the Analects", *Philosophy East and West*, 29: 2 (April, 1979), pp. 129~140.

　　先秦儒家思想中所蘊涵的這種平等主義、自由主義與個人主義等特質，固然不能等同於現代民主思想，我們甚至也不必從所謂「一心開二門」的思維模式中，尋繹兩者在理論上縮合的可能性。但是，至少儒家對個體生命及尊嚴的絕對肯定，與現代民主生活的基本概念，在精神上是相近的。

　　儒家思想表現在政治活動上，乃是積極介入興革的態度，充滿了健動的精神。雖然由於許多外緣的歷史因素如專制體制等，對儒者的介入政治事務產生局限的作用，但是儒家自孔孟以降，不僅在學術思想層面上，更以實際的行動來參與政治活動，形成一個強烈的經世傳統。儒家的政治思想，基本上乃是對於「民本位」政治體制的肯定。先秦儒家認為，政權的轉移必須以民意為其依歸。孟子答齊宣王（在位於 319～301 B. C.）的一段話，將先秦儒家「民本位」的政治思想發揮得淋漓盡致。孟子說：

> 國君進賢如不得已，將使卑踰尊，疏踰戚，可不慎與？左右皆曰賢，未可也；諸大夫皆曰賢，未可也；國人皆曰賢，然後察之；見賢焉，然後用之。左右皆曰不可，勿聽；諸大夫皆曰不可，勿聽；國人曰不可，然後察之；見不可焉，然後去之。左右皆曰可殺，勿聽；諸大夫皆曰可殺，勿聽；國人皆曰可殺，然後察之；見可殺焉，然後殺之。故曰，國人殺之也。如此，然後可以為民父母。（《孟子·梁惠王下·7》）

孟子這段話中的「國人」是否包括庶民，仍是古史學界爭論的一個課題，但是，通讀全文，孟子所要強調的「施政以民意為重要參考依據」的這一點是十分確定的。

　　但是，必須接著指出的是，先秦儒家的民本政治理念和他們的內聖

外王學說，構成非常複雜的關係。在勞思光所謂「單一主體論」❿的思維模式之下，儒家的存有論、倫理學與政治觀是通貫互攝的，因此，政治活動毋寧是道德修養的外在延伸，作爲儒家政治思想核心的「內聖外王」觀念，一方面存在著道德化約論的傾向，另一方面也顯示出在儒家道德意識宇宙中，對羣己生命的連續性的肯定，認爲政治與個人修養之間具有相互涵攝的關係。因此，儒家認爲少數成德之君子，必須比一般人承擔更多的政治教化責任，孔子說：「雍也，可使南面」（《論語・雍也》），孟子說：「君子之德風，小人之德草，草上之風，必偃」（《孟子・滕文公上》），都不免帶有某種程度的「秀異主義」（elitism）的色彩。這一點也許是儒家雖在先秦時代就有民本政治的理念，但是卻一直無法走向以廣大羣眾爲主體的民主政治的內在思想原因。

三、儒家與傳統中國的政治與社會：共生與矛盾

現在，我們可以開始討論：先秦儒家那種具有自由主義、平等主義與個人主義質素的思想，在中國歷史上與實際政治及社會結構，具有何種關係？

在中國政治發展的歷史脈絡中，儒家與政治結構間基本上存在著兩

---

❿ 勞思光先生曾藉「單一主體之統攝境域」與「眾多主體之並立境域」的劃分，指出中國儒學思想發展中，「主體精神」的「客觀化」問題，一直被「遺落」而不顯。換言之，雖然在德性或理性層面上，儒家肯定人的「主體性」，但在面對政治制度事務上，儒家並未體認到公共領域上，各個主體必須超越其「個別主體性」而昇入一「共同主體性」。勞先生在 1957 年已初發此議，見：勞思光，〈論「窮智見德」〉，收入：氏著，《儒學精神與世界文化路向》（臺北：時報文化公司，1986），頁 226〜231；至於近年來比較詳細的發揮，詳見：勞思光，《中國哲學史》（三下）（臺北：三民書局，1981），頁 516〜528。

種並行的關係: 一種是共生的互動關係; 另一種是矛盾的緊張關係。我
們先說前者。自從漢代獨尊儒術之後, 儒家思想成爲鞏固政權的意識型
態, 更由於儒家經典懸爲舉薦人才的標準, 因此經過儒家思想洗禮的官
僚體系, 與政權密切結合, 成爲帝國運作的基石。 同樣地, 透過政治
活動的積極參與, 儒家經世濟民的理想, 也因而獲得實踐的機會。 班固
(A. D. 32〜92) 在《漢書‧儒林傳》末所寫的「贊」, 最能道出儒家
受到漢武帝 (158〜187 B. C.) 獨尊之後, 儒學與帝國互相利用, 共生
共榮的實況❶:

> 自武帝立五經博士, 開弟子員, 設科射策, 勸以官祿, 訖於元
> 始, 百有餘年。傳業者寖盛, 支葉蕃滋, 一經說至百餘萬言, 大
> 師眾至千餘人, 蓋祿利之路然也。

「祿利之路然也」這一句話, 尤其切中肯綮, 很能表現班孟堅敏銳的史
識。

　　但是, 我們必須緊接著指出, 除了這種共生關係之外, 儒家傳統中
的抗議精神, 卻又明顯地與權力結構, 有著無法妥協的緊張關係。儒家
以「三代」爲理想政治的典範, 一直是鞭策現實政治的內在動力。朝廷
入仕之途的開敞, 雖然吸納了大量的知識菁英, 但也同樣使得儒家烏托
邦式的政治理想, 在潛移默化中廣泛地散播在知識階層之間, 提供了知
識分子不斷批判現狀的「支援意識」(subsidiary awareness)❷。最具有
代表性的例子就是朱子 (1130〜1200) 與陳亮 (同甫, 1143〜1194) 之
間, 關於漢唐功過的辯論。朱子標舉「三代」作爲他論斷漢唐政治的標

---

❶　《漢書》 (臺北: 藝文印書館, 據武英殿刊本影印), 第八十八卷, 〈儒
　　林傳〉, 頁 1555。
❷　借用 Michael Polanyi 用語, 見氏著: *Personal Knowledge* (Chicago:
　　University of Chicago Press, 1962), ch. 4, pp. 55〜57。

準。朱子認爲三代之時「道」流行不已，所以政治秩序是王道政治，但秦漢以後的歷史則是霸道流行的時代，因爲「道」已消沈而不彰。錢賓四先生已經指出⓭，這樣的歷史觀點說明了，朱子用孔孟的道統標準來判斷漢唐的歷史現實。所以朱子才會認爲漢唐政治是人欲橫流的政治，他對秦以後的歷史發展哀歎再三地說：「千五百年之間，正坐如此，所以只是架漏牽補過了時日，其間或不無小康，而堯舜三王周公孔子所傳之道，未嘗一日得行於天地之間也⓮。」

我們可以說，儒家思想提供了歷代大儒以批判現實的「支援意識」，使他們雖然飽受專制君主的凌虐，但卻以大無畏的精神，起而批判政權的不義。因此，儒學和專制政體之間，乃形成一種矛盾而緊張的關係。

但是，令人扼腕的是，由於大一統帝國結構的早熟，在政治導向一元化的情形下，儒家政治哲學中「聖王」的泛道德傾向，遭到政權的積極利用而更形扭曲，使得長久以來，儒家政治理想的實踐，一直未能在柏林（Isaiah　Berlin）所說的外在制度性的「消極自由」（Negative liberty）層面上著力，而徒然專注於內在自主性的「積極自由」（Positive liberty）上作理論性的建構⓯。換言之，儒家在積極肯定道德主體可以自作主宰（self-mastery）的同時，卻顯然忽略了外在制度建構自由的客觀保障。並且，儒家這種「積極自由」的取向，落實在權力網絡中，往往變成乖離原意的策略運用，不但轉變成與其本身相反的異化物，更被掌握權力者利用其純潔的原意爲不義的政治粉飾⓰。

⓭　錢　穆，《朱子新學案》（臺北：三民書局，1971），第五冊，頁 19。

⓮　朱　熹，《朱文公文集》（四部叢刊初編縮本），卷三十六，〈答陳同甫〉，頁 579，上半頁。

⓯　參見：Isaiah Berlin, "Two Conecpts of Liberty", in his *Four Essays on Liberty* (Oxford: Oxford University Press, 1969), pp. 118~172.

⓰　參考：I. Berlin, *Four Essays on Liberty*, p. xlvii.

　　在中國歷史上，大一統帝國以「君本位」為中心的政治結構，對先
秦儒家肯定「意志自主」與「價值內在」的生命哲學，以及悠久的民本政
治思想與經世思想，都造成了無可彌補的傷害。當代儒者熊十力（1885
～1968）就曾一針見血地指出這個現象[17]：

> 神州大陸，既少海國交通之利，則賴列國並立，有朝聘、會盟、
> 征伐等等，是以激揚志氣，開廣心胸，增益知見。此其學術思想
> 所由發達，文化所由高尚也。自呂政夷六國而為郡縣，使天下之
> 人各守一邱之墼，老死而無所聞見，無所廣益。又厲行一夫獨裁
> 之治，絕無民意機關，人民不得互相集合而有所致力於國家。夷
> 狄盜賊每乘中央之昏亂而蜂起，奸天位以毒百姓。……中夏自秦
> 以來，民生日憊，民德日偷，民智日塞，乃廣漠散漫之郡縣制度，
> 與專制政體所必有之結果也。諸子百家之學惡得而不絕滅哉？晚
> 周盛業，視希臘或有過之而無不及，徒以秦漢之後，環境改變，
> 政制不良，遂以惡因，植茲惡果。

幾千年來，王朝有興廢存亡，統治者有遞嬗變遷，但是大一統帝國的基
本結構，並沒有本質上的變動。這種大一統的專制政治結構[18]，不僅架
空了儒家的民本政治思想，也扭曲了儒家「立人極」的生命哲學，使先
秦儒家偉大的人文主義精神，一直成為中國歷代知識分子「永恒的鄉
愁」。

---

[17]　熊十力，《讀經示要》（臺北: 廣文書局，1960 臺再版），卷二，頁56
　　～57。

[18]　錢賓四先生曾站在維護傳統文化的立場，認為近代國家中的民權制度，在
　　中國君主專制時代已經局部實行了，所以中國君主政體非專制政體，而有
　　相當程度重視民權的成分。他認為「中國政制所由表達民權之方式與機
　　構，既與近代歐人所演出者不同，故欲爭取民權，而保育長養之，亦復自

（轉下頁）

隨著大一統帝國結構的早熟，中國社會便一直以與土地關係密切的
農業生活型態為其基盤，即使到了商業與科技發達的宋明時代，這種土
地與人民緊密結合的農業性格，仍主宰著整個社會的變動與發展⑲。誠
如費孝通早年所指出：中國鄉土社會的基層結構是一個「一根根私人聯
繫所構成的網絡」，這種社會關係乃是從一個人一個人逐步推展出去的
「差序格局」，它不同於現代西方的「團體格局」，以團體為生活前
提，也作為人與人連繫的基架⑳。然而，費先生可能忽略了一項事實：
在中國這種以私人為網絡中心的「差序格局」中，每個人都被安置在具
體而確切的關係脈絡中，在每個費先生所謂的「社會圈子」裏──家
庭、氏族、鄰里、街坊與村落，每個人都有其特定的職份角色，不容任
意閃躲；在西方「團體格局」的關係中，雖然對「團體」的共識是社會
活動的第一義，但在「團體」觀念的基架下，每個人都只與「團體」有
直接連繫，而人與人彼此之間的關係則容許有更多的轉圜，因此個人主
義反而得以有發展的機會。在某種意義下，傳統中國的這種差序格局，
有如「壓力鍋」或「緊箍帽」，往往使得每個人都深陷在各種關係網絡
之中，無法動彈。個人生命的完成，必須在此格局中實現，而個人的存
在價值，既無法獨立於各個社會脈絡之外，更每每為各種社會關係的優

(接上頁)有其道」，見氏著：《國史大綱》（臺北：商務印書館，1980），〈引
論〉，頁15。另可參見氏著：《中國歷代政治得失》（臺北：三民書局，
1973）。這種觀點恐怕是既不諳西方民主政治之精義，又未能得中國傳統
政治之情實。蕭公權師與 徐復觀先生均曾為文對錢先生 這個論點 有所針
砭。請參見：蕭公權，〈中國君主政體的實質〉，收入：氏著，《憲政民
主》（臺北：聯經出版社，1982），頁60～77；徐復觀，〈良知與迷惘──
錢穆先生的史學〉，收入：徐復觀著，蕭欣義編，《儒家政治思想與民主
自由人權》（臺北：八十年代出版社，1979），頁 171～182。張君勱先
生更撰專書，對錢先生的觀點詳加商榷批判。見氏著，《中國專制君主政
制之評議》（臺北：弘文館，1986）。

⑲ 參考：Ray Huang（黃仁宇），*China: A Macro-History*（New York:
M. E. Sharp, 1988）。

⑳ 參見費孝通：〈差序格局〉與〈繫維着私人的道德〉二文，收入氏著，《
鄉土中國》（上海：觀察社，1948），頁 22～37。

先性所淹沒,甚至犧牲。我們可以說,傳統中國社會結構使得每個個人的「主體性」常常屈服於「社會性」。

我在這裏所說的「主體性」受到「社會性」所宰制的中國社會實況,在科舉制度的社會意義裏,表現最為清楚。黃仁宇最近對中國這種複雜的社會關係網絡有一段傳神的描寫㉑:

> 我們的帝國不是一個純粹的「關閉著的社會」,——在那樣的社會裏,各種職業基本上出於世代相承。——然而它所給予人們選擇職業的自由仍然是不多的。一個農民家庭如果企圖生活穩定並且獲得社會聲望,惟一的道路是讀書做官。然而這條道路漫漫修遠,很難只由一個人或一代人的努力就能達到目的。通常的方式是一家之內創業的祖先不斷地勞作,自奉儉約,積銖累寸,首先鞏固自己耕地的所有權,然後獲得別人耕地的抵押權,由此而逐步上升為地主。這一過程常常需要幾代的時間。經濟條件初步具備,子孫就得到了受教育的機會。這其中,母親和妻子的自我犧牲,在多數情形之下也為必不可少。所以表面看來,考場內的筆墨,可以使一代清貧立即成為顯達,其實幕後的慘淡經營則歷時至久。這種經過多年的奮鬥而取得的榮譽,接受者只是一個人或至多幾個人,但其基礎則為全體家庭。因此,榮譽的獲得者必須對家庭負有道義上的全部責任,保持休戚與共的集體觀念。

任何反抗這種「集體觀念」的個人,輕則個人身敗名裂,為鄉梓父老親朋所不齒; 重則個人生命為之不保。 黃仁宇筆下的「自相衝突的哲學家」李贄(卓吾,1527~1602)之剃髮為僧,遁入空門,甚至在獄中自

㉑ 黃仁宇,《萬曆十五年》(臺北: 食貨出版社,1985),頁 222。

殺，都與來自親族的壓力有深刻的關係❷。

這種「合模性」（conformity）極強，「同質性」（homogeneity）要求強烈的傳統中國農業社會，顯然與先秦儒家那種重視個體生命價值，強調自由主義的精神，存有很大的差距。

因此，我們可以說，自從秦漢以後，中國大一統的專制政體，與同質性強烈的社會結構，皆未能爲先秦儒家活潑的生命哲學和政治哲學，提供一個發展的空間。中國歷史上，儒家的挫折毋寧是一種歷史結構的必然。

四、戰後臺灣經驗及其歷史意義

我們以上關於儒家思想與傳統中國的討論，是爲作爲我們思考儒學在臺灣的命運的一種歷史參考背景。我們先從臺灣經驗的考察開始。

如果要簡單勾勒出近百年來臺灣史的發展脈絡，那麼有兩條交互作用的軸線，特別值得我們重視：

第一條線索是資本主義化的逐步展開：自從 1895 年，日本佔領臺灣之後，臺灣就漸漸地被吸納入近代資本主義的體系之中，相對於資本主義世界的「中心」（如戰前的日本與戰後的美國）而言，臺灣作爲「邊陲」角色的依賴性格日益顯著，爲「中心」國的需求而生產；就其內部的轉變而言，由於近代資本主義的侵入，導致傳統臺灣農村結構的重組，使臺灣農村從明清時代比較封閉的「村落共同體」，逐漸演化爲「開放的農村」，而受到資本主義經濟邏輯的制約。在這種發展軸線中，尤其具有關鍵性的發展是：日據時代以降，資本主義的入侵，使得臺灣的農業生產日趨商品化，愈來愈受到國內及國際市場經濟的主宰，而農

---

❷ 黃仁宇，《萬曆十五年》，第七章，〈李贄——自相衝突的哲學家〉，頁 217~259。

村的一切生產資材，如土地與勞力的「商品化」性格也日趨強烈。這種資本主義化的發展趨勢，與臺灣農民對農業態度的轉變頗有關係。值得注意的是：光復前後近百年來的臺灣經濟發展，無論是就依存關係而言，或從結構互動層面而言，都與大陸本土的經濟活動有相當程度的疏離，這種現象的確與政治主權的斷裂，有著密切的關係。然而，作為資本主義世界體系一隅的臺灣，卻得以避脫中國傳統農業社會的束縛，開發出新的經濟運作結構，從而導引了社會政治與文化上的鉅大轉變。

近百年來臺灣史的第二條脈絡是：自從日本佔領臺灣以後，強有力的國家官僚機器開始透過殖民政府，對臺灣社會產生滲透干擾的作用。日據時代歷次的舊慣調查及土地調查，都可視為「國家」(state) 力量對「社會」(society) 滲透的具體行動。光復以後，帝國主義對殖民社會的壓迫雖已不復存在，但是，國民政府遷臺後，由於時局的需要與政權鞏固的考慮，這一條歷史發展軸線仍在某種意義下繼續進行著，1950年代初期的土地改革，就是「國家」對「社會」滲透最為成功的一個例子。值得一提的是：近百年來臺灣史所見的這種發展趨勢，與近代東南亞各國在殖民地時代的發展經驗，有某種相近之處，而今日國民政府所面臨的時代課題之一，正在於如何揚棄殖民式的過渡心態，重新調整「國家」與「社會」間的互動關係。

臺灣歷經荷蘭（1624~1662）、明鄭（1661~1683）、滿清（1683~1895）、日本(1895~1945)與國民政府(1945~)的統治，政權遞嬗，物換星移，滄海桑田，在歷史過程中逐漸形成其特殊之歷史性格。史學前輩陳寅恪先生(1890~1969)早已曾指出臺灣歷史發展的海洋貿易背景❷

---

❷　陳寅恪在論及明末鄭氏父子興起時指出：延平一系在明朝南都覆亡後，仍能繼其殘餘達四十年之久，絕非偶然，他說：「自飛黃大木父子之後，閩海東南之地，至今三百餘年，雖累經人事之遷易，然實以一隅繫令國之輕重。」見氏著：《柳如是別傳》（臺北：里仁書局，1981），第四章，〈河東君過訪半野堂及其前後之關係〉，頁 727。

這種特殊的歷史性格， 對臺灣從農業社會邁向工業社會的轉型歷程，提供了有利的契機。隨著工業化的發展，臺灣農業人口從 1960 年的 49.8%，逐年下降到 1987 年的 20.5%[24]。隨著戰後臺灣人口結構中農業人口的逐漸下降，我們也看到在臺灣的國內生產力之中，農業部門所佔的比例江河日下， 而工業部門生產力則穩定成長。 統計資料顯示：在 1952 年農業部門與工業部門的比較，是 35.9%比 18.0%，但是，到了 1964 年，則農工兩部門平分秋色，成爲 28.2%與 28.9%的對比。自 1963 年以降，工業部門就凌駕農業部門之上，凌夷至於 1980 年，農工部門之比例成爲 9.2%和 45.0%，1987 年爲 6.1%對 47.5%[25]。 我們可以很明顯地看出來， 戰後臺灣已經完成了經濟結構的轉變了。這是在華人社會中，歷史上第一次從農業社會到工業社會的徹底轉變，帶動了社會政治結構的變遷[26]。

在經濟結構改變，工業部門的重要與日俱增的過程中，民營企業生產力的年平均成長率，均高於公營企業生產力的年平均成長率。統計資料顯示：1953年民營與公營企業生產力的成長率是 37.5%對 26.6%；1960 年至 1973 年之間民營企業的成長率最爲持續而可觀。整體而言，1970〜1979 期間的平均成長率，民營與公營對比是 16.4%對 12.4%，1980〜1989 期間，則是 7.1%對 5.5%[27]。戰後四十年來民營企業充滿

---

[24] 統計數字見: *Taiwan Statistical Data Book* (Taipei: Council for Economic Planning and Development, Republic of China, 1988), p. 65, Table 4-3. 關於農業人力資源的變遷及其涵義， 參考: 廖正宏、黃俊傑、蕭新煌，《光復後臺灣農業政策的演變： 歷史與社會的分析》（臺北： 中央研究院民族學研究所， 1986）， 第十一章，頁 339〜368。

[25] *Taiwan Statistical Data Book*, 1990, p. 41.

[26] 關於戰後臺灣經濟發展與結構變遷，最精審的論著之一是: Walter Galenson ed., *Economic Growth and Structural Change in Taiwan: The Postwar Experience of the Republic of China*, (Ithaca and London: Cornell University Press, 1979).

[27] *Taiwan Statistical Data Book*, 1990, p. 88.

了旺盛的生命力。

　　私人部門的擴張及其所展現的活力，與私人企業的能力取向、較高的待遇、與較合理的昇遷機會等因素，都有密切關係。其結果則是可觀的人才被私人企業部門所吸納，蘊蓄了充沛的民間社會力，致使「國家」與「社會」的關係，到了 1980 年代以後必須重新定位。

　　伴隨著經濟的轉型與發展，臺灣教育的推廣工作，也因爲 1968～1969 學年度「九年國民教育」的施行，逐漸普及於各地。六歲以上的文盲比率，從 1952 年的 42%遽降到 1987 年 7.8%，而受過中等教育的人口比率，也從 1952 年的 8.8%提昇到 1987 年的 43.3%㉘。我們可以發現：教育普及化的發展，已使臺灣人口結構中的知識水平，有了相當程度的改觀，在中產階級形成的同時，臺灣社會的中智階級也漸次成熟㉙。

　　戰後臺灣經驗的向度極多，我們在上面的討論僅以經濟結構的轉變及教育水準的提昇爲中心，主要是因爲這兩項歷史變局直接塑造了1970年代以後日益茁壯的中產階級與中智階級。這兩大階級正是戰後臺灣蓬勃的民間社會力的階級基礎。隨著 1987 年 7 月，戒嚴令的宣告廢除，「壓力鍋」內的社會力一旦獲得解放，遂以萬馬奔騰之勢，要求將其自身（社會力）轉化爲政治力，並反映到民意代表機構之中。這種發展上的新形勢，加上強人政治的適時消逝，正式宣告了中國歷史上悠久的「單一主體性」的時代的結束。在經濟、社會及政治結構的大調整中，一個新的「多元主體並立」的新時代已經在形成之中了！

㉘　*Taiwan Statistical Data Book*, 1990, p. 7.

㉙　關於這一點的簡略的討論，另詳拙作：Chun-chieh Huang, "Industry, Culture, Politics: The Taiwan Transformation", *Bulletion of the College of Liberal Arts, National Taiwan University*, No. 36 (December, 1988), pp. 127～150.

五、儒家價值與二十一世紀的臺灣

以上對戰後臺灣經驗所做的簡要回顧，必定使讀者滋生疑惑: 戰後
臺灣發展經驗與近百年來國際政經結構的關係極深，與儒家傳統的關係
則並不深刻，那麼，二十一世紀的臺灣與古典儒家的價值系統又如何產
生聯繫? 二十一世紀的臺灣對儒家價值而言，具有何種意義? 爲了思考
這個問題，我們必須從公元 2000 年臺灣的展望開始討論。

1960年代中期以降，所謂「未來學」(futurology) 的研究逐漸在歐
美工業國家興起。法國成立「一九八五委員會」("1985 Committee")，
美國文理科學院 (American Academy of Arts and Sciences) 成立
了「公元二〇〇〇年委員會」(Commission on the Year 2000)，英國
的社會科學研究委員會 (British Social Science Research Council)
也在 1967 年設立「未來33年委員會」(Committee on the Next
Thirty-Three Years)。關於公元 2000 年的研究論著，如雨後春筍，
大量問世❸ 。這些著作雖然論點不一，看法互異，但是幾乎都在不同程
度或不同方面上， 宣示了公元 2000 年是一個所謂的「後工業社會」
(post-industrial society) 的來臨❸ 。根據貝爾 (Danial Bell) 的描

----

❸ 比較著名的有以下幾種: H. Kahn and A. Wiener (eds.), *The Year
2000* (The Macmillan Co. , New York, 1967); R. Jungk and J.
Galtung (ed.), *Mankind 2000* (Allen & Unwin, 1969); N.
Calder (ed.), *The World in 1984* (2 Vols. , Penguin Book 5s,
1964); M. Vassiliev and S. Gouschev (eds.), *Life in the Twenty-
First Century* (Penguin Books, 1961); A. Toffler, *Future Shock*
(Random House, New York, 1970); Wendell Bell and James
A. Mau (eds.), *The Sociology of the Future* (Harper & Row,
New York, 1972); Ciba Foundation Symposium, *The Future as
an Academic Discipline* (Elsevier, Amsterdam, 1975).

❸ Danial Bell, *The Coming of Post-industrial Society*: *A Venture in
Social Forecasting* (New York: Basic Books, 1973).

繪，「後工業社會」是一個以服務業爲主的經濟體系 (service econo-my)，白領工作者取代了工業社會中的藍領工作者而成爲最大的勞力。而且，白領工作人員中，科技專業人士居主導地位。工業社會裏「機械工業」(machine technology) 的重要性，也在「後工業社會」中爲「知識工業」(intellectual technology) 所取代。在「知識工業」中，貝爾認爲「理論知識」(theoretical knowledge) 超越「實證主義」(empiricism) 而居於最高峰。而大學、研究機構和實驗室則形成新社會中的「樞軸結構」(axial structure)，其支配力量超過工業社會中的企業機構㉜。

　　貝爾所描繪的「後工業社會」的許多特徵，已逐漸在臺灣出現，其中比較值得注意的有以下幾個現象：

　　第一是：從生產面來看，在國內生產毛額 (Gross Domestic Pro-duct, GDP) 中，服務業所佔的百分比日趨重要，在1985 年佔44.3%，低於工業的 49.7%，但是到公元 2000 年，則將高達 50.5%，正式宣告「後工業社會」的降臨臺灣。在這個服務業高度發展的大趨勢之下，各部門的就業人口也發生結構性的變化，經建會的預估資料顯示：臺灣地區每 1000 人中的就業人口百分比，在 1985 年時，農業部門佔17.5%；工業部門 41.4%；服務業佔 41.1%。但是，到了 2000 年，行政院經建會的預估則是：農業部門所佔就業人口百分比，下降到9.1%；工業部門爲 39.4%；而服務業則高佔 51.5%。在這種發展趨勢中，每 1000 人中，曾受過職業訓練的人數，也將從 1985 年的 102

㉜　Danial Bell, *op. cit.*, pp. 12～33. 關於對貝爾的論旨的進一步分析與討論，參看: Krishan Kumar, *Prophecy and Progress: The Sociology of Industrial and Post-industrial Society* (Penguin Books, 1978), Chap. 6, pp. 185～240.

人，到西元 2000 年提昇爲 165 人❸。

第二，從人口的住居地點及生活狀況來看，都市人口佔臺灣總人口的百分比，從 1985 年的 73.0%，到公元 2000 年提高爲 87.0%。隨著都市化程度的加深，臺灣的人口中自來水的使用率，也將從 1985 年的 77.9%，到公元 2000 年提昇爲 86.5%。每個家庭每個月所使用的電力也將從 1985 年的 47.0KWH，到西元 2000 年提昇爲 99.3KWH❸。

第三，教育水準的提昇也是一個值得注意的現象。臺灣地區六歲及六歲不識字的人，佔總人口的百分比，1985 年佔 8.4%，到了公元 2000 年將大幅降低爲 4.7%。全臺灣 15 歲以上的人口，受到高職或高中以上教育的人口，也將從 1985 年的 38.5%，到公元 2000 年提高爲 55.3%❸。

當然，公元二十一世紀的臺灣，當然不止是以上所說的這些發展趨勢而已。我之所以特別指出這三條發展線索，主要是它們與儒家傳統價值，取得連繫的可能性比較大。我們接著進一步解釋以上所說的三條發現線索的涵義，再分析它們與儒家價值的相關性。

首先，我們從國內生產毛額（GDP）來看，服務業所佔比重的上昇，到公元 2000 年將達 50.5%，將與 1986 年的英國（55%）、南非（49%）、日本（56%）相近❸。到公元 2000 年，臺灣的服務業就業人口將佔總就業人口的 51.5%。這是一個極端重要的訊息。這項訊息

---

❸ *Perspective of the Taiwan Economy up to the Year of 2000*, 1986, p. 24.

❸ *Perspective of the Taiwan Economy up to the Year of 2000*, 1986, p. 92.

❸ *Perspective of the Taiwan Economy up to the Year of 2000*, 1986, p. 91.

❸ *World Development Report*, 1988. Cited from *Taiwan Statistical Data Book* (1988), p. 332, Table 17-9.

顯示了公元二十一世紀的臺灣，專業化 (professionalization) 的趨勢，必然隨著日趨細密的社會分工 (Division of labour) 而日益加強。而且，這種分工的趨勢也會受到國際分工趨勢的改變而加強。到了公元二十一世紀，必然隨著臺灣科技水準的提昇，勞力密集工業將被資本密集與技術密集工業所取代，而使臺灣與資本主義工業先進國家如美國與日本的分工關係，從戰後四十年間的「垂直的分工」轉變爲「水平的分工」❸ 。這種國際生產關係分工的轉變，亦將刺激臺灣的社會分工，到了公元二十一世紀更加細密。這種新趨勢的加速發展，必然使未來臺灣社會中，專業人士的地位益形舉足輕重。誠如貝爾所描繪的「後工業社會」裏:「最重要的人是專業人士，因爲只有他們才具備教育與訓練，來提供需求日增的那些技術❸ 。」

其次，上文所說的第二條發展趨勢──都市化，與第一項趨勢──專業化，必然相激相盪，交互影響，而爲二十一世紀的臺灣創造一個龐大的「白領」(White-collar) 階級，憑藉專業化的知識，在細密的分工原則之下，以其差異性而不是以其相似性相結合，使社會的「有機連結性」(organic solidarity) 大爲增加。於是，正如涂爾幹 (Emile Durkheim) 所說的，社會分工愈分殊化，團體格局愈不明顯，則合作性的法律 (cooperative law) 將逐漸取代壓制性的法律 (repressive law)❸，

---

❸ 我在這裏所謂「垂直的分工」是指戰後四十年來，美日等工業先進國家以資本及技術密集工業爲主，而勞力密集工業則由發展中國家如臺灣、東南亞各國等承擔這種國際生產分工的情勢。所謂「水平的分工」，是指臺灣等過去的發展中國家，成爲「新興工業國家」(Newly Industrialized Countries, NICS) 之後，逐漸揚棄勞力密集工業，而與美日等國家，形成產品種類上的「水平分工」關係。

❸ Danial Bell, *op. cit.*, p. 127.

❸ 參考: Emile Durkheim, tr. by George Simpson, *The Division of Labor in Society* (New York: The Free Press, 1964), Chap. 3, pp. 111~132.

這種發展的新趨勢，卻有助於我在另一篇論文中所展望的⓭，未來臺灣的「多元主體並立」的新社會型態的完成。

以上所說的這些轉變趨勢——專業化、都市化、教育的發展，都爲先秦儒家人文價值理念的實踐，提供了有利的環境。

正如我在本文第二節中所分析的，儒家人文主義中對個人生命尊嚴的重視，以及在蘊涵在這種重視個體生命的態度中的自由主義與平等精神，都受到傳統中國大一統專制帝國與「同質性」的農業社會的雙重扭曲，而未能充分舒展。二十世紀以前的中國儒家知識分子，儘管可以充分享有柏林（Isaiah Berlin）所謂的「積極的自由」，但這種自由由於缺乏外在社會政治及經濟結構的保障，而在多數的狀況下未能充分「客體化」（objectification）。因此，傳統中國知識分子「由於他們沒能獲得近代社會因職業分化和經濟自由所帶來的人格獨立性，中國士大夫知識分子只能擠在『學而優則仕』這條中國式政教合一的社會出路上，必須附于皇權官僚系統政治結構，爭權奪勢，爾虞我詐」⓮。

但是，戰後臺灣四十年來所累積經濟發展成果及其所蘊蓄的社會力量，卻徹底地改變了中國歷史上所常見的狀況。隨著社會分工在二十一世紀臺灣的發展，大量受過高等教育的知識分子由於專業化而使他們個人的職業尊嚴與個人生命尊嚴，獲得了社會結構上的保障，他們不必再像傳統儒家士大夫以向日葵般的極卑微的姿態，仰承當權者的恩賜。他們在一個「異質性」（heterogeneity）日益明顯的「後工業社會」裏，因其社會角色之專業化，更可以實踐儒家人文精神中自作主宰、頂天立地，「貧賤不能移，威武不能屈」的人格典範。

總而言之，展望二十一世紀的臺灣，社會經濟新型態的來臨，將爲

⓭ Chun-chieh Huang, "Industry, Culture, Politics: The Taiwan Transformation", pp. 127~150.

⓮ 李澤厚，《中國古代思想史論》（北京：人民出版社，1985），頁 285。

二千多年來備受扭曲的儒家人文精神，提供新的實踐的可能性。

六、結論：挑戰與展望

　　通過以上各節的檢討，我們可以看到：近代以前中國的政治及社會結構，都未能爲先秦儒學中所蘊蓄的自由主義和個人主義思想，提供一個良好的發展情境。秦漢以後中國政治及社經結構的現實，架空甚至出賣了先秦儒家偉大的人文主義理念。從臺灣與中國大陸之間的歷史斷層，我們也同時看到了一項事實：對於擁有深厚入世傳統的儒家而言，當前正處於遽變轉型的以及未來二十一世紀的臺灣社會，無疑地帶來了新的刺激與挑戰。當臺灣整個社會文化的底層逐漸轉換，農本社會的消逝與中產及中智階級的興起，在在都標示著新時代的來臨，並且也帶來了主體世界覺醒的發展契機。未來二十一世紀的專業化、社會分工、都市化的趨勢，都爲儒家文化提供新的空間。儒家也必須相應於這種新的發展契機，調整自己的體質，開創儒學的新時代。

　　論述至此，我們不可避免地要面對兩種質疑：

　　（一）從歷史的回顧中，我們既然發現戰後臺灣的發展與儒家思想並沒有直接而密切的關係，那麼，未來二十一世紀的臺灣又何以需要儒家精神的流注？難道現代社會中所發展出來的人文精神、民主思想與制度還不如古典儒家的人文精神與民本思想嗎？

　　（二）本文第五節所提出的「展望二十一世紀的臺灣，社會經濟新型態的來臨，將爲二千多年來備受扭曲的儒家人文精神，提供新的實踐的可能性。」這種看法，可能有本末倒置的嫌疑，因爲臺灣人民所關心的是儒家如何提供精神資源以提昇臺灣邁向二十一世紀的條件，而不是二十一世紀的臺灣如何爲儒家提供新的實踐的可能性。

　　這兩項質疑的提出，都有相當深刻的背景。第一項質疑是基於「現

代主體性」的立場， 認爲儒家是傳統中國社會的思想系統， 雖然儒家
蘊涵有人文主義與民本思想，但與現代社會所要求的人文精神與民主生
活，終有扞格不入之處。這種思考問題的立場，無意間接受「傳統─現
代」二分的觀點。第二項質疑則是基於強烈的「臺灣主體性」立場，認
爲問題的提法應該是： 儒家如何才能「有利於」二十一世紀臺灣，而不
是臺灣如何才能「有利於」儒家？這種提問題的方式，無意間預設兩個
前提： (1) 臺灣與儒家處於一種對立狀態； (2) 這種對立的本質是一種
利益此長彼消的關係。這兩個前提都值得進一步檢討。

我們先從第一項質疑開始討論。誠如我在上文所指出的，第一項質
疑寓有強烈的「現代主體性」，認爲儒家思想乃是傳統中國的產物，不
適用於未來臺灣的社會。這種立場實建立在「傳統─現代」兩分的基礎
上，而且無意間將最近二百年來歐美社會所經歷的歷史軌跡，當作是人
類社會必經之道路，所以才會產生如下的看法：傳統中國社會所產生的
儒家思想，並不適於現代臺灣社會。這種看法在方法論上可以商榷的至
少有兩點：

(一) 從「傳統」到「現代」並不是一種機械的對立關係，而是一
種迂迴的發展關係，「傳統」中的許多因子常以曲折的方式在「現代」
社會中繼續發揮作用❹ 。因此，「傳統─現代」二分對立的假設，是難
以成立的。

(二) 將近二百年來歐洲的歷史經驗 （ 如民主政治的發展 ） 視爲
人類社會普遍的道路，而不顧各地區特殊而具體的社會經濟、政治及文
化條件的差異，這種說法難免寓有一種以歐洲爲中心 (Europocentrici-

---

❹ 關於這項論點的進一步發揮， 參考: Shmuel N. Eisenstadt, "Sociolo-
gical Theory and an Analysis of the Dynamics of Civilization and
Revolution", *Daedalus*, (Fall, 1977): Discoveries and Interpreta-
tions: Studies in Contemporary Scholarship, Vol. II, pp. 59~78.

ty）的觀點。在這種觀點之下，華人社會中特殊的歷史因素，常常被忽略，而形成一種非歷史的立場（ahistoricity），脫離具體的歷史情境來談問題。這種歐洲中心論以及非歷史的立場，都不免把「特殊性」的經驗，當作「普遍性」的法則，有一種脫離「內容」而專重「形式」的危險性。

　　從以上這兩種方法論的缺陷來看，第一項質疑並不具說服力。不論是從「傳統—現代」的曲折發展來看，或從臺灣之作爲華人社會的特質來看，儒家的價值傳統，在未來臺灣社會中仍將扮演某種角色。

　　我們接著討論第二項質疑。這項建立在「臺灣主體性」之上的質疑，隱約中假定臺灣與儒家處於對立的狀態，而且這種對立狀態是一種利益此消彼長的關係。事實上，這種假設是有待商榷的。自從近四百年前漢人移入臺灣之後，臺灣就逐漸成爲一個漢人社會，傳統儒家的價值規範如勤儉、重視家族倫理、……等，都是數百年來臺灣社會的重要特徵。作爲漢人移民社會，臺灣與悠久的儒家價值傳統之間，是一種有機的互滲關係，而不是機械的對立關係。展望當前以及二十一世紀的臺灣所可能面臨的問題，如空氣污染、工業廢水污染等由於盲目追求「現代化」，所造成的環境生態破壞而引起的問題❹，以及金權政治惡化、疏離感加深等資本主義所引起的問題，古典儒家所追求的人與自然和諧共處（「天人合一」），以及以人民爲主體的政治思想，都具有一定程度的矯治作用。臺灣如果放棄古典儒家（而不是指被帝國統治者所獨尊、所扭曲以後的御用儒家），無疑地就是放棄有助於邁向二十一世紀的一項重要精神資源。

　　釐清了以上這兩項質疑，我們進而探討一項問題：相應於臺灣之作

---

　❹　近年來對這個問題反省最爲深刻的是杭之。參看：杭之，《一葦集——現代化發展的反省斷片》（臺北：允晨文化實業公司，1989），〈序論〉，頁1～32。

爲漢文化的實驗室的巨大變局，儒家應如何迎接這項艱鉅的挑戰呢？

讓我們再回到本文第一節所提出的問題。何以現階段臺灣社會改革運動與儒家傳統互爲不存在？這個問題主要是由於儒家思想對當前臺灣的歷史性變局，欠缺足夠的解釋力，所以，當然也就不能產生改變現實的動力。這種解釋力的欠缺，基本原因有二：一是當代儒家學者較少對臺灣的現狀及其未來賦予足夠的重視，因此，對變局中的臺灣提不出對應的方案；二是儒家思想內部的「單一主體性」論所產生的局限性，使它未能全面地與多元社會的新情勢，進行雙向的互動。儒家如想面對二十一世紀的臺灣，乃至未來的新中國而使其古典人文主義精神獲得舒展，儒家本身也必須進行體質的轉變。

當前臺港及海外地區的儒家，迎接時代挑戰的策略當然不一而足，但是以下兩點最具有本質性的意義：

第一，臺灣儒家的世界觀必須從過去的「中國大陸主體性」轉化爲「臺灣主體性」，立足臺灣，自我調整，爾後才能夠胸懷大陸，放眼世界。1949 年大陸局勢巨變，儒家學者或漂泊香江，或寄寓臺灣，或浪跡北美，他們「逋逃天末避狂秦，回首神皋淚染中，無可奈何生亂世，傷心人是會心人」（蕭公權師1972年歲暮雜詩），他們痛心於1949年以後中國大陸「百家齊廢斯文喪，萬口同瘖鬼趣多」（蕭公權師「舊隱」詩）的悲劇，他們以中年以後的全幅生命力，沉潛儒學，發而爲一部部功力深厚的學術著作，抉擇幽微，發潛德之幽光。他們的諸多著作各採取美學、唯心論、或者道德形上學的進路，儘管取徑不同，但他們面對當代中國的政治及文化危機，以強烈的文化意識透過重新詮釋儒學來復興民族之機運的用心，則是毫無二致的，誠如方東美先生在英文版的《中國哲學史》脫稿所賦詩之兩句：「艱難存懿跡，激濁爲揚清」，很能夠表詮他們這種面對近代中國的狂風暴雨，潛心重建儒家哲學之用心。

　　雖然他們闡揚儒學的用心良苦，但是他們心神之所關注的，畢竟是中國大陸的變局遠多於臺灣的現實。因此，他們極少對戰後臺灣經驗對儒學轉化的意義有所思考。這種「主體性的錯置」，不但引起許多思考問題的盲點，同時也激發年輕一代的學者的批判。例如楊儒賓最近對於牟宗三哲學的反省之言，就可以說是扣緊臺灣之作為漢文化社會所經歷的變局而發的，他說❹：

　　　當牧歌式的公社日子日遠，職業分殊的趨勢日甚，君王作為唯一
　　的政治實體的時代不再，取而代之的是一羣票面價值等同、價值
　　意識卻出入甚大的羣眾時，道術不為天下裂的局面很難挽留，也
　　很難期望意識型態的諸神能如以往一般，安居在秩序井然的空闊
　　世界裏，而不彼此互相發生衝突。在這種現實的情況底下，人民
　　的共同意志已很難從儒家傳統的理念直接承襲過來；就現實實際
　　運作的層面考慮，「良知的自我坎陷」在解釋的功效上，也不一
　　定是很適當的選擇方案。既然俗世日趨世俗，爾後要求獲得人民
　　的共同意志，恐怕僅能從「各種異質的交會中尋得的共識」獲
　　得。而有限的──情境的──歷史的人性，就形成共同意志、樹
　　立客觀標準而言，其解釋之有效性恐怕比「無限心曲折地轉成」
　　要來的強。

楊儒賓強調從「有限心」、「情境心」及「歷史的人性」出發，來為儒學開創新局，雖然也許不能免於「六經責我開生面」的責備，但卻很能敏銳地扣緊臺灣社會文化新的脈動，使儒學獲得新生命的契機。如果知

---

❹　楊儒賓，〈人性、歷史契機與社會實踐──從有限的人性論看牟宗三的社
　　會哲學〉，《臺灣社會研究季刊》，第一卷第四期（1988 冬季號），頁
　　178～179。

識分子仍然認同儒家人文主義式的入世精神與批判意識，如果知識分子的生命情調仍然置於羣己的同系脈絡中展現，以實踐社會理想來完成個體生命，那麼，在臺灣這片土地上的儒家學者，必須要熱情地擁抱這塊土地與人民。

第二，面對臺灣經驗所啟示的歷史意義，新時代的儒家必須深切體認，只有在「以法而治」(rule of law)，而非「爲法所治」(rule by law) 的基礎上，才能創造出儒家人文主義中生命哲學的新向度，從而賦予個人主義更健全的時代意義。當臺灣社會的結構，從一元化轉向多元化之時，儒家必須根除過去以「隸屬原則」(principle of subordination) 建構「單一主體性」的社會生態，而以「並列原則」(principle of coordination)❹⑤ 朝著現代多元化社會的理想邁進。在並列的社會格局中，肯定當下每個人的存在，保障並尊重每個人的活動領域，尊重私人領域的獨立自主性，使社會各個領域都能依照其特性自然開展，終能相互協調而彼此涵攝，以達到「互爲主體性」的境界。

蔣年豐最近對儒學的思考，也觸及了我在這裏所提出的第二項新展望。蔣年豐問道❹⑥：

> 在漫長的中國歷史上，儒家並未把法政主體開出來。在經世濟民的事業上，儒家也因爲這個義理上的缺陷而走不出某些困境，諸如「權利—義務」的觀念在傳統的中國社會中難以生根。想到這點，我們便不免面對一個問題：儒家是不是應該在適當的歷史時刻下因應政治情勢開發出法政主體作爲人民享受民主政治與公

---

❹⑤ 關於「隸屬原則」與「並列原則」這兩個名詞，我在此借用牟宗三先生的用法。參看: 牟宗三，《中國文化的省察》（臺北: 聯經出版事業公司，1983），頁 68。

❹⑥ 蔣年豐，〈法政主體與現代社會——當前儒家應該思考的問題〉，《中國文化月刊》，第一一一期（東海大學，1989 年 1 月），頁 71。

　　道社會生活的基石?

　　這個問題的答案當然是肯定的。問題的關鍵應該在於: 如何開展儒家的法政主體? 我在這裏所說的對「並列原則」的肯定,正是開展儒家法政主體的新策略。

　　從世界史的立場來看, 1989 年眞是歷史巨變的一年。 東歐集團各國專制政權紛紛崩潰, 柏林圍牆撤除, 中國經歷六四天安門事件, 甚至 1990 年 1 月 1 日北韓也建議南韓撤除南北韓交界的圍牆, 1989 年底臺灣大選也爲政黨政治奠立了新的基礎。這一切劃時代的變局,都共同指出了: 自由、平等、人性尊嚴,是人類共同的價值。誠如余英時所說: 「這些價值是文藝復興、宗教革命以來西方人逐步建立和發展出來的。從清末開始中國人也一直在追求這些價值的實現。這些價值是合乎普遍人性的,因此超越民族和國家的界線。中國文化傳統中雖然沒有正式發展出這些概念, 但是並不缺乏和民主、 自由、 人權相契合的精神基礎❹。」 儒家如何才能使這些潛藏在儒學傳統生命中的精神在二十一世紀世界中客體化 (objectify) 呢?

　　我們認爲, 新時代的儒家必須在傳統儒家所關注的「倫理的境域」(Realm of ethics) 之上, 再增加一個「法律的境域」(Realm of jurisprudence) 的新視域。 儒家要如何揚棄過去泛道德主義式的思維模式, 重新界定各個領域間的分際, 使倫理、政治、社會與經濟各個層面相容但不相侵, 使各個領域間形成朱子所說的「不離不雜」的狀態。這將不僅是當前臺灣的時代課題, 也是儒家內部本身亟待解決的困境。如果今天儒家希望其精神生命能獲得新的發展, 理論能獲得新的轉化與闡發, 那麼儒家必須嚴肅地正視戰後臺灣經驗以及二十一世紀臺灣的新社

---

❹　余英時,〈一九八九年世變的啟示〉,《聯合報》,1990年1月1日, 第六、七版。

會型態對儒家的意涵，開拓臺灣經驗所啟示新視野，進而體切地付諸實踐。

　　（本文曾收入《光復後臺灣地區發展經驗》，賴澤涵、黃俊傑編，臺北，中央研究院中山人文社會科學研究所，1991）

參 考 書 目

（一）中文論著

朱雲漢，〈從總體社會結構的變遷看自力救濟性街頭運動的湧現〉，「自力救濟與公權力行使研究論文發表會」宣讀論文（臺北：1988）。

《臺灣社會研究季刊》，第二卷第一期（臺北：1989）。

馬庫色（Herbert Marcuse）著，陳昭瑛譯，《美學的面向──藝術與革命》（臺北：南方叢書出版社，1987）。

島田虔次，〈從僵化中復甦〉，《當代》，第三十四期（臺北：1989）。

杜念中、楊君實編，《儒家倫理與經濟發展》（臺北：1989）。

溝口雄三，〈儒教與資本主義掛鉤〉，《當代》，第三十四期（臺北：1989）。

司馬遷，《史記》（臺北：藝文印書館，據乾隆武英殿刊本影印），卷六十一，〈伯夷列傳〉。

阮芝生，〈伯夷列傳析論〉，《大陸雜誌》，六十二卷三期（1981 年3 月）。

阮芝生，〈伯夷列傳發微〉，《國立臺灣大學文史哲學報》，第三十四期（1985）。

牟宗三，《圓善論》，（臺北：臺灣學生書局，1985）。

牟宗三，《中國文化的省察》（臺北：聯經出版事業公司，1983）。

李明輝，〈孟子與康德的自律倫理學〉，《鵝湖》，一五五期。

黃俊傑，〈孟子知言養氣章集釋新詮〉，《國立臺灣大學歷史學系學報》，第十四期（1988年7月）。

勞思光，《儒學精神與世界文化路向》（臺北：時報文化公司，1986）。

勞思光，《中國哲學史》（臺北：三民書局，1981）。

班　固，《漢書》（臺北：藝文印書館，據武英殿刊本影印），第八十八卷，〈儒林傳〉。

錢　穆，《朱子新學案》，第五冊（臺北：三民書局，1971）。

錢　穆，《國史大綱》（臺北：商務印書館，1980）。

錢　穆，《中國歷代政治得失》（臺北：三民書局，1973）。

朱　熹，《朱文公文集》（四部叢刊初編縮本），卷三十六，〈答陳同甫〉。

熊十力，《讀經示要》，卷二（臺北：廣文書局，1960 再版）。

蕭公權，《憲政民主》（臺北：聯經出版社，1982）。

徐復觀著，蕭欣義編，《儒家政治思想與民主自由人權》（臺北：八十年代出版社，1979）。

張君勱，《中國專制君主政制之評議》（臺北：弘文館，1986）。

費孝通，《鄉土中國》（上海：觀察社，1948）。

黃仁宇，《萬曆十五年》（臺北：食貨出版社，1985）。

陳寅恪，《柳如是別傳》（臺北：里仁書局，1981）。

廖正宏、黃俊傑、蕭新煌，《光復後臺灣農業政策的演變：歷史與社會的分析》（臺北：中央研究院民族學研究所，1986）。

李澤厚，《中國古代思想史論》（北京：人民出版社，1985）。

楊儒賓，〈人性、歷史契機與社會實踐——從有限的人性論看牟宗三的社會哲學〉，《臺灣社會研究季刊》，第一卷第四期（1988冬季號）。

蔣年豐，〈法政主體與現代社會——當前儒家應該思考的問題〉，《中國文化月刊》，第一一一期（東海大學，1989 年 1 月）。

余英時，〈一九八九年世變的啟示〉，《聯合報》，1990 年 1 月 1 日，第六、七版。

杭　之，《一葦集——現代化發展的反省斷片》（臺北：允晨文化實業公司，1989）。

（二）日文論著

井上源吾，〈儒家と伯夷盜跖說話〉，《支那學研究》第十三號（1955）。

溝口雄三，《李卓吾》（東京，集英社，1985）。

（三）英文論著

Barrett Richard E. & Martin King Whyte., "Dependency Theory and Taiwan: Analysis of a Deviant Case", *American Journal of Sociology*, Vol. 87, No. 5 (1982).

Bell, Danial, *The Coming of Post-industrial Society*: *A Venture in Social Forecasting* (New York: Basic Books, 1973).

Bell, Wendell and James A. Mau (eds.), *The Sociology of the Future* (Harper & Row, New York, 1972).

Berlin, Isaiah, "Two Concepts of Liberty", in his *Four Essays on Liberty* (Oxford: Oxford University Press, 1969).

Calder, N. (ed.), *The World in 1984* (2 Vols.) (London: Penguin Books, 1964).

Ciba Foundation Symposium, *The Future as an Academic Discipline* (Elsevier, Amsterdam, 1975).

De Bary, Wm. Theodore, *The Liberal Tradition in China* (Hong Kong: The Chinese University of Hong Kong Press, 1983).

Durkheim, Emile, tr. by George Simpson, *The Division of Labor in Society* (New York: The Free Press, 1964).

Eisenstadt, Shmuel N., "Sociological Theory and an Analysis of the Dynamics of Civilization and Revolution", *Daedalus*, (Fall, 1977): Discoveries and Interpretations: Studies in Contemporary Scholarship, Vol. II.

Fringarette, Herbert, "The Problem of the Self in the *Analects*", *Philosophy East and West*, 29:2 (April, 1979).

Galenson, Walter ed., *Economic Growth and Structural Change in Taiwan: The Postwar Experience of the Republic of China* (Ithaca and London: Cornell University Press, 1979).

Huang, Chun-chieh, "Industry, Culture, Politics: The Taiwan Transformation", *Bulletin of the College of Liberal Arts, National Taiwan University*, No. 36 (December, 1988).

Huang, Ray (黃仁宇), *China: A Macro-History* (New York: M. E. Sharp, 1988).

Jungk, R. and J. Galtung (eds.), *Mankind 2000* (London: Allen & Unwin, 1969).

Kahn, H. and A. Wiener (eds.), *The Year 2000* (The Macmillan Co., New York, 1967).

Kumar, Krishan, *Prophecy and Progress: The Sociology of*

Industrial and Post-industrial Society (Penguin Books, 1978).

Lau, D. C., "Theories of Human Nature in Mencius and Shyuntzy", *Bulletin of the School of Oriental and African Studies*, 15 (1953).

Polanyi, Michael, *Personal Knowledge* (Chicago: University of Chicago Press, 1962).

Taiwan Statistical Data Book (Taipei: Council for Economic Planning and Development, Republic of China, 1990).

Toffler, A., *Future Shock* (Random House, New York, 1970).

Tu, Wei-ming (杜維明), "Confucian Ethics and the Entreprenevrial Spirit in East Asia", *Confucian Ethics Today* (Singapore: Federal Publications, 1984).

──, "The Creative Tension Between *Jen* and *Li*", *Philosophy East and West*, XVIII: 1-2, 1968.

Vassiliev, M. and S. Gouschev (eds.), *Life in the Twenty-first Century* (Penguin Books, 1961).

索 引

滄海叢刊書目（二）

老子的哲學　　　　　　　　　　　　王邦雄　著
當代西方哲學與方法論　　　　　　　臺大哲學系　主編
人性尊嚴的存在背景　　　　　　　　項退結　編著
理解的命運　　　　　　　　　　　　殷鼎　著
馬克斯·謝勒三論　阿弗德·休慈原著、江日新　譯
懷海德哲學　　　　　　　　　　　　楊士毅　著
洛克悟性哲學　　　　　　　　　　　蔡信安　著
伽利略·波柏·科學說明　　　　　　林正弘　著
儒家與現代中國　　　　　　　　　　韋政通　著
思想的貧困　　　　　　　　　　　　韋政通　著
近代思想史散論　　　　　　　　　　龔鵬程　著
魏晉清談　　　　　　　　　　　　　唐翼明　著
中國哲學的生命和方法　　　　　　　吳怡　著
孟學的現代意義　　　　　　　　　　王支洪　著
孟學思想史論（卷一）　　　　　　　黃俊傑　著
莊老通辨　　　　　　　　　　　　　錢穆　著
墨家哲學　　　　　　　　　　　　　蔡仁厚　著
柏拉圖三論　　　　　　　　　　　　程石泉　著

宗教類

圓滿生命的實現（布施波羅密）　　　陳柏達　著
舊葡林·外集　　　　　　　　　　　陳慧劍　著
維摩詰經今譯　　　　　　　　　　　陳慧劍　譯註
龍樹與中觀哲學　　　　　　　　　　楊惠南　著
公案禪語　　　　　　　　　　　　　吳怡　著
禪學講話　　　　　　　　　　　　　芝峯法師　譯
禪骨詩心集　　　　　　　　　　　　巴壺天　著
中國禪宗史　　　　　　　　　　　　關世謙　著
魏晉南北朝時期的道教　　　　　　　湯一介　著
佛學論著　　　　　　　　　　　　　周中一　著
當代佛教思想展望　　　　　　　　　楊惠南　著
唯識學綱要　　　　　　　　　　　　于凌波　著

社會科學類

中華文化十二講　　　　　　　　　　錢穆　著
民族與文化　　　　　　　　　　　　錢穆　著
楚文化研究　　　　　　　　　　　　文崇一　著
中國古文化　　　　　　　　　　　　文崇一　著
社會、文化和知識分子　　　　　　　葉啟政　著

燈下燈　　　　　　　　蕭蕭　著
陽關千唱　　　　　　　陳煌　著
種籽　　　　　　　　　向陽　著
無緣廟　　　　　　　　鄭清文　著
鄉事　　　　　　　　　鄭清文　著
余忠雄的春天　　　　　鍾鐵民　著
吳煦斌小說集　　　　　吳煦斌　著
卡薩爾斯之琴　　　　　葉石濤　著
青囊夜燈　　　　　　　許振江　著
我永遠年輕　　　　　　唐文標　編
思想起　　　　　　　　陌上塵　著
心酸記　　　　　　　　李喬　著
孤獨園　　　　　　　　林蒼鬱　著
離訣　　　　　　　　　林蒼鬱　著
托塔少年　　　　　　　卜少夫　著
北美情逅　　　　　　　李貴　著
日本歷史之旅　　　　　洛夫　著
孤寂中的廻響　　　　　趙衛民　著
火天使　　　　　　　　張怡　著
無塵的鏡子　　　　　　吳新雲　著
關心茶——中國哲學的心　陳鍾光　著
放眼天下　　　　　　　卜少夫　著
生活健康　　　　　　　王保　著
文化的春天　　　　　　勞思　著
思光詩選　　　　　　　勞思光　著
靜思手札　　　　　　　黑野　著
狡兔歲月　　　　　　　黃英　著

美術類

音樂與我　　　　　　　趙琴　著
爐邊閒話　　　　　　　李抱忱　著
琴臺碎語　　　　　　　黃友棣　著
音樂隨筆　　　　　　　趙棟　著
樂林蓽露　　　　　　　黃友棣　著
樂谷鳴泉　　　　　　　黃友棣　著
樂韻飄香　　　　　　　黃友棣　著
弘一大師歌曲集　　　　錢仁康　編